高等学校法学规划教材

国际私法

Private International Law

鲁世平 著

知识产权出版社
全国百佳图书出版单位

图书在版编目（CIP）数据

国际私法／鲁世平著．—北京：知识产权出版社，2016.8

（高等学校法学规划教材）

ISBN 978－7－5130－4391－5

Ⅰ.①国… Ⅱ.①鲁… Ⅲ.①国际私法—高等学校—教材 Ⅳ.①D997

中国版本图书馆 CIP 数据核字（2016）第 195254 号

责任编辑：李燕芬　　责任出版：刘译文

特约编辑：张　萌　　封面设计：河上图文

国际私法

鲁世平　著

出版发行：知识产权出版社有限责任公司	网　　址：http：//www. ipph. cn
社　　址：北京市海淀区西外太平庄 55 号	邮　　编：100081
责编电话：010－82000860 转 8173	责编邮箱：nancylee688@163. com
发行电话：010－82000860 转 8101/8102	发行传真：010－82000893/82005070/82000270
印　　刷：三河市国英印务有限公司	经　　销：各大网上书店、新华书店及相关专业书店
开　　本：787mm×1092mm　1/16	印　　张：34
版　　次：2016 年 8 月第 1 版	印　　次：2016 年 8 月第 1 次印刷
字　　数：463 千字	定　　价：69.00 元

ISBN 978－7－5130－4391－5

目　录

第一章
国际私法的概念

地球上每个地域的地理环境、自然资源、风俗习惯和人的精神状况等诸多主客观因素之间存在不同程度的差异，这促使不同地域的人们开展跨域交往，以满足生产和生活上的各种不同需要。17 世纪中叶，结束欧洲三十年战争的威斯特伐利亚公会承认罗马帝国统治下的许多邦国为独立主权国家，罗马帝国所体现的"世界国家"观念为主权国家观念所代替，这表明以主权国家的建立为标志的近代国际法开始形成。自此，以前的跨域交往才真正取得了"国际"的意义。[1] 不同历

---

〔1〕 从当前的实践来看，国际关系有两种意义：一种是国家之间的正式关系——这是严格意义的国际关系；另一种是私人之间跨越国界的交流关系——这是扩大意义的国际关系。这里，我们不妨从语言学上考察"国际"的意义。现在的中英文词典大都将"International"解释为：存在于各国或它们的公民之间或中间的；关于各国交往的；超越国界的、世界（性）的……（中文词典如王同亿主编：《语言大典》，三环出版社 1990 年版，第 1323 页；英汉词典如陆谷孙主编：《英汉大词典》，上海译文出版社 1991 年版，第 1693 页；英文词典如 *The Random House Dictionary of the English Language*, 996 (Random House Reference 2nd. ,ed. 1987)。由此可以看出，现在不应该再将"国际"仅仅局限于"国家"等公主体之间的意思。立足于社会发展现实的语言学的发展表明，"国际"并非仅仅是"国家"等公主体之间的意思，还包括不同国家的"私"主体之间的意思。

史阶段的人们为了满足跨域和国际交往关系的需要，便将交往行为先后通过习惯和法律进行概括。[1]在当今全球化的时代，国际私关系已经成为最重要的国际关系，而调整该种国际私关系的法律就是国际私法（private international law）。在英美法系，国际私法一般被称作“冲突法”（conflict of laws）。

第一节　国际私法的调整对象

法律都有特定的调整对象，特定的调整对象是不同法律区分的最重要标志。国际私法的调整对象是国际私关系；从“公”和“私”映射到法律中的对应领域看，国际私关系就是国际民商事关系。

一、国际民商事关系及其适用的法律

（一）国际民商事关系的概念

1. 国际民商事关系的定义

在生产生活中，人们为了满足自己的物质和精神生活的需要，相互之间随时都发生着各种各样的社会关系，民商事关系就是最为常见的一种。民商事关系是由民商事法律调整的社会关系；它的重要特征是，它是一种平等主体之间的民商事的社会关系。当这种民商事关系具有国际性时，它就变成国际民商事关系。

国际民商事关系是国际社会中私人进行跨国民商事交往时所产生的一种社会关系，因此，又称为跨国民商事关系或者国际私法关系；站在某一国的角度上看，可称之为涉外民商事关系。

---

〔1〕 恩格斯在《论住宅问题》中认为，在社会发展某个很早的阶段，产生了这样一种需要：把每天重复着的生产、分配和交换产品的行为用一个共同的规则概括起来，设法使个人服从生产与交换的一般条件。这个规则首先表现为习惯，后来便成了法律。参见《马克思恩格斯选集》（第2卷），人民出版社1972年版，第538—539页。

对国际民商事关系的认定,具体而言,是指民商事关系的主体、客体和法律事实三个要素中至少有一个具有国际因素或涉外因素的民商事关系。从理论上讲,在主体为涉外因素时,作为国际民商事关系主体的当事人一方或双方可能是外国自然人、外国法人、其他非法人组织和无国籍人。有时,也可能是外国国家或国家组织。在客体为涉外因素时,民商事关系主体之间权利义务共同指向的对象或标的物位于国外。在法律事实为涉外因素时,产生、变更或者消灭民商事关系的法律事实发生在国外。在实际生活中,国际民商事关系可能只有一个要素同国外有联系,也可能有两个或两个以上的要素同国外有联系。只要民商事关系的三个要素中至少有一个要素具有涉外性,该民事关系就是国际民商事关系,国际民商事关系的涉外性质并不因其中涉外因素的多寡而受到影响。例如,在美国纽约市某大学就读的20岁中国留学生王某和年仅18岁的英国姑娘琳达,向纽约市政厅婚姻登记处申请结婚登记。在这个婚姻关系中,对于纽约州来说,因主体具有涉外因素,就是一个国际民商事关系。以后,如果因为需要解决其他民商事关系而首先需要确认该结婚效力时,对中国、英国,乃至美国以外的任何国家来说,都会因主体和法律事实具有涉外因素,被认定为国际民商事关系。

有一种观点认为,只有其主体一方或双方为国外自然人、无国籍人或国外法人时,民商事关系才成其为国际民商事关系,民商事关系并不因其内容和客体与国外有联系而成为国际民商事关系。这是一种狭隘的观点。其实,民商事关系的客体在国外产生、变更或者消灭民商事权利义务关系的法律事实发生在国外,同其主体为涉外因素一样,均会导致国际私法上问题的产生。所以,我们不宜对国际民商事法律关系做片面的理解。

英国学者也认为,作为英格兰法(English law)分支的冲突法,是解决含有涉外因素(foreign element)案件的那部分英格兰法。“涉外因素”只是表明与英格兰法以外的某个法律制度具有联系。例如,合同是在外域(foreign country)订立的或者将在外域履行,侵权行为是在外域发生的,财产已经处于外域,当事人不是英格兰人等,这些都表明存在这种联系。在冲突法中,涉外因素和外域分别指的是非英格兰因素和英格兰以外的区域。[1]可见,英国冲突法中认定“涉外”的标准,与我们是相同的。

2. 我国对国际民商事关系的认定

2011年《中华人民共和国涉外民事关系法律适用法》(以下简称我国《涉外民事关系法律适用法》)是我国第一部关于涉外民事关系法律适用问题的单行法。该法第1条规定其立法目的之一是“明确涉外民事关系的法律适用”。但对涉外民事关系的界定未做明确规定。后来,结合司法实践,2013年《最高人民法院关于适用〈中华人民共和国涉外民事关系法律适用法〉若干问题的解释(一)》(以下简称我国《涉外民事关系法律适用法司法解释》)第1条,对涉外民事关系的认定做了较为详细的规定。该条规定,民事关系具有下列情形之一的,人民法院可以认定为涉外民事关系:(1)当事人一方或双方是外国公民、外国法人或者其他组织、无国籍人;(2)当事人一方或双方的经常居所地在中华人民共和国领域外;(3)标的物在中华人民共和国领域外;(4)产生、变更或者消灭民事关系的法律事实发生在中华人民共和国领域外;(5)可以认定为涉外民事关系的其他情形。

对“涉外因素”的构成标准,我国民法通则司法解释和民事诉讼法司法解释均做了相同的规定:只要民事关系的主体、客体和法律事实三要素至少其中一个要素具有涉外性,就属于“涉外民事关系”(或者“涉外民事案件”)。我国《涉外民事关系法律适用法司法解释》第1条对“涉外民事关系”所做的重新规定,是对以前相关规定的进一步完善,主要体现在以下几个方面。

第一,将“经常居所地”规定为民事关系主体的重要连结点。这相对以前仅仅强调将“国籍”作为判断主体涉外性的唯一标准,成为一个更为科学的补充。

---

[1] Lawrence Collins, *Dicey and Morris on the Conflict of Laws*, thirteenth edition, Sweet & Maxwell Limited 2000, p. 3.

所以,现在判断主体的涉外性时,就有国籍和经常居所地两个标准。因此,有必要在主体方面增加“当事人一方或双方的经常居所地在中华人民共和国领域外”的规定。

第二,对“外国人”的重新表述。从法律上讲,外国人应当包括外国的自然人、法人及其他组织,表述上以“外国公民、外国法人或者其他组织”更为贴切。这个表述比以前的规定更加准确。

第三,将“外国”的表述变更为“中华人民共和国领域外”。这个表述比以前的规定更为合理。

第四,兜底式条款的规定。兜底式条款可以囊括实践中可能存在的其他应当被认定为涉外民事关系的情形,以避免挂一漏万的后果。

另外,对于是否应当将外国国家和国际组织列入涉外民事关系主体,在司法解释制定过程中曾引起争论。有观点认为,应当将外国国家和国际组织列为涉外民事关系主体。在目前的司法实践中,的确有外国国家和国际组织作为民事案件主体的情形,但这不可避免地就会涉及管辖豁免问题。只有在外国国家和国际组织明确表示放弃民事案件管辖豁免权的情况下,我国法院才能对其行使管辖权。尽管我国正在研究制定的国家豁免法倾向于转向“相对豁免”,但我国在实践中一直主张“绝对豁免”,而非“相对豁免”。所以,在本司法解释中如果明确将外国国家、国际组织列入,有可能被误认为我国法院已经采取了相对豁免的立场,因此最后没有将“外国国家或者国际组织”列入规定。

(二) 国际民商事关系适用的法律

1. 国际民商事关系适用法律的范围

如同法的起源一样,国际民商事关系形成后,人们在客观上便产生了共同遵守之行为规范的需要。按照现代法律体系内部不同法律部门的划分,这种行为规范归属于民商法领域,民商法就是通常所说的私法。

公法与私法之分主要是在大陆法系适用的一种法的分类。这种划分在普通法系国家是不适用的,但法学著作中还是有这样的分类存在。

在大陆法系，私法主要包括民商合一制国家中的民法部门，或者民商分立制国家中的民法和商法两个部门。19 世纪初，拿破仑编纂法典时将 1804 年《民法典》和 1807 年《商法典》分开制定，开创民商分立的先河。19 世纪末 20 世纪初，德国和日本等大陆法系国家相继采纳民商分立的立法体例，民法和商法是并行的两个法律部门。商法包括商法典，以及公司法、保险法、破产法、票据法、海商法等单行法。1912 年施行的《瑞士民法典》包括了公司法和商业登记法等商法的内容，实现了民商合一的立法体例。后来，意大利、荷兰和土耳其等国相继采纳民商合一的立法体例。所以，在民商分立的国家，国际民商事关系适用的法律包括民法和商法两个法律部门；在民商合一的国家，国际民商事关系适用的法律就是民法。

英美法系的学者认为，盎格鲁—美国的私法（调整个人之间相互权利和义务的法律）是一个远比通常公认的法律复杂得多的现象。建构盎格鲁—美国的私法观念，已经受到语言、哲学、法理学、修辞和历史等困难的困扰。[1] 以大陆法系学者的视角进行考察，普通法系法学著述中所讲的私法以普通法和衡平法的形式存在。普通法中的私法规范一般属于合同法、侵权行为法和家庭法等领域，衡平法中的私法规范一般属于财产法（主要是不动产法）、信托法和破产法等领域。19 世纪末 20 世纪初，英美法系国家还制定了货物买卖法、公司法、票据法和保险法等成文法。但是，英美法系没有一个像大多数民法法系国家中所拥有的作为一个独立部门法的民法或者商法。

可见，民商法在不同法系，甚至在同一法系的不同国家，采取的立法体例和表现形式不一，范围也不完全一致。所以，国际民商事关系所适用的法律，应做广义理解，意即一切私法。

2. 国际民商事关系适用法律所属国家的范围

国际民商事关系由于具有国际性，一般涉及两个及两个以上的国家。因

---

〔1〕 Stephen Waddams, *Dimensions of Private Law: Categories and Concepts in Anglo – American Legal Reasoning*, Cambridge University Press, 2003, p. vi.

此,同一个国际民商事关系,就可能适用相关诸多国家的法律;站在一个国家的角度,其他国家的法律就是外国法。这里,就涉及对"外国"的理解问题。

一般来说,一个主权国家的所有地区拥有同一个法律体系,实行相同的法律制度。但是,由于历史的原因,世界上还有一些国家内部的不同地区,实行不同的法律制度,特别是普通法系国家。在美国,根据其宪法修正案第10条的规定,美国法律中既有联邦法律又有州法律。在私法立法方面,联邦立法范围包括国际贸易、州际贸易、专利权等,州立法权包括婚姻、家庭、保险、公司、票据等。这样,在州立法权范围内,每个州的私法都可能不同。英国也是这种情况。

所以,英国学者说,在国际私法中,"外国法律体系"(foreign system of law)是指法院司法辖区以外的地区(territory)施行的独特的法律体系。因此,它不仅包括外国政治主权国家(state)的法律,还包括法院地所处政治国家的分区(subdivision)施行的法律。所以,就国际私法而言,对英格兰法院(English court)来说,苏格兰法律、海峡群岛法律、北爱尔兰法律、英联邦和欧洲共同体某个成员国法律,恰如日本法或者巴西法一样,都是外国法(foreign law)。[1]这表明,即使在一个国家内部,也有施行不同法律体系的许多区域。英国学者认为,"区域"(country)一词被戴西界定为"一个主权下适用同一个法律体系的全部地区"。著者认为可能更好的表述是"法域"(law district),但该词从来没有得到英语冲突法学者的认可,认可的却是熟悉的"区域"一词。在冲突法意义上,英格兰、苏格兰、北爱尔兰、马恩岛、泽西、根西岛、奥尔德尼岛、萨克岛、各个英属殖民地、澳大利亚的各个州和加拿大的各个省,都是一个个独立的区域,但都不是国际公法上的国家(state)。毋庸置疑,在绝大多数冲突法意义上,美国的一个州就是一个"区域"。另外,威尔士就不是一个区域,因为它与英格兰同属一个法律体系。在冲突法意义上,一个区域没有必要拥有自己独立的立法机关。议会制定冲突法规范时,使用的表述有时是"区域"(country),有时是"地区"

---

〔1〕 Peter North and J. J. Fawcett, *Cheshire and North's Private International Law*, thirteenth edition, Butterworths 1999, p. 9.

(territory),有时是“地方”(place)。在冲突法中,“国家”(state)就是同一个主权下的全部地区。在冲突法意义上,“国家”(state)可能会与“区域”(country)发生重叠现象。单一制国家,如瑞典、荷兰和新西兰,法律在整个国家都是相同的,就此而言,“国家”就是“区域”。但在复合制国家,如联合王国、美国、澳大利亚和加拿大,“国家”就不是“区域”。[1]所以,从冲突法的角度看,在绝大多数情况下,苏格兰和北爱尔兰与法国和德国一样,都是外域。[2]《美国第一次冲突法重述》[Restatement(First)of Conflict of Laws 或者 The First Conflicts Restatement]第2条将其中使用的“state”一词界定为“a territorial unit”。可见,在英国和美国,存在众多的区域,相应地也就有众多的法域。站在某一个法域的角度,就冲突法意义而言,本国内的其他法域和其他国家一样,都是外域,甚或可以理解为“外国”。

其实,我国现在也是一个多法域的国家。我国香港特别行政区、澳门特别行政区和台湾地区由于历史的原因都有自己独特的私法制度。所以,我国《涉外民事关系法律适用法司法解释》第19条规定,涉及香港、澳门特别行政区民事关系的法律适用问题,参照适用本规定。

总之,在国际私法中,“外国”(或者“国家”)应做广义理解,既包括单一法域的主权国家,又包括多法域国家中的不同法域。

二、国际私法的调整对象

法律是调整人们社会关系的规范,不同的法律调整不同的社会关系,所以不同的法律具有不同的调整对象。

国际私法的调整对象是国际民商事关系。国际民商事关系的具体认定,前已述及,此处不再赘述。

---

〔1〕 Lawrence Collins, *Dicey and Morris on the Conflict of Laws*, thirteenth edition, Sweet & Maxwell Limited 2000, pp. 26 – 28.

〔2〕 Lawrence Collins, *Dicey and Morris on the Conflict of Laws*, thirteenth edition, Sweet & Maxwell Limited 2000, p. 3.

在国际私法的调整对象上,学术界主要存在两个分歧:一是国际私法的调整对象到底是国际民商事法律关系(或涉外民商事法律关系)还是国际民商事关系(或涉外民商事关系);二是国际私法的调整对象究竟是整体的国际民商事关系还是特定部分的国际民商事关系。

(一) 国际民商事法律关系与国际民商事关系

对于国际私法的调整对象到底是国际民商事法律关系(或涉外民商事法律关系)还是国际民商事关系(或涉外民商事关系),学术界形成了两种观点。第一种观点认为,“民事关系”和“民事法律关系”是两个不同质的概念,两者在内涵和外延上都存在区别。民事关系是社会关系中的财产关系和人身关系,其本身并不存在固有的权利义务内容;民事法律关系则是一种意志社会关系,是民事关系中具有权利义务内容的财产关系和人身关系。而且,民事法律关系是由民事关系转变过来的。转变的条件就是相应民事法律规范的实施,从而在法律上赋予了民事关系以权利义务内容,民事关系是民事法律调整的对象,民事法律关系是法律调整的结果。[1]因此,国际私法的调整对象是国际民事关系或涉外民事关系,而不是国际民事法律关系或涉外民事法律关系。第二种观点认为,在国际私法上,国际民商事关系和国际民商事法律关系,或者说涉外民商事关系或涉外民商事法律关系,是同义语,没有实质上的区别。[2]国际民商事法律关系或涉外民商事法律关系就是受国际私法调整的国际民商事关系或涉外民商事关系。那种否定民事关系存在固有的权利义务内容的观点是不正确的,因为任何社会关系都是人们基于一定的规则而结成的权利义务关系。把国际私法的调整对象仅理解为国际民商事关系而非国际民商事法律关系是片面和机械的。[3]甚至还有第三种观点,对该问题的回答比较复杂,因为这涉及对国际私法的范围问题的回答。既然国际私法既包括冲突法,又包括实体法,那么,国际私法的调整对象应该既包括民事关系(实体法),又包括民事法律关系(冲

---

〔1〕 陈力新、邵景春:《国际私法概要》,光明日报出版社 1988 年版,第 23 页。
〔2〕 余先予主编:《简明国际私法学》,中央广播电视大学出版社 1986 年版,第 2—3 页。
〔3〕 黄进主编:《国际私法》,法律出版社 1999 年版,第 7 页。

突法,只有冲突法才可以调整法律关系,其他任何法律都只能调整社会关系,例如经济关系、政治关系等)。[1]可见,在这个问题上,国际私法学界的分歧很大。

其实,在民法学界,关于民法的调整对象是民事关系还是民事法律关系,也存在两种观点。第一种观点认为,人类社会生活之内容,极为错综复杂,因而所发生之关系,自亦不止一种。例如宗教关系,同乡关系,师生关系,同学关系,同事关系,恋爱关系,朋友关系,等等,不一而足。不过这些关系并非法律关系,因其不受法律所支配之故。所谓法律关系,是指人类社会生活关系中,受法律所支配的关系。法律关系之本质在于,因法律之规定而在当事人之间发生的权利义务关系。法律关系之区别于他种关系,正在此权利义务。一般社交关系,如友谊关系,群众组织内部成员间的关系,通常也被认为有某种"权利义务",但不是法律上的权利义务关系,因此不是民事法律关系。[2]第二种观点认为,按照我国《民法通则》的用法(1987 年我国《民法通则》第 1 条规定其立法目的之一是"正确调整民事关系"),民事关系是指民法调整的对象……把民事关系理解为民法调整的社会关系,在理论上和实践中都是说不通的。理由之一是民法调整的对象,是由民法界定的。在各种社会关系中,并不存在一种可以脱离民法的调整而独立存在的天然的"民事关系"。"民事"的性质是民法赋予的,没有不是民事法律关系的"民事关系"。可见,"民事关系"与民事法律关系是同一概念。民事关系可以作为民事法律关系的简称,但不能把二者区分开来以表达不同性质的关系。[3]可见,关于调整对象存在两种观点,这在国际私法学界和民法学界应该说是一脉相承的。

实际上,上述民法学界第一种观点阐述的语境是从关系、社会关系依次入手来研究民事法律关系的概念。而第二种观点的语境是从民法的调整对象入手来研究民事关系和民事法律关系两者之间的关系。总体上看,两种观点实质

---

〔1〕 屈广清:《冲突法原理》,法律出版社 2004 年版,第 4 页。

〔2〕 梁慧星:《民法总论》,法律出版社 1996 年版,第 48 页。

〔3〕 佟柔主编:《中国民法学·民法总则》,中国人民公安大学出版社 1990 年版,第 44—45 页。

上并不矛盾,得出不同结论是因为两者的语境不同。我们知道,法以其特有的规范作用和社会作用对社会生活发生着深刻的影响。但是,我们不能因此陷入“法律万能论”的误区,要看到法在作用于社会生活的范围、方式、效果以及实施等方面存在着一定的局限性,并要以这种对法的局限性的认识为基础,把法的调整机制与其他社会调整机制有机地结合起来,建立良性的社会秩序。[1]由此可见,民法学界上述第一种观点显然更为科学。第二种观点由于是从我国《民法通则》的规定展开研究,所以该观点研究的是将范围更为广泛的社会关系经民法过滤后的关系,换言之,该观点只是在研究经民法过滤后民法能够调整的那部分关系,所以这部分关系当然就是民事法律关系。就这部分民法能够调整的关系而言,民事关系与民事法律关系是同一概念。当然,该观点还有两个问题值得商榷。第一个问题是,该观点认为“‘民事’的性质是民法赋予的”。照此而言,民法因局限性不能调整的那部分社会关系就不能称为“民事”关系。其实,民事也不只是个专门的法律术语,人们在日常生活中也经常会使用“民事”一词。就像道德中也有“权利义务”,这与法律中的“权利义务”肯定不同,但民法学者不可能禁止他人在道德中使用。第二个问题是,该观点认为“没有不是民事法律关系的‘民事关系’”。对于这个问题,民法学界上述第一种观点和上述法理学界对法的作用的阐述,已经给出了正确的回答。总之,第一,民法能够调整的民事关系就是民事法律关系。第二,民法不能够调整的民事关系不是民事法律关系,但仍然可称之为民事关系。

对于调整对象的两种观点,上述国际私法学界与民法学界的观点基本上是对应的。其实,国际私法学界秉持第二种观点的学者认为,国际民商事法律关系与现实生活中存在的由国际私法调整的国际民商事关系并不是两种不同的社会关系,而是同一种社会关系。这是因为法律调整社会关系只是确认、赋予和更正当事人以权利和义务,使其权利义务关系与法律规定一致起来,并不是形成另一种独立的社会关系。任何一种作为国际私法调整对象的国际民商事

---

[1] 张文显主编:《法理学》(第2版),高等教育出版社2003年版,第357页。

关系,在实际生活中,由于受国际私法的调整,因而也就具有法律性质,成为以权利义务为内容的国际民商事法律关系。简言之,国际私法调整的国际民商事关系就是国际民商事法律关系。[1]可见,国际私法学界第二种观点与民法学界第二种观点的语境是相同的。

通过上述对民法学界观点的分析,可以推导出:(1)国际私法能够调整的国际民商事关系就是国际民商事法律关系。(2)国际私法不能够调整的国际民商事关系不是国际民商事法律关系,但仍然可称之为国际民商事关系。

(二) 整体的国际民商事关系与特定部分的国际民商事关系

国际私法的调整对象是整体的国际民商事关系还是特定部分的国际民商事关系,学术界存在两种观点。第一种观点认为,国际私法只调整特殊的或特定范围的国际民商事法律关系,即"涉及外国法适用的国际民商事法律关系",而这种特殊的或特定范围的国际民商事法律关系必须具备如下条件:一是国际民商事法律关系本身必须具有外国法效力所及的法律事实;二是外国法的效力必须获得内国法的承认。[2]甚至有学者进一步认为,国际私法是调整涉及内外国法律适用的那部分涉外民事关系。[3]第二种观点则认为,国际私法应把国际民商事法律关系视为一个整体来进行总体调整,国际私法的调整对象就是国际民商事法律关系,没有受国际私法调整的国际民商事法律关系和不受国际私法调整的国际民商事法律关系之分。出现这种分歧的原因,一方面是学者们对国际民商事关系和国际民商事法律关系这两个概念有不同的理解;另一方面是学者们对国际私法的范围有不同的看法。

对于第一方面的原因,前已述及。但这里需要指出的是,前面提到的关于国际私法的调整对象民商事关系的国际性认定标准是民商事关系的主体、客体和法律事实三个要素中至少有一个具有国际因素或涉外因素。有学者认为,不

---

〔1〕 黄进主编:《国际私法》,法律出版社1999年版,第6页。

〔2〕 陈力新、邵景春:《国际私法概要》,光明日报出版社1988年版,第5—10页、第24—26页。

〔3〕 刘振江等主编:《国际私法教程》,兰州大学出版社1988年版,第60页。

涉及外国法适用的关系就不是国际民商事关系,这种看法值得商榷。例如,两个中国人在美国短暂停留(如旅游)期间签订了商事合同,但该合同的后续履行等都在中国境内,后来在合同履行中发生争议诉至中国法院。在审理案件涉及的实体问题时,中国法院根本没有考虑其中的国际私法问题,而是将其直接作为纯国内案件,毫不迟疑地径直适用中国法律作出裁判。因此,有人认为这不是国际私法调整的案件。其实,这是一起真正的国际私法案件。尽管法院即使认真研究其中的国际私法问题后,也会适用中国法律。但其事实上"根本没有考虑其中的国际私法问题,而是将其直接作为纯国内案件,毫不迟疑地径直适用中国法律作为准据法"的做法,是不妥当的。

对于第二方面的原因,更为复杂,本书后文将有详细论述。

总之,本书认为,国际私法的调整对象是整体的国际民商事关系。

三、法律冲突

(一) 法律冲突的概念和产生的条件

迄今为止,法律作为人类最伟大的发明,是自我管理的最有效手段。孟德斯鸠认为,一般的法律是人类的理性,各国的法律是人类理性在特殊场合的适用。因此,法律与政体的性质、自然环境、政制所能容忍的自由程度、人口、贸易、人们的生活方式、宗教、性癖、财富、风俗习惯,以及立法者的目的和社会秩序等都有关系,这些关系综合起来就构成所谓"法的精神"。[1]法在世界一切地方总是历史、社会与政治的一面镜子。[2]任何国家与法律制度的变化都是以价值观、世界观以及意识形态的变化为基础的。[3]所以,尽管全球化浪潮日渐凶猛,各法域法律尤其是私法领域出现了统一化趋势,但各法域的政治、历史、社

---

〔1〕 [法]孟德斯鸠:《论法的精神》(上册),张雁深译,商务印书馆1963年版,"张雁深:孟德斯鸠和他的著作"第9页,正文第7—8页。

〔2〕 [德]伯恩·魏德士:《法理学》,丁小春、吴越译,法律出版社2003年版,中文版前言第1页。

〔3〕 同上书,第23页。

会等孟德斯鸠所谓之法的精神仍然存在差异，所以，对于同一项国际民商事关系，因涉及几个法域就会出现诸多法域的私法竞相适用的情况。但诸多法域私法的规定不尽相同，在适用时就可能会得到几个不同的结果，换言之，就会出现法律适用上的冲突。因此，法律冲突是指同一国际民商事关系因所涉几个法域私法规定的不同而出现的法律适用上的相互抵触现象。

时至今日，在法律的各个领域，不同法域之间都会存在许多不同的规定。但由于公法事关国家利益或者重大社会利益，因而具有严格的属地性，所以一个法域是不会适用其他法域的公法的，相应地，就不会产生公法适用上的冲突现象。所以，法律冲突就成为国际私法领域的独特现象。

对于同一个国际民商事关系，如果所涉几个法域的私法规定完全相同，适用其中任何一个法域的私法，都会得出同样的结果。这时，就不需要在诸多法域之间进行复杂的法律选择。但实际情况却是，一方面，各法域私法的规定千差万别。另一方面，所涉各法域均对含有本法域因素的法律关系竞相行使立法管辖权。〔1〕这样，在处理同一个国际民商事关系时，依据所涉某一法域的私法，它已有效成立或已有效解除，而依据所涉另一法域的私法，它却没有有效成立

---

〔1〕 作为国家要素之一的主权，是国家的根本属性。国家的基本权利是从国家主权直接引申出来的，它包括独立权、平等权、自卫权和管辖权。管辖权是指国家对其领域内的一切人（享受豁免者除外）、物和所发生的事件，以及在其领域外的本国人行使管理的权利。国家的管辖权分为立法管辖权（Legislative Jurisdiction）、司法管辖权（Judicial Jurisdiction）和执法管辖权（Executive Jurisdiction）三种。国际法上只做前两种分法；从广义法律适用的角度看，执法管辖权也可归到司法管辖权之中。立法管辖权是指国家制定法律的权能（competence to prescribe law）。司法管辖权是指国家适用其所制定之法律的权能（competence to apply law）。司法管辖权行使时具有强制性的特点，而公认的习惯国际法却禁止一国在他国领域内行使该类权利，所以司法管辖权只具有域内效力。但司法管辖权的域内性并不意味着各国法律的适用范围都只能限制在其领域之内。国际法并不禁止一国在其领土范围之内，对任何发生在国外的事情行使管辖权。司法管辖权和立法管辖权的这种区别，法国著名国际法学家卢梭（Charles Rousseau）说，司法管辖权是独立的（indépendantes），立法管辖权是互相渗透的（interpénétrables）。简言之，司法管辖权具有地域上的排他性，立法管辖权在地域上具有兼容性。在国际私法中，各国竞相行使立法管辖权就是指对于含有本国（法域）因素的法律关系，各国都有权制定调整该法律关系的法律，以显示其在立法上对该法律关系享有管理权。这种各国竞相行使立法管辖权的做法，也是上述国际法的理论和实践所认可的。

或有效解除；或者依据某一法域的私法，当事人之间具有此样态的民事权利和义务，而依据另一法域的私法，他们之间却具有彼样态的民事权利和义务。最终，就出现了法律冲突问题，继而需要进行法律选择，换言之，在相关多个法域的私法之间选择一个法域的私法予以适用。正是因为这个原因，国际私法在许多国家又被称为"法律冲突法"、"法律选择法"、"冲突法"等。

前述中英两国男女青年在美国纽约市政厅婚姻登记处登记结婚后一年，二人回到中国定居，然后发生离婚诉讼。在诉讼中，首先需要确认他们的婚姻关系是否已经合法成立。如果不考虑其他因素，只就婚龄而言，依据中国婚姻法、英国婚姻法和美国纽约州法律，就会得出两种截然相反的结果：(1)适用中国法，我国《婚姻法》规定的法定婚龄是男22周岁，女20周岁，男女双方都未达到法定婚龄，因此该婚姻是无效婚姻。(2)适用英国法，英国规定的法定婚龄男女都是16岁，王某夫妇结婚时男女双方均已达到法定婚龄，其婚姻已有效成立。(3)在美国，婚姻属于州立法权限。大部分州的法定结婚年龄是男21周岁，女18周岁。但纽约州的法定结婚年龄，男女都是18周岁，无额外条件可以结婚；16周岁的，必须经双方父母同意；14周岁的，必须经双方父母和法庭的同意。另外，美国法官有比较大的权力，低于14周岁如果怀孕了，若有比较充分的理由，法官同意的，也可以结婚。这样，根据婚姻缔结地法律，其婚姻也已有效成立。由于根据中国法、英国法和美国纽约州法，该婚姻的效力是不同的。所以，在确认该婚姻的合法性时，选择哪个地方的法律，是适用中国法，还是适用英国法或者美国纽约州法，结果是不同的，换句话说，适用的结果就会发生冲突。

对于法律冲突产生的原因和条件，有人认为，法律冲突的产生有五个条件，即：内外国人的频繁交往；外国人民事权利地位得到承认；国家司法权的独立自主；各国法律之间存在差异；以及允许内外国法律的并用。[1]而另有学者认为，

---

〔1〕 洪应灶：《国际私法》，台湾中国文化大学出版部(第2版)，第2—5页；翟楚：《国际私法纲要》，台湾"国立"编译馆出版，第2—4页。

法律冲突产生的最基本条件只有两个:一方面,世界上并存着许多具有平等主权的国家,各自具有自己独特的法律制度;另一方面,各个国家的自然人和法人,需要在物权法、债权法、婚姻家庭法和劳动法等法律调整的领域接触和联系,并希望得到外国的保护。〔1〕还有学者认为,法律冲突的产生主要是三方面的条件:各国人民往来频繁,使许多民事法律关系包含有涉外因素;各国民法互相歧异;对含有涉外因素的民事法律关系,在一定范围内有适用外国法的必要性和可能性。〔2〕以上种种分析,对于理解法律冲突产生的原因或条件,不无裨益。一般地讲,国际民事法律关系发生法律冲突,主要是因为下列因素作用的结果,它们同时存在,同时作用,缺一不可。

第一,各国私法制度互不相同。由于世界各个国家的社会制度、经济发展状况以及历史文化传统的不同,其法律制度千差万别。在民商事法律制度方面,两大法系无论是在宏观体系方面,还是在具体制度方面,都有许多不同。即使是同一个法系,也会存在大大小小的差别。例如,大陆法系依靠一部民法典就可涵盖民事主体、物权、债权、亲属、继承等内容,英美法系则没有民法的概念,有关的财产法、合同法、侵权行为法、家庭法等都是各自独立的。大陆法系有物权的概念和体系,英美法系使用的却是财产法。英美法系有独立的衡平法制度,大陆法系没有衡平法理论。在合同法中,英美法系有独特的对价制度,并以此作为判断正式合同以外其他合同是否有效的重要因素;在违约救济方面,普通法对债务不履行的责任限于损害赔偿,衡平法则承认依约履行和禁令,这都与大陆法系的合同法有所不同。在侵权法中,英美法系侧重规定单个侵权行为,如对财产的侵害、对身体的侵害、对名誉的侵害等,大陆法系则侧重规定一般侵权行为的构成和责任。这样,就会出现应当适用哪一国的法律来确定当事人的权利和义务问题。由此可见,各国民事法律制度不同,是民事法律冲突产

〔1〕 Pavel Kalensky, *Trends of Private International Law*, Avademia Publishing House of the Czechoslovak Academy of Science Prague 1971, pp. 22 – 45.

〔2〕《中国大百科全书·法学》,中国大百科全书出版社 1984 年版,第 228 页。

生的内在原因。

第二，各国之间客观上存在着大量的民商事交往及因此形成的大量国际民商事法律关系。尽管各国民商事法律制度互不相同，但如果各国互不往来，民商事法律冲突也无从产生。但在当今经济全球化的时代，跨域交往已经成为私人生活的正常状态，无论是自己直接参与形成的，还是间接受到影响的。由此可见，各国民间民商事交往的大量发生是民商事法律冲突产生的客观基础。

第三，各国承认外国人在内国享有平等的民事法律地位。实践表明，赋予外国人平等的民事法律地位，是形成国际民事交往和产生国际私法的重要条件。主要有两个方面的含义：首先，在实际生活中，凡内国法不允许外国人享有民事权利时，就不会出现外国人作为主体的民事法律关系，相应地就不会产生民事法律冲突；其次，如果外国人在内国居于凌驾于内国主权管辖之上的特权地位，例如，在旧中国，一些帝国主义国家在中国取得了领事裁判权，这些国家的公民在中国处于特权地位，如在中国发生民事纠纷，由其领事裁判，并适用其本国的法律，当然不会发生民事法律冲突。

第四，各国都承认外国民商事法律在内国的域外效力或承认内外国家法律的平等。这是出于公正、合理地处理相互间民商事关系的实际需要。任何法律都有一定的效力范围，一般地说，公法过去常被认为只有域内效力（现在，在国际民商事法律关系中适用外国公法的情况已不少见，新近有些国家的国际私法立法中对此已有明确的规定），而民商法则往往因国际民商事交往的需要而同时具有域外效力。同时，随着国际经济联系和全球化趋势的日益加强，各国领导阶层的全球观日益加强，因此，都会承认外国民商法的域外效力或承认内外国家法律的平等。例如，一国承认某人根据外国法律而取得的物权，承认根据外国法律而确立的婚姻、继承关系等。正是因为各国对彼此民事法律效力的相互承认，才使民商事的法律冲突成为现实。

（二）冲突规范和准据法

出现法律冲突后，各国和国际社会积极寻求解决办法。历史上出现过三种解决办法:实体法方法、冲突法方法和司法管辖权划分的方法。但迄今为止,最普遍的办法是借由冲突法的办法,冲突法中法律规范的具体表现形式是冲突规范。

冲突规范是指规定某类国际民商事法律关系适用何种法律的法律规范,又称法律适用规范、法律选择规范。在过去,由于冲突规范是国际私法的唯一一种规范形式,所以,冲突规范有时也称为国际私法规范。冲突规范的表现形式通常是"……适用(或依据)……法律"。例如,我国《涉外民事关系法律适用法》第36条规定:"不动产物权,适用不动产所在地法律。"这就是一条典型的冲突规范。该条规定不动产物权类法律关系,适用的是不动产所在地的法律。

冲突规范是由范围和系属两部分构成,范围是冲突规范所调整的类民商事法律关系,系属是范围所适用的法律。例如,上述我国《涉外民事关系法律适用法》第36条的规定中,"不动产物权"就是冲突规范的范围,"不动产所在地法律"就是冲突规范的系属。

冲突规范的系属中有一个很重要的部分,被称为连结点(又称连结因素、连结根据等)。连结点是指冲突规范借助确定国际民商事关系应当适用法律的根据。例如,上述我国《涉外民事关系法律适用法》第36条的规定中,"不动产所在地"就是作为不动产物权所适用法律的根据,所以,"不动产所在地"就是连结点。由连结点在冲突规范中所处的地位来看,它处于冲突规范的核心地位,因为它对冲突规范中的范围指明了方向,起到媒介的作用,而这种媒介作用反映了范围与系属之间具有本质的关系。因此,连结点就成为国际私法全部研究之所在。换言之,国际私法就是围绕着连结点展开研究的。

在实践中,将冲突规范与实际的国际民商事关系结合起来,才能确定该国际民商事关系最终适用的实体法律,这就是准据法。所谓准据法是经冲突规范指引用来确定国际民商事关系中当事人具体权利、义务和责任的特定实体法律。例如,某国际不动产物权关系需要依据我国《涉外民事关系法律适用法》来解决,如果该不动产位于中国境内,该国际不动产物权关系最终适用的准据法就是中国相关的实体法。

由于后文对冲突规范和准据法会有详细的论述,所以这里只做简单介绍,以备该阶段学习之用。

第二节　国际私法的调整方法

由于国际民商事法律关系与两个或两个以上国家的法律相关联,所以,究竟用哪个法律来调整国际民商事法律关系,就成为国际私法的核心问题。调整国际民商事法律关系的方法有实体法方法、冲突法方法和司法管辖权划分的方法三种。

一、实体法方法

实体法方法,又称直接方法,是指利用实体法调整国际民商事法律关系,直接确定当事人的权利、义务和责任等。这种实体法包括国际统一实体法和国内直接适用的法两种形式。

我们知道,解决法律冲突的方法有实体法和冲突法两种方法。一般认为,历史上解决法律冲突的第一种方法是实体法方法。[1]当时,古罗马涉外执政官(praetor peregrinus,又译"外事裁判官")在解决邦际纠纷时,既不从所涉城邦中选择法律,也不考虑特定案件适用所选法律的结果,而是重点考虑特定案件的需要,然后根据所有所涉城邦的法律设计该案件最合适的实体法解决方法。[2]因此,面对邦际私法纠纷,人们法律意识的第一本能便是:折衷处理而非选法,

---

〔1〕 Symeon C. Symeonides, *Private International Law at the End of the* 20th *Century: Progress or Regress*? Kluwer Law International Ltd. 2000, p. 11.

〔2〕 Friedrich K.. Juenger, *Choice of Law and Multistate Justice* (Special Edition), Transnational Publishers, Inc. 2005, pp. 8 – 10.

折衷主义而非“要么全部适用要么全部排除”的极端主义和“实体公正”而非“冲突公正”。所以，运用实体法方法产生的规范也叫“适用于多邦情形的专用实体规范”，或者“实体”规范。其实，这种实体法就是后文所说的罗马法中的万民法。万民法可以被视为实体法方法的最初形态，后来出现的比较有名的有中世纪商人法（*lex mercatoria*）和当下的“新商人法”（new *lex mercatoria*）。

（一）方法一：国际统一实体法

国际统一实体法是指能够直接确定国际民商事关系中当事人实体性权利、义务和责任的统一性国际法律，具体形式有条约和国际惯例两种形式。该种法律能够直接避免法律之间的冲突，可以更迅速、更准确、更直接地确定当事人的权利与义务。例如，1980年《联合国国际货物买卖合同公约》第66条规定：“货物在风险转移到买方后遗失和损坏的，买方支付价款的义务并不因此而解除，但这种遗失或损坏是卖方的行为或不行为所造成的除外。”根据本条规定，买卖双方的风险责任非常明确，所以就不会因为当事人双方各自所属国法律规定的不同而引起法律冲突。根据本公约第1条适用范围的规定，能够适用本条约的当事人双方，就可依据第66条的规定直接确定其风险责任，无须借助其他任何法律。

1883年，法国、比利时和巴西等国在巴黎签订了《保护工业产权巴黎公约》，标志着现代意义国际统一实体法的诞生。19世纪以来，在国际贸易方面出现了许多有关的国际条约和国际惯例，它们在调整国际民商事法律关系时，对消除法律冲突起着十分重要的作用。由于以国际统一实体法形式统一的基本上都是商事法，因此人们一般将其称为国际商法。随着经济全球化进程在21世纪的快速推进，各国会愈加认可国际商法的功能，会以更加积极的态度加入商事条约或者接受国际惯例。可以预见，重要的国际商事立法在21世纪会被广泛接受，原来没有加入或者接受的国家会积极加入或者接受，新的条约或者国际惯例会获得比20世纪更多的国家认可。

现有国际商法在全球的普遍适用，是一个需要历经磨难的漫长过程。目前的国际商法体系是由数以十计的条约和惯例构成,但20世纪的经验表明,即使是一项条约或者惯例的普遍接受往往都是相当漫长和十分艰难的,但只有每个条约或者惯例均独自获得各自的普适性,其全部总和才能构成国际商法体系的整体普适性。1980年《联合国国际货物销售合同公约》是公认的最成功的条约,但目前还有英国和日本等许多国家没有加入。

目前,在下列领域形成了国际统一实体法:民商事主体、商事合同、知识产权、货物买卖、货物运输及保险、支付、工程承包、特许经营,以及其他领域等。

(二) 方法二:国内直接适用的法

在国际私法的晚近发展中,欧洲出现了一种"直接适用的法"的调整方法。该种法律规范的适用不依赖于连结因素的指引,而是根据其体现的政策与有关案件的关系的程度,自己决定自己适用的范围。[1]直接适用的法(Loi d'application immédiate),是法国国际私法学者弗朗西斯卡基斯在1958年的论文《反致理论和国际私法体系的冲突》中首次提出的。后来,其他学者提出了许多不同的名称,如强制性法律、自我限定规范、专属规范、特殊法律选择条款等。

直接适用的法的理论与方法已被一些国家的立法所采用。根据《瑞士联邦国际私法》,瑞士法院既可以直接适用内国法,又可以直接适用外国法(如该法第18条、第13条分别规定:"不论本法所确定的法律为何,因其特殊目的应当适用瑞士法律的强行规定的,应当适用。""本法对外国法的指定,包括依照该外国法应适用于案件的所有规定"),还可以直接适用国际条约(依该法第49、93、118、134、194条之规定,可以直接适用1973年《关于扶养义务法律适用公约》、1961年《关于遗嘱处分方式法律适用公约》、1955年《关于有体动产国际买卖法律适用公约》、1971年《关于公路交通事故法律适用公约》和1958年《关于承认与执行外国仲裁裁决的公约》)。对于《瑞士联邦国际私法》诸项规定,究竟应认为是冲突法调整还是实体法调整,或者是冲突规范还是实体规范等理论见

---

[1] 韩德培主编:《中国冲突法研究》,武汉大学出版社1993年版,第29页。

解,分歧巨大。[1]有学者认为,由于这类直接适用之规定是基于国内立法的特别指定,该指定本身并不直接决定当事人的具体权利义务,因而不属于实体法调整的范畴。应该说,直接适用法的功能具有单边适用法律的性质,属于冲突法调整的方法,从而直接适用法规范亦属冲突规范的范畴。

我们认为,第一,直接适用的法不符合前述法律冲突产生的第四个条件。前已述及,法律冲突产生的第四个条件是"各国都承认外国民商事法律在内国的域外效力或承认内外国家法律的平等",而直接适用的法表明,本国法正好是不承认外国民商事法律在内国的域外效力或承认内外国家法律的平等,因为它规定只能适用本国法。所以,直接适用的法不是冲突法方法。第二,直接适用的法也是一种实体法方法。上述否定直接适用的法是实体法方法的学者认为,其不是实体法方法是因为"该指定本身并不直接决定当事人的具体权利义务"。其实,即使前述国际统一实体法也不直接决定当事人的具体权利义务。例如,对于条约这种国际统一的实体法形式,也是要经过当事人在合同中选择适用或者国家法律的并入条款等,才能适用。而这里的"当事人在合同中选择适用或者国家法律的并入条款等"起到了与直接适用的法相同的作用,即二传手作用。我们之所以将实体法方法与下述冲突法方法相比较,认为其能直接决定当事人的具体权利义务,是因为实体法方法不需要结合国际民商事关系的具体情形就能直接决定当事人的具体权利义务,而冲突法方法必须首先结合国际民商事关系的具体情形确定准据法,然后根据准据法才能直接决定当事人的具体权利义务。换言之,运用冲突法方法中间有一个确定准据法的程序,而实体法方法则没有这个程序。相反,在确定准据法方面,直接适用的法与实体法方法是相同的程序。因此,本书认为,直接适用的法是实体法方法。

强制性法律,一般是指本国法律中明确规定某类法律关系应直接适用某法

---

〔1〕 徐冬根:《论"直接适用法"与冲突规范的关系》,载《中国法学》1990年第3期;肖永平:《论直接适用法》,载《法制与社会发展》1997年第5期。

律规定,不允许当事人选择,当事人不能通过约定排除适用,法院在审理案件过程中也不必通过本国冲突规则的指引而予以直接适用的法律。强制性法律一定包含了本国社会公共利益的考量。近年来,越来越多的国家规定某些涉外民商事法律关系必须适用某些特别法、强行法、禁止性规范,从而排斥外国法的适用,这是国家加强对社会经济生活干预在国际私法法律适用领域中的一个突出表现。例如,反垄断法、外汇管制法、外贸管制法、价格法、社会保障法、消费者权益保护法等,一般旨在保护本国经济秩序或对某类利益进行特殊保护,这些领域的法律对涉外民事关系有重大影响。

我国《涉外民事关系法律适用法》第 4 条首次明确规定了我国法律的强制性规定应予直接适用。该条规定,我国法律对涉外民事关系有强制性规定的,直接适用该强制性规定。我国《涉外民事关系法律适用法司法解释》第 10 条对此做了更加详细的明确规定:有下列情形之一,涉及中华人民共和国社会公共利益、当事人不能通过约定排除适用、无须通过冲突规范指引而直接适用于涉外民事关系的法律、行政法规的规定,人民法院应当认定为《涉外民事关系法律适用法》第 4 条规定的强制性规定:(1)涉及劳动者权益保护的;(2)涉及食品或公共卫生安全的;(3)涉及环境安全的;(4)涉及外汇管制等金融安全的;(5)涉及反垄断、反倾销的;(6)应当认定为强制性规定的其他情形。该司法解释第 10 条除对我国法律的强制性规定的定义进行一般性描述外,还以不完全列举的方式解决可操作性问题,列举排序是根据法律与民生的相关程度进行的。

必须强调的是,这里的"强制性规定",与我国合同法上的所谓效力性或管理性强制性规定不同,一定是适用于涉外民事关系的那类强制性规定,对此要从立法目的上考察。"强制性规定"的直接适用,与公共秩序保留条款一样,都是能够达到排除外国法适用目的的制度,因此,对于"强制性规定"的理解应当严格、谨慎。如果滥用,将会大大折损国际私法的积极作用,甚至带来消极后果。

二、冲突法方法

冲突法方法,亦称间接方法,指在国内立法或条约中制定冲突规范,然后再结合具体国际民商事关系所确定的实体法,确定当事人的权利义务和责任等。例如,我国《涉外民事关系法律适用法》第36条规定:“不动产物权,适用不动产所在地法律。”该条法律规定,仅仅指出了不动产物权按照什么法律来处理,而没有直接规定不动产物权关系中当事人取得物权的条件、物权的内容等具体内容。又如,1982年《布斯塔曼特法典》第105条规定:“财产不论属于何种类,皆依其所在地法。”这是条约中的冲突规范。

利用冲突规范进行间接调整是国际私法中最主要的调整方法,传统的国际私法只有间接调整一种方法。所以,有学者把国际私法称为适用规范或间接法。[1]正如有学者所说,当国际私法选择了适当的法律体系,它的功能就完成了。其规范不会提供解决纠纷的直接方法,并且据说法律的这个部门看起来像火车站的问讯处,旅客在此可以查询到其所坐火车出发的站台。[2]因此,冲突法实际上是指引法,结合所要解决问题的实际情形辅助性地指引出其最终适用的准据法。

间接调整和直接调整都是为了解决国际民商事法律关系的法律适用,但由于方法不同,所运用的法律规范就不同。在解决同一个国际民商事法律关系时,只能使用其中一种,不能同时使用。在一般情况下,有统一实体规范时,就要适用统一实体规范,只是在没有统一实体规范可适用时,才适用冲突规范。由此可见,在解决某一个国际民商事法律关系时,两者是互相排斥的;但就对于法律适用而言,两者又是相辅相成的。

---

〔1〕 [日]北胁敏一:《国际私法——国际关系法》,姚梅镇译,法律出版社1989年版,第6页。

〔2〕 Peter North and J. J. Fawcett, *Cheshire and North's Private International Law*, Thirteenth Edition, Butterworths 1999, p. 8.

对于冲突法方法和实体法方法两者的历史发展和关系,我们认为有必要认真研究,以便有比较清楚的认识。

将冲突法等同于国际私法的传统观点,已被现代国际民商事关系法律调整的丰富实践所突破。国际私法作为总体上调整国际民商事法律关系的基本法,是调整涉外民商事法律关系的法律规范的总和。国际私法对国际民商事法律关系的调整方法开始只限于冲突法,但现在已发展到用冲突法和统一实体法及专用国内实体法两种方法,即间接调整方法与直接调整方法相结合来调整这类社会关系。

当国际民商事法律关系尚处于较简单的状态时,各国都选择了冲突法形式来调整这类法律关系。当时,人们认为通过冲突法来平等地决定适用内国法和外国法,是一种比较合理的办法。但是19世纪末以后,这种情况有所改变。随着国际民商事法律关系的复杂化,人们感到用冲突法作为唯一的形式去调整国际民商事法律关系并不是最优方法,因而转向寻求其他的方法。产生这种变化的原因,主要是冲突法本身具有局限性:其一,冲突法因其间接调整性而缺乏一般法律明确性和可预见性的性质。它不构成法律关系当事人作为或不作为的准则,不能直接确定当事人的权利义务,单纯根据它无法预见法律行为的后果,缺乏法律应有的明确性和预见性;其二,冲突法发展中产生的若干配套制度使法律适用缺乏稳定性。冲突法在长期适用的过程中,形成了公共秩序保留等一系列限制其效力的制度,它解决了法律适用问题后,还可能被公共秩序保留等制度所推翻,这就使它缺乏稳定性;其三,根据冲突法最终确定的准据法对于特定国际民商事关系可能具有盲目性。依传统冲突法的机械的连结因素所指定适用于国际民商事法律关系的准据法,即某国实体法,对于处理某一特定的国际民商事法律关系,可能缺乏针对性。即便如此,因为冲突法在国际物权、国际债权、国际婚姻与亲权、国际继承权中仍起重要作用,不仅不能忽视它,反而更应该加强对其研究;但是,我们也应该看到,国际债权的急剧发展,使得冲突法在这个领域不得不让出一部分地盘给统一实体法规范(多边或双边国际条约)

和专用国内实体法规范去处理。此外,知识产权的国际保护虽然也涉及冲突法的适用,但它主要是用实体法的形式调整。

因此,当代国际民商事法律关系并不都是通过冲突法来调整的。由于法律制度的发展,当代某些国际民商事法律关系已避免或排除了法律冲突,这种情况大体上有以下几类:

第一,若干相关国家的实体法对同样问题的规定完全一致。当相关国家的相关规定实质上同一时,按哪个法律来处理,当事人的权利义务都是一样的,所以就不会出现法律冲突。

第二,统一实体法条约调整国际民商事法律关系。从19世纪末开始,在知识产权保护领域已经出现了统一实体法之条约。从20世纪20年代开始,在国际贸易领域,统一实体法规范逐渐增加,第二次世界大战之后,统一实体法规范又得到了进一步发展。从1924年调整国际海上货物运输关系的《海牙规则》,到1980年《联合国国际货物销售合同公约》,直至2008年《联合国全部或部分海上货物运输合同公约》(简称《鹿特丹规则》),国际上形成了一系列多边或双边的统一实体法规范。既然两国或多国之间对于处理某一类国际民商事法律关系达成协议,就应由协议的具体规定来调整,只是协议中没有相关规定时才能求助于冲突法。

第三,国际惯例调整国际民商事法律关系。国际贸易中的某些问题虽无统一实体法条约,但国际民间团体如国际商会、国际法协会等将各国之间长期适用的惯常做法加以调整,形成了一些国际惯例,得到世界各国公认和执行,如FOB(离岸价格)、CIF(成本+保险费+运费价格)等价格条件,国际跟单信用证统一惯例等。由这些国际惯例调整的国际民商事法律关系,由于大家都按照国际惯例办事,也不会发生法律冲突。

第四,专用国内实体法规范调整国际民商事法律关系。各国从本国的国家利益考虑,都会对一部分国际民商事法律关系规定强行法规,只能适用专用国内实体法的规定,绝对排斥外国法的适用。如我国《涉外民事关系法律适用法司法解释》第10条规定的几种情形，都必须直接适用中国法律的强制性规定，绝对排斥外国法的适用。当然，外国法律中也有类似的规定。制定这种强行性法规，是一个国家的主权，他国必须尊重。既然由专用国内实体法规范调整的国际民商事法律关系排斥了外国法适用的可能性，也就不存在法律冲突问题了。

冲突法让出部分地盘给实体法直接调整，是国际私法向前发展的标志。这绝不是冲突法的衰微，恰恰相反，它将使冲突法进一步完善。冲突法无论在过去、现在还是将来都是国际私法的重要组成部分，原因有以下方面。

第一，解决法律冲突和调整国际民商事法律关系是国际私法的中心任务。国际私法是以国际社会存在民商事法律冲突为前提，因此，冲突法始终处于国际私法的核心地位。过去它在调整国际民商事法律关系中起了主导作用，今后将仍起主导作用。避免或排除法律冲突的国际统一实体法和专用国内实体法，只能是以冲突法为基础来解决法律冲突问题的总体结构的一个补充部分。我们既不能不顾国际上解决国际民商事法律问题的实践发展，不承认直接调整方法在国际私法中的作用，又不能喧宾夺主，颠倒了冲突法与国际统一实体法及专用国内实体法在调整国际民商事法律关系中的主次关系。

第二，实体法的适用领域具有局限性。间接和直接两种调整方法虽在调整国际民商事法律关系中互相配合，都有自己发展的道路，但统一实体法的发展受到各国间政治、经济、文化差异的制约，不可能达到概括无遗的程度。只要法律制度还是国家管理社会的手段，将全世界的民商事法律制度统一起来，只能是一种幻想，根本无法实现。因此，要用国际统一实体法来完全代替冲突法是不可能的，现在世界上还没有一个世界各国都参加的条约。换言之，国际统一实体法只可能局限在部分国际民商事法律问题上，局限在部分国家之间。就国际民商事法律问题的全局来讲，总管的还是冲突法。至于专用国内实体法，各国虽都有权制定，但为了更好地发展国际交往，各国又都不能无所限制，不可能本国所有的涉外民商事法律关系都要求以本国的专用实体法调整。否则，一切领域完全排斥外国法的适用,不仅策略上是错误的,可能把一些原本对本国有利的外国法拒之门外,而且战略上也是错误的,无异于自己孤立自己,堵塞发展本国对外关系的道路。所以,各国都会以冲突法为基础来解决国际民商事法律关系的法律适用问题。

第三,冲突法拥有发挥积极作用的广阔领域。从国际私法涉及的国际物权、国际债权、国际知识产权、国际婚姻与亲权、国际继承权和国际民商事法律关系的主体资格这六类问题来看,目前拥有国际统一实体法和国内专用实体法的领域,主要在国际债权与国际知识产权这两类,其余四类,基本上仍是冲突法一统天下。就是国际债权领域,也仍以冲突法为基础,冲突法同样有自己广阔的活动余地,非缔约国之间或缔约国与非缔约国之间的问题要依冲突法,缔约国之间条约上没有明确规定的问题也要依冲突法。知识产权的国际保护现在也适用冲突法。由此可见,冲突法是国际私法的重要组成部分这个结论是客观的。我们应该加强冲突法的立法和研究,任何忽视冲突法的思想和行为都是错误的,这将导致影响本国对外关系发展的严重后果。

三、司法管辖权划分的方法

从国际私法的发展历史来看,从司法管辖权的划分来解决法律适用上冲突的情况也并不少见。在法则区别说的早期,尽管已有法律的适用冲突,当时意大利北部各城邦之间虽也制定了许多条约,但仍未涉及法律选择问题。所有各城邦的审判员起初都似乎只适用自己城邦的法律,而当事人只要选择了审判员,也就同时默示选择了他们适用的法律。[1]这在后文阐述意大利法则区别说论及意大利最初解决邦际法律冲突的方法时,可以再次看到。

在英国国际私法历史上相当长的时期里,法院也只是把法律适用问题当作管辖权的从属问题来对待和处理。早期的英国普通法院认为,只有在对含有外国因

〔1〕 Martin Wolff, *Private International Law*, Oxford University Press 1945, p. 22.

素的案件享有管辖权时，才会受理这个案件，而且一旦受理，也只适用英国法，根本不去考虑外国法的不同规定。在1760年“罗宾逊诉布兰德”（Robinson v. Bland）案中，丹尼逊（Denison）法官认为，既然原告选择了英格兰法院，就应当适用英格兰法。[1]尽管一些学者认为这种管辖权决定法律适用的做法是英国国际私法产生以前的做法，但必须看到，直到今天，英国法院对于涉外婚姻家庭关系中诸如离婚、别居、监护、收养等许多问题，仍然只受理它认为自己有司法管辖权的案件，而且也还是只适用英国的法律。因为受理这类案件大都以当事人在英国有住所为条件，而适用的法律也一律只限于当事人的住所地法。英国学者认为，英格兰冲突法规则有一个重要方面不同于许多欧陆国家。在许多情形下，英格兰法院如果享有管辖权，它就会适用英格兰本域法。例如，在下列绝大多数诉讼涉及的问题中确实如此：离婚和分居、未成年人的监护和收养、妻子的生活费和孩子的抚养费。相反，在许多情形下，如果外域法院根据英格兰冲突法规则享有管辖权，其判决或令状（judgment or decree）会在英格兰得到承认，而不管其基于的基础或者适用的法律选择规则。因此，在英格兰冲突法中，管辖权问题经常会被法律选择问题所掩盖。换言之，经常出现的情况是，如果管辖权问题（英格兰法院或者外域法院）满意地解决了，法律选择问题就不会出现了。[2]所以，管辖权决定法律适用的方法，在英国至今还是一些领域法律冲突的调整方法。

康·弗鲁恩德也曾指出，对于涉外婚姻家庭关系中的许多问题，欧洲大陆罗马法国家都是通过寻求对不同问题指引不同的法律来解决的，而英美普通法国家，却是通过确定司法管辖权来解决。[3] 意大利国际私法学者维塔在评述欧

---

〔1〕 Peter North and J. J. Fawcett, *Cheshire and North's Private International Law*, thirteenth edition, Butterworths 1999, p. 18. 该案判决是根据三个法官中两个法官的意见作出的，因为在所有的争议点上法国法和英格兰法都是相同的，因此没有必要考虑应该适用哪个法律。

〔2〕 Lawrence Collins, *Dicey and Morris on the Conflict of Laws*, thirteenth edition, Sweet & Maxwell Limited 2000, p. 4. .

〔3〕 O. Kahn-Freund, *General Problems of Private International Law*, A. W. Sijhoff-Leyden 1976, p. 717.

洲学者批判美国新理论给予管辖权的重要性超过法律选择时指出,这种动态在英国也可以发现。在一些特定案件中(如离婚、法律分居、儿童的监护和收养、离婚时的抚养费),英国对其行使管辖权时就表明会适用英国法。美国的新理论走得更远。总是适用本地法的趋势,就会导致司法管辖权在更高程度上等同于法律选择。因此,法律选择问题尽管在理论上仍然存在,但在实践中它已被归入管辖权问题。这种法院地和(适用的)法律之间具有的宽泛一致性是不适当的。另外,如果这种做法流传开来,原告就会寻求在其认为最有利于自己利益之法律所在的国家起诉,然后,他们可能就会规避看上去对案件解决最适当的法律规定。这就等于挑选法院(forum shopping),这是一个整体上不具良性的发展。[1]确实,这种转移解决法律冲突办法的做法,会引起管辖权等其他法律问题的新的冲突,只能使法律选择问题变得更加扑朔迷离,因为需要解决的问题愈加庞杂,甚至引起一系列的连锁反应。

第三节　国际私法的名称

虽然"国际私法"这个名称现已被各国立法普遍采用,但却经历了长期的演变历程,而且至今尚有其他名称。美国库恩在其著作《国际私法或冲突法比较评注》首章"历史发展"之开篇"命名法"中说,"……对国际私法和冲突法两个名称都已引起争议。然而,这两个名称现已被广泛接受,所以现在即使有科学上更准确的术语,也不可能抛弃它们"。[2]所以,德国著名法学家康恩(Franz

〔1〕 Edoardo Vitta, The Impact in Europe of the American "Conflicts Revolution", Vol. 30 *American Journal of Comparative Law* 5 - 6(1982).

〔2〕 Arthur K. Kuhn, *Comparative Commentaries on Private International Law or Conflict of Laws*, Macmillan Company 1937, p. 1.

Kahn)曾指出,在国际私法中,争议从书名页就开始。[1]确实,迄今为止,出现过的名称不下十种。在此,只介绍几个常用的名称。由于国际私法的相关名称对我国来说完全是舶来品,所以本节主要是围绕国外名称进行阐述。

一、法则说或法则区别说(Traite de Statuts, Theory of Statues)

十三四世纪意大利国际私法学创始人巴托鲁斯从区别"法则"(statua)的性质着手来判定其是否可在域外使用,故当时的国际私法就被称为"法则说"。目前我国多译为"法则区别说"。该名称一直使用到17世纪,流行了约400余年。后来虽相继有荷兰学派和法国学派的兴起,但都遵循法则区别说的基本理论(即仍认为法律可从其性质上区分为"物法"、"人法"和"混合法",并且各有不同的适用规则)。

二、冲突法或法律冲突法(Conflict of Laws)

1653年,大陆法系国家荷兰的法学家罗登堡(Chrisian Rodenburg,1618 – 1668)在其所著《关于婚姻的规则或因习惯冲突而产生的法律问题》一书中,首次使用"冲突法"这个名称。另一位荷兰著名国际私法学者胡伯(Huber)也于1684年使用过这个名称。德国著名法学家萨维尼(Savigny)1849年发表《现代罗马法体系(第八卷)》时,其副标题是"法律冲突与法律规则的地域和时间范围",目前这个名称仍被广泛使用。

目前,在英美法系国家冲突法著述中,表示冲突法的英文表述主要有conflict of laws,conflicts law,或简称为conflicts。在仅仅涉及冲突法中的法律选择时,适用的是choice of law。

---

〔1〕 Arthur Nussbaum, *Principles of Private International Law*, Oxford University Press 1943, p.7.

三、外国法适用论(Application of Foreign Laws)

德国国际私法学者奥斯塔特(Oerstadt)1822年撰写的国际私法专著,其书名就是《外国法适用论》。他认为国际私法无非就是规定国际民商事关系在何种情况下可以适用外国法。当然,这个名称也遭到非议。有学者认为国际私法是规定内外国法律的适用问题,而不是仅仅规定外国法在什么情况下得以适用的。[1]该评价是有道理的。

四、涉外私法(Foreign Private Law)

日本有学者认为,国际私法既然是规定内外国交往的私法关系,就应该称为涉外私法。瑞士学者曼利(Meili)把自己的国际私法著作取名为"涉外私法或对外私法"。我国国际私法前辈陈顾远先生也认为将这个法律部门称为涉外私法是较为适宜的。[2]

五、国际私法(Private International Law)

耶鲁大学法学院前院长、国际法学界巨擘高洪柱(Harold Hongju Koh)教授指出,通常认为美国最高法院大法官约瑟夫·斯托里(Joseph Story)发明了Private International Law这个术语。斯托里在其著名的《冲突法评注》中以相当拘谨的语气说:"公法(根据英文原版词典,公法就是国际法[3]——本书作者注)的这个分支可以适当地称作Private International Law,因为主要在私人间的日常交易中适用它时才会感受到它的存在,它很少能发展到国家商议或国家争

---

〔1〕 唐纪翔:《国际私法总论》,1934年版,第12页。

〔2〕 陈顾远:《国际私法总论》(上册),1933年版,第103—104页。

〔3〕 Philip Babcock Gove, *Webster's Third New International Dictionary of the English Language*, Merriam - Webster Inc., Publishers 1986, p. 1836.

议的高位。"[1]尽管斯托里发明了这个名称,但他本人给其著作命名时使用的却是"冲突法"。

美国奥古斯特(Ray August)教授在其所著的《国际商法》一书中说:"国际法是调整超越国家法定界限的活动的规则和准则的总称。它主要调整三种国际关系:(1)国家之间的关系;(2)国家与私人之间的关系;(3)私人之间的关系。近年来,国际法的主体发生了巨大的变化。传统上,该法的范围只调整国家间的行为,因此称作 the law of nations。后来,它称作 public international law,在某种程度上以此区别于 Private International Law。Private International Law 是调整国际上私人事务的规范的名称。"[2]可见,奥古斯特教授所称的 Private International Law,是在与 public international law 相对应的意义上使用的。对此,英文原版《朗文法律词典》说得更为清楚。在 international law 词条下,第一个释义为:适用于主权国家间的法律规范的总称,通常名叫 public international law;第二个释义为:不同主权国家公民之间权利和义务的总称,通常名叫 private international law(参见)或"conflict of law"。[3]可见,在英美法系国家,private international law 和 public international law 是国际法的两个分支,两者相对应而使用。

我国学者曾将"Private International Law"直译为"私国际法",但该中文直译违反了术语系统性和一致性的特点,也不符合英汉两种语言之间的句法结构和

〔1〕 英语原文为:This branch of public law may be fitly denominated private international law, since it is chiefly seen and felt in its application to the common business of private persons, and rarely rises to the dignity of national negotiations, or national controversies. See Joseph Story, *Commentaries on the Conflict of Laws, Foreign and Domestic, in Regard to Contracts, Rights and Remedies, and Especially in Regard to Marriages, Divorces, Wills, Successions, and Judgments* §9, Boston, Hilliard, Gray, and Company, 1st ed., 1834. 转引自 Harold Hongju Koh, *International Business Transaction in US Courts*, in: Tome 261 - 1996 Collected *Courses of the Hague Academy of International Law*, Martinus Nijhoff Publishers 1998, p. 19.

〔2〕 Ray August, *International Business Law*, Higher Education Press 2002, p. 1.

〔3〕 L. B. Curzon, *Longman Dictionary of Law*, Law Press China 2003, p. 225.

篇章结构的差异。[1]因此后改译为中文"国际私法"。

斯托里的《冲突法评注》出版后,在英国、法国和德国等欧洲国家产生了深刻影响。但在欧洲,斯托里所提措辞的词语顺序却变成了"International Private Law",因而强调国际特点。首先使用的是德国学者谢夫纳(Schaeffner)1841年发表的《国际私法发展史》一书(在该著作中他称之为"Internationales Privatrecht")。1843年,法国国际私法学者弗利克斯(Foelix)也使用了类似的表述("Droit International Prive")。[2]有学者认为,在苏格兰,名称"Private International Law"类似于大陆法系中的术语 Droit international privé, International Privatrecht, Diritto internazionale privato,等等。该名称是弗利克斯1843年提出的。[3]谢夫纳和弗利克斯使用的德语和法语名称是否就是"private international law"的意义,以及他们是否使用了该英语原名称,我们因众多因素影响不得而知。但弗利克斯1843年出版的著作完全以斯托里的学说为基础,弗利克斯是斯托里热烈的追随者。他本人坦率地说:"我们已经毫不犹豫地接受了这个理论,并且我们的著述从头到尾都效仿它。"[4]可见,弗利克斯的理论与斯托里一脉相承,弗利克斯的"Droit International Prive"应该就是斯托里的"Private International Law"。

我们能够看到的是,我国国内著述在此一般认为,"国际私法"直译成英文便是"International Private Law"。但该直译的英文名称"International Private Law",违反了术语国际性和一致性的特点。[5]英文名称应为"Private International Law"。

---

〔1〕 鲁世平:《"私国际法"和"International Private Law"考证》,载《西北大学学报》(哲学社会科学版)2016年第1期,第100页。

〔2〕 Arthur Nussbaum, *Principles of Private International Law*, Oxford University Press 1943, [ix].

〔3〕 Martin Wolff, *Private International Law*, Oxford University Press 1945, note1, p. 10.

〔4〕 1 Foelix, *Raité de Droit International Privé*, (4th ed. by Demangeat, 1866) iv. 转引自 Ernest G. Lorenzen, Story's Commentaries on the Conflict of Laws — One Hundred Years after, 48 *Harv. L. Rev.* 28(1934).

〔5〕 鲁世平:《"私国际法"和"International Private Law"考证》,载《西北大学学报(哲学社会科学版)》2016年第1期,第100页。

美国荣格(Friedrich K. Juenger)教授认为,既然该学科的原有名称"Private International Law"已经获得认可,就有必要使用另外一个名称"International Private Law"来表示跨国法律问题也可通过形成超国家的私法体系来解决的观念。[1]这也是其冲突法理论"目的论"所适用的解决跨域私法关系的法律。

总之,该学科或者法律的相关名称应该统一。该学科的英文名称最初就是"Private International Law",并且当时它就是与"Public International Law"对应的意义上提出的,所以现在应当继续使用这个英文名称。荣格教授提出"International Private Law"的用法,从该词语的构成"Private Law"前加个"International"来看,确实有道理,其意义就是与国内层面的私法相对应的国际层面的私法。同时,该学科的中文名称应为"国际私法",这与其英文名称对应之"Public International Law"的中文名称"国际公法"也很对称;所以,就没必要再使用中文名称"私国际法"了。

该学科的名称后来发生了奇怪的变化,大陆法系发明的名称"冲突法"主要在英美法系国家使用,而美国斯托里发明的名称"国际私法"却在大陆法系国家受到特别的青睐和普遍的使用。

目前在国际社会流行的"国际私法"这一名称,实际上是采纳了斯托里的称谓。

除上述几个较为普遍使用的名称外,目前还有称国际私法为"私法关系的国际处理法"、"私间法"、"界限法"、"体系间法",以及"国际民法"、"国际商法",等等。

就国际私法的立法名称来说,德国最早称之为"民法施行法"(1896年),新中国成立前称为"法律适用条例"(1918年),泰国称"国际私法"(1939年),波兰也称"国际私法"(1966年),我国台湾地区则称之为"涉外民事法律适用法"

---

〔1〕 Friedrich K. Juenger, *Selected Essays on the Conflict of Laws*, Transnational Publishers, Inc. 2001, p. 206.

(1953年)。近年来也有直接称之为“冲突法”的,如1982年前南斯拉夫的立法即称之为“法律冲突法”。我国1986年颁布的《民法通则》关于冲突规则的第八章使用的是“涉外民事关系的法律适用”的称谓;作为我国第一部国际私法的单行法,即2011年我国《涉外民事关系法律适用法》,使用的名称是“涉外民事关系法律适用法”,我国使用的名称前后还是统一的。但在日常司法实践及法学研究中,则普遍称之为“国际私法”,并将“冲突法”只当做其中最主要的部分。

总之,该法学学科的名称分歧之大,主要是由于不同时代、不同国家、不同学者对于它所要解决的问题和任务,存在着不同的看法而引起的。了解这些名称,有利于从不同角度去认识其性质和作用。

第四节　国际私法的范围

国内外学者对国际私法的调整对象、调整方法存在不同的看法,因此对于国际私法范围的含义也存在不同的理解:一种观点认为,国际私法的范围是指国际私法包括哪些规范,即国际私法规范的组成范围。[1]另一种观点认为,国际私法的范围是指国际交往中所产生的国际民商事法律关系中的哪些问题由国际私法来调整[2],即调整对象的范围。这两种不同的观点是从两个不同的角度去认识的,其实质是一样的。[3]因为,从前者来看,国际私法有什么样的规范,就可以解决国际民商事法律关系中什么样的问题。从后者看,国际民商事法律关系中什么样的问题应该由国际私法来解决,就必须有什么样的法律规范。

---

〔1〕 韩德培主编:《国际私法新论》,武汉大学出版社1997年版,第6页。

〔2〕 钱骅主编:《国际私法》,中国政法大学出版社1992年版,第4页。

〔3〕 张仲伯主编:《国际私法学》,中国政法大学出版社2002年修订版,第7页。

一、学说概述

对于国际私法的范围,各国历来众说纷纭,莫衷一是。

德国、日本的一些学者认为,国际私法仅限于解决国际民商事法律关系中的法律冲突,因此,国际私法的规范也仅仅包括冲突规范。[1]

法国及受法国影响的大陆法系国家的一些学者主张,国际私法不仅要解决国际民商事法律关系的法律冲突问题,还必须解决与法律冲突紧密相连的外国人的民事法律地位问题和国籍问题。他们认为这是国际民商事关系产生的前提,也是解决法律冲突、确定当事人属人法的前提。法国国际私法教授巴蒂福尔认为:"法国的传统将国籍、外国人的地位、法律冲突和管辖冲突归为同一类问题,这样就对个人在各种国际私法关系中的法律地位问题给予了一个完整的答案,法国传统的国际私法依次研究权利主体(国籍和外国人地位),权利的行使(法律冲突)和权利的承认(管辖权冲突)。"[2]

苏联和东欧的一些国际私法学者主张,国际私法不仅应包括冲突规范,而且还应该包括外国人民事法律地位规范、统一实体规范、国际民事诉讼程序以及国际商事仲裁程序规范。[3]

对于英美法系国家国际私法的范围,我国学者一般认为,国际私法不仅要解决国际民商事法律关系中的法律冲突问题,而且要解决国际民商事案件的司法管辖权问题和对外国民商事判决或仲裁裁决的承认与执行问题。因此,国际私法的范围应该包括冲突规范和国际民事诉讼与国际商事仲裁程序规范。在英美国家一些国际私法著作中,首先涉及的是国际民事案件的司法管辖权问题;其次是适用哪国法律来确定当事人的权利和义务问题;最后是法院判决或

---

[1] [日]北胁敏一:《国际私法——国际关系法》,姚梅镇译,法律出版社1989年版,第9页。

[2] [法]巴蒂福尔、拉加德:《国际私法总论》,陈洪武等译,法律出版社1986年版,第7—8页。

[3] [苏]隆茨、马蕾舍娃、萨季科夫:《国际私法》,法律出版社1986年中译本,第7—8页。

仲裁机构裁决的承认与执行问题。其实，我国学者的介绍不是太准确。英国学者认为，冲突法案件中出现的问题主要有两类：第一，英格兰法院是否享有审理案件的管辖权；第二，英格兰法院如果享有管辖权，应当适用什么法律。有时，还会有第三个问题：对于旨在裁决当事人问题的外域判决，英格兰法院会承认和执行吗？当然，第三个问题只有存在外域判决时才会出现。因此，并非在每个案件中都会出现。但前两个问题在每个涉及涉外因素的案件中都会出现，尽管两者中任何一个的解决都很简单，法院因此实际上只关注另一个。[1]还有英国学者说，在与合同法或侵权法同等意义上讲，国际私法不是一个独立的法律分支。它遍布法律的其他分支。正如弗雷德里克·哈里森所说："它在任何法院的任何诉讼过程中都会意外地出现。在一般的普通法诉讼、衡平法中的行政诉讼、离婚案件、破产案件、运输案件、刑事程序问题……它可能会像地雷一样突然蹦出。极其微小的债权诉讼、极为复杂的衡平索赔案件，都可能会因仅为国际私法相联系的结的出现而突然中断。"[2]然而，国际私法在英格兰法律体系中正如侵权法或者合同法一样，是一个独立的、特别的单元，但它具有整体性的原因，不是它解决特定的主题，而是它总会关注下列三个问题中的一个或者几个：其一，英格兰法院的管辖权；其二，外域判决的承认和执行；其三，法律选择。[3]所以，只能说，英国冲突法大致包括上述三块，但还要视具体情形而定。

美国学者西蒙尼德斯认为，在美国，冲突法包括三部分：管辖权、法律选择和判决的承认。[4]还有美国学者详细地比较了两大法系国际私法的范围。在

---

〔1〕 Lawrence Collins, *Dicey and Morris on the Conflict of Laws*, thirteenth edition, Sweet & Maxwell Limited 2000, p. 4.

〔2〕 Frederic Harrison, *on Jurisprudence and the Conflict of Laws*, Oxford University Press 1919, pp. 101 – 102.

〔3〕 Peter North and J. J. Fawcett, *Cheshire and North's Private International Law*, thirteenth edition, Butterworths 1999, p. 7.

〔4〕 Symeon C. Symeonides, *American Private International Law*, Kluwer Law International BV 2008, p. 16.

该学科的范围方面,普通法和民法的观念还存在差异。在民法国家,案件适用的法律在通常情况下与法院的管辖权之间没有关系,其例外情形是,即两者具有一致性是在解决本地土地或者不动产的案件(事实上,在本地土地或者不动产方面,其准据法和管辖权的汇合相对于民法规则来说,更多是普通法现象。例如,这可从普通法中的土地所在地规则和民法中的"概括继承"概念和继承的比较中可以看到)中。在普通法国家,管辖权和准据法也是截然不同的,但作为一个实务问题又是紧密相连的,这是因为本学科的问题被认为是本地问题,或者法律选择理论更倾向于选择适用本地法,特别是晚近形成的理论。关于外域判决的承认,民法国家通常有制定好的规则(成文法或者条约),而美国各州在外国判决中适用的是许多方法,在其他姊妹州的判决中尽管不受这些方法的限制但受到美国宪法中充分诚信条款的约束。因此,民法国家认为,管辖权和判决承认问题属于国际程序法的范畴而不属于国际私法范畴。对他们来说,国际私法主要解决法律选择问题。然而,由于民法国家的法律选择规则经常选用的是当事人一方或双方的国籍这个连结因素,所以,"国际私法"在这些国家通常也包括国籍和公民权等方面的法律以及关于外国人的特殊规则。在普通法国家,则不是这样的。在普通法国家,包括美国,法院管辖权的事实和因素主要会引起冲突法在下列三种情形下得到关注:其一,法院是否能适当地受理含有域外因素的案件,例如管辖权;其二,如果法院能够审理,某外域法在多大程度上能有权得到考虑,例如法律选择;其三,如果法院审理了案件,其确定的准据法和所做的裁决在域外具有什么效力,例如判决。[1]其实,对于国际私法的范围,即使大陆法系内部不同国家的看法也不完全一致。

我们认为,国际私法的范围既是指调整对象的范围,也是指国际私法规范的组成范围,两者是一致的。总的来说,目前国内国际私法著述对国际私法的

---

〔1〕 Eugene F. Scoles and Peter Hay, Conflict of Laws, second edition, West Publishing CO. 1992, pp. 2 - 3.

范围不外乎以下三类问题。

（一）国际民商事关系的法律适用问题

国际私法的核心任务是解决国际民商事关系的法律适用问题。法律适用的实质就是用什么法律来确定国际民商事法律关系中当事人的权利与义务。在国际交往中，人们之间产生了各种各样的民商事关系，在这些民商事关系中双方当事人的权利与义务必须依法确定，可以依照有关国家的冲突法，也可以依照有关的国际条约或国际惯例，其规范形式表现如下。

1. 冲突规范（Conflict Rules）

冲突规范是指规定某类国际民商事法律关系适用何种法律的法律规范。运用冲突规范的前提条件是有关国家之间没有调整这方面民事关系的国际条约，也没有或者不能适用有关的国际惯例。这时，当事人和受案法院必须通过冲突规范援引某实体法来确定当事人的权利义务，但是，究竟适用哪个国家的实体法，是内国法还是外国法，是外国法中的甲国法还是乙国法，这要依冲突规范的不同规定而确定。

冲突规范是国际私法中最古老的规范，也是国际私法中最重要、最核心的规范。在19世纪之前，唯一用来调整国际民商事法律关系的只有冲突规范。当时的国际私法仅仅包括冲突法，“国际私法”与冲突法为同义语。19世纪之后，冲突规范的立法得到了迅速的发展。特别是20世纪60年代以来，冲突规范的立法发展得更加系统、完整和全面。这主要表现在以下两个方面：（1）出现了一大批有关冲突规范的国际条约，如1928年《布斯塔曼特法典》、1985年《国际货物买卖合同法律适用公约》等。尤其是1893年“海牙国际私法会议”召开以来，它所制定的许多统一冲突法公约在国际民商事法律关系中发挥着积极的作用。（2）国内冲突法立法日臻完善和系统，出现了单行法或者法典。欧洲、亚洲以及拉丁美洲一些国家通过国内立法系统制定了冲突规范。如1979年《奥地利联邦国际私法法规》、1962年《韩国涉外民事法律法令》、1974年《阿根廷国际私法条例》（草案）、1988年《瑞士联邦国际私法》、1995年《意大利国际私法法案》、我国2011年《涉外民事关系法律适用法》。这些国家有关国际私法的立法的主要核心内容仍然是冲突规范。

2. 统一实体规范

19世纪以来,随着国际经济、文化及其他民事交往的发展,国际民商事法律关系不仅数量上增多,而且更为复杂,仅仅依靠冲突规范来调整国际民商事法律关系已显得十分不够。为了适应国际交往发展的需要,各主权国家之间互相缔结和签订了一些含有大量统一实体规范的多边或双边的国际条约,具体确定国际民商事法律关系中当事人的权利和义务。例如,1980年《联合国国际货物买卖合同公约》、1924年《统一提单的若干法律规定的国际公约》、1883年《保护工业产权巴黎公约》等。同时,在国际经济贸易实践中还形成了一些国际惯例,如国际货物买卖中的价格条件,这些惯例内容明确,提供给当事人用来确定自己的权利与义务。

统一实体规范是为了调整国际民商事法律关系而产生的,它能够较彻底地避免法律冲突,可以更准确、更迅速、更直接地确定国际民商事法律关系中当事人的权利与义务。从这个意义上说,统一实体规范作为调整国际民商事法律关系的一种法律规范是没有异议的。问题是,它应不应该属于国际私法的范围,学者们意见也不一致。

一种观点认为,统一实体规范不应属于国际私法范围,而应属于国际私法相邻的诸部门法的范围。[1]理由是:(1)它不是用间接方式来调整国际民商事法律关系的,因为在用统一实体规范调整的情况下,该国际民商事法律关系已经不存在法律冲突,当然也就不存在法律选择或法律适用问题了,而国际私法是为专门解决国际民商事法律关系的法律冲突问题而存在的。(2)统一实体规范的发展,有的已经形成了独立的部门法,如国际贸易法、海商法、国际投资法等,这些法律虽然也是调整国际民商事法律关系的,但是更确切地说是调整国

〔1〕 董立坤:《国际私法论》,法律出版社2000年版,第11—18页。

际经济关系,而不是普遍的国际民商事法律关系,它们应属于国际经济法。如果把调整国际经济关系的统一实体规范都划为国际私法的范围,就使国际私法过于庞杂,失去了其原有冲突法的特点。

另一种观点认为,既然国际私法是调整国际民商事法律关系的部门法,统一实体规范也是为调整国际民商事法律关系而产生,其目的也是为了解决国际民商事法律关系的法律适用问题,它与冲突规范的目的、作用、调整对象都是一致的,只是调整方式不同罢了。法律的分类应以调整对象不同而区分,不应以调整方式不同而划分。另外,国际私法的发展也应该随着其调整对象的发展而发展,不应该是停滞不变的。19 世纪之前,因为国际民商事法律关系比较少,而且多数是一般民事关系,如婚姻、继承等,在这些方面不可能产生统一实体规范。所以,那时仅仅运用冲突规范就可以达到调整国际民商事法律关系的目的;19 世纪之后,由于国际经济的发展,国际民商事法律关系中大多是涉外经济关系,如果仍然仅仅依靠冲突规范来调整日益复杂的涉外经济关系,就很不够了。经济基础发生了变化,为它服务的上层建筑——法律也应随之发生变化,这是马克思主义的发展论观点。国际私法也是发展的,它随着调整对象——国际民商事法律关系的发展而发展。所以,那种认为国际私法是一成不变、只能停滞在冲突法的基础上的观点是不对的。[1]

统一实体规范可不可以作为国际私法的组成部分,不能简单地否定,而应该具体分析。(1)必须指出,在国际私法领域中,统一实体规范是专指调整国际民事经济流转(而非管制关系)的条约规范,也是为解决国际民商事法律关系的法律适用而产生和发展的。从这个意义上说,不能完全把它们排斥在国际私法之外。(2)在国际私法中对统一实体规范的研究应加以一定的限制,主要应从法律适用的角度研究统一实体规范的产生、运用以及与冲突规范的关系等方面的内容,而不去研究每一个统一实体规范的具体内容,正像传统的国际私法主

〔1〕 李双元:《国际私法(冲突法篇)》,武汉大学出版社 2001 年版,第 43—51 页。

要研究冲突规范本身及其运用，而不去专门研究每一个作为准据法的实体法的具体内容一样。(3)在国际私法中研究统一实体规范的目的，只是为了掌握在某一方面已有哪些统一实体规范，在什么条件下可以适用这些统一实体规范，如何运用它去确定当事人的权利与义务，以达到调整国际民商事法律关系的目的。

有的学者还主张，国际私法是要解决国际民商事法律关系中双方当事人的权利与义务问题，而不仅仅是法律冲突问题。因此，凡是能够用来间接或直接确定国际民商事法律关系中当事人权利与义务的规范，包括国内立法中专门调整国际民商事法律关系的实体法，都是国际私法的规范。[1]而有人认为，这部分法律只有在冲突规范指引下才能被适用，属于可能被援用的准据法。因此，这类实体法规范不应是国际私法的范围。[2]

总之，关于统一实体规范是否属于国际私法范围，学界分歧颇大。其核心是怎么认识国际私法本身的调整对象和担负的使命、怎么理解历史上国际私法和当今时代国际私法的不同功能，以及怎么合理划分国际私法与邻近学科的研究范围，甚至还要考虑专业课程体系和课时设置等诸多因素。由于学科与立法具有客观的联系，所以从立法的角度看，需要考虑我国法律体系下各个法律部门的划分、相关部门法之间的关联度、立法采取的形式是法典还是单行法等。

（二）外国人的民事法律地位问题

外国人的民事法律地位问题，是指承认外国人民事地位的合法性，规定外国人在内国可以享有哪些民事权利，承担何种民事义务以及确定在国际民事活动中享有什么样的民事待遇的规范。这类规范的性质是实体规范，在国内立法和国际条约中都有明确规定。所以，它是国际私法调整国际民商事法律关系的前提。例如，我国《中外合资经营企业法》第1条规定："中华人民共和国为了扩

---

〔1〕 参见姚壮主编：《国际私法理论与实务》，法律出版社1992年版，第6—7页；任继圣、刘丁：《国际私法讲义》，法律出版社1986年版，第2页。

〔2〕 张仲伯主编：《国际私法学》，中国政法大学出版社2002年修订版，第11页。

大国际经济合作和技术交流,允许外国公司、企业和其他经济组织或个人,按照平等互利的原则,经中国政府批准,在中华人民共和国境内,同中国的公司、企业或其他经济组织共同举办合营企业。"《中美贸易关系协定》第3条规定:"为了促进两国的经济和贸易关系,缔约双方同意:向对方商号、公司和贸易组织提供的待遇不低于给予任何第三国或地区的待遇。"此外,还应该包括国籍问题,从一般意义上说,国籍问题是属于公法(宪法、国籍法和国际法)的范畴,但是因其在国际私法领域对确定外国人民事地位具有特殊的现实意义,所以许多国家尤其是欧洲大陆法系国家的国际私法都包括国籍问题。对国籍问题的研究,主要是为了确定国际民商事法律关系主体中的涉外因素,以及外国人的民事权利能力、行为能力以及在内国的民事待遇问题。这些问题是法律适用的前提条件,所以我国有些国际私法学者也在国际私法中研究这些问题。

英美法系国家的一些学者反对把国籍、外国人民事法律地位问题作为国际私法的规范。如英国国际私法学者戚希尔在《国际私法》一书中的序言中称:"本书不涉及国籍问题,因为国籍问题属于公法的范畴,与国际私法关系不大,一个人究竟有哪个国家的国籍,既与法律选择无关,也与法院管辖无关。"〔1〕但是,英、美、法等国家都重视把住所问题列入国际私法范围,加以详尽研究。沃尔夫也认为,许多学者认为一国国内法上外国人的法律待遇是国际私法的一项研究内容,进而讨论外国人享有的权利和履行的义务。但这个问题并不是适用哪个国家国内法的问题,而是特定国家国内法中是如何规定外国人的法律待遇。外国人的法律待遇与法律选择中的准据法在法律上和政治上是完全不同的两个问题,因此不适宜在本书中进行研究。〔2〕

(三) 国际民事程序法问题

国际民事程序法涵盖国际民事诉讼法规范和国际商事仲裁法及其有关的

---

〔1〕 Peter North and J. J. Fawcett, *Cheshire and North's Private International Law*, thirteenth edition, Butterworths 1987, p. 8.

〔2〕 Martin Wolff, *Private International Law*, Oxford University Press 1945, p. 9.

程序规范。这种规范是指一国司法机关或仲裁机构在审理涉外民事案件时,专门适用的程序规范。它的任务在于解决涉外民事纠纷中的司法冲突,特别是司法管辖权问题、越境送达司法文书以及承认和执行外国法院判决、仲裁裁决等问题。严格说来,国际民事程序法与国际私法是两个不同的法律部门,但是这些程序法规范也是为调整国际民商事法律关系服务的,它对国际民商事法律关系中当事人的权利与义务实行司法上的保护。没有这种规范,国际私法的目的就不能实现。有人把法律实用规范与程序规范比喻成国际私法的两个轮子,缺一不可。[1]

从1993年开始,我国国际私法学界在制定《中国国际私法示范法》的过程中,就本法适用范围和调整对象取得了一致看法,在该法第2条得到充分体现。该条规定:本法规定国际民商事关系的管辖权、法律适用和司法协助,包括外国法院判决和仲裁裁决的承认与执行。[2]可见,上述所指国际私法调整的内容不仅有“民事”,而且也有“商事”,其规范限定的范围是指国际民商事关系的管辖权、法律适用(即冲突规范的适用)和司法协助(含涉外送达、调查取证和对外国法院判决的仲裁裁决的承认和执行)。另外,该条还对民商事关系的国际性(即涉外因素做了准确的表述),即指当事人一方或双方为外国人、无国籍人、外国法人、其他外国组织、外国国家或国际组织,或者当事人的住所、惯常居所或者营业所在不同国家,或者其标的物在国外,或者导致其产生、变更或消灭的法律事实在国外的民商事关系。

由此看来,国内学者在该问题上也是见仁见智。国内有学者认为,冲突法从产生到现在,表现了四种不同的形式:一定条件下的域内实体法;域内法律选择法;准统一法律选择法;准统一实体法。除了这四种冲突法形式,在冲突法的发展过程中还将产生更高级的冲突法形式——世界统一实体法。虽然,当这种

---

〔1〕 李双元:《国际私法(冲突法篇)》,武汉大学出版社2001年版,第45页。

〔2〕 中国国际私法学会:《中华人民共和国国际私法示范法》,法律出版社2000年版,第4页。

冲突法形式实现时,现在意义上的超法域利益冲突关系将成为更高级法律区域内的非超法域利益冲突关系,现在意义上的法律冲突和超法域利益关系已不存在,无论利益冲突关系发生在世界何处,都受同一个法律调整,但是,世界统一实体法仍然是在冲突法调整超法域利益关系和法律冲突的过程中形成的,是冲突法发展所导向的更高的目标,是冲突法所追求的更高价值实现,因此,在广义上它也应属于冲突法的范畴。[1] 该观点分析比较详细,同时是法律的现实主义与理想主义和浪漫主义的结合。

二、本书观点

对于国际私法的范围,我们认为,国际私法应当包括冲突法(冲突规范)和国际民商事程序法,而不应当包括外国人的民事法律地位问题和实体规范。

我们注意到,晚近国际私法立法的显著特点是在法典的结构上,许多国家都抛弃了过去只解决法律适用问题的简单做法,而是集法院管辖权、法律适用和外国判决与裁决的承认与执行于一体。这是否意味着像管辖权、外国判决与裁决的承认与执行等程序法的内容,已成为国际私法的一个重要组成部分。

国际私法专家屈广清教授认为,事实上,程序问题上的法律往往并不具有"私法"的性质,倒是具有"公法"的性质。管辖权和外国判决与裁决的承认与执行的确是国际民事程序法的一个重要内容,但并非其全部,国际民事程序法的重要内容体现在程序问题的规定上,如立案程序、起诉程序、审判程序以及具体的执行程序等,这些内容没有一个国家规定在国际私法法典之中。随着21世纪政治、经济、法律的发展,随着国际私法统一化立法的加强,国际民事诉讼法也会逐渐成为一个相对完善、独立的法律体系,与国际商事仲裁一样发挥独特的优势和作用。至于管辖权问题以及外国判决与裁决的承认与执行问题,前

---

〔1〕 沈涓:《冲突法及其价值导向》(修订本),中国政法大学出版社2002年版,第17—19页。

者可以纳入一国涉外民事诉讼法之中,而不必在国际私法中规定,后者或许可以在国际私法中作出规定,以引导法律的适用,但最终亦会脱离出来,成为程序法的组成部分。而国际私法的真正内容,除了法律适用的内容外(如今尚有许多具体领域的法律适用规则没有在内国法中作出规定,如信托、EDI、国际服务贸易等),重点是将国际条约的相关内容在内国法中进行转换,以及增补内国实体法中的涉外部分的内容及规定等。当前学科体系上,多数将国际民事诉讼纳入国际私法的体系,也有将之纳入国际经济法的体系。其实,国际民商法和国际经济法所适用的审判程序都是一样的,即国际民事程序法,只是因为经济法通常是强行法,只能适用内国法而不允许法律选择罢了。从发展的眼光看,经济法强行法的范围同国际私法中"直接适用的法"一样,会因各国妥协而逐渐缩小范围。但国际经济法所具有的公法性质的特点是无论如何也改变不了的。因此,从性质上看,将具有公法性质的国际民事程序法纳入国际经济法的内容似乎比纳入国际私法的内容更为妥当,但这也是一种权宜之计,国际民事程序法最终还要从国际经济法中脱离出来而形成自己独立的法律体系。总之,从发展趋势来看,程序法的内容逐渐脱离国际私法成为一个独立的法律体系。[1]所以,目前将国际民事程序规范放在国际私法中进行研究只是当前所能采取的一种折衷办法。

另外,对于外国人的民事法律地位问题,尽管如前文所说它是国际私法调整国际民商事法律关系的前提,但它本身不涉及法律选择问题,也与其在法律性质上相去甚远,因此不在本书研究范围。

对于国际私法的范围,有学者认为,我国目前存在着"大国际私法"、"中国际私法"、"小国际私法"之争,应该区别学科、教学课程和国际私法学者,以"小国际私法学科"、"中国际私法教学课程"、"大国际私法学者"为出发点。所谓"小国际私法学科"就是国际私法学科仅指冲突法,这也是大部分国家,特别是

〔1〕 屈广清:《21世纪之国际私法论纲》,载《当代法学》2002年第11期,第68页。

国际私法学发达国家所采取的观点;“中国际私法教学课程”是指在目前我国法学教学的安排上国际私法学这门课程应该包括冲突法、外国人的法律地位、国际民事诉讼法,或者根据课程安排的需要包括国际统一实体规范;“大国际私法学者”就是要求从事研究和法学教学的国际私法学者对冲突法、外国人的法律地位、国际民事诉讼法以及统一私法(统一实体规范)、国籍法都有所涉猎,能够有所研究或能讲授国际贸易法课程,既具有国内法(如实体法民法和程序法的民事诉讼法)的知识,也应具有国际法常识。[1]这种区分语境对国际私法进行范围划分的方法,值得赞同。

本书认为,在国际私法范围问题上,需要考虑的因素有:国内法律体系中相关立法的安排、国内法学学科体系中相关课程的安排、教学需要(所开设的课时数)、研究需要、法理学的整体统筹,以及国际交流的需要等。经过对这些因素的考虑,本书的范围是冲突法和国际民商事程序法。将冲突法纳入范围,名正言顺,无需赘述。将国际民商事程序法纳入,如前文所述,既考虑到当前阶段国际民事程序立法发展进程的限制,又考虑到国内民事诉讼法学界和国际经济法学界均对国际民事诉讼法和国际商事仲裁法不予讲授而不至于学生所学知识出现盲点。将外国人的法律地位排除在外,是因为它与冲突法相去较远,况且在宪法学、民法学、商法学、国际经济法学,甚至国际法学中都会讲授相关内容。将国际统一实体法排除在外,是因为它目前已在国际经济法学中讲授,若在国际经济法学中不讲授国际统一实体法,国际经济法学的教学内容将相当有限;相反,若将其纳入国际私法学,国际私法学的课时数量将相当紧张,这样,国际经济法和国际私法两门课程的内容设置也会严重失衡。当然,研究无范围,任何国际私法学者都可在法律允许的范围内研究任何相关问题。所以,本书作为教学用书,将国际私法课程的范围限定于冲突法和国际民商事程序法。

---

〔1〕 李旺:《国际私法》(第3版),法律出版社2011年版,第11页。

第五节 国际私法的性质

国际私法的性质问题就是探讨它是国际法还是国内法、实体法还是程序法和公法还是私法等三个问题。国际私法性质的确定非常复杂,它与国际私法的调整对象、调整方法和范围这三个问题相互关联。这4个问题是国际私法的基本理论问题,是三位一体的,其中一个问题的确定都必然影响到其余两个的确定。

一、国际私法是国际法和国内法的统一

对于国际私法是国内法还是国际法,国内外学者至今一直都有不同的观点。根据对国际私法性质的不同看法,可分为三大学派:"国际主义学派"或"国际法学派"、"国家主义学派"或"国内法学派"和"二元论"或"综合论"。

(一)"国际主义学派"或"国际法学派"

该学派认为国际私法是国际法,代表人物有德国的萨维尼(F. C. von Savigny)、冯·巴尔(L. von Bar)、弗兰根斯坦(Frankenstein)、法国的魏斯(A. Weiss)、毕叶(Piller)、意大利的孟西尼(P. S. Mancini)等。他们主张国际私法具有国际法性质的主要理由是:(1)国际私法产生于国际社会。德国19世纪的著名法学家萨维尼在其于1849年出版的名著《现代罗马法体系》(System des Heutigen Romischen Rechts)第8卷中认为,国际私法的科学基础在于各国之间相互依赖的情况,所以才有国际法律社会存在,才会相互适用别国的法律。(2)国际私法所调整的关系在本质上与国际公法所调整的关系没有什么不同。魏斯在其所著的《国际私法手册》一书中指出,国际私法与国际公法的最终目的都在于调整国家之间的关系。[1]还有学者认为,在国际民商事交往中,每一个人、

---

[1] 转引自韩德培主编:《国际私法》,武汉大学出版社1989年修订版,第29页。

商行都有其祖国做后盾,因此,民商法领域的任何争执和冲突,甚至关于离婚的家庭纠纷,归根结底都会变成国家之间的冲突。(3)国际私法的作用在于划分国家主权扩及的范围。例如,德国的巴尔认为,国际私法是划分主权扩及范围的法的部门。这种观点往往同认为国际私法就是冲突法的观点有关。在持有这种观点的人来看,冲突法就是限定某一国法律适用的范围,也就是限定国家主权所扩及的范围。因此,国际私法虽然调整的是国际民商事法律关系,但从根本上讲它是规范各国主权关系的。(4)国际条约和国际惯例的目的在于建立一套世界性的通用规则。为了创造使不同民法体系共处的有利条件,应当建立一套世界各国都适用的规则。事实上,各国通过国际条约不仅制定了统一冲突法规范和统一程序法规范,而且还制定了统一实体法规范。国际条约和国际惯例已日益成为国际私法的重要渊源。

从以上列举的论据以及其他一些理由不难看出,以往主张国际私法是国际法的学者所讲的国际法,主要是指国家与国家之间的法律,即国际公法,因而他们实际上是把国际私法当作调整国家与国家之间关系的法律,没有把国际公法同国际私法严格地区分开来。

(二)“国家主义学派”或“国内法学派”

该学派主张国际私法为国内法,主要代表人物有:法国的巴丹(Bartin)、尼波埃(Niboyet)、巴迪福(H. Batiffol)、德国的卡恩(E. Kahn)、努斯鲍姆(A. Nussbaum)、沃尔夫(M. Wolff)、英国的戴赛(A. V. Dicey)、戚希尔(G. C. Cheshire)、诺思(P. M. North)、莫里斯(J. H. C. Morris)、施米托夫(C. M. Schmitthoff)、美国的比尔(J. H. Beale)、库克(W. W. Cook)、艾伦茨威格(A. A. Ehrenzweig)、里斯(W. L. M. Reese)等。他们主张国际私法为国内法的主要理由是:(1)从调整对象和主体来看,国际法是以各主权国家之间的政治、军事、经济、外交关系为调整对象的,而国际私法则是以不同国家之间的自然人、法人之间的民商事法律关系为调整对象的。尽管有时主权国家也可以作为民商事主体出现于国际民商事法律关系中,但在这种情况下,其法律地位也只能按一般民商事主体对待,其所承担的责任,也只具有民商事法律责任的性质,而不是国际法上所谓的国家责任。尽管有时它也可能要承担国家责任,但这是因为它不履行民商事责任所造成的。(2)从法律渊源来看,尽管国际私法的渊源一部分为国际条约,但国际私法的主要渊源为国内法。持这种看法的学者认为,由于国际私法涉及国际因素,有关国家常常通过国际协议的方式来制定各种统一的冲突规范,划分国家间的司法管辖权,约定彼此相互进行司法协助,甚至制定了一些统一实体规范。但是,这类性质的国际私法规范为数不多,而且它们只在极少数国家间生效,至今并不存在什么得到较多国家(更不用说所有国家)接受的统一国际私法规范。其次,在许多已有的国际私法条约中,还规定了公共秩序条款,允许缔约国在其认为遵行条约所规定的统一冲突规范会与自己的公共秩序(或者称公共政策)发生冲突时,可以不适用条约的规定,这就更降低了这些条约作为约束缔约国的行为规则的法律意义。最后,在国际条约(更不用说国际惯例)中,许多关于国际贸易方面的统一实体规范,都是任意性规范,只有当事人在合同中选择适用后才对当事人有约束力,而且,当事人在合同中选择适用统一实体规范时,还可以背离与改变有关的规定。统一国际私法中的强制性规范也很少。因此,国际统一实体规范的出现,仍不足以改变国际私法是国内法的基本性质。(3)从法律规范的制定和适用范围来看,国际法是国家之间协议的产物,具有普遍的约束力,而国际私法主要是由一个国家的立法机关制定的,不具有普遍的约束力。即使有一些冲突原则,可能为许多国家共同采用,但这并不意味着它们本身具有约束国家的行为规则的性质。如"不动产物权依物之所在地法"、"人的能力依属人法"、"行为方式依行为地法"以及"程序问题依法院地法"等,虽为许多国家所采用,但它们都是通过国内法加以规定的,其内容与适用范围也很不相同。(4)从争议的解决方式来看,国际公法上的争议,一般通过国家之间的谈判、斡旋、国际调查委员会、国际仲裁以及国际法院来解决。而国际私法上的争议属于国际民商事法律争议,其案件大都由有关国家的法院和仲裁机构来解决。国内法院在解决这类争议时,程序问题一般均适用本国的程序法，实体问题在当事人无协议选择的情况下，也只能根据法院地国家的冲突法规范来选择适当的法律解决。

基于上述理由，他们认为，从现实情况出发，不存在统一或公认的国际私法，只存在中国国际私法、英国国际私法、美国国际私法或法国国际私法等。国际私法应该是国内法的一个部门或分支。从上述“国内法学派”的观点来看，他们所讲的国际法也仅仅是指国际公法，似乎除了国际公法就不存在其他国际法了。

（三）“二元论”或“综合论”

“二元论”或“综合论”的主要代表人物有德国的齐特尔曼（E. Zitelmann）和捷克的贝斯里斯基（R. Bysricky）等。“二元论”者认为，国际私法调整的社会关系既涉及国内又涉及国际；国际私法本身既涉及一国国内的利益又涉及他国的利益；国际私法的渊源既有国内法又有国际条约和国际惯例。因此，他们认为，不能简单地说国际私法是国际法或国内法，可以说国际私法既有国际法性质又有国内法性质。齐特尔曼主张，应该把国际私法分为“国际的”国际私法与“国内的”国际私法，国际私法是这两部分的综合。

荷兰学者也认为，国际私法是介乎于国内法与国际法两者之间的特殊法律部门，具有混合的特性。因此，荷兰学者对国际私法的性质是持“二元论”或“综合论”的观点。

二、国际私法是实体法和程序法的统一

国际私法究竟是实体法还是程序法，学者之间也是颇具争议。最初争论的目的是，如果认为国际私法只是程序法，根据当时“程序问题只适用法院地法”的观点，当然也就只应该由法院适用自己的国际私法规则，但现在对这个问题的争论已具有更新的意义。尽管仍有一些学者倾向于认为国际私法是程序法，其理由是它只指示法院如何解决这种民事关系的管辖权的法律适用问题，而另一部分学者却认为国际私法首先是起着实体法作用的法律部门。这是因为，当

一国法院接受某一涉外民事案件后，在确定管辖权和适用什么法律做准据法后，最终还得用该准据法去解决国际民商事法律关系当事人具体的权利义务关系。也还有学者认为，无论哪一个国家的国际私法在立法体例上做何种安排，都不能改变它首先是起着规范人民在涉外民事活动中的行为和关系的作用。从这个意义上讲，它与其他实体法并无本质的不同。只是在当事人发生涉外民事争议求助于司法或仲裁解决时，法院或仲裁机构才会运用国际私法中那些规范国际民事诉讼或国际商事仲裁程序的规范，并且根据国际私法中起着确定实体民商法的间接行为规范的冲突规则来最终判决案件。据此，当然不能认为国际私法只是“法官的法”。

对于把国际私法纯粹当作指导法院如何解决案件的管辖权和法律适用问题的程序性的观点，20 世纪中叶沃尔夫在其撰写著述《国际私法》中已经提及，并认为有必要澄清。他认为，尽管所有的英美国际私法著作都是从阐述法院的管辖权开始的，他在该书中也将遵循这一相同的进路，但须强调的是，确定应适用法律的必要却不仅在诉讼中产生。他指出，一个可能毫无提起诉讼想法的人，仅是为了知道他自己的法律地位；或者双方只想将其争议提交仲裁；或是一个婚姻登记官需要决定在两个不同国家有住所或国籍的人能否允许结婚登记；或者一个土地登记官需要知道是否应依照死者住所法为有效的遗嘱进行土地登记，都会提出法律适用的问题。[1]当然，沃尔夫在这里举的例子，除第一个外，其他几个仍都与进入特定的程序有关，但是，现在在人们的生活与活动日益国际化的时代，在进入包括诉讼、仲裁、登记等程序之前，如在进行投资，签订各种民商事合同，成立婚姻或收养关系，或为在国外保护自己的知识产权，了解和咨询有关国家的法律适用规则，已是常见的事了。因为随着国际交往的发展，人们防范法律上风险发生的观念已大大加强了。

正是根据这种观点，我国学者在中国国际私法学会决定起草学者法（或示

---

〔1〕 Martin Wolff, *Private International Law*, Oxford University Press 1945, pp. 8 – 9.

范法)时,力主改变目前许多国家所奉行的国际私法第一部分为“国际民事管辖权”,第二部分才是“法律适用”的体例,而建议把“法律适用”放在第一部分,从而体现出国际私法仍然首先是规范人们的实体行为和实体关系,其次才是发生争议时法院或仲裁机关对冲突规则和程序规则的适用。应该说,这种观点具有一定的合理性,并且有利于帮助人们对国际私法的性质和作用做出正确的解释。

不管怎样,统览学界的观点,国际私法既然除了解决法律适用的冲突法外,还包括有统一实体法、国家的外国人法(既含有一般意义上的实体法又含有间接规范人的行为和关系的冲突法)以及解决涉外民事争议的程序法在内,那么,它就既包含实体法,又包含程序法。

因此,在这个问题上,大体亦可区分出三大理论派别:(1)程序法学派。这个学派把国际私法或者完全视为“法官的法”,或者认为它是指示法官的“路标法”或“桥梁法”。(2)实体法学派。这个学派的主要观点是,它虽是在争议发生后指示法官如何适用法律的作用,但它首先还是以实体国际民商事法律关系为规范对象的,只是在这种关系发生争议时,才发挥其“路标法”的作用。此外,也有人认为,它既是实体民法的适用法,说它不是实体法,是讲不过去的。(3)基本上支持第二学派的观点,但因当代国际私法已纳入许多程序法的内容,故认为其性质应是实体法和程序法的统一。

由于本书认为国际私法只包括冲突法和国际民商事程序法。严格地说,冲突法不是程序法,只是具有程序的性质,说它是程序法似乎有些勉强。在有些国家,冲突法是独立的法律部门;但在有些国家,则不是,如我国,按照我国现在对法律部门的划分,它只是民法的一个组成部分。因此,本书认为,国际私法是实体法和程序法的统一。

三、国际私法是公法和私法的统一

这是与上面两个问题密切关联之正确认识国际私法性质的另一个重要问

题。对此，过去有学者把国际私法完全归入私法范围，有的则认为国际私法属于公法范畴，也有的学者，比如德国科恩则认为国际私法既不属于公法，也不属于私法，而是自成一类的法律。[1]将国际私法认定为私法的基本理由是，它调整的是私法关系（只不过含有涉外的因素）。但有人认为，该观点现在因国际私法已包含国际民事诉讼等公法规范，以及现在已有越来越多国际私法的国内立法明确规定，在冲突规范指定应适用外国法时，不得以该外国法具有"公法"性质而将其排除等，已不能再被认为是正确的。因此，将国际私法认定为兼具公法私法二重性的基本理由，只是认为国际私法上的法律适用规范在于指示法官如何适用法律（故当属"公法"，似无疑义），但这只是问题的一个方面，问题的另一方面是，既然国际私法能对涉外案件所适用的实体法"确定"，据此仍得间接确定实体法上的权利义务，而此处的实体法即指一国的"私法"，则国际私法为'法官之法律'，同时亦当'当事人之法律'而具有私法的性质。[2]

中国学者中更有主张国际私法不仅当为公法，而且还是一种"国内公法"的观点。其理由是："严格说来，'国际私法'中包含的法律规范，通常既不是'国际'的，也不是'私法'。它只是间接地调整跨越一国国界的私人间的关系，即通过解决不同国家对同一私人关系具有不同法律规定而引起的冲突，包括管辖权上的冲突，来解决上述私人关系；而且主要依靠各国自己的国内立法来解决。因此，在这个意义上，国际私法既是国内法，又属于西方传统分科中公法的范畴，即实质上只是一种国内公法。"[3]这种看法，在国际私法学界是不会得到支持的，因为它混淆了公法与私法的划分标准。事实上，关于私法的定义以及公法与私法的分类，历来都不可能是泾渭分明的。

私法是什么？这是一个"一个问题，多个答案"的问题。如果将私法的定义历时性地排列出来，并对时间跨度进行适当的考虑，私法的特点立即就会显现

[1] 转引自陆东亚：《国际私法》，台湾正中书局1979年版，第13页。
[2] 参见马汉宝：《国际私法总论》，台湾汉林出版社1983年版，第19—20页。
[3] 陈安主编：《国际经济法学》，北京大学出版社2001年版，第31—32页。

出来:它的定义会因时间和地点的不同而不同。任何可能的私法叙述者都是其所处时代和社会的产物;定义因此会根据叙述者的文化视角和终极目的论的视角而变化。[1]所以,对私法进行界定非常困难。但在研究中,一般是将私法与公法相提并论的。公法和私法是大陆法系公认的基本的法律分类。虽然公法与私法之划分出自公元二至三世纪罗马法学家乌尔比安之手,但至今关于公法与私法的区别标准,学说纷纷,莫衷一是,大致有"法律关系性质说"、"社会说"、"利益说"、"意思说"以及"主体说"等。日本公法学鼻祖、宪法学和行政法学一代巨擘美浓部达吉认为,公私法的区别并非源于纯粹理论上的区别,而是现实中国法的区别,现实中的国法源于诸多错杂思想之结合,因此用任何单一标准对两者进行区分,都是无法与现实的国法相适合的,所以就会出现诸多区别标准的学说。所以,他提出公法与私法区别标准之多元性。[2]我国台湾地区学者韩忠谟教授也说:"最好的办法,无过于参照以上所列主体、权力、利益各种标准,从个别法律制度的根本精神上加以探究,相对决定其所应归属的境域。所谓个别法制精神,就是说法律秩序有时偏向于'个体范围',在此范围内容许个人有较多的活动自由,其精神是私法的;有时偏向于'团体范围',属于此一范围者,常注重整体利益,毋许个人意思的自治,其精神是公法的。"[3]实际上,这种综合性方法侧重于法制精神。所以,德国民法学者梅迪库斯(Dieter Medicus)认为,即使到了今天,任何旨在用一种空洞的公式来描述公法与私法之间界限的尝试,都是徒劳无益的。毋宁说,还是应当让历史因素来作出决定。[4]总的来说,在区分公法与私法时,法主体、法保护的利益和法律关系的性质都是应当考虑的因素。

---

〔1〕 Guido Alpa, *What is Private Law*? Carolina Academic Press 2010, p. 3.

〔2〕 [日]美浓部达吉:《公法与私法》,黄冯明译,中国政法大学出版社 2003 年版,第 32 页。

〔3〕 韩忠谟:《法学绪论》,北京大学出版社 2009 年版,第 37 页。

〔4〕 [德]迪特尔·梅迪库斯:《德国民法总论》,邵建东译,法律出版社 2001 年版,第 13 页。

因此，在国际私法是公法还是私法问题上，实际上也存在三大基本派别：(1)公法学派；(2)私法学派；(3)二元论学派。

由于学界对国际私法是程序法还是实体法存有疑义，因此相应地，对它到底应认定为公法还是私法也有分歧。古罗马法学家乌尔比安指出："公法是关于罗马国家的法律，私法是关于个人利益的法律。"现代西方法学著作认为，公法是主要调整国家与普通个人之间关系的法律，私法主要调整国家的公民个人之间关系[1]，这也是现在法学界通常所接受的看法。

就本书主张的国际私法的范围，无论是冲突法，还是国际民事程序法，都是调整关于私人利益的法律。但由于后者在大陆法系普遍认为是公法，前者目前在我国是民法部门法的一部分，所以国际私法是公法和私法的统一。

第六节 国际私法的定义

一、国际私法的定义

国际私法的定义是学者对国际私法的一种概括性认识，它要用概括而简洁的语言告诉人们国际私法是什么。各国学者对国际私法下过许多不同的定义，归纳起来有这样几种类型：

第一，根据国际私法所调整法律关系的性质来下定义。例如，20 世纪 80 年代武汉大学出版社出版的高等学校法学教材《国际私法》认为："国际私法是调整涉外民事法律关系的法律部门"。德国国际私法学者努斯鲍姆认为，"国际私法，或冲突法，从广义上可以被界定为处理涉外关系的私法部分。"[2]

---

[1] David M. Walker, *The Oxford Companion to Law*, Clarendon Press 1980, p. 1013.

[2] Arthur Nussbaum, Principles of Private International Law, Oxford University Press 1943, p. 3.

第二，从解决国际民商事法律关系中民商事法律冲突的角度来给国际私法下定义。例如，美国斯托里认为，国际私法是“关于产生不同国家的法律在实际运用于现代商业交往中所发生的冲突的法学”。法国学者巴丹认为，国际私法是调整各主权国家都要把自己的法律用于因为特定情况而产生的冲突的法律。法国国际私法学者魏斯认为：“国际私法是确定发生于两个主权者之间涉及其私法或公民私人利益之间的冲突的规则之总称”。中国国际私法专家陈力新教授认为：“所谓国际私法，是在调整一些涉及外国法适用的国际民商事法律关系中，用来解决和避免法律冲突的规范的总和。”从这种角度给国际私法下定义的学者一般都认为国际私法仅仅是冲突法。

第三，从法律适用的角度给国际私法下定义。例如，中国著名法学家李浩培教授认为，国际私法是“指在世界各国民法和商法互相歧义的情况下，对含有涉外因素的民法关系，解决应当适用哪国的法律。”〔1〕再如，德国国际私法学者沃尔夫认为，国际私法的职能就是：在同时都是有效的几个法律体系中，决定哪个法律体系应该适用于一些特定的事实。〔2〕中国国际私法专家唐表明教授认为：“国际私法是一国的法律中指定应适用哪一国的法律去处理涉外民事法律问题的那些法律规范的总称。”〔3〕日本学者山田三良认为：“国际私法者，定内外私法之适用区域之法律也。”〔4〕

第四，通过列举国际私法的内容、范围或者规范等来给国际私法下定义。例如，英国学者戚希尔和诺思指出，英国法所理解的国际私法是在处理含有涉外因素的案件时判定，其一，法院在什么条件下对案件有管辖权；其二，不同种类的案件应适用哪一国法律来确定当事人的权利与义务关系；其三，在什么条

〔1〕《中国大百科全书·法学》，中国大百科全书出版社1984年版，第228页。

〔2〕［德］马丁·沃尔夫：《国际私法》，李浩培、汤宗舜译，北京大学出版社2009年版，第6—7页。

〔3〕唐表明：《比较国际私法》，中山大学出版社1987年版，第2页。

〔4〕［日］山田三良：《国际私法》，李倬译，中国政法大学出版社2003年版，第6页。

件下可以承认外国的判决,以及在什么条件下外国判决赋予的权利可以在英国执行的法律。[1]这种给国际私法下定义的方法在英美国家较为普遍。[2]

第五,综合性定义。例如,中国台湾地区国际私法学者刘甲一认为:"国际私法定义谓其系统规范涉外关系而分配有关国家之制法及管辖权限并制约其行使之法律也。"中国著名法学家李双元教授在其著述《国际私法(冲突法篇)》中主张:"国际私法是以国际民商事法律关系为调整对象,以解决法律冲突为中心任务,以冲突规范为最基本的规范,同时包括规定外国人民事法律地位的规范、避免或消除法律冲突的统一实体规范,以及国际民事诉讼与仲裁程序规范在内的一个独立的法律部门。"

上述定义各有侧重且各有特点,均反映了国际私法某一方面的特性,但其中有的比较传统。本书认为,定义既要简洁,又要揭示本质。民法学界对民法的定义方法值得借鉴。因此,本书对国际私法做如下定义:国际私法是调整国际民商事法律关系的法律规范的总称。定义是揭示概念所反映事物的本质属性,据此就可将相关事物区分开来,给国际私法下定义就应该揭示国际私法的本质属性。

二、国际私法与国际私法学

"国际私法"名称,通常有两种不同的含义:一种是指一个法律部门;另一种是指一个法律学科。前者是国际私法本身,后者是国际私法学。尽管两者含义不同,但在日常使用中并非总是将两者明确区分开来的。

---

〔1〕 Peter North and J. J. Fawcett, *Cheshire and North's Private International Law*, Thirteenth Edition, Butterworths 1999, pp. 3 – 5.

〔2〕 如:Lawrence Collins, *Dicey and Morris on the Conflict of Laws*, 4 (Sweet & Maxwell Limited Thirteenth Edition, 2000); Lea Brilmayer & Jack Goldsmith, *Conflict of Laws: Cases and Materials*, Introduction XXIX (Citic Publishing House 2003); Symeon C. Symeonides, Wendy Collins Perdue & Arthur T. Mehren, *Conflict of Laws: American, Comparative, International Cases and Materials*, 3 (West Group,) 1998.

国际私法和国际私法学是两个不同的概念,两者既有区别又有联系。其区别是:其一,国际私法是一个法律部门,是一类法律规范的总称;而国际私法学是一门法律学科,是一门法学的名称。其二,国际私法的调整对象是国际民商事关系,而国际私法学的研究对象主要是但不限于冲突规范。其三,国际私法是具有法律约束力的行为规范,而国际私法学本身是没有法律约束力的学说和理论。

应该看到,国际私法和国际私法学之间有着不可分割的联系。其联系表现在:其一,国际私法既然以国际私法为研究对象,它就不能脱离国际私法,而必须以国际私法为依据。其二,国际私法学虽然必须以国际私法为依据,但国际私法学的研究,反过来又可为国际私法的制定和适用服务,并促进国际私法的发展。在国际私法历史上,国际私法早期本来就是“学说法”,在其发展过程中,许多学者的理论观点对国际私法规范的形成和发展,产生了很大的影响。其三,国际私法和国际私法学都是由一定的社会经济条件决定的,同时又是为特定社会服务的。其四,在一些国家,权威国际私法学者的学说在一定程度上还是国际私法的渊源。人们在研究国际私法的过程中,逐渐形成了许多不同的国际私法观点、学说、争论体系或流派,这是自然而不足为奇的,学说和理论上的百家争鸣和百花齐放现象并不会阻碍国际私法和国际私法学的发展。事实上,各国学者对国际私法的最基本的理论都是认同的。国际私法学对国际私法的研究,不应是对其规范简单地注释和说明,而应是科学地、全面地、系统地、深入地、概括地、分门别类地对其规范进行研究,使其升华为理论,指导人们的学习、研究和实践。

在这里应当指出的是,根据我国当前的法律体系,国际私法并不是一个独立的法律部门,立法机关只是将其作为民法法律部门的一个部分来对待,这从我国《涉外民事关系法律适用法》单行法、《民法通则》第八章“涉外民事关系的法律适用”以及我国《合同法》、《海商法》、《票据法》和《民用航空法》等的相关规定中可以看出。但是,在学科体系中,国际私法学是作为一门独立的法学学科来对待的。

第七节　国际私法的渊源

法律渊源具有多种含义,一般是指形式意义上的法律渊源。法律渊源是指法的具体表现形式,这是法律渊源最主要和最普遍的含义。国际私法的法律渊源具有国内渊源和国际渊源的双重性,其具体表现形式主要有国内立法、国内司法判例、条约和国际惯例,以及一般法理、法律原则和专家学说。

一、国内立法

在国际私法发展史上,就其法律渊源而言,国内立法一般被认为是国际私法最为古老和最主要的法律渊源。其实,时至今日,国内立法仍是国际私法最主要的法律渊源,即使在判例法系国家也是如此。英国学者说,英国冲突法三种最重要的渊源是国内成文法、法院的判决和法学家的学说。之所以是这种排序,是因为国内成文法目前已经毋庸置疑地成为潜在的最重要的渊源,并且其重要性似乎未来很可能还在增强而非减弱。[1]其实,在20世纪中期,两大法系在法律渊源上就已出现靠拢现象。

最早对国际私法进行立法的国家是德国。早在17世纪后期,长期处于分裂割据状况的德国,开始了地区性的法律统一立法。18世纪,德国地方法的发展达到了高潮,各主要邦国都编纂制定了自己的邦法。其中,最早的是1756年《巴伐利亚法典》,而后又有1794年《普鲁士邦法》,这两部法典都规定有国际私法规范。但对国际私法立法产生过重大影响的是1804年《法国民法典》。

对于冲突法,目前国际上国内立法模式有以下几种:(1)将冲突规范规定于

[1] Lawrence Collins, *Dicey and Morris on the Conflict of Laws*, Sweet & Maxwell Limited Thirteenth Edition, 2000, p. 8.

民法典或其他单行法的相关章节中。如1804年《法国民法典》。(2)在民法典或其他法典中以专章或专编形式较为系统地规定。如1966年《葡萄牙民法典》和1984年《秘鲁民法典》。(3)制定专门的法典或单行法。如1896年《德国民法施行法》和1898年《日本法例》,新近的有1976年《奥地利联邦国际私法》和1988年《瑞士联邦国际私法》。就立法技术和可操作性而言,第三种模式最为可取。我国目前采取的模式是第二种和第三种,这是由当前我国民事立法尚未尘埃落定的状况所决定的。将来,随着我国民事立法局面的最终确定,终究会采取一种固定的模式。

二、国内司法判例

判例是指法院作出的对以后同类案件具有普遍法律拘束力的现行权威性判决。它不同于判决,后者只对具体个案具有法律拘束力。作为国际私法的法律渊源,判例在普通法系和大陆法系国家作为法律渊源是不同的。这根源于判例在两大法系有不同的界定和在各自法律体系和制度中的法律地位不同。

在大陆法系国家,国际私法的主要渊源是成文法,传统上虽然并不认可判例是法律的渊源,但随着两大法系的逐渐融合,判例在大陆法系国家的司法实践中发挥的作用越来越大。荷兰法院在处理具体的涉外民事案件时,如果没有冲突规范的成文法规定,法院可以援引最高法院的判例作为判决依据。事实上,荷兰许多成文的国际私法规则就是从判例中直接发展起来的。因而,司法判例是荷兰国际私法的主要渊源之一。[1]在日本,法院和学者目前大都认为这些判例也是国际私法的法律渊源之一,是成文的国际私法法律渊源的重要补充。法国是个典型的成文法国家,但是在国际私法领域,判例的作用尤为突出。但我国作为大陆法系国家,不承认判例法律渊源的地位。

在普通法系国家,判例不但与成文法具有同等的法律效力,而且还是法律

---

〔1〕 袁泉:《荷兰国际私法研究》,法律出版社2000年版,第11页。

的核心部分。在英国,早在 17 世纪就已出现法律冲突的判例。1625 年,英国法院审理在德国汉堡签发的有关票据争议的诉讼案,但当时英国法院一般是依据法院地的实体法律来解决法律冲突问题。1752 年“斯克瑞姆夏尔诉斯克瑞姆夏尔”(Scrimshire v. Scrimshire)案,在英国法律发展历史上具有重要意义。它首次提出了外国法的适用问题,并首次提出婚姻的形式效力应当适用婚姻举行地法,这为英国法院解决法律冲突首次确立了法律适用原则,成为英国国际私法最早确立的一项法律冲突规则。从此,英国法院在司法实践中逐渐形成了一些最早的法律适用原则,例如,多国争议适用法院地的实体法,婚姻适用婚姻举行地法等。1760 年,曼斯菲尔德勋爵在“罗宾逊诉布兰德”案中首次提出契约关系应当适用当事人所选法律的理论(另外,有关该案更值得指出的是,直至 1760 年,于此重要问题的规范没有完全得到确立)。1775 年“霍尔曼诉约翰逊”(Holman v. Johnson)案确立的原则,成为英国法院审理涉外案件的法律依据,该案也被认为是英国国际私法最早的司法实践,甚至被认为是英国国际私法最初的萌芽。这些判决所确立的原则,以后发展成为英国的判例。可见,英国的国际私法首先是从判例发展起来的,但判例至今是其国际私法的主要法律渊源。所以,英国学者说,议会日益增多的活动并不表明法院的作用局限于对国内成文法的解释。在冲突法的很多方面,判例法仍然是最重要的渊源,法院仍然发挥着创造性的作用。判例法中一个重要的新渊源是欧洲法院创造的法律。[1]在英国,仍然不能忽视判例的作用。

在美国,判例是国际私法中最基本和最主要的法律渊源,但国内案件(冲突法)的判例要比国际私法方面的案例早得多。一般认为,19 世纪以前,美国并未出现系统的国际私法理论和学说,司法实践中只是援引英国的判例和法律。据载,早在 1789 年,美国最早的司法判例报告就已出现。但美国最早的冲突法

---

〔1〕 Lawrence Collins, *Dicey and Morris on the Conflict of Laws*, Thirteenth Edition, Sweet & Maxwell Limited 2000, p. 9.

案例则是1827年波特法官(Judge Porter)审理的“萨尔诉其债权人”(Saul v. His Creditors)案,这要比在英国出现的冲突法案例晚了许多年,而有关冲突法的案例报告更晚。一般认为,美国最早的有关冲突法的案例报告是1934年比尔(J. H. Beale)担任报告员出版的《美国第一次冲突法重述》。

总之,无论是大陆法系还是英美法系,判例都是国际私法重要的法律渊源。

三、条约和国际惯例

条约和国际惯例是国际私法的国际渊源。这在我国《民法通则》第142条以及其他法律中都有规定。我国《民法通则》第142条第2款规定:“中华人民共和国缔结或者参加的国际条约同中华人民共和国的民事法律有不同规定的,适用国际条约的规定,但中华人民共和国声明保留的条款除外。”第3款规定:“中华人民共和国法律和中华人民共和国缔结或者参加的国际条约没有规定的,可以适用国际惯例。”

国际私法的国际渊源是私法统一化的体现,也是所谓的“国际的国际私法”。目前,国际社会已有大量的国际私法条约和国际惯例。[1]我国也加入了众多重要的国际私法条约。[2]条约的缔约国有善意履行条约的义务,但各国在国内履行条约的程序由各国自行决定。目前,根据各国的实践,条约在国内的适用有纳入(adoption)和转化(transformation)两种方式。上述我国《民法通则》第142条第2款规定间接地表明,我国采取的是纳入的方式。

对于哪类条约优先适用,应该按照上述法律的规定,将其仅限于“民事”方面的条约,既包括冲突法条约,又包括实体法条约。同时,条约优先适用受到保留条款和国内公共秩序的限制。

国际惯例的适用,也受到公共秩序的限制。我国《民法通则》第150条规

〔1〕 黄进主编:《国际私法》,法律出版社1999年版,第67—76页。

〔2〕 屈广清主编:《新编国际私法通论》,中国民主法制出版社2006年版,第61—66页。

定:“依照本章规定适用外国法律或者国际惯例的,不得违背中华人民共和国的社会公共利益。”

其实,关于条约和国际惯例作为国际私法的渊源,究竟是其中的哪类条约和哪类国际惯例能作为渊源,学界一直争论颇多。实际上,这归根结底取决于对国际私法范围的界定。

四、一般法理、法律原则和专家学说

作为国际私法的法律渊源,一般法理、法律原则和专家学说三者的理论根源之间具有一定的同根性。所以,在讲述国际私法的法律渊源时,一般将三者放在一起研究。

在西方国家的司法实践中,法官和律师经常援引权威学者的观点、理论或者学说作为论证依据,但并不构成法律渊源。但与其他大陆法系国家不同的是,学说在荷兰不仅对法院判决有着明显的影响,而且它还是荷兰国际私法的主要渊源之一,这是荷兰的法律渊源不同于其他大陆法系国家的主要区别之所在。[1]其实,当今两大法系泾渭分明的现象已逐渐在消失。

在国际私法立法没有明确规定时,可以依据一般法理或者国际私法的法律原则进行审理裁判。这在一些国家的法律中有明确规定。例如,1938 年《泰国国际私法》第 1 条规定:“法律没有规定的,适用国际私法的一般原理。”《美国第二次冲突法重述》第 6 条“法律选择原则”规定:“1. 除宪法有限制外,法院应当适用本州选法方面的成文规定;2. 没有上述成文规定的,与选择被选法律的规范有关的因素包括:(1)州际和国际体制的需要;(2)法院地的相关政策;(3)解决特定争议时其他有利害关系州的相关政策及其相关利益;(4)保护正当期望;(5)特定法律领域潜在的基本政策;(6)结果的确定性、可预见性和一致性;(7)易于确定和适用应当适用的法律。”拉贝尔在讲到物之所在地法的规范时

---

〔1〕 袁泉:《荷兰国际私法研究》,法律出版社 2000 年版,第 12 页。

说:“单独有体物权利的取得、变更和消灭,适用该物实际所在地法律。这是目前一个普适性的原则,其已由大量的判决所证实和所有的学者所认可。”[1]国际私法在实践中确实存在一些法律原则。

我们知道,英美法系法律的特点是由法院而非法学学者推动法律的发展。但在斯托里之前,关于冲突法问题,英国法院审判的依据主要是大陆法系学者的学说,特别是荷兰学派,该学派属地方法的观点对英国法官很有吸引力,胡伯简明扼要的解释被普遍援引。

在英国,前述著名的1752年“斯克瑞姆夏尔诉斯克瑞姆夏尔”案确立的法律冲突规则,并非英国人首创,而是来源于大陆荷兰著名法学家约翰·沃特(Johannes Voet)的著作。前述1760年“罗宾逊诉布兰德”案中曼斯菲尔德作出具有里程碑意义判决的依据,采用的就是胡伯赞同的契约适用当事人所选法律的观点(这与胡伯“默示协议”的观念非常接近)。此后,英国大量的判决均依据外国学者的著作和学说。英国学者说,在英国冲突法中,法院受到法学专家学说的影响比其他绝大多数学科的都远远大得多,包括本法域和外法域的专家。最有影响力的外国法学家有17世纪荷兰法学家胡伯法官、19世纪美国法学家斯托里法官和19世纪德国法学家萨维尼。[2]在美国,正如纳德尔曼(Nadelmann)教授所说,胡伯的礼让说至少在1788年就为美国法院在“坎普诉洛克伍德”(Camp v. Lockwood)一案中所引用,引用胡伯的学说和英国1760年“罗宾逊诉布兰德”(Robinson v. Bland)的判决在当时所有的冲突法判决中都会出现。宾夕法尼亚法院首次援引苏格兰著名律师和哲学家亨利·赫姆斯(Henry Homes)的著作《衡平法之原则》作为判决依据,是在1788年审理“米勒诉赫尔”(Miller v. Hall)案中。美国最高法院在1797年“埃默里诉格里纳福”

---

〔1〕 4Ernst Rabel, *The Conflict of Law: A Comparative Study*, second edition, University of Michigan 1958, p. 30.

〔2〕 Lawrence Collins, *Dicey and Morris on the Conflict of Laws*, thirteenth edition, Sweet & Maxwell Limited 2000, p. 9.

(Emory v. Grenough)判决的注释中引用了胡伯名言的翻译,但在传播和接受该理论过程中最重要的因素是斯托里1834年出版的《冲突法评注》。[1]斯托里之前,冲突法学科几乎没有建树。该学科最广博的英国著述是杰贝兹·亨利(Jabez Henry)1823年出版的著作《欧德文诉法贝斯案件中德美拉法院的判决》(*The Judgment of the Court of Demerara in the Case of Odwin v. Forbes*),其主标题是《论人法与物法的差异》(A Treatise on the Difference Between Personal and Real Statutes)。1830年、1831年,佛图纳斯·多瑞士(Fortunatus Dwarris)发表了《成文法概论》(*A General Treatise on the Statutes*),其中有几页涉及人法、物法和混合法则,以及冲突法的特定基本规则。甚至现在的美国冲突法学者也坦言:"法律选择不是一个容易的学科,可能这就是它被证明对学者具有吸引力的原因,也同样是法院愿意向学者寻求指导的原因。"[2]难怪当下中国许多国际私法学者纷纷转行的情况下,美国的冲突法学者还对冲突法研究乐此不疲。

在我国,一般法理和专家学说尽管一般不作为国际私法的法律渊源,但在实践中具有重要的参考作用和指导作用。同时,国际私法的法律原则是国际私法的法律渊源,我国规定国际私法规范的相关法律中都有条约优先适用和国际惯例补缺适用的法律原则;我国立法中规定的其他法律原则在适用时受到具体规则优先适用的限制,这是由法律三要素和立法所决定的。

---

[1] Eugene F. Scoles and Peter Hay, *Conflict of Laws*, West Publishing CO. 2d ed. 1992, p. 12.

[2] Lea Brilmayer, *Conflict of Laws: Foundations and Future Directions*, Little, Brown and Company 1991, p. 235.

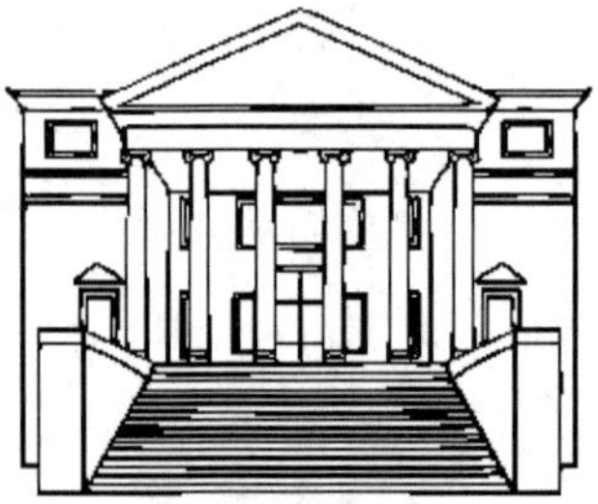

第二章

国际私法的历史

国际私法的历史包括学说史和立法史两个部分。国际私法几千年的学说史是各种学说的演变史,其发展围绕法律适用理论和法律选择方法两个问题。法律适用理论就是一个法域在处理涉外私法关系时适用域外法的原因,法律选择方法就是如何在内外域法之间进行选择。两个问题具有先后继承关系,有些法律适用学说本身就是法律选择方法。这些学说反映在立法上就构成了国际私法的立法史。

第一节　国际私法的萌芽

一、罗马法时代

研习私法,必自罗马民法始;研习罗马民法,必自罗马史起。

古代罗马兴起于意大利半岛的罗马城，是上古世界形成较晚的国家。公元前9至8世纪，该地区形成了一个极小的城邦国家。公元前6世纪末，罗马共和国形成，并开始向外扩张。公元前2世纪中叶，控制地中海西部地区。公元前1世纪，地中海成为其内湖，罗马成了世界上版图最大的帝国，横跨亚非欧三洲。公元1至2世纪是罗马的和平时期。从布匿战争开始到奥古斯都之死（公元14年）约三百年间，罗马通过征服成为地中海的霸主，统一了地中海原先各小王国各自为政的分散局面，极大地沟通了各地间的贸易，促成了地中海世界商业网的形成，从而使得古代世界实现了第一次经济大联合。这样，约从公元前3世纪开始，罗马完成了由农业社会到商业社会的转变，并在此后到公元3世纪约六百年间，罗马人还以其出色的智慧维护了商业社会的繁荣。罗马社会经济结构的巨大变化，给罗马社会生活的诸多方面带来了深刻的影响。

从法律方面而言，公元3世纪前调整农业社会罗马市民之间关系的作为市民法主体的《十二表法》已不能完全适应新的经济情势。随着共和后期罗马统治区域逐渐扩大，终于建成一个广土众民的奴隶制大帝国，罗马法官要审理的涉外案件——罗马公民与异邦人之间以及异邦人与异邦人之间的各种案件日渐增多，便从公元前242年起在大法官中专门设立处理这些案件的“外事裁判官”，他们审理涉外案件的原则，不是适用罗马市民法或者异邦人的法例，而是通过参照权衡形成当事人同意的解决办法，所以他们便称自己凭据的是万民通用之法，由此形成万民法的概念。[1]事实上我们看到，直至罗马建城之前，人们所谈论的都是“许多共同法”（*multa iura communia*），即罗马人与外邦人所共有的“许多法律规范体”……最古老的许多共同法则发展成为“万民法”（*ius gentium*），万民法是建立在所有人共同的自然理性基础之上的所有人共同的

〔1〕 朱龙华：《罗马文化》，上海社会科学院出版社2012年版，第197页。

法。[1]万民法本质上是罗马社会的产物,它是调整罗马商业社会涉外关系的法律,主要是调整贸易关系的特殊的实体法。尽管万民法起初地位并不高,但它却是罗马私法中最成熟的部分。万民法克服了市民法狭隘的民族性,取得了世界主义的意义。[2]由此可见,万民法具有相对于市民法的进步性。

从万民法的适用主体及其自然法基础来看,它完全可以被认为既是万民之法,又是万法之源。万民之意已如前述。万法之源,正如有学者总结性地认为,从拉丁原始文献出发进行研究,可以发现,万民法的含义在 1200 年的漫长的罗马法史上不断演变,至少有 7 种含义——使节法、普通法、世俗法之主要部分、有利于外邦人的法、地方法、道德法等。[3]无论何种含义的万民法都含有“涉外”因素。其实,人们之所以把万民法视作诸法之源,可能是因为古代法所共有的诸法合一的特点之缘故。

正因如上所述,有时,我们还将万民法作为国际私法之萌芽。但是,万民法不是国际私法,因为它不包含冲突规范。无论它怎样地具有涉外因素,或者按现代术语来说,无论它怎样地具有使法律关系国际化的因素,它都是直接解决法律问题的准据法。[4]国际私法的起源在罗马伟大法学家和 6 世纪拜占庭法律中都找不到,即便对几乎每个能想象到的法律问题都给予或暗示了答案的《罗马法大全》也没有适用外国法的任何语句。因为只有具备像 12 世纪以后意大利城邦中存在尊重外国法和拥有平等法律思想的观念,国际私法才能建立起来。罗马法学家还远没有这种观念。西塞罗曾说:“除了我们的市民法外,所有

---

〔1〕 [意]桑德罗·斯奇巴尼、徐涤宇主编:《罗马法与共同法》,法律出版社 2012 年版,桑德罗·斯奇巴尼撰“序一”第 1—2 页。

〔2〕 周小明:《从〈十二铜表法〉到〈优士丁尼民法大全〉》,载《民商法纵论:江平教授 70 华诞祝贺文集》,中国法制出版社 2000 年版,第 85—87 页。

〔3〕 徐国栋:《万民法诸含义的展开——古典时期罗马帝国的现实与理想》,载《社会科学》2005 年第 9 期,第 97 页。

〔4〕 [秘]埃尔维拉·门德斯·张:《外国人问题与国际法:从古罗马到现代拉丁美洲》,载《民商法论丛》(第 13 卷),法律出版社 2000 年版,第 449 页。

其他的市民法是这么粗制滥造，几乎达到可笑的程度，这是难以想象的。”这可能是当时所有罗马知识分子的共同感觉。所以，罗马的法律中是没有国际私法的。

尽管罗马法时代没有形成法律选择意义上的国际私法，但当时确实出现了涉外私法关系，而调整这种涉外私法关系的法律是作为实体法的万民法。这对后世的启示是，实体法也是调整涉外私法关系的一种方法，后人研究的冲突法只是其中之冲突法方法。我们今天在国际私法学科中花费巨大精力和时间着重研究法律选择方法，并认为实体法方法对解决涉外私法关系比冲突法方法更为彻底，其实，早在2200多年前的罗马法时代，当时已经发明并实际适用了“万民法”这种实体法。[1]历史已经表明，解决涉外私法关系有实体法方法和冲突法方法；两种方法的关系及其各自的优缺点，也应当让历史说话。所以，从解决涉外私法关系的角度，我们理应将这个时代出现的调整涉外私法关系的法律视为国际私法。

二、种族法时代

伴随着西罗马帝国于公元476年遭受日耳曼人征服而灭亡，以及“蛮族大迁徙”的开始（约公元5、6世纪），欧洲大陆进入了四分五裂的中世纪。这样，自法律状态而言，则为罗马法衰落，进入了从5世纪到15世纪约1000年支配欧洲中古之法制的日耳曼法的时代。

在该时代，各民族形成杂居格局。各民族仅仅适用本民族自己的法律，即使其异地迁居也只适用本民族自己的法律，不以领土划分法律的效力范围。其结果就是，罗马人适用罗马法，日耳曼民族适用日耳曼法，法兰克民族适用法兰

---

〔1〕 中世纪商人法的形成过程，被学者描述为地中海地区古老的万民法的复活。梅特兰将中世纪商人法称作“中世纪的‘国际私法’”，它为后来变成的法律选择问题提供了超国家的解决方式。Friedrich K. Juenger, *Choice of Law and Multistate Justice*（special edition）, Transnational Publishers Inc. 2005, p. 16.

克法，是谓种族法时代或属人法时代，这种状况大约自公元476年西罗马帝国灭亡后延续了约400余年。该时期的属人主义具有绝对性和极端性，法律适用完全取决于其民族身份，绝对不考虑所在地域。该时期的属人法与后来国际私法中的属人法意义完全不同，相同的也许只是语词的外在形式。

尽管在日耳曼人的法律中，没有适用外域法的余地，因而无以产生国际私法及其理论，但在8世纪末期，有时当事人可以选定双方愿意遵守的法律。这是第一次离开属人法原则转而由合同当事人选择法律的例子。这种通过当事人宣称其来自哪个种族就可适用其所宣称之种族法律的司法实践，不仅表明当时已经出现当事人意思自治原则的默示方式，更表明当时在解决人际冲突问题时已经出现了法律选择论题，而法律选择论题正是后来研究解决国际民商事法律冲突时所借由的“正统”主题。所以，该时代的历史照样能给我们方法论上的启示。

三、属地法时代

10世纪后，随着封建制生产方式在欧洲的建立，欧洲进入相对稳定与和平发展的封建时代。这时，领土观念逐渐加强，任何民族都必须服从当地的法律和习惯，种族法时代逐渐被属地法主义取代。但这种极端排斥外国法或外邦法的属地法主义严格限制了各民族人民间的往来，阻碍了贸易和经济的发展，也不可能出现适用外国法或外邦法的问题。因此在此种情形下，国际私法是不可能产生的。

只是到了12世纪，国际私法学说产生的条件才在意大利出现。14世纪，法则区别说在意大利北部的出现标志着一个新兴的法律学科国际私法的正式产生，该学说也毫无疑问随之成为国际私法法律渊源最早的表现形式。

第二节　传统国际私法学说

前述调整涉外私法关系的万民法，甚至在罗马帝国衰落前就已销声匿迹，因为后来建立的法律等级制度禁止法院有公开创造新法的权力。即使在美国，尽管有几位著名评注法学家(commentator)鼓励和学术上支持该种方法，但也只有一个法官用过。[1]随着罗马法在西欧的复兴，从所涉法律中选取其一的观念开始形成。从此，“现代”意义的冲突法方法便诞生了。

一、法则区别说

法则区别说伴随涉外民商事关系的发达，历经14世纪意大利学派、16世纪法国学派和17世纪荷兰学派三个发展阶段。

1. 意大利法则区别说

11世纪，意大利已成为东西方商业和贸易中心，意大利北部诸多城市以及其他城市[城市后来演变为独立的城邦(City State)，又称“城市国家”。“城邦”或称“城市国家”是古代希腊的主要特点。[2]]商业和贸易已经相当发达。资本主义经济的发展为法则区别说的产生奠定了经济基础。

在12—13世纪意大利各城邦经济飞速发展时，意大利并未形成一个统一的国家。当时在各城邦同时适用两种法律：一是作为普通法的罗马法，它对所有城邦有效；二是各城邦自己制定的特别法——“法则”(statute，就是城邦古老的习惯经自愿接受后形成的具有特殊强制力的习惯法)，法则仅在各城邦境内有效。但是，城邦的法则与罗马法以及各城邦的法则之间往往各不相同。因

〔1〕 In re Agent Orange Products Liability Litigation, 580F. Supp. 690, 713(E. D. N. Y. 1984)(contemplating the creation of an “national consensus” substantive law for products liability).

〔2〕 王铁崖：《国际法引论》，北京大学出版社1998年版，第259—260页。

此,各城邦处理涉外民事案件时法律冲突时常发生。一般而言,如果罗马法和城邦法则之间发生法律冲突,可以依据罗马法中"特别法优于普通法"的固有原则,最终适用城邦的法则。但当不同城邦的法则之间发生法律冲突时应适用何法,罗马法、城邦的法则和城邦之间缔结的条约均未做规定,因为当时主要的中心问题不是应该适用哪个法律,而是决定哪个法官对案件有管辖权。起初,所有的审判人员似乎都只适用自己城邦的法律。因为当时认为选择哪个法律体系的审判人员,就暗示着适用该被选审判人员所在城邦的法律,所以不会涉及法律选择问题。简言之,管辖权代替了法律选择问题。所以,当初解决纠纷时适用的是法院地法,后来才出现了一些更加时新的理论。

经济的发展急需建立与之相适应的法律制度,罗马法正好顺应了这一需要。因此,当时的法学家试图用罗马法来解决法则之间的冲突。发端于 11 世纪意大利的罗马法复兴因此迅速传播至欧洲大陆各国,真正罗马法的复兴是致力于对罗马法系统的研究和继受。12 世纪初,法学家伊纳留斯(Irnerius,1055-1130 年)率先在波伦那大学建立法学院,从事罗马法的研究工作。因研究方法是对罗马法进行注释,所以称为"注释法学派",又称"波伦那法学派",但该学派只是片面地追求理论阐述而忽视罗马法的实际运用。14 世纪起,罗马法的研究进入"后期注释法学派"阶段。该学派突破注释法学派的研究方法,重视法学理论和社会实践以及司法实践的结合,探讨现实社会中的新问题,研究解决各种法律问题的新规则。后期注释法学派的兴起,为法则区别学的产生提供了理论上的准备。

第一个提出真正的国际私法法律冲突问题,是在早期注释法学派的代表人之一阿尔德里库斯(Magister Aldricus,被德国纽梅叶教授视为国际私法学科的创建人)的著作中。他提出:"几个不同城邦的人在同一审判员面前涉讼,他们所属城邦又有不同的法则时,审判员就应该决定选择适用哪个城邦的法则。"他认为,选择适用的法律应当"更有效和更实用"。[1]但判断"更有效和更实用的法律"的标准,是不清楚的。然而,法官判决时适用的显然是应当能够实现公正的法律。这是一种"目的论(teleology)"的法律选择方法。遗憾的是,后来的意大利法则学派既没有继承前文罗马法时代的万民法方法,也没有继承这种目的论方法,而是喜欢运用概念主义的方法解决问题。他们从研究本地法则的空间效力[属民受制于国法(*lex cunctos populos*)[2]]入手来解决冲突,这就使以调整涉外私法关系为任务的国际私法走上另一条前途未知的道路。

在意大利,冲突法发展达到顶峰的是14世纪中世纪最伟大法学天才巴托鲁斯(Bartolus,1314－1357)。其实,国际私法在13、14世纪时期是意大利各大学的产物。因巴托鲁斯做出的卓越贡献,历史上把该学派统称为巴托鲁斯学派(意大利学派)。该学派的代表人物就是巴托鲁斯及其学生巴尔多斯(Baldus de Ubaldis,1327－1400)。

巴托鲁斯学派的早期人物把所有的法则分为有关"人的法则(人法,statuta personalia)"和有关"物的法则(物法,statuta realia)",巴托鲁斯则通过设置后来称作"混合法则(statuta mixta)"的第三种法则种类,改善了该理论。

巴托鲁斯在前人研究的基础上,从法则本身的性质入手,探讨法则的域内域外效力[3],以此来解决意大利邦际法则间的法律冲突。他从法则域内域外

---

〔1〕 2 Neumeyer, die Emeinrechtliche Entwickelung des Inernationalen Privat－Und Strafrechts bis Bartolus (1916)1 *et seq*. 转引自 Ernest G. Lorenzen, Story's Commentaries on the Conflict of Law — One Hundred Years After, 48 *Harv. L. Rev*. 16(1934).

〔2〕 lex cunctos populos 的原本意思是"全体罗马属民适用的法律",但胡果利努斯(Hugolinus)和其他注释法家进行注释时,却学理性地将其解释为"立法者(罗马皇帝)立法的意图只能约束其自己的属民,而不能约束其属民以外的其他人。" See Rodolfo de Nova, Historical and comparative Introduction on Conflict of Laws, Recueil de cours Ⅱ,1966, p. 445. 转引自李建忠:《革新与融合:巴托鲁斯的冲突法理论述评》,载《法学评论》2011年第6期,第125页。

〔3〕 "属民受制于国法"所暗示的国家与其属民之间的属人联系具有决定性意义,同时中世纪各个城邦之间的城墙(即邦界)提醒人们:法律规则具有属人的限制,也具有属地的限制。所以,法律规则属地属人限制的效力其实就是法则的域内域外效力。

效力引申的以下两个问题出发进行研究:一是某一法则对其境内的非本邦居民是否也具有地域效力。也就是说,某一法则能否适用于其域内的一切人,包括非本邦居民。这是研究法则的域内效力问题。二是某一法则对其境外的该法则所属的人民(即本邦属民)是否也有效力。也就是说,某一城邦的法则能否适用其域外的本邦属民。这是研究法则的域外效力。[1]这是巴托鲁斯研究问题的两个基本思路。

巴托鲁斯认为,人法具有属人性,它不但适用于制定者领域内的居民,而且在本邦属民到了其他城邦领域内,仍应适用。人的身份和能力具有持续性和稳定性,并不因为他们所处地域的不同而有所改变,因此一城邦的法则无论对其域内的居民,或在其域外的本邦属民都应适用。物法具有属地性,其效力只能而且必须及于制定者领域之内的一切物,但不适用于制定者领域之外的物(主要指不动产);如果对物不适用物之所在城邦的法则,则势必会造成物权制度的混乱,因此物法规则仅具有域内效力是合理的。他还提出,如果人法是“令人厌恶的”,例如禁止女子继承遗产的法则,对域外属民就不适用;混合法则是涉及行为的法则,适用于在法则制定者领域内订立的契约,是既涉及人又涉及物的法则。在此基础上,巴托鲁斯提出了许多解决不同城邦法则之间冲突的规则:

(1)关于权利能力和行为能力,依其住所地法。根据该规则,在当事人的权利能力和行为能力发生法律冲突时,应当适用该当事人住所所在地的法则来确定其权利能力和行为能力,而不论其冲突所在地或法院所在地的法则规定。这无疑应当是“属人法”原则的最早渊源。

(2)法律行为的方式,适用行为地法;外国人依照行为地法方式所做的行为,不必遵守其固有的属人法。这条规则其实是巴托鲁斯将“场所支配行为(*locus regit actum*)”原则引入到解决不同城邦法则之间的冲突,并成为以后国

---

〔1〕 *Bartolus on the Conflict of Laws*, Translated into English by Joseph Henry Beale, Harvard University Press 1914.

际私法领域解决法律行为法律冲突的一项基本原则。

(3)行为的限制,适用法院地法,但已指定履行地的,适用履行地法。该条规则显然已将“公共秩序”的含义包括在内。因为外邦法律对当事人行为的限制往往涉及法院地的法律甚至是其公共秩序,因此应适用法院地的法则。但同时,当事人已指定履行地的,则应尊重当事人的指定。这其中似乎又有当事人“意思自治”的寓意。

(4)物权,适用物之所在地法。目前,物权适用物之所在地法已成为世界各国通用的规则,甚至动产物权也有这一发展趋势。

(5)契约本身的效力问题,能完全履行的,适用契约成立地法;不能完全履行的,适用履行地法;迟延或过失问题,适用法院地法;有关契约关系的行为,非本邦的人应分别适用契约成立地、履行地或法院适用地的标准适用各该城邦的法则。该条规则显然主张应当根据法律关系性质的不同,分别适用不同的法则。虽然巴托鲁斯当时没有区分不同性质的法律关系进而据此规定它们应适用的法则,但这种区分不同性质法律关系的主张不可能不对后来国际私法的理论、立法和司法实践采用法律关系的区分法产生重要影响。

(6)侵权,适用侵权行为地法,但只有同时也违反了普通法的人,才能被施以惩罚。该条规则分明是现在国际私法中侵权行为领域重叠适用法律原则的直接沿用,只不过重叠适用的法律不仅应有行为地的法则,更应同时符合各个城邦普遍适用的作为普通法的罗马法中有关侵权的规定。这在当时对解决不同城邦间都视为重要民事关系的侵权行为的法律冲突,无疑提供了一项极为符合法律关系实质要求的科学的法律规则。

(7)夫妻财产关系的契约,适用夫之住所地法,而不适用契约缔结地法。该规则体现的是男女的不平等性。

(8)本城邦法则中规定“长子继承遗产”的,财产在本城邦之外时,仍应适用本城邦的法则。该规则体现了本城邦对遗产的控制,但其法则的适用显然会遭到财产所在地城邦的反对。

(9)继承的冲突:①无遗嘱的继承,适用标的物所在地法;②关于遗嘱执行方式,适用行为地法;③关于遗嘱能力,某城邦的法则明确规定其他城邦的人不能适用的,则其他城邦的人可在该城邦适用其属人法。该条规则采用的也是区分不同法律关系的性质规定各自应当适用的法则。

(10)诉讼程序,适用诉讼地法。程序问题适用法院地法,现今已经成为国际私法领域普遍适用的规则,这显然是对巴托鲁斯该规则的继受。

巴托鲁斯的法则区别说虽然只是一种学说或理论,但在意大利各个城邦具有权威性,在西班牙甚至有成文法的效力。所以,它对当时意大利司法解决邦际法律冲突具有法律效力,因此无疑是国际私法最早的法律渊源。而该学说作为一种法律渊源的意义在于,它标志着一个新的法学领域——国际私法学——的诞生。该学说还克服了绝对属地法主义的弊端,提出了解决邦际法律冲突的上述一系列规则,对冲突法的形成起了开创性作用,奠定了国际私法产生的基础,因此巴托鲁斯被誉为“国际私法之父”。

同时,该学说本身也存在下列缺陷:人法和物法区分标准的不确定性和不科学性。因为一切法律关系都是人与人之间的关系,现实中很难有纯粹关于人或者纯粹关于物的法则。对此,巴托鲁斯提出了著名的“英国问题”。巴托鲁斯认为,在英格兰有“长子继承全部财产”的习惯。依照普通法,遗产由各个子女平分。由此产生一个问题:死者在英格兰和意大利留下遗产时,应当适用何种法律。巴托鲁斯只好借助法则本身的语法结构并根据法则的目的来确定人法和物法。例如,“长子继承不动产”和“不动产由长子继承”这两条法则,前者的目的着重于长子,因而是人法,这时取决于被继承人是否英国人。如果是英国人,则由长子单独继承位于英国的全部遗产,并与其他继承人平分位于英国以外的遗产。如果不是英国人,则由所有继承人平分所有遗产。后者的目的着重于不动产,因而是物法,应当适用物之所在地法。这种划分标准显然很不科学。

但值得肯定的是,巴托鲁斯法则区别说从法律的域内和域外效力这个根本问题为出发点,首次站在双边立场上研究法律适用问题,使国际私法真正具有了“国际”（实则是邦际）的性质，为国际私法的形成和发展做出了不可磨灭的贡献。另外，巴托鲁斯的理论价值更在于其方法论。他似乎想创造“超国家的国际私法”，根据实体法概念设立不同的连结点，继而提出诸多不同的冲突规范，解决诸如法律行为的方式、合同、侵权、继承等方面的法律冲突。这一点实际上被后来包括萨维尼在内的国际私法学者所继承。

巴尔多斯是巴托鲁斯之后最著名的法则区别说学者，师生二人一起被认为是法则区别理论的两大先驱人物。但巴尔多斯研究的切入点是从普遍的角度研究城邦立法权的范围，而非巴托鲁斯法则域内域外效力的两个基本问题。他认为，一项法则如果合法颁布，就必须到处有效。另外，他更为关心区分物法和人法的标准。他抛弃巴托鲁斯按照法则目的和词语结构的划分标准，转而认为一项法则的词语可能是属人的，也可能是属物的。他尤为关注人取得权利和实施法律行为的能力，认为应当适用当事人的住所地法（lex domicilii）而不是其出生地法（lex originis）。因为在贸易高度发达的情况下，事实证明，住所地法比出生地法是一个更实用的规则。对于法律行为的形式，应当适用行为地法，这是国家主权的要求。对于继承问题，反对巴托鲁斯的观点，认为所有关于继承的法则都是物法，应当适用法院地法，并强调重视死者的愿望。总之，巴尔多斯进一步发展了巴托鲁斯的观点，师生两人的著作一并被认为是法则区别说理论史上最伟大的著作。

法则区别说产生之时，13、14 世纪最先从意大利开始的文艺复兴运动为其提供了思想基础。文艺复兴自始至终贯彻着人权、人性等自然法观念，给当时的法学研究带来了一种全新的观念。

应当指出的是，巴托鲁斯研究法则域内域外效力及其引申出前述两个相关问题的研究方式，有时会涉及后来称作“单边主义（unilateralist）”的冲突规范，这种规范可用以确定裁判之实体规范的适用范围。中世纪法学家当时也发明了多边主义（multilateralism）方法。这是一种在法律交易（legal transactions）和实体法之间插入“管辖权选择”冲突规范的不同方法。例如，当时意大利注释法学派及其法国同行创造出“场所支配行为”的格言。秉持进化论观点的学者认为,冲突法就是从单边主义方法向多边主义方法发展的。当时意大利冲突法中虽已产生出一些多边规则,但其论证的基本要旨仍是单边主义,这是其“属民受制于国法”的意义所决定的。当他们无法解决法院地法则仅约束其属民还是还约束住在本邦内的外邦人时,就着力推测实体规则的效力范围,这正是单边主义的精髓。[1]可见,当今研究的冲突法单边主义和多边主义问题,在意大利法则学派时即已出现。同时,判断单边还是多边的规则不能仅凭字面语词,还得看其基本的要旨。

2. 法国法则区别说

16 世纪以后,法国资本主义工商业已有相当的发展,尤其是南部地中海沿岸各港口已与西班牙、意大利及亚、非两洲一些国家有着频繁的商贸往来。但由于封建割据造成法国法律很不统一。南部成文法地区主要适用作为普通法的罗马法,此外还有各省自己制定的习惯法;北部为习惯法地区,分为一般习惯法(即渊源于法国法律传统并经官方文件记录的习惯)和各省的地方习惯。由此,不仅成文法与习惯法之间发生冲突,而且一般习惯和地方习惯以及各地方习惯之间也冲突不断。这对于新兴的法国商人阶级建立统一市场的要求极为不利,因此迫切要求改变法国法律不统一的现状。当罗马法在意大利复兴之时,法国南部学生纷纷前往波伦那学习罗马法。16 世纪中期,法国研究罗马法的风气急剧发展,由此取代意大利而发展成为罗马法的研究圣地,国际私法的研究中心也从意大利转到了法国,法则区别说的研究重镇相应地也从意大利变为法国。当时,法国法律家对今天称作国际私法领域表现出浓厚的兴趣,其中,突出的代表人是杜摩兰(Charles Dumoulin,1500 - 1566)和达让特莱(D'Argentre,1519 - 1590)。杜摩兰生活在法国南方,达让特莱生活在法国北方,分别代表着新兴资产阶级的利益和封建主的利益,理论观点因此截然不同。

---

〔1〕 Friedrich K. Juenger, *Choice of Law and Multistate Justice* (special edition), Transnational Publishers Inc. 2005, pp. 13 - 14.

（1）杜摩兰的意思自治理论。杜摩兰，生于巴黎，是巴黎的律师和教授。杜摩兰的法学贡献是其著作《巴黎习惯法评注》（Commentaire sur la Coutume de Paris）。他对法国习惯法的详细论述，为法国习惯法取代罗马法做出了巨大贡献，被认为是法国法学史上最伟大的学者之一。在国际私法方面，杜摩兰有两篇著作开辟了国际私法的新时代：一篇是《咨询第 53 号》（Consilium 53）；另一篇是他在图宾根流亡时所做的报告《地方法则和习惯总结》（Conclusiones de statutis et consuetudinibus localibus）。

杜摩兰生活在经济贸易比较发达的南方省份，为了适应早期资产阶级商业交往的需要而主张扩大人法的适用范围。他继承了巴托鲁斯法则区别说法则的三分法。物法从物，不论对内外人，凡涉及境内之物的，应当适用物之所在地法；人法从人，其效力只及于境内外自己的属民。但他极力主张扩大人法的适用范围，缩小物法的适用范围，并且只有在不依据当事人双方的自主意思而直接取决于法律的强制性时，才做上述划分。

由于法国法律不统一，致使法国的区际法律冲突相当严重，几乎在民事领域都会存在法律冲突和法律适用问题，尤其在合同领域。对此，他在《巴黎习惯法评述》中提出，契约关系应当适用当事人自主选择的习惯法，即使当事人在契约中未做明示的选择，法院也应推定其意欲适用于契约实质要件的习惯法。这就是合同冲突法领域中的当事人“意思自治”理论，也是其最大的贡献，因此被英国学者威斯特勒克（Westlake）誉为国际私法领域“最伟大的法学天才之一”。[1]同时，他认为，合同问题适用合同当事人选择的法律，是一项独立的冲突法规则，而不是作为合同缔结地法的次要和辅助性的解释和说明。因

〔1〕 其实，意思自治理论并非杜摩兰首创。法律选择条款早在中世纪时就已被运用。杜摩兰将意思自治原则扩张至当事人没有选定准据法的情形，这是其贡献。杜摩兰“默示选择”的假定为英国“自体法（proper law）”方法奠定了基础，自体法方法相应地又孕育出诸如“最密切联系（closest connection）”和“最重要关系（most - significant - relationship）”等当代方法。Friedrich K. Juenger, *Choice of Law and Multistate Justice*（special edition），Transnational Publishers Inc. 2005, p. 17 .

此，法院在解决有关合同的争议时，首先应当尊重当事人自己的意愿，适用当事人自己选择的法律。

另外，他还力主限制封建属地主义，削减宗教法庭势力，加强中央王权，致力于法国法律的统一，以求从根本上消除各省区之间的法律冲突。

杜摩兰对国际私法的贡献还体现在对住所概念的发展上。住所不仅在婚姻财产制上，而且第一次在合同问题上获得了重要地位，成为一个日益重要的连结点。

杜摩兰的主张代表了新兴资产阶级的利益，客观上有利于贸易的发展和统一市场的建立。意思自治理论允许当事人双方自由选择契约的准据法，可以摆脱本地习惯法的束缚，冲破属地原则的禁锢，这样，作为法国先进之商业中心的巴黎的习惯法就可以适用于法国全境，这将大大有利于法国法律的统一，从而有力地促进法国资本主义的发展。杜摩兰的意思自治原则后来发展成国际上普遍接受的确定契约准据法的首要原则，所以他的学说无疑极大地推动了国际私法的发展。

(2)达让特莱的属地法主义。达让特莱是法国北部布列塔尼省的贵族和法学家，著有《布列塔尼习惯法释义》和《布列塔尼的历史》两书。达让特莱一生几乎没有离开过封建势力雄厚的布列塔尼省，因此与杜摩兰虽同处一个时代，却由于代表的是封建地主的利益，所以站在杜摩兰的对立面，反对杜摩兰的意思自治原则，极力推崇属地原则。

对于法律冲突，达让特莱改变将冲突法附着于属民受制于国法的习惯，认为冲突规范是本地法而非世界法的产物，与此相同的法院地偏爱对其法律规则的分类方法产生了影响。他认为，领域内的一切人、物和行为都受制于当地的习惯法，因此一切习惯都是物的；并且只要有可能，一个法则就应该被认为是物法，只有在极其例外的场合，比如纯粹关于个人的权利、身份的习惯等，才应赋予其人法的效力，但人法的数量非常有限。至于他所添加的混合法则，他认为应视如物法。这种分类体系就把属地主义提升到基本原则的高度。他通过将人法观念降低为只不过是个例外情形，扩大物之所在地法的范围，缩小住所地法的领域。他也对法则区别说中法则的分类方法嗤之以鼻。

16 世纪时，财富的主要形式仍然是不动产，而当时大部分的法律事务是婚姻财产和不动产继承两类纠纷。这类案件基本上是由财产所在地的法院判决，因此达让特莱赞成适用法院地法。这种属地主义偏爱可以解释他反对杜摩兰的默示合同观念，默示合同观念能赋予外国法更大的效力范围。两位法国法学家因此而代表了两种对立的观念，一个赞同以国际主义方法调整跨国交易，另一个则秉持法院地中心主义的方法论。达让特莱设想法院通常应当适用自己的法律，外国的法律规则仅仅在例外情况下才能适用，这预示着后来韦希特(Wächter)和晚近美国学者著述中出现的思维模式。

达让特莱极力维护封建特权和封建割据，其思想代表的是封建地主的利益和要求，因此他认为一切习惯法都是属地的，必须而且只能在本国领域内有效。这又使法律适用回到了过去绝对的属地法主义，显然严重阻碍了国际私法的发展。

另外，柯奎勒(Guy de Coquille)认为，人法物法的法律分类根据不应当是“文字仅有的外壳，而应当是……法则或习惯制定者的推定目的和表面目的”。实际上，他认为，裁判规则的效力范围应当根据的是其目的(或者立法者的目的)，而不是巴托鲁斯所说的措辞或某个武断的分类。从规则背后的目的或“政策”能够推导出其范围的观念，在其几个世纪后就重新出现过，并已成为现代美国冲突法理论的核心目的。[1]这暗合了史学家克罗齐“一切历史都是当代史”的历史观。

3. 荷兰法则区别说

16 世纪以前，荷兰是西班牙的殖民地。1566 年，开始了长达百年的反西班牙殖民统治的资产阶级革命。17 世纪，取得胜利并建立了世界上第一个资产阶级共和国。但因革命很不彻底，在荷兰内部仍有 17 个省区，每个省区都有自己

---

〔1〕 Friedrich K. Juenger, *Choice of Law and Multistate Justice* (special edition), 19 (Transnational Publishers, Inc. 2005).

的习惯法体系,因此法律冲突现象十分普遍。同时,随着资本主义经济的发展,17 世纪中叶,荷兰已成为欧洲经济的中心,荷兰文化也随之进入黄金时代,国际私法的研究中心也相应地移到荷兰。

作为世界上第一个资产阶级共和国,荷兰既要在封建国家的包围中捍卫自己的独立,又要发展海外贸易,同时希望适用自己的国内法来最大限度的调整和支配其在海外的商业和金融利益,从而要求根据荷兰法律取得的权利也能为封建国家所承认。在此情形下,荷兰学者开始探讨外国法律的适用问题。此时,法国博丹(Bodin,1540 – 1596)发表的《论共和》和被誉为“国际法之父”的荷兰学者格劳秀斯(Grotius,1583 – 1645)发表的《战争与和平法》提出的“国家主权”概念,为荷兰法则区别说学者提供了理论基础。

荷兰是传统的大陆法系国家,和美国同属复合法域国家。17 世纪的荷兰作为当时国际私法的研究中心,其国际私法学者的代表人物有巴根多斯(Nicholaus Burgundus,1586 – 1649)、保罗・伏特(Paul Voet,1619 – 1677)和约翰・伏特(John Voet,1647 – 1714)父子,以及优内克・胡伯(Ulrich Huber,1636 – 1694)。

荷兰法则区别说是在荷兰独立后才开始真正发展。虽然荷兰学者几乎都接受了意大利的法则区别说,但对人法、物法和混合法的内容却有不同的观点。不仅如此,他们基本上都认为属地原则是解决法律冲突的重要规则。其中,巴根多斯对达让特莱的学说推崇备至,他认为,在解决法律冲突时主要应当依据属地原则。他从国家主权的新观念出发,摒弃法则区别说具有普遍效力的观点,认为每个独立主权国家都有权决定是否适用外国法。独立主权国家选择适用外国法或者承认该外国法律的域外效力,这不是独立主权国家的义务。这与达让特莱的属地原则已有根本不同,首先对达让特莱的属地原则进行改造的是保罗・伏特,他在将混合法则作为调整法律行为方式规则的同时,也为属人原则的适用提供了机会。重要的是,他引进了《学说汇纂》中的“礼让”观念。其子约翰・伏特也认为,主权观念本身就表明排除外国法的适用,至于实际上有时适用外国法,那只是例外情形。国家赋予外国法某些域外效力,是国际礼让的结果，礼让观念反映的是摆脱偏见之利己和方便所产生的原则。但真正全面奠定国际礼让说的是胡伯。

胡伯曾任大学教授和最高法院法官，著有《论罗马法与现行法》一书，其中第二篇是"论法律冲突(de conflictu legum)"。胡伯与荷兰其他学者不同，他避开前人对法则进行分类、法则域外效力的检验标准以及其效力仅限于域内的传统研究，将礼让作为其构筑理论的试金石，从主权和礼让这两个双联观念中直接推导出冲突法制度。他在其四开本仅5页纸的学位论文《论各国各种法律的冲突》(*De Conflictu Legum Diversarum in Diversis Imperiis*)的第一章"问题确实源于法庭用于法庭，但应属于国际法而非民法"提出解决法律冲突的著名三原则：其一，每个国家的法律只在其境内有效，并约束其属民，在境外则无效；其二，凡居住在其境内的人，包括常住的与临时的，都应视为该国的属民；其三，每个国家的法律在其境内既已实施，其他主权者也应当根据礼让使前者在自己境内保持其效力，只要这样做不致损害自己的权力及其属民的权利。

对上述胡伯三原则分析可以发现，胡伯的前两项原则是法律的属地原则，这是根据主权者管辖权的划分建立的国际公法原则；第三项是适用外国法的根据和条件，这项原则才是国际私法原则。胡伯的第三项原则首次表明国际私法的国际性质，即内国是出于礼让和自身的考虑才承认外国法的效力。因此，荷兰的法则区别说被称为"国际礼让说"(Comitas Gentium)。

早在13世纪初意大利法则区别说拒绝将本邦法则适用于外邦属民时，是以外邦人不是本邦属民为依据。达让特莱认为物应当适用物之所在法(即物法)，是认为法律只在一国主权领域内有效，而在境外则无效。但胡伯的主张与意大利法则区别说和达让特莱的属地原则已有了实质的不同。虽然胡伯强调法律的属地性，但同时提出每个主权国家出于礼让，可以适用外国法律，而且是否承认外国法的域外效力以及是否适用外国法律，完全取决于各国主权的考虑。因此，荷兰法则区别说中的国家主权观念和国际礼让观点，把外国法的适用问题首次放在国家关系和国家利益的基础上来考量，这是适用外国法理论的进步，对国际私法的发展产生了深远的影响。英国哈里森说,在整个法制史上,恐怕没有5页纸能如此被经常引用且可能被大量阅读。其表述清晰、适于判决、毫不迂腐。的确,它们前进了一丁点,但却极其全面。但同时,它们研究的是国际私法的基础,并根据我们现代的观念来对待。[1]甚至有人认为它奠定了现代国际私法学的基础。

美国学者说,胡伯短小精悍的论文对冲突法做出五个方面的显著贡献:预示着法则理论的终结;使该学科扎根于国际法之中;强调判决的一致性;预测出既得权理论;引进公共政策保留。胡伯的冲突法观念对英国和美国冲突法发展的影响比其他任何著作都大。[2]美国斯托里继承了其礼让说,英国戴西则在接受其主权观念的基础上提出既得权的思想。

荷兰国际礼让说终结了后期注释法学派所发展的国际私法规则具有普遍效力和统一效力的观点;其中的主权国家观念使世界上不同法律制度的国家都能制定自己的国际私法制度,法律冲突至此不再是区际法律冲突,而是真正变成了国际冲突,这对国际私法的发展产生了深远和积极的影响。但应当看到,该学说一方面要求保护本国主权,另一方面又迫于发展商业的需要,借由国际礼让原则使在本国境内取得的权利在他国境内也要得到承认,这是其矛盾之处。

同时,"礼让"具有不确定性。美国路易斯安那州最高法院1827年审判冲突案件"萨尔诉其债权人"(Saul v. His Creditors)的法官波特(Porter)认为,大陆法系学者试图走得更远:确定按其本质无法确定的事物。他们似乎忘记了他们研究的是有关国家礼让的问题,但该礼让具有、并且总是具有不确定性,因为它必然取决于多种因素,而这些多种因素是不可能概括为任何确定的规则——任何国家都不会以本国公民遭受损失为代价不适用本国法律转而适用他国法律;也忘记了他们是否依赖或者不必然依赖的是外国法寻求在其领域内适用的

---

〔1〕 Frederic Harrison, *On Jurisprudence and the Conflict of Laws*, Oxford University Press 1919, p. 116.

〔2〕 Friedrich K. Juenger, *Choice of Law and Multistate Justice*(special edition), Transnational Publishers Inc. 2005, p. 21.

国家的条件——立法的特定本质、政策及其制度的特点：冲突法中必然经常存在普遍的不确定性问题，不论不确定性何时存在，审理法院都会优先适用本国法而非外国法。[1]这是对荷兰胡伯"礼让"三原则中第三个原则的明确回应。

至此，法则区别说历经14世纪意大利（巴托鲁斯）学派、16世纪法国学派和17世纪荷兰学派，完成了其法则理论的精雕细琢过程。可以清楚地看到，所谓法则"理论"实际上不是具有单一确定内容的"一个"理论。它对于我们从现代的观点来看，似乎像是一个爬山者从山顶上无法看到下面山谷里的波浪起伏、偏僻小路和茂密丛林。实际上，不同法则学家之间的区别可能至巨，这些区别表现在术语、方法和提出的问题及其答案。但有两点对从巴托鲁斯直至19世纪所有的法则学家是共通的：其一，他们都研究单独的"法律规则"本身，并且思考其是否只能适用于制定国，还是在制定国之外也具有同等效力。其二，他们都试图逐渐发展出能超国家、超省区和超地域适用的原则。[2]伴随国家主权观念的提出，法则区别说从区际私法发展成为区际私法和国际私法并存的两种冲突法。

从法则区别说14世纪在意大利的出现标志着新法学学科国际私法学形成时起，历经五个世纪。但直至18世纪以前，世界范围内的国际私法基本处于"法理学与科学的国际私法"阶段，亦即表现为一种学说或学理的形态，只是到18世纪下半叶以后，才开始进入"立法的国际私法"阶段。可以说国际私法是先有学说，后开始立法，国际私法的理论和学说对国际私法的形成和发展起了巨大的作用。因此，权威学说应是国际私法法律渊源的最早表现形式。正如沃尔夫所说，在国际私法的幼稚时期，它是以超国家的法律开始的，那时它的法律渊源是法律科学。[3]简言之，13到19世纪国际私法的特点是"理论大发展，司法无贡献"。

---

〔1〕 Rodolfo de Nova, The First American Book on Conflict of Laws, 8 *Am. J. Legal Hist.* 137 - 138(1964).

〔2〕 Martin Wolff, *Private International Law*, Oxford University Press 1945, p. 29.

〔3〕 [德]马丁·沃尔夫：《国际私法》（上），李浩培、汤宗舜译，北京大学出版社2009年版，第21页。

在19世纪,对国际私法做出贡献的三个人是美国的法官、德国的教授和意大利的政治家。

二、斯托里

美国冲突法的司法实践始于18世纪后期,判决主要援引大陆法系学者的学说和英国的判例,19世纪开始援引本国学者的学说。18、19世纪美国冲突法研究,涉猎最早的是詹姆斯·肯特(James Kent,1763－1847)[1],最早撰写专论性著作的是萨缪尔·利弗莫尔(Samuel Livermore,1786－1833)[2],研究最全面

---

〔1〕 美国初期的法律专家和法学专家肯特,以英国法学家威廉·布莱克斯通(William Blackstone)的四卷本《英国法评注》(*Commentaries on the Laws of England*)为蓝本,以其在哥伦比亚学院的讲稿为基础,在1826－1830年出版了四卷本《美国法评注》(*Commentaries on American Law*)。该书是美国第一本法律名著,作者一生曾六次出版,肯特也因此而名留青史,在英国和美国备受尊敬。该著作阐述了州法、联邦法和国际法,以及人的权利和财产方面的法律。肯特在《美国法评注》中解决了很多冲突法问题。总体上看,肯特主要是在介绍冲突法的各家学说后,通过判例简单地分析当时美国冲突法的原则。所以,肯特在这方面对美国冲突法显然没有创新和新的贡献。但肯特作为美国涉猎冲突法最早的法学家的地位不容否认。

〔2〕 美国路易斯安那州民法学家利弗莫尔在前述1827年美国路易斯安那最高法院审判的冲突案件"萨尔诉其债权人"中,作为律师运用大陆法系学者的观点并适用了其方法,但该案审判"法官波特拒绝接受利弗莫尔法则方法的观点,选择了多边方法。"Friedrich K. Juenger, The Need for a Comparative Approach to Choice-of-Law Problems, 73 *Tul. L. Rev.*, 1320(1999).这促使利弗莫尔1828年撰写并出版了美国本土上第一本冲突法著作——《不同州和国家之实在法的不同所产生的问题专论》(*Dissertations on the Questions Which Arise from the Contrariety of the Positive Laws of Different States and Nations*, New Orleans, Benjamin Levy 1828)。该书共172页的篇幅。利弗莫尔的书名很明显是模仿了法国学者路易斯·波利诺(Louis Boullenois)1732年在巴黎出版的著作《实在法与习惯法的不同所产生的问题专论》(*Dissertations sur des questions qui naissent de la contrariété des loix et des coutumes*)的书名。两本书较大的区别是利弗莫尔的书名暗示着州际冲突和国际冲突之间的不同。利弗莫尔在许多重要内容上经常引用波利诺的著作,引用时也坦率地说明这主要是欧洲法则学派的理论。利弗莫尔的理论体系以法国学者杜摩兰的理论为模板,同时吸收其他法则学家的不同特点,自己再做些改进。所以它主要阐述的还是欧洲的法则理论,但法则理论很快就被欧洲自己所抛弃。利弗莫尔试图将法则理论移植到美国,但没有成功。与六年后斯托里著作所阐述的欧洲发展局势和著作的创新性相比,利弗莫尔的著作就只能是学术性的分析,不会对理论的发展产生影响。美国法院很快在斯托里的著作中找到更适当的解决冲突的办法,但利弗莫尔的著作在国际私法历史上作为一种法律思想史,仍然是重要的。利弗莫尔认为胡伯是个极讨厌的人,对其理论不以为然。利弗莫尔认为,适用外国法不是出于对外国国家的尊敬或者礼貌。利弗莫尔否认"礼让"是法律选择规则的原因,原因是国家似乎负有扩展人法效力的类似义务。Rodolfo de Nova, The First American Book on Conflict of Laws, 8 *Am. J. Legal Hist.* 146(1964).

的是约瑟夫·斯托里(Joseph Story,1779 - 1845),弗朗西斯·沃顿(Francis Wharton)对冲突法学科没有显著贡献[1]。

斯托里1834年出版首版专著《冲突法评注》(*Commentaries on the Conflict of Laws, Foreign and Domestic, in Regard to Contracts, Rights and Remedies, and Especially in Regard to Marriages, Divorces, Wills, Successions, and Judgements* §9, Boston, Hilliard, Gray, and Company, 1st ed., 1834.),是美国第一本详尽论述冲突法的英文著作,该书第一版共557页,共17章。斯托里与肯特私交甚笃,学术交流也颇多颇深入,所以斯托里在书中说本书是献给詹姆斯·肯特的著作。正是《冲突法评注》使斯托里成为美国国际私法学派真正的奠基人。

利弗莫尔将藏书赠送给母校哈佛法学院,斯托里在撰写国际私法巨著时才有机会阅读这些利弗莫尔收集的中世纪冲突法学者珍贵的文献。因此,约瑟夫·比尔(Joseph H. Beale)从某种意义上推测说:"利弗莫尔间接但深刻地影响了美国冲突法律师的思想"。虽然斯托里的著作可能受到利弗莫尔专门藏书所提供的独特而富有挑战性机会的启发,但不会归功于这些古籍。利弗莫尔的思想没有渗透斯托里汇入美国法律文化之中。斯托里开创了或者被誉为开创了一个新的起点。[2]但斯托里毕竟利用了利弗莫尔提供的学术资源,所以可以说利弗莫尔间接地成就了斯托里的巨著。

斯托里的巨著《冲突法评注》与前人相比,大致有以下六方面的突破:

第一,斯托里发明了国际私法的英文名称Private International Law。前已述

---

〔1〕 1872年,沃顿出版了《冲突法或者国际私法专论——包括盎格鲁—美国法、罗马法、德国法和法国法的比较》(*A Treatise on the Conflict of Laws*, or Private International Law, *Including a Comparative View of Anglo-American, Roman, German, and French Jurisprudence*)。对沃顿的著作,褒贬不一。但根据专业人士的评价,它对冲突法学科没有显著贡献。自沃顿的冲突法著作第3版出版的1905年直至1935年,本学科在美国再没有出版过完整的法学专著。1935年,比尔出版《冲突法专论》(*A Treatise on the Conflict of Law*, Baker, Voorhis & CO. 1935)。比尔在书中说:"本书献给约瑟夫·斯托里,深情纪念斯托里《冲突法评注》第一版出版一百周年。"

〔2〕 Joseph H. Beale, *A Treatise on the Conflict of Laws or Private International Law*, 49 (1916).

及,在此不再赘述。

第二,斯托里在该书前两章阐述冲突法一般理论中提出"国际礼让"三原则。根据其理论,一个国家的法律只能在本国地域内发生效力;在其他州或国家发生效力,只能是基于其他州或者国家的礼让而自愿承认其效力。斯托里认为:其一,"每个州或者国家的法律只能直接调整其地域内包括动产和不动产在内的所有财产、居住在本域的所有人、在本域缔结的合同以及发生的行为,并对其发生效力。"[1]其二,"任何州或者国家根据其法律不能直接调整其领域外的财产或者不在其领域内居住的人,并不对其发生效力。"[2]其三,"一个州或者国家的法律对另一个州或者国家的效力和义务,只取决于后者的法律和法规,也就是其他州或者国家自己适当的法学和政治制度,以及其自己明示或者默示的同意。"[3]他总结性地说:"'国家礼让(comity of nations)'一词……是表述一国法律能在他国境内适用的真正基础和程度之最合适的词语"[4]这就是著名的"斯托里礼让三原则"。

第三,斯托里完善了公共政策保留的表述。斯托里除了引用肯特第二版《美国法评注》中的其他内容外,还重述了这个规则(即合同准据法是合同缔结地法律)。[5]但公共政策保留的表述当时得到重新界定:"对于缔结地法律认为有效的合同,规避或者欺骗国家法律、主体的权利义务,违背良好道德、宗教、公

---

〔1〕 Joseph Story, *Commentaries on the Conflict of Laws*, § 18(Hilliard, Gray, and Company, 1st ed, 1834).

〔2〕 Joseph Story, *Commentaries on the Conflict of Laws*, § 20(Hilliard, Gray, and Company, 1st ed, 1834).

〔3〕 Joseph Story, *Commentaries on the Conflict of Laws*, § 23(Hilliard, Gray, and Company, 1st ed, 1834).

〔4〕 Joseph Story, *Commentaries on the Conflict of Laws*, § 37(Hilliard, Gray, and Company, 1st ed, 1834).

〔5〕 Joseph Story, *Commentaries on the Conflict of Laws*, 201(Hilliard, Gray, and Company, 1st ed, 1834).

共权利,以及与国家政策、风俗习惯相冲突的,在任何国家都视为无效……"[1]斯托里发展了肯特的理论,对公共秩序的表述更加精细完善。

第四,斯托里利用欧陆冲突法理论分析和总结的美国案例,最终抽象出具有实践性和创新性的冲突规则。斯托里撰写其著作时,英国和美国在冲突法方面的案例极少,所以他是从早期大陆法系学者中获得知识,特别是胡伯;他大量引用欧陆冲突法理论,但其并非他的著作的基础。他的著作的基本内容是建立在盎格鲁—美国判决的基础上的。所以,斯托里尽管深受荷兰国际礼让说的影响,但其理论绝对不是对荷兰学说的简单继承,而是在荷兰国际礼让说的基础上的进一步发展。所以该书是实践性的著作,但这是一种新的方法,并且与法则学派的方法完全不同。因此它在冲突法历史上开创了一个新时代。[2]同时,斯托里创造性地用总结案例、提取规则的方法来研究冲突法。斯托里被誉为是使用实践方法的第一个和最著名的代表。

第五,斯托里提出了一个州适用另一个州法律的原因。胡伯是大陆法系学者中其理论最符合美国律师观念的最后和最明显的一个。斯托里支持胡伯的礼让说,解释一个州适用另一个州法律的原因是:从相反理论所产生的不方便之意义,以及从实现正义的道德必要性之精神而言,国际法的实施所赖以存在的真实基础是,适用的规则应当是从相互的利益和效用中产生的规则,以便正义也会相应地落在我们的身上。[3]胡伯在斯托里眼里是个英雄。斯托里广泛研究礼让观念,将其作为解决冲突的基础。然而礼让并不能解决州际冲突,州

[1] Joseph Story, *Commentaries on the Conflict of Laws*, 204 (Hilliard, Gray, and Company, 1st ed, 1834).

[2] Ernest G. Lorenzen, Story's Commentaries on the Conflict of Laws — One Hundred Years After, 48 *Harv. L. Rev.* 32 (1934).

[3] Joseph Story, *Commentaries on the Conflict of Laws*, § 35, at p. 34 (Hilliard, Gray, and Company, 1st ed, 1834).

际冲突只能由美国宪法解决。[1]斯托里著作的影响是深刻的[2]，这不仅体现在美国（它成为1900—1950年间最具影响力的理论），而且也体现在将其用于强化早期依赖胡伯的国外（如英国[3]）。在该理论的起源国荷兰也再次引起关注，并且对萨维尼和法国的理论都产生了影响。

许多大陆法系学者批评斯托里的"礼让"理论，认为胡伯提出的"礼让"一词具有政治含义，这似乎会将外国法的适用交由法院自由裁量，而不是将其视作实现公正所履行的职责的基础。但斯托里明确表示，礼让的基础是"一种为了实现公正的道德需求"。[4]不过，再多的解释也不会使大陆法系学者接受礼让理论，因为其中暗含着的推测理由是：冲突法规则有其自己的基础，其他州考虑的不是法律和公正而是自己的利益和礼貌。反对礼让暗含自己的利益和礼貌本身是没有效力的，因为所有国家的成文冲突法都是建立在这些考虑之上的。另外，斯托里的礼让观点也在美国遭到批判。

第六，斯托里实现了冲突法从单边主义向多边主义方法的转变。斯托里拒绝接受法则方法，推动了多边法律选择规则的发展。著名罗马法学家萨维尼不仅步斯托里之后尘，更重要的是，为多边主义提出了观念上的基础。鉴于斯托里和萨维尼两部著作的声望，将他们从单边主义向多边主义方法的转变称作是"哥白尼革命"[5]一点都不惊奇。

---

〔1〕 Kermit Roosevelt Ⅲ, The Myth of Choice of Law: Rethinking Conflicts, 97 *Mich. L. Rev.* note 30 (1999).

〔2〕 Ernest G. Lorenzen, Story's Commentaries on the Conflict of Laws — One Hundred Years After, 48 *Harv. L. Rev.* 27 – 28 (1934).

〔3〕 R. H. Graveson, *Comparative Conflict of laws Selected Essays*, Volume Ⅰ 232 (North Holland Publishing Company 1977).

〔4〕 Joseph Story, *Commentaries on the Conflict of Laws*, § 35 (Hilliard, Gray, and Company, 1st ed, 1834).

〔5〕 Paul Heinrich Neuhaus, *Die Grundbegriffe des internationalen Privatrechts* 94 (2d ed. 1976). 转引自 Friedrich K. Juenger, The Need for a Comparative Approach to Choice-of-Law Problems, 73 *Tul. L. Rev.*, 1320 (1999).

尽管斯托里的学说受到批判,但也同时受到高度赞扬。德国学者认为,斯托里通过对佛里克斯、萨维尼和巴尔的影响带给欧洲的是"合理和公正的冲突法观念"。在美国和英国,斯托里当今也被尊为冲突法之父。"从其出版之日,美国或英国关于该方面几乎没有一个案件,以及大陆国家几乎没有案件,不援引这本学术精深的巨著就能够作出判决。它开启了国际私法历史上一个新的时代。"〔1〕比尔教授认为斯托里是"现代科学的创立者"(the creator of the modern science),其著作《冲突法或者国际私法专论》(*A Treatise on the Conflict of Laws, or Private International Law*)能"对所有现代理论起到抛砖引玉的作用"(见第51页)。"自他开始,法学分为三个流派:新法则理论学派、国际主义理论和承认既得权的本地法之普通法学说。"(见第52页)〔2〕他的冲突法著作影响了拉丁美洲各国的许多法令和条约。〔3〕该书1834年出版时,是13世纪以来世界上所有国家中以任何语言撰写的本学科著作中最引人瞩目和最优秀的著作。

在斯托里著作的上述六个方面,最为后世称道的是其第二个方面"斯托里礼让三原则"。从斯托里的三原则可以看出,它与胡伯的三原则非常相似。斯托里的前两项原则同样强调法律的属地性;其第三项原则却与胡伯的国际礼让说不同,他首次提出外国法在内国取得效力的根据是内国明示或默示的同意,而内国表示同意是国际贸易交往过程中相互利益的需要。一国适用他国法律、公平对待他国公民,目的在于获得互惠,以使自己的法律和公民同样也能够在外国得到适用和公平对待。因此,外国法在内国取得效力,完全是内国根据主权基于国际贸易交往过程中相互利益的需要,而不是基于内国的义务或责任。

---

〔1〕 Frederic Harrison, *On Jurisprudence and the Conflict of Laws*, 119(Oxford University Press 1919).

〔2〕 Ernest G. Lorenzen, *A Treatise on the Conflict of Laws, or Private International Law* By Joseph H. Beale. 30 *Harv. L. Rev.* 198(1916).

〔3〕《不列颠百科全书:国际中文版》(书名原文:Encyclopaedia Britannica)(第16卷),中国大百科全书出版社不列颠百科全书编辑部编译,中国大百科全书出版社1999年版,第238页。

斯托里是19世纪普遍国际主义学派的重要代表人物。斯托里反对法则区别说把法律三分法的传统做法,主张建立一个一般国际私法理论的体系,该体系将有助于贯彻各国的政策,促进其利益,为所有国家提供共同的便利。作为一个普遍国际主义学者,斯托里强调的是法律的属地性,不像欧洲大陆普遍国际主义学者强调法律的属人性。这反映出美国刚刚获得独立后的美国资产阶级,一方面排斥英法等帝国主义大国在美国的工业和贸易优势;另一方面又要防止欧洲神圣同盟干涉其本国内政的威胁。由于英国普通法对法律冲突引起的法律问题没有提供解决方法,斯托里就转而开始对美国各州大量州际法律冲突案例进行分析,归纳总结出各类不同性质的涉外民商事法律关系,并根据其不同性质确定不同的法律适用原则,以此形成了独特的判例分析法,这对以后国际私法理论的发展产生了深远的影响。英国学者戚希尔认为,约瑟夫·斯托里利用归纳的研究方法研究判例,“使该学科得以复兴”。正因为如此,斯托里被认为“开创了国际私法的一个新时代”,为英美国际私法的发展奠定了基础。

三、萨维尼

卡尔·冯·萨维尼(Friedrich Karl von Savigny,1779－1861)是德国历史法学派的创始人,著名的国际私法学者,近代国际私法的奠基人。1803年,萨维尼发表处女作《占有权论》立即轰动西欧法学界。1814年,发表《当代立法与法学》,1831年出版《中世纪罗马法史》。1849年出版经典著作《现代罗马法的体系》,该书第八卷《法律冲突与法律规则的地域和时间范围》第一次提出解决所有法律冲突的统一的基本原则,即著名的“法律关系本座说”(the Localization of Legal Relations)。

前述美国学者利弗莫尔否认胡伯的礼让说,认为法律选择规则的原因是国家似乎负有扩展人法效力的类似义务。二十年后,萨维尼以相当温和与谨慎的表述对此予以回应:“尽管国家之间是完全独立的,但构成我们所称的文明世界的不同国家,可被看作是诸多家庭组成的大社会,诸多家庭相互之间必须负有遵守与保持和平友好交往原则的义务，这最有利于实现上述目标和普遍的利益。基于这个共同的基础，国际法才能赖以存在。”萨维尼从“同一法律关系的涉外案件理应取得相同判决，而不论该判决是在此国还是彼国作出”的合理观念出发认为，必须铭记存在着“一个国家之间相互交往的国际社会”，这是极其重要的。“这个观点随着时间的推移，以及在共同基督教道德和所有相关方从该观点得到真正利益的影响下，总会得到日益广泛的认可”，因此适用外国法的基础不仅仅是、甚至不主要是一个主权国家对其他主权国家应有的尊重。确切地说，真正的基础是给“所有相关方”带来的利益，例如国家和个人。他不再像法则区别说探讨法则的域内域外效力，反对将法则区别说基于法律目的所做的三分法，而是从法律关系的性质入手，对法律关系进行分类，目的是“为每种法律关系根据其本质确定其归属或者调整的法律”。因此，适用于含有涉外因素法律关系的法律，应该是依其各自性质所确定的“本座”地方的法律。所以，法律关系的法律适用完全是由法律关系本身的性质决定的。为此，他把法律关系按其性质分为人、物、债、行为和程序等几类，然后根据不同性质法律关系的“本座”所在，确定其应当适用的法律。他提出：

(1)住所是人的归属地，因此人的身份能力应以住所为其“本座”适用住所地法。

(2)物是可感知到的并且必然占据一定的空间，故物之所在地应是物权法律关系的“本座”，因此一概适用物之所在地法，不分动产与不动产。

(3)债为无体物且不占据空间，需借助某种可见的外观来表现其形态，故应借助其外观形态确定其“本座”。他认为债的外观形态有两个，一个是债的发生地，一个是债的履行地，但履行地更适合于表现债权的外观形态，故应以履行地为其“本座”。据此，他提出下列几个具体的法律规则：①履行地是由当事人的意思确定的，应当适用当事人意思所确定地方的法律；②债务是因正常的商业合同引起的，应当适用合同缔结地法；③债是因债务人在其住所地的单方行为引起的，应当适用债务人的住所地法，而债务人住所的事后变更在所不问；④债是因债务人在其住所地以外的地方的单方行为引起的，根据各种情况该项债务将会在该地得到履行的，应当适用该地方的法律；⑤上述情况均不存在的，应当适用债务人住所地法。基于同样的道理，侵权行为之债应当适用损害后果发生地法，而不宜适用侵权行为实施地法。

（4）行为方式，则不论财产行为或身份行为，也不问其标的在什么地方，均应当以行为地为其“本座”，适用“场所支配行为”的原则，适用行为地法。

（5）程序问题的“本座”是法院地，故应当适用法院地法。但他反对以前学者，尤其是胡伯提出时效是程序法问题故一概适用法院地法的观点，认为时效应是实体问题，因此应当适用其“本座”所在地法律。

萨维尼的法律关系本座说反映了后起德国资产阶级共同参与国际自由贸易、分沾国际经济利益的要求。他极力反对荷兰国际礼让说，作为国际私法超国家理论的创始人，第一次从法律关系的性质入手，提出法律关系本座说，开创了一条解决法律冲突的全新理论，标志着国际私法发展史的重大转折，奠定了近代国际私法的基础，因此被誉为“近代国际私法之父”。

萨维尼对国际私法的贡献主要表现在下列几个方面：第一，实现了国际私法方法论的根本性变革。法则区别说产生后的几个世纪里，一直占据着国际私法主流理论的地位，其方法论是以法则的性质为切入点；法律关系本座说采取了一种全新的方法论——以法律关系性质为切入点。〔1〕这不仅符合先有社会关系后有法则的逻辑结构，而且正确地反映了法律是以社会为基础的法理基础。因此，法律关系本作说的出现标志着法则区别说的最后终结。

第二，使国际私法重新回到普遍主义（国际主义）的立场。法则区别说的研

---

〔1〕 萨维尼说，提出法律选择问题，可能会用两种方式：“法律规则的适用范围是什么？”或者“它们调整什么法律关系？”在他看来，“这两种看待问题的方式仅仅在于出发点的不同”。换言之，萨维尼显然认为单边主义和多边主义仅仅是一枚硬币的正反两面。Friedrich K. Juenger, *Choice of Law and Multistate Justice* (special edition), Transnational Publishers Inc. 2005, p. 21.

究中心转到荷兰时，荷兰学者基于国内外政治经济形势提出国家主权观念，并以此为基础构筑符合自己国情的法则区别说，但其国家主权观念的基础使国际私法站在特殊主义（国家主义）立场，致使法则区别说原创学派意大利学派倡导的普遍主义的观点功亏一篑。萨维尼则没有采纳荷兰学派中着重体现特殊主义之主权基础的法则，而是采取新的方法论，最终使国际私法导向普遍主义的立场，回复到意大利学派着力倡导的立场。

第三，提出内外国法律平等适用的原则。法律关系本座说认为，对于涉外民商事法律关系的法律适用，应当首先根据其性质找到其本座，然后再确定是适用内国法还是外国法。同时，据此确定之应当适用的法律是外国法时，外国法的适用也不是绝对的，在下列情况下其不应适用：一是该外国法违背内国具有绝对强制性的法律；二是该外国法律制度是内国不承认的法律制度。其实，平等适用内外国法律是倡导普遍主义立场的结果。

第四，极大地推动了欧洲国际私法成文立法的发展。前已述及，法律关系本座说的切入点不仅符合先有社会关系后有法则的逻辑结构，而且正确地反映了法律是以社会为基础的法理基础，同时，该学说为各国提供了解决各种法律冲突的统一和普遍的法律规则，这为国际私法的立法化奠定了立法基础。

萨维尼的学说不仅统治德国四五十年之久，而且还极大地影响了国际私法学说未来的发展，后来的"法律关系重心说"、"最密切联系说"等都受到"法律关系本座说"的影响。不仅如此，他的学说还影响了英、美、法和意大利等国家的法律冲突法，为国际私法的发展做出了突出贡献。

萨维尼的学说尽管贡献很大，但"本座"一词的含义模糊不清，当吉尔凯用"重心"一词代替"本座"时，前进了一步；当韦斯特莱克把任何地域的观念置之不问而只说到同一个关系"有最密切联系"的法律时，更前进了一步。

四、孟西尼

19世纪以前，在西班牙、法国和英国先后走上国家统一的道路后，意大利仍处于封建割据和外国统治之下。随着资本主义的发展,在意大利要求国家和政治统一的思潮日益高涨。同时,在意大利出现并发展起来的文艺复兴运动,也对意大利的国家和政治统一起到了积极的推动作用。另外,由于商业贸易的发展,意大利出现了大批海外移民。正是在这种政治经济形势下,孟西尼提出“国籍说”。

孟西尼(Pasquale Mancini,1817 - 1888)是19世纪中后期意大利著名的法学家和政治家,极力鼓吹意大利国家和政治的统一,并主张意大利摆脱外国的统治。

1851年1月22日,孟西尼在都灵大学发表题为《国籍是国际法的基础》的著名演说,认为国籍而非国家构成国际法的基础。不论国际公法或者国际私法都是广义国际法的一个分支,而国际法则是作为全体人类社会普遍之法律的一部分。就国际私法而言,人的因素则是国际私法具有指导意义的出发点,为了使数百万意大利海外移民能与其本国保持法律上的联系,在确定其属人法时只能以国籍为依据,因此,构成法律选择基础的是国籍。孟西尼认为,任何法律关系应当的法律,原则上都应以国籍作为连接因素,以当事人的本国法作为准据法,当事人另有相反意思表示的除外。孟西尼将国际私法规则分成两类:第一类是必要私法,国籍是其绝对的冲突规则,这类私法调整与个人身份有关的、根据身份法、家庭法和继承法所产生的所有法律关系,个人意思不得对这类法律有任何的改变。第二类是任意性私法,对于这类法律,当事人的意思应当受到尊重,当事人不仅可以选择实体法,也可以选择法律冲突法。这时,当事人就可将他们之间的法律关系置于外国法的支配之下,但前提是外国法的适用不得违背当地的公共秩序。因此,适用外国法不仅仅是为了保护当事人的权利,也不是国家出于礼让,而是国家基于国际法上的一项义务。

孟西尼和萨维尼一样,也认为国家之间存在着国际社会。由于国家是平等的,所以应当根据共同的规则来适用外国法。不仅如此,孟西尼认为萨维尼学说中的“本座”并不稳定,并对“法律关系本座”的概念与萨维尼的理解不同。

孟西尼的上述学说,后人曾将其概括为三个原则:

(1)国籍原则,即本国法原则。孟西尼认为,每个人在自己国内有不可剥夺的个人自由,每个人都与他所属的民族紧密相连,不论到哪个国家这种权利都应保持。同一民族的人民,无论到哪里,都只遵守其本国的法律,都应按自己国家的法律生活。因此,法院在审理有关人的身份能力、亲属以和继承等法律关系时,都只应当适用当事人的本国法,只有这样才是尊重民族国家的主权。

(2)自由原则,即意思自治原则。根据该原则,合同应当按照当事人的意思适用法律。

(3)主权原则,即公共秩序原则。孟西尼认为,外国法或者当事人选择的法律适用时违反本国公共秩序的,就不应当适用,而应当适用法院地法。

孟西尼的学说反映了意大利资产阶级要求国家和政治上的统一、摆脱外国统治、维护民族主权的强烈愿望,以及保护海外本国移民的思想。因此,他的学说在 19 世纪的意大利占据了统治地位,并对 19 世纪后期的国际私法理论和立法产生了深远的影响,这是因为国籍契合了当时沙文主义的思想。孟西尼学说最重要的意义是,国籍从此和住所同样成为国际私法冲突规范中重要的连结点。1865 年《意大利民法典》及其后许多国家的民事立法均接受孟西尼的学说,采用国籍作为确定当事人属人法的一个重要连接因素。孟西尼国籍法原则被欧陆国家立法的大量采纳,也使欧美国际私法从此渐行渐远,因为美国联邦制和移民国家的国情致使国籍在其法律中无法发挥积极作用。此外,孟西尼力主建立一个统一的国际私法体系,试图通过国家间缔结条约来实现国际私法的统一化,并由此成为海牙国际私法会议的创始人之一,为国际私法的发展做出了重要贡献。

五、戴西

17 世纪末以前,英国没有出现法律冲突问题,每个法院都只排他性地适用自己的法律。当时,在英国没有法律冲突而只有法院对案件有无管辖权的管辖权冲突问题。因为公元 1066 年诺曼征服英国后实行中央集权制,于 13 世纪开始逐渐形成统一的英国普通法，所以，在这种统一的法律制度下，英国国内不可能出现法则区别说时期的区际法律冲突。

18 世纪初，英国就已出现法律冲突问题。18 世纪中叶，随着英国与其他国家之间民商事交往的增多，冲突法问题急剧增多，特别是自 19 世纪早期开始随着贸易的巨大扩张而大量增加。因此，英国的冲突法规则发展于 18 世纪中叶，主要受到荷兰学说的影响，而法则学说的影响甚微。但直至 18 世纪末，英国法院才明确其有义务承认外国法的效力。曼斯菲尔德勋爵在前述 1775 年“霍尔曼诉约翰逊”案中再次提出：“每个诉讼都必须根据英国法审理，但英国法规定，多种情况下，在国外合法缔结的合同，都应当适用诉因发生地国家的法律。”[1]他被一些学者视为英国早期国际私法发展的奠基人。因此，从 18 世纪直到至少 19 世纪中期，是英国国际私法的萌芽时期。之后，英国的国际私法相继受到胡伯、斯托里和萨维尼的影响。

英国学派的代表人物主要有曼斯菲尔德勋爵（Lord Mansfield）、韦斯特莱克和戴西（A. V. Dicey，1835－1922）。但真正开创英国学派，并能标志国际私法发展史里程碑的是著名国际私法学者戴西。

1896 年，戴西出版《冲突法论》（*The Conflict of Laws*），提出著名的“既得权说”。[2]前已述及，该学说是在接受荷兰法则区别说主权观念的基础上提出的，

---

〔1〕 Peter North and J. J. Fawcett, *Cheshire and North's Private International Law*, thirteenth edition, Butterworths 1999, p. 19.

〔2〕 英国霍兰德（T. E. Holland）教授将胡伯在外国境内“取得的权利”应予执行这个未臻深入思考的论述提高到英美信条的地位。他说：“法律似乎是取得域外效力，真正的情况，更确切地说，应该是外国法创设和界定的权利获得内国法院的承认。”正如他在脚注中所说，他认为“整个论题的基础……是既得权的基础；这个理论……已由胡伯很好地陈述过。”他的朋友戴西从他那里学到了这个理论，并将其作为自己颇负影响力著作的基石。戴西本人也承认：“我全部国际私法的思想都受到他所表达观点的影响，不仅在他的著作中，而且还有和他的谈话。”通过戴西，胡伯的观点传到美国。在美国，比尔将其作为第一次冲突法重述的理论基础。Friedrich K. Juenger, *Choice of Law and Multistate Justice* (special edition), 27 (Transnational Publishers, Inc. 2005).

以维护英国的海外既得利益。该学说 20 世纪初传入美国，使英国一度成为英美国际私法的发展中心。

戴西的学说主要体现在其六大原则中，主要原则有：凡依他国法律有效取得的任何权利，一般都应为英国法院承认与执行，而非有效取得的权利，英国法院则不应承认与执行（第一原则）；但是，承认与执行这种依外国法合法取得的权利与英国成文法规定、英国公共政策和道德原则以及国家主权相抵触的，则可作为例外不予承认与执行（第二原则）；为了判定某种既得权利的性质，则应依据产生该种权利的该外国法律（第五原则）；当事人协议选择的法律具有决定他们之间法律关系的效力（第六原则）。

戴西仍然坚持法律的严格属地主义，认为英国法院既不能直接承认和适用外国法，也不能直接执行外国的判决，因为法院的任务只是绝对地适用内国法。但是，为了维护涉外民商事法律关系的稳定性，对于根据外国法已取得的权利，除了与内国成文法规定、公共政策、道德原则以及国家主权发生抵触外，都应获得英国的承认与保护。他反对荷兰的礼让说，认为适用外国法绝不是出于礼貌的愿望，“只是为了在当事人之间实现公正”。而且，法院承认并保护依外国法取得的权利时，并不是承认外国法的域外效力，只是承认依外国法取得的权利而已。

戴西既得权说反映了英国殖民主义的需要，一方面不承认外国法的域外效力，另一方面又企图使根据外国法律取得的既得利益受到保护。戴西的理论不仅在英国法院很有影响，而且还很快得到美国学者比尔的热烈响应，并为美国法院所采用。1934 年，比尔担任报告员出版的《美国冲突法重述》及其稍后出版的三卷本著述《论法律冲突》，始终贯穿并发展了既得权说理论。但该学说一方面承认与保护依外国法所取得的权利，另一方面却不承认产生该权利的外国法的域外效力，显然十分矛盾。因此，1949 年第六版出版时修订者已对该说进行修改，到 1967 年第八版时已将其删除。不过即使现在，保护既得权，维护国际民商事法律关系的稳定，仍是国际私法的重要目的和任务。正因如此，《法律冲突论》自问世以来一直被国际私法学界奉为经典，到 2000 年该书已出版至第 13 版。

沃尔夫认为,有人认为保护既得权原则是适用外国法的原因。这个原因不能成立的原因是:其一,将首先在时际私法中提出的既得权原则是不能运用到国际私法中的。其二,并非所有根据外国法取得的权利都能在其他国家受到保护,并且对这些权利进行保护既不适宜也不可能。其三,法律既然保护权利,也理应保护与这种权利相应的义务、法律关系等。其四,保护权利和其他利益不是需要考虑的唯一因素。[1]

法则区别说之后的国际私法理论和学说是对法则区别说的继受和发展。无论是斯托里的礼让说、萨维尼的法律关系本座说、孟西尼的国籍主义,还是戴西的既得权说,都无疑为当时国际私法问题的解决提供了理论依据或司法方法,国际私法由此得到进一步的发展。但传统国际私法的发展到孟西尼处就可结束,因为他的贡献在很大程度上标志着冲突法思想原始积累的完成。此后,该领域除了详尽阐述冲突法的总论外,冲突法再无建树。总论部分内容广泛,包括学者为了解决困扰传统冲突法中多边方法的固有缺陷而提出的许多观念性概念,如识别、附随问题与分割法、反致、公共政策、直接适用的法、外国法的查明和适用。这些观念性制度在美国的适用远不如欧洲,因为正如前文所述,国籍在美国冲突法中无法发挥积极作用,美国冲突法主要是州际冲突法而非国际冲突法。就此而言,美国法律比欧洲国家会更加忠实于传统的国际私法制度。

值得指出的是,“实证主义”和“国家主义”的概念在19世纪的国际私法领域开始出现,并成为整个19世纪直至20世纪50年代国际私法明显的发展趋势,国际私法领域中的大陆法系和英美普通法系开始形成,标志着国际私法发展史的重大转折。尽管如此,国际私法本身为所有国家调整法律冲突的国内法提供法律连结的特点,并未因此被抹杀。随后国际私法理论的发展深深地打上了“普遍主义(国际主义)”与“特殊主义(国家主义)”潜在冲突的烙印。国际私

---

〔1〕 [德]马丁·沃尔夫:《国际私法》(上),李浩培、汤宗舜译,北京大学出版社2009年版,第4—6页。

法由此进入了一个更为崭新的发展阶段。

第三节　现代国际私法学说

一、美国

斯托里为美国冲突法创立了广泛的原则，比尔则建立了冲突法体系。[1]比尔冲突法观点建构的两个首要原则是属地性和既得权。[2]既得权理论为整个《第一次冲突法重述》提供了哲学上的正当化解释。比尔通过将权利与创设权利的法律分割开来，宣称法院实际上没有适用外国法。更准确地说，法院考虑到了根据外国法创设权利然后根据法院地法承认该权利的事实。[3]但

---

〔1〕 美国斯托里的礼让说试图在适当案件中协调州的属地性（主权）与考虑外域法的需要之间的关系。1850－1900的五十年间，该理论在法院被普遍认为具有可操作性，也为美国法院的判决所援引。但从其产生时起，它一直是大量论战式批评的对象。法律被认为具有属地性，但同时赋予其在制定地的属地主权限度之外具有效力，礼让也因法律的这个观念困境而饱受非难。协调属地观念与适当案件中承认外域法的持久需要之间的关系，是"既得权"理论中礼让批评者的追求。比尔不但最早开设冲突法课程，而且还出版了第一本冲突法案例教程（三卷本）。该案例教程的第三卷是其冲突法观念的总结，这是其1935年出版的三卷本《冲突法专论》（*A Treatise on the Conflict of laws*）的基础。该专论基本上遵循了其作为报告员1934年发布的《冲突法重述》的结构和顺序。因此，《第一次冲突法重述》与其说是判例法的重述，不如说是比尔观点的预先表述。

〔2〕 第一个原则确定创设实体权利之法律所在的州，第二个原则解释其他州被授权行使该实体权利的原因。关于第二个原则，比尔没有接受斯托里的礼让原则，而是英国戴西的既得权理论。比尔的推理是："（属地性的）法律会给事实带来一定的后果，即创设法律权利……当权利业已创设时，该权利本身就变为一项事实……该既存权利在任何地方都应当得到承认，因为这只是承认既存的事实。关于适当（属地性）法律创设的权利，在任何地方都应当承认该权利的存在。因此，既已生效的行为在任何地方都不应当受到怀疑。"3 Joseph H. Beale, *A Treatise on the Conflict of Laws*, 1969（New York, Baker, Voorhis & CO. 1935）.

〔3〕 1Joseph H. Beale, *A Treatise on the Conflict of Laws*, 53（New York, Baker, Voorhis & CO. 1935）.

比尔和前述戴西的学说存在同样的矛盾,比尔人为的观念漏洞百出。被称为传统法律选择方法的《第一次冲突法重述》的冲突规范采取的是多边主义方法,多边主义者关于不同连结点优点分歧的争论,只是法则学家争论的重演,经过几个世纪的争论也照样无法说清属人和属物实体法则的分类标准,这表明寻找能够告诉人们法律关系之所在和法律效力范围的首要原则是徒劳的,因为将法律和法律关系地域化(即与某地方联系起来)的任务是极难完成的。而且,传统冲突规范作为一种管辖权选择规范,具有概念主义和教条主义等弊端。

美国法律现实主义学者针对比尔传统法律选择方法概念主义和教条主义等弊端,展开了激烈的抨击。加之当时美国最高司法机关最高法院对宪法在州际案件中所扮演角色看法的改变[1],以及理论界对最高法院判决的积极回应,导致20世纪美国冲突法革命就此拉开帷幕。[2]其实早在《美国第一次冲突法

〔1〕 对于州际交往,比尔深信不疑地认为各个相关州都享有并存的立法管辖权。为了避免管辖权出现重叠的可能性,他提倡适用固定的冲突规范,他声称这些冲突规范源自普通法。制定这些规范的基础原则是:权利既得地取决于必需创设或改变法律关系的最后一个事实。他对最后事实原则的专心固守使第一次冲突法重述中没有规定意思自治原则,同时,还表现为他对地域性连结点的明显偏爱。因此,当事人"属人法"在第一次冲突法重述中的重要性远不如其他国家的冲突法立法。比尔的理论尽管有这些特质,但还没有完全背离传统冲突法的方法。起初。美国最高法院公开支持传统冲突法理论的基础原则,甚至还认为它们存在的基础就是宪法基础。在几个案件中,最高法院法官都推翻了州法院背离传统冲突规范的判决。然而,在一系列州际事故适用州劳工赔偿法的案件中,最高法院改变了看法。最高法院的这些判决表明其对宪法与冲突法之间关系的观点发生了变化。它们不再固守特定的法律选择,而只是将充分诚信条款(full faith and credit clause)解释为:裁判机关与争议之间没有合理联系的案件,不得适用本地法。换言之,最高法院将宪法解读为各州权利的宪章,它赋予美国法院根据其与案件的联系进行衡量,在任何法院享有充分"利益"的案件中,法院都有权适用自己的裁判规范。这样,第一次冲突法重述中冲突规范的基础原则,即只有完成法律事实所必需的最后一个事实所在的州才享有"立法管辖权",就失去了宪法上的依据。这样,最高法院根据宪法的目的认为,当事人与法院之间属人联系的重要性不亚于特定事实发生于法院地地域内的事实。

〔2〕 "conflicts revolution(冲突法革命)"的表述,是由美国德裔学者艾伦茨威格教授1966年创造的。Albert A. Ehrenzweig, A Counter – Revolution in Conflicts Law? From Beale to Cavers, 80 *Harv. L. Rev.* 377(1966).

重述》发布前多年,美国学术界就已开始批评传统的冲突法体制。自此,美国冲突法研究进入“百家争鸣”的美国冲突法革命时期,引领世界国际私法研究之风骚。第一次大革命发生在20世纪三四十年代,以库克和卡弗斯为代表率先将批评的矛头直指比尔和美国法学会《第一次冲突法重述》中的属地学派(territorialist school)。第二次革命发生在50年代末期和60年代,当时柯里提出一种新的方法——“政府利益分析法”。三位学者由此撰著了20世纪美国最重要的三部冲突法著作:库克1942年的《冲突法的逻辑基础和法律基础》、柯里1942年的《冲突法文选》和卡弗斯1965年的《法律选择过程》。

1. 库克的“本地法说”(Local Law Theory)

库克(Walter Wheeler Cook,1873－1943),美国实证主义法学派的重要代表人物之一,美国当代早期国际私法学家,哲学家。当《美国第一次冲突法重述》还处在酝酿期时,比尔的基本观念就遭到他称之为“短命学派”或“自诩的现实主义家”的攻击。其实,早在1909年,美国霍菲尔德教授(Charles Wesley Hohfeld)就率先提出本地法理论。[1]本地法理论后来得到库克的捍卫,使本地法理论成为比尔既得权理论的主要竞争性理论。在美国,库克和勒尼德·汉德(Learned Hand)法官通常被视为本地法理论的倡导者。1924年,库克发表论文《冲突法的逻辑基础和法律基础》(*The Logical and Legal Bases of The Conflict of Laws*)。这些评论不但抨击既得权理论的逻辑及其实用性,而且指出其没有反映社会和经济两方面的需要和政策。1942年,库克将其1919—1942年间发表的11篇冲突法法律评论论文另加8个新章节整合出版相当全面完整的冲突法理论性专著《冲突法的逻辑基础和法律基础》(*The Logical and Legal Base of the Conflict of Laws*),从哲学和逻辑的高度对斯托里和比尔等为代表的传统冲突法理论进行了深刻批判,提出了“本地法说”。

---

〔1〕 Charles Wesley Hohfeld, The Individual Liability of Stockholders and the Conflict of Laws, 9 *COLUM. L. REV.* 492(1909).

库克认为,法院审理涉外因素案件时,总是适用自己的法律,但这时,法院是将在适用范围上与他州或他国审理涉外案件时适用的现行裁判规范相同或非常接近虽不相同的裁判规范作为自己的法律采纳和施行的。因此,被"并入"法院地法律中的规范,为了便利起见可将其称作外州的"内域规范"("domestic rule" of the foreign state),以此区别于涉外因素案件中适用的其自己的规范。因此,法院执行的不是外国的权利,而是自己法律创设的权利。[1]所以,最务实和简单的表述看来就是,法院执行的总是其自己"法律"而绝不是"外国法"创设的权利或者"外国权利"。这时,我们必须和往常一样,防止我们自己想到我们的主张:"权利"和其他法律关系不仅仅是作为描述过去和预测未来人们——法官和其他官员——行为的传统方式而"存在"或者被执行的。[2]可见,本国法院适用外国法,实际上不是把该外国法作为一种有效的法律来适用,而是将其作为"内国规范"。因此与比尔不同的是,比尔的理论是将外国法与据其创设的权利分割开来,然后将其一并作为事实对待,库克的理论只是根据法院地法重新创设外国权利。

库克的"本地法"是直接针对"既得权说"和《美国第一次冲突法重述》的。他认为《美国第一次冲突法重述》声称的可预见性和一致性的目标是虚假的,因为存在许多法官可能运用和实际运用的逃避工具。他反对以国内法的一般原则来探讨冲突法问题,主张以一种纯经验的方法来研究冲突法中的各种问题。他否认国际冲突法体系的存在,认为国际私法属于国内法而过分强调法律的属地性。因此主张既不适用外国法,也不承认根据外国法产生的权利,只将外国法视为事实,这实际上是对外国法的否认,外国法的适用更趋保守。因此,"本

[1] Walter Wheeler Cook, The Logical and Legal Bases of the Conflict of Laws, 33 *Yale L. J.* 469(1924). Walter Wheeler Cook, *The Logical and Legal Base of the Conflict of Laws*, 20 – 21 (Harvard University Press 1942).

[2] Walter Wheeler Cook, *The Logical and Legal Base of the Conflict of Laws*, 33 (Harvard University Press 1942). Walter Wheeler Cook, The Logical and Legal Bases of The Conflict of Laws, 33 *Yale L. J.* 478(1924).

地法说”一经产生不仅受到美国学术界的重视,更受到美国司法界的青睐。库克的理论对国际私法的发展具体而言有两个方面的贡献:一是彻底批判了“既得权说”,冲破了传统国际私法概念主义的羁绊。莫里斯说:“在摧毁既得权利说这一点上,库克取得的成就是无可怀疑的。”[1]二是在研究方法上,他主张通过对大量判例的研究和对具体案件的观察,总结法院在处理法律冲突时实际上是怎样做的,以此得出应适用的规则,而不是从法理学家和哲学家的逻辑推理中去获取应适用的冲突规则,从而在美国开辟了以实用主义理论研究冲突法的道路。

可见,库克是解构分析理论家,其对美国冲突法的主要贡献是解构分析传统理论。他认为,不得忘记的是,正如吉尔伯特·刘易斯(Gilbert Lewis)所说:“在我们精心培育的思想园中,一些疯长的杂草经常长得十分旺盛,阻碍了旁边有益蔬菜的生长。”这时,直至把思想园中的可疑杂草清除干净,有益的蔬菜才能种植和茁壮成长。因此,清除杂草实际上与种植和培育“有益的蔬菜”同样具有建设性。[2]当然,他也提出了新的理论,但这相比较而言不是主要贡献。所以,尽管库克本人认为他也是建构主义者,不仅仅是解构主义者。但是,其解构方面的贡献更大。其实,库克著作就是对法律方法的研究。

2. 卡弗斯的“优先选择原则”(Principle of Preference Theory)

卡弗斯(David F. Cavers,1903 - 1988),美国国际私法改革早期代表人物之一,比尔教授的学生。当比尔理论的批评声越来越多时,卡弗斯于1933年发表论文《法律选择问题批判》,对传统国际私法的法律选择方法进行直接批判,提出其“公正论”或“优先选择原则”。遗憾的是,卡弗斯教授当时没有继续发展这个理论。直到30多年后1965年出版的专著《法律选择过程》(*The Choice-of-Law Process*)才回至该研究主题,提出侵权案件中的“优先原则”,其部分根据是

[1] [英]莫里斯:《法律冲突法》,李东来等译,中国对外翻译出版公司1990年版,第517页。

[2] Walter Wheeler Cook, *The Logical and Legal Base of the Conflict of Laws*, Harvard University Press 1942, Preface Ⅸ.

优先考虑行为的高标准和对有害行为受害者较有力的保护。在该书中,卡弗斯提出了解决法律冲突的七项"优先选择原则"(五项适用于侵权冲突法,两项适用于合同冲突法),进一步完善了其"公正论"。这就是卡弗斯"公正论"或"优先选择原则"的发展过程。

卡弗斯在上述论文中,不仅加入抨击昔日老师比尔观点的行列,而且也不赞同比尔的反批评。[1]他凭借其年轻气盛,指责其他批评者也误解了法院在法律选择案件中的任务。因此,他们提到的新的社会原则和经济原则注定会受挫,因为他们基本的方法论是错误的。他像劳伦兹教授一样问道:"在特定情形下,正义的要求是什么? 主导的政策是什么?"[2]卡弗斯认为,只要还是探求管辖权选择规范(指表明被适用法律的渊源,而不关注该法律的内容[3]),这些问题就不可能得到回答。不考虑相互冲突的几个法律的内容,怎么知道什么能够满足正义的要求或政策的需求?[4]其实,当时许多冲突法传统理论的批评家都认为应该对被选择法律的潜在目的和政策进行必要改革,但对如何改革都很模糊。只有卡弗斯认为,真正的缺点在于选法规范本身的本质,法院应当放弃管辖权选择规范,转而考查竞相适用的相关国家实体法的潜在政策。

---

〔1〕 David F. Cavers, A Critique of the Choice-of-Law Problem, 47 *Harv. L. Rev.*, 179 - 182(1933).

〔2〕 Ernest G. Lorenzen, Territoriality, Public Policy and the Conflict of Laws, 33 *YALE L. J.*, 748(1924).

〔3〕 管辖权选择规范(Jurisdiction-selecting rule)一词由美国学者卡弗斯最早提出。David F. Cavers, A Critique of the Choice-of-Law Problem, 47 *Harv. L. Rev.*, 194(1933). 管辖权选择就是立法管辖权(legislative jurisdiction)选择、法域选择。管辖权选择规范就是将法律关系与特定的法律体系联系起来,使该法律关系由某特定的法律体系管辖,换言之,该法律关系应当适用某特定法律体系下的法律。可见,管辖权选择规范只是指明某法律关系适用某特定法域的实体法,至于该特定法域实体法的具体内容在制定和适用管辖权选择规范阶段,是不可能知道的。所以,卡弗斯认为,在具体案件中,其法律适用是盲目的,是"被蒙住眼睛"来选择准据法的。

〔4〕 David F. Cavers, *The Choice-of-Law Process*, 9(The University of Michigan Press 1965).

传统冲突法规则只关心管辖权的选择,而不问所选法律的具体内容,因此对具体案件的法律适用必定是盲目的。这种方法依赖一些未必一定切合实际的抽象冲突规范,法官可以闭着眼睛千篇一律地适用法律,很难选择到更好的法律,许多情况下可能导致对当事人的严重不公,或者危害到法院地的有关利益。卡弗斯教授将传统方法比作一架投币自动售货机,给机器编好程序后"被蒙住眼睛"来选择准据法,其根据只是地域性的连结点,而不考虑若干相关国家法律的具体实体内容。[1]他评论说:"法院不是在毫无目的地选择法律,它是在解决争议。不考虑选择的法律如何影响争议,怎么能明智地选择呢?"[2]因此卡弗斯主张放弃这种只做管辖权选择的传统做法,代之以"实体法律选择"或"结果选择"的方法,并为这种选择提供了两条应遵循的标准:一是要对当事人公正;二是要符合一定的社会目的。他认为,法院在决定是适用内国法或是外国法之前,要考虑三个方面的因素:一是要认真审查诉讼事件与当事人之间的法律关系;二是要仔细比较适用不同法律可能导致的法律后果;最后要衡量这种结果对当事人是否公正以及是否符合社会的公共政策。因此,他最终认为,法院的根本职责不在于选择法律,而是要给当事人带来公正的判决,选择法律仅仅是作出公正判决的一个手段。这就是所谓的"公正论"。

卡弗斯抓住传统法律选择方法只做管辖权选择而不问所选法律内容和法律适用结果这个要害进行深刻的剖析和批判,首次大胆提出直接对实体法和法律结果进行选择,希望每个具体案件都能适用最好的实体规则,以保障案件的公平解决,开创了美国国际私法理论和方法研究的新局面。所以,卡弗斯是提出内容导向法律选择观念的第一人。[3]然而,由于公正的概念并不确切,因此

---

〔1〕 David F. Cavers, A Critique of the Choice-of-Law Problem, 47 *Harv. L. Rev.*, 178 (1933).

〔2〕 David F. Cavers, A Critique of the Choice-of-Law Problem, 47 *Harv. L. Rev.*, 189 (1933).

〔3〕 Symeon C. Symeonides, *American Private International Law*, 95 (Kluwer Law International 2008).

对其理解就会不同。另外,完全抛弃传统国际私法冲突规范去直接进行实体法律选择或结果选择,不仅给法官增加沉重的负担,还赋予法官很大的自由裁量权,其结果导致法官可以不受任何规范的约束而根据自己对公正的理解来选择适用法律。尽管如此,卡弗斯的理论仍然对美国的国际私法产生了很大的影响。目前,美国有一部分州在司法实践中采用该理论。

3. 柯里的"政府利益分析法"(Governmental Interests Analysis)

20 世纪 50 年代冲突法革命开始进一步深化,选法理论的重点更加具体地转为法院地法。该方法有两个分支,一个是阿尔伯特·艾伦茨威格(Albert Ehrenzweig)教授的著作;另一个是伯纳德·柯里(Brainerd Currie,1912 - 1965)教授的著作。

在库克和卡弗斯论证传统冲突法体制的种种缺陷时,是柯里给了其决定性的一击。柯里在前人的基础上构筑并通过 20 世纪五六十年代发表系列法律评论文章阐明一个新的方法。1963 年,他将自己以往的一些论文汇编成专著《冲突法文选》出版。他认为,关注的焦点应该是法院地法。后来其他许多学者继续研究,形成了著名的"利益分析"法,他也被誉为"政府利益分析方法之父"。

柯里是个反规范主义者,他对冲突规范的观点是:"立法机关在制定传统冲突规范时最好不要表达其关于冲突法的意愿……其目的不可能达到,因为它有时要通过制定范围更小且更加具体冲突规范才能推断。冲突规范本身的全部观念是不可信的。冲突规范在法律中是个怪物,它从不告诉结果是什么,只是说到哪里去寻找结果。规范的制定者也不能预见到结果。这种规范是由理论家通过对各州竭力推行对外制度制定的。它们不是自然地出自立法机关之手,立法机关关注的是可预见到的结果。"[1]所以,他说:"(传统的冲突)规范没有发挥作用,并且也不能使其发挥作用……但是祸根越挖越深。我们在努力使用

---

〔1〕 Brainerd Currie, *Selected Essays on the Conflict of Laws*, 170 (Duke University Press 1963).

这些规范时，所碰到的困难不是源于诸多特定规范质量的低劣，也不是某个特定理论的解释不稳妥，而是我们竟然还拥有这些规范。”[1]因此，他极力反对通过冲突规范来选择法律，猛烈抨击传统冲突法制度，认为冲突规范是概念式的、机械的、呆板的、捏造的、虚假的。因此主张“最好是抛弃掉冲突规范”。其宗旨就是要以政府利益取代整个传统冲突法体系。他说：“没有冲突规范，我们会更好些。如果国会会关注私法问题，并且对一些解决需求必须重视的具体领域之相冲突各州利益的选择进行立法，我们会更好些。同时，如果我们准许社会法理学的观点进入冲突法概念论的范围，我们会更好些。”[2]柯里对冲突规范的观点很清楚：他不喜欢冲突规范。

柯里采纳了与传统方法完全不同的进路。他认为，每个国家的实体法都体现一定的目的和政策，国家在实现其法律之目的和政策过程中就会得到一定的利益。因此只要适用实体法，其包含的目的和政策自然就会实现。因此，柯里不再通过根本不知道相互冲突的几个法律内容的冲突规范来进行选择准据法，而是像卡弗斯一样，直接关注相关州的法律的内容，然后通过普通的创立和解释过程发现各自的政策，再借助他们的政策确定其空间效力范围。只要案件处于某法律的空间效力范围内，该法律所在州为了实施其潜在政策而适用其法律时，就具有“政府利益”。用柯里的话说，“利益……就是①政府政策和②存在政策的州、交易、当事人或诉讼等四者之间适当关系并存两方面的产物。[3]他直截了当地把不同国家间法律的冲突说成是不同国家间利益的冲突，认为解决法律冲突的最好方法就是对政府利益进行分析。

柯里基本方法论逻辑起点的前提是，每个国家的法院都有义务实施本国国

---

[1] Brainerd Currie, *Selected Essays on the Conflict of Laws*, 180 (Duke University Press 1963).

[2] Brainerd Currie, *Selected Essays on the Conflict of Laws*, 183 (Duke University Press 1963).

[3] Brainerd Currie, *Selected Essays on the Conflict of Laws*, 621 (Duke University Press 1963).

内法的政策。如果一个案件的事实与法院地国家和其他国家都有联系,法院必须首先绝对地考查本国在案件中是否有"政府利益"。如果适用本国法实施或促进了本国法潜在的政策,就有利益。这时,就应当适用法院地法。该理论经进一步提炼后认为,许多多国联系案件都存在"虚假冲突",即其中有关国家的不同法律之间实际上并不冲突,因为只有其中一个国家有利益。只要查明存在利益,并且是法院地国家有利益时,就应当适用法院地法。如果法院查明本国没有利益但其他国家有,就应当适用有利益国家的法律。如果查明两个国家都有利益,就表明存在"真实冲突",这时应当适用法院地法。[1]如果有关国家对案件事实都无利益("法律无规定的案件"),就应当适用法院地法。由此看来,根据柯里的分析,最后几乎都适用了法院地法。因此,他是法院地偏袒主义者。

总之,柯里以政府利益为核心,以实体法中体现的政策为分析对象,然后根据案件与有关利益的情况来决定法律的适用。他以实在的利益是否有冲突为标准,区分了虚假冲突和真实冲突,一定程度上揭示了法律冲突的本质。另外,柯里提出的法律适用方法,一反传统通过冲突规范法律选择的呆板方式,使法律选择带有了更大的灵活性。他有关虚假冲突的定义及其解决方法,为法律的选择开辟了一条新的途径,使法官能够根据有关利益情况去直接选择实体法,从而保证有利益地法律的适用,排除了无利益地法律在案件中适用的不合理状况,有效地避免使用法律选择中识别、反致、公共秩序保留等烦琐制度。

在当代美国国际私法的各种学说中,"政府利益分析说"是受到社会最广泛关注的学说,也是美国国际私法革命中走得最远、最为激进的理论,柯里也因此被认为是美国激进的政府利益分析学派的创始人;其贡献被认为是美国现代冲

---

〔1〕 Brainerd Currie, *Selected Essays on the Conflict of Laws*, 183 & 184 (Duke University Press 1963). 虽然柯里摈弃了"权衡利益"的观点来确定哪个国家有较大利益[Brainerd Currie, *Selected Essays on the Conflict of Laws*, 181 & 182 (Duke University Press 1963).],但他修正了其观点,并且认为本国在案件中仅有适中利益的法院可通过有节制地、开明地解释本国法,选择适用有绝对利益的外国法[Brainerd Currie, *Selected Essays on the Conflict of Laws*, 186 & 279 (Duke University Press 1963)]。

突法理论的基石。尽管学界褒贬不一，但对美国国际私法的推动具有积极意义，它毕竟搅活了美国冲突法这个“毫无生气沼泽”中的死水。实际上，它的分析本意上颇具煽动性，无意中却带有极端性。其将国家利益作为解决法律冲突基础的基本核心，这在美国冲突法中也颇具新颖性。[1]人们觉得柯里的属人法原则新颖，是因为人们厌倦了传统的属地主义思想。所以，柯里的方法在方法论上无疑为国际私法开创了一套新的法律适用理论。因此在美国法学界引起很大的轰动，一时间美国学术界、司法界出现了抛弃传统冲突规范转而采用政府利益分析方法来选择法律的热潮。

根据柯里的观点，只有国家才有利益，因此无需冲突法规则就可分别对各种私法实体规则进行考察，并最终解决法律适用问题，这种完全通过抛弃冲突规范以解决法律冲突的主张显然是不现实的。另外，柯里学说的缺陷主要体现在以下几个方面：

第一，政府利益适用领域的错位性。一般来说，政府利益是指一种公共和或政治的利益，具体体现在行政、财政、劳动、电讯、卫生、教育和警察治安等方面。这些方面属于公法范畴，具有绝对的属地性，完全排除外国法的适用，因此，在这些领域不可能出现法律冲突。法律冲突主要出现在家庭、财产、商务交往和侵权等方面，这些方面属于私法范畴。激进的利益分析学派使用属于公法范畴的概念，来解决民商法中的法律冲突问题，这与传统的理论是大相径庭的。而且，在实际中保护了政府利益，当事人的具体利益就往往会因此蒙受损失，因为事实上当事人的利益与政府的利益经常是不一致的。况且，他还没有清楚地解释政府利益和当事人切身利益的关系。

第二，背离冲突法的目的。冲突案件审理的目的，实质上并不是为了追求某种单方面的政府利益，而是为了使双方的利益都能得到公正的判决。因此，

---

〔1〕 Symeon C. Symeonides, *American Private International Law*, 101 (Kluwer Law International 2008).

政府利益分析说,可能会使冲突法的发展偏离方向。

第三,必然扩大法院地法的适用。该学说一方面抛弃冲突规范,使法官可以完全根据自己法院地的需要来适用法律,另一方面,提出的政府利益概念使法律选择带有更加明显的地方性色彩。更为重要的是,这种理论本身就是一种极力鼓吹适用法院地法的学说。柯里曾多次强调:只要法院地有利益,就适用法院地法,用不着关乎其他地方是否有利益,或者是否有更大利益。

柯里的利益分析法尽管很少有法院完全认可,但它对美国选法理论的影响是深刻的。因为《美国第二次冲突法重述》的基本原则至少吸收了部分该理论;同时,利益分析法在学术界也产生了影响,几乎是过去四五十年间经久不衰的论题,美国法学院讲授冲突法使用的案例教程对该主题也关注颇多。

就对学术界的影响而言,"政府利益分析说"对美国国际私法学术界的影响是空前的,并得到许多学者的支持,如罗伯特·莱佛拉尔(Robert A. Leflar)、汉斯·巴德(Hans Baade)、希尔(Herma Hill)、拉塞尔·温拖布(Russell Weintraub)、巴克斯特(E. G. Baxter)以及赛德勒(Robert A. Sedler)等,很快成为他们研究的中心问题。这些学者围绕"政府利益分析说"提出了许多不同的主张和学说,如莱佛拉尔的"影响选择的五点考虑",巴克斯特的"比较损害方法",麦克杜格尔(Mc Dougal)的"综合利益分析",阿瑟·冯·梅伦(Arthur von Mehren)和唐纳德·特劳特曼(Donald Trautman)的"功用方法(functional approach)"和霍罗威茨的"合理调节说"等,掀起了一场轰轰烈烈的国际私法的革命,其影响至今不衰。

4. 其他理论

(1)巴克斯特的比较损害理论(comparative impairment theory)。巴克斯特(William Baxter)教授赞同柯里识别并解决虚假冲突的过程,以及不正当地将利益权衡作为解决真实冲突的方式,但不赞同柯里适用法院地法是解决真实冲突唯一可能方法的观点。巴克斯特认为,"利用规范解决真实冲突案件是可能的";考察联邦制度潜在的基本前提能够揭示出"规范的原则,该规范原则可能并且应该当作冲突规范的基础”。[1]为此,他提出“比较损害”方法。

巴克斯特提出的比较损害方法,简单地说就是,法官必须适用若法律不适用其公共政策就会遭受最大损害的州的法律。[2]换言之,巴克斯特认为应该适用若法律不适用其利益就会遭受最大损害的州的法律。从本质上看,该方法权衡的不是利益,而是一州利益让位于另一州利益所产生的损害。

(2)莱佛拉尔的“较好法”方法(‘better law’approach)。莱佛拉尔提出指导法院解决法律冲突时“影响选择的五点考虑”(five choice-influencing considerations):其一,结果的可预见性(Predictability of results);其二,州际和国际秩序的维持(Maintenance of interstate and international order);其三,司法任务的简单化(Simplification of the judicial task);其四,法院地政府利益的优先(Advancement of the forum's government interests);其五,适用较好的法律规范(Application of the better rule of law)。

就冲突法的目的是取得“地域上最好的解决方法”(冲突正义)而非“实质上最好的解决方法”(实质正义)而言,库克和柯里还是围绕这个目的论证的,卡弗斯也勉强算得上。相比之下,莱佛拉尔教授则是美国第一个实质正义观点的倡导者。但是,莱佛拉尔“影响选择的五点考虑”的最后一点会使人认为,法官在冲突法案件中几乎享有绝对的自由裁量权。所以,有学者说,在三种美国首要的冲突法方法(自体法方法、柯里政府利益分析法和莱佛拉尔的“较好法”方法)中,莱佛拉尔的最具革命性。[3]但该方法也遭到学界批评,较好法方法可能会成为法院地方法的委婉说法,并为司法主观主义提供了方便的掩饰。尽管莱佛拉尔本人也提出类似的警告,但大量的司法实践已经证明学界提出的上述风

---

〔1〕 William F. Baxter, Choice of Law and the Federal System, 16 *Stan. L. Rev.* 8 - 9(1963).

〔2〕 William H. Allen & Erin A. O'Hara, Second Generation Law and Economics of Conflict of Laws: Baxter's Comparative Impairment and Beyond, 51 *Stan. L. Rev.* 1011(1999).

〔3〕 Friedrich K. Juenger, *Choice of Law and Multistate Justice* (Special Edition), 104 (Transnational Publishers, Inc. 2005).

险确实存在。

(3)艾伦茨威格的"法院地法说"(*lex-fori*-theory)。前已述及,20世纪50年代美国冲突法革命开始进一步深化并将其选法理论转为法院地法时,该方法两个分支的另一个便是阿尔伯特·艾伦茨威格(Albert Ehrenzweig,1906-1974)教授的著作。

艾氏的"法院地法"预先假定通常情况下适用法院地法,但仅由"能适当地适用自己法律"的法院进行适用。"不方便法院"能确保抑制不适当法院的判决,但所选适当法律的范围不仅包括法院地的程序法,而且成文法或其他有约束力的先例("预制规范")有要求的,或不存在预制规范时,经解释寻求替代本地法的"合理规范"有此要求的,也应包括外国法。其"合理规范"的原始范例是自称的"使……有效"的规范。他认为,在"使……有效"的规范下,法院实际上应当适用能使在审交易"有效"的法律。艾氏的优先适用法院地法使其他"政策"理论有了可信性,并且其"使……有效的法律"理论的确帮助解释了一些案件。

革命时期学者们提出的许多不同理论,其中除巴克斯特教授提出的"比较损害理论"外,其他的不是没有说服法院,就是至少至今还没有去说服法院。其中几个有时称作"功能"选法理论,接受了柯里已摈弃的"利益权衡"观念,试图将利益分析与其他政策方法混合起来。其中著名的是梅伦和特劳特曼教授的著述《多州法律问题》(*The Law of Multistate Problems*)及温拖布教授的著述《冲突法评注》(*Commentary on the Conflict of Laws*)。法院没有接受这些理论的原因可能是它们强加给法院沉重的分析负担,这可能是一个公正的评价。[1]这些理论在冲突法学说史上作为法律选择的学说仍然是非常重要的。

可以看出,美国冲突法革命以革掉既得权理论之命而称为"政策革命时

---

〔1〕 Eugene F. Scoles and Peter Hay, *Conflict of Laws*, 25-26, 32 (West Publishing CO. Second Edition 1992).

代”。在该时代,学者们均认为应考虑被选法律的潜在目的和政策,这成为后来《美国第二次冲突法重述》的基础。报告人里斯对其改进后确立了“最重要关系”(most significant relationship)原则,并规定在《美国第二次冲突法重述》第6条。对美国冲突法进行的这场实验,褒贬不一。[1]但值得指出的是,客观地说,冲突法革命大体上只限于侵权领域,特别是汽车交通事故。在这方面,任何其他方法确实能比传统学说产生更为可取的结果。法官对州际事故受害者的同情,是司法抛弃事故发生地规范的现成、先入为主的原因。冲突法革命清除了第一次重述中立规则设置的对州际索赔的障碍,这反映的是侵权实体法的进步。因为过去三四十年里,美国法院和立法机关不断增强侵权受害人的权利,而每个州的立法进程和保护力度并不相同,这就导致法官愿意适用进步的本地法,排除适用厌恶的外域法。正如美国学者所说:“冲突法的激荡,通常说明实体法正处于变迁之中。”[2]尽管现代学说有法院地法的偏好,但其使用“利益”、“关切”等词汇反映的是其表面追求目的、政策和利益而内心其实是人道主义关怀的人文理念。为了达到这个目的,传统学说是借由一系列美国学者所说的“逃避工具(escape devices)”实现的,而现代学说则是为了摆脱法律规范的束缚,直接让自己的学说内含地发挥逃避工具的作用。尽管两种方法最终的结果相差不大,但现代学说取得结果的过程和形式相对直接。

二、欧洲

在美国冲突法学界轰轰烈烈地开展批判传统冲突法体制的冲突法革命时,

---

〔1〕 莫里斯在谈到美国冲突法革命中涌现的大量冲突法理论和方法的著作时说,有的写得很生动,有的写得很深刻,这种现象在其他任何国家,在这门学科许多世纪以来的漫长历史中的其他任何时期,都没有见到过。到目前为止,这些著作对英国作者、英国法院在法律冲突问题上的态度,只产生微弱的影响。但在这个急剧缩小的世界,我们再不能忽视美国的贡献了。[英]莫里斯著:《法律冲突法》,李东来等译,中国对外翻译出版公司1990年版,第508页。

〔2〕 Friedrich K. Juenger, *Choice of Law and Multistate Justice* (special edition), 205 (Transnational Publishers, Inc. 2005).

大西洋彼岸的欧洲起初全然不知，美国“革命”的影响后来也只限于德国、瑞士、荷兰和斯堪的纳维亚国家等一些欧洲国家的有限领域（主要是合同、侵权，以及家庭法的某些方面）。所以，看起来情况似乎是，“革命”的波浪确实到达了欧洲的岸边，然而翻越大西洋会使其消耗掉一些力量。[1]另外，前述法国法则学派学者柯奎勒发现冲突法发祥地意大利与他所处时代之法国具有不同法律环境（意大利有作为各邦普通法的罗马法，而法国没有各省通用的普通法）的观点，对于美国冲突法革命时代欧洲能否借鉴美国的做法具有现实意义。联邦体制下研究的方法，例如美国，其各个州拥有共同的法律传统，所以其方法就不能适用于欧洲。在欧洲，国家的法典化运动破坏了曾经继受罗马法而出现的统一法。[2]因此，这时欧洲却在静悄悄地对国际私法进行改良。

1. 巴迪福的协调论

巴迪福（Henri Batiffol，1905－1990），是当代法国国际私法的代表人物。巴迪福在1956年出版的《国际私法之哲学》中提出，冲突法的任务是在尊重各国实体法体系独立性的基础上，对不同法律体系进行国际协调。

2. 柯格尔的利益论

20世纪60年代，德国学者柯格尔在国际私法领域创立“利益法学”。柯格尔认为，从法则区别说开始，国际私法一直是一种概念法学。“法则区别说”的出发点是三个基本概念：人法、物法、混合法则，通过将各种实体规范归入这三个基本概念之中来探求法律的适用。法学家并不是没有灵魂的机器，好的法学家在他们做出判决时从来不会忽略其中所存在的利益。只有当对利益的确定、评价和衡量有意识地被置于法律工作的核心时，才能够谈得上是“利益法学”。[3]他提

[1] Edoardo Vitta, The Impact in Europe of the American "Conflicts Revolution", Vol. 30 *American Journal of Comparative Law* 9－10(1982).

[2] Friedrich K. Juenger, *Choice of Law and Multistate Justice* (special edition), 18－19 (Transnational Publishers, Inc. 2005).

[3] 杜涛：《德国国际私法：理论、方法和立法的变迁》，法律出版社2006年版，第390—392页。

出的利益论认为，应当同时研究国家的利益和国际的利益，然后将两者综合考虑确定法律的适用。

3. 莫里斯的"自体法"方法（the"proper law"approach）

在美国冲突法革命中，大多数学者都认为《第一次冲突法重述》应当废弃，但对其替代物却没有一致的看法。随后出现的数种思想流派中的温和派认为，多边方法原则上应当保留，但应当进行两项重大完善，一是用更详细、更具体的分类代替比尔对法律关系的宽泛分类。这对特定案件的情况更具针对性。二是用柔性、灵活的公式代替固定的连结点。第二个方法就是 1951 年时任哈佛法学院访问学者的英国学者莫里斯在《哈佛法律评论》上发表的论文《侵权自体法》中提出的[1]，它对美国判例法及其第二次重述产生了深远影响。

莫里斯认为，法官解决州际侵权问题时，应当以政策为基础选择与提出的特定侵权和具体争议有"最重要联系"（the most significant connection）的法律。法官不应不加区分地对所有侵权适用损害地法，而应当区别对待，例如将过失交通事故与诽谤区分开来。法院在确定最重要联系时，应当考虑的不仅是损害地法，还有侵权行为地法、当事人住所地法，以及当事人任何关系集中地法。另外，法官有权针对不同问题适用不同法律。例如，汽车司机对受伤乘客的责任，可以适用其共同住所地法；而司机的过失问题，适用行为地法。莫里斯期望，这种灵活性方法会比任何宽泛的机械性规范都能产生更加合理的解决效果。

如下文所述，自体法方法是美国第二次冲突法重述的两大基石之一，但由于该次重述仍然坚守上次的多边主义方法，所以，自体法思想游离于革命与渐进的分界线上；同时，自体法方法用灵活性的公式取代固定僵硬的连结点，并细化了传统宽泛的分类种属，就此而言，它又颇具"革命性"。

---

〔1〕 J. H. C. Morris, The Proper Law of a Tort, 64 *Harv. L. Rev.* 881（1951）.

4. 拉贝尔的比较法学

20 世纪,欧陆国家国际私法领域出现了比较法学派(Comparative Private International Law School),主要代表人物有沃尔夫(Wolff)、温格勒尔(Wengler)等。其中最突出的代表是被誉为比较法巨子的美国德裔学者拉贝尔(Ernst Rabel,1874 - 1955)。

1934 年《冲突法重述》完成后,美国法学会决定撰著一本陈述主要大陆法国家冲突法规定和理论的著作,以搭配重述的使用。完成这项工作的合适人选,终于落在 1939 年被纳粹德国解除学术职务而被时任美国法学会会长解救到美国的拉贝尔身上。

拉贝尔在美国撰著了名副其实的四卷本巨著《冲突法:比较法研究》(第一卷 1945 年出版第一版,1958 年出版第二版;第二卷 1947 年出版第一版,1960 年出版第二版;第三卷 1950 年出版第一版,1964 年出版第二版;第四卷 1958 年出版)。本书前文极为有限的内容可以初步概览冲突法的复杂状况,正如拉贝尔本人在本书“前言”所说:“以有限的力量迎接这项工程的挑战是一项具有风险的艰巨任务,然而这必须去尝试。冲突法的状况很糟糕。”〔1〕但拉贝尔还是以极大的勇气承担了这项工作。对这部冲突法比较法巨著,美国里斯评价说:“这是本世纪在本国出版的最重要的冲突法专著……没有人具有适合完成撰著这部著作所需的知识、能力和奉献精神。拉贝尔就是这么一个人。”〔2〕

拉贝尔以比较法研究方法,从理论到实践,从历史到现实,宽视角、长时段地研究了国际私法的基础理论、家庭法、外国公司、侵权、合同、财产等许多领域。其专著的最终目的是改变阻碍各国交往的国际私法互异状况,使各国国际私法趋于一致。

〔1〕 1 Ernst Rabel, *The Conflict of Laws*: *A Comparative Study*, Preface xxii (University of Michigan Second Edition 1958).

〔2〕 Willis L. M. Reese, The Conflict of Laws: A Comparative Study By Ernst Rabel. Ann Arbor: University of Michigan Law School, 1958., 59 *Colum. L. Rev.*, 964 - 966 (1959).

上述传统和现代国际私法学说的提出者均付出努力，但将其变为现实的立法和司法则存在更多的困难。这是因为需要解决的私法关系跨越了不同法域，而每个法域的实体仅在其境内享有垄断性的立法权。跨域私法关系或因立法不同而有违法之虞，或因法律真空而无人问津。于是，学者法官纷纷提出直接或间接地适用某国内法，但为专门解决纯国内关系制定的国内法无以承担解决涉外关系的重任。跨域私法关系的解决需要的是跨域的视野和开明的胸怀，以及最先进的方法。不再染指涉及国家主权之各国“立法管辖权”范围的分配，创立实体法的解决办法，是一种理性的选择。追溯历史，罗马万民法和中世纪商人法会给现代国际私法更多的启示。

第四节 国际私法的立法史

一、外国国际私法立法史

1. 欧洲立法

(1)早期立法。前述法则区别说荷兰学派强调将国家主权作为所有冲突法规则的渊源，这激励了18世纪中叶欧洲的立法。1756年《巴伐利亚法典》率先根据法则理论制定了一些基本原则。值得注意的是，它没有接受“动产随人”的规则，取而代之的是物之所在地法“不加区分地适用于不动产和动产，以及有体物和无体物”。1794年《普鲁斯一般法典》采纳法则理论的许多规则，也发展出自己的一些特别规则，例如将“尽量使法律行为有效”的原则适用于国际私法，这是非常合理的。

1804年《法国民法典》中尽管只有一个国际私法条文，并且意思既不详尽也不明确，但它是会产生深远意义的新规则：它用人的国籍国法取代了住所地法。因此，它对国际私法的发展意义重大。

《法国民法典》第3条规定:"①居住在法国境内的居民应当遵守有关警察和公共治安的法律。②不动产,即使为外国人所有,仍应适用法国法律。③关于个人身份和法律上能力的法律,适用于全体法国人,即使其居住于国外时亦同。"该条规定是对巴托鲁斯以来法则区别说各种理论学说研究成果的概括、继受和发展。首先,该条第一款是法律属地主义的体现,尤其是本国强行法在法国境内具有绝对效力。其次,第二款强调法国境内的不动产法律关系,即使当事人具有外国因素,由于该法律关系对于法国国家具有重大利益,因此也须适用法国法律。最后,关于当事人的属人法,该法典一改传统的住所地法,转而采用当事人的本国法。自此,当事人的本国法与当事人住所地法并列成为当事人两大属人法原则之一,并在随后大陆法系国家的立法中得到普遍接受。此外,该法典的第6、11、14、15、47、48、170、310、311条之14、15、16、17、18、999条、1000条及2128条等都是有关国际私法的规定,且大多采用单边主义的立法规定。

《法国民法典》不仅为19世纪及以后法国的司法实践奠定了坚实的法律基础,尤其法典中有关冲突规范的规定对世界各国法律产生了深远影响,在国际私法发展史上具有划时代的意义。

第一,标志着大陆法系国际私法的产生和成文国际私法规范的确立。大陆法系国际私法的出现以1804年《法国民法典》的颁布为标志。19世纪以前国际私法的渊源主要是学说和习惯法,国际私法基本处于"法理学与科学"阶段。虽然1756年《巴伐利亚法典》和1794年《普鲁士一般法典》已有成文国际私法规范,但影响甚微。直至18世纪下半叶,才开始进入"立法"阶段。作为世界第一部资产阶级民法典的《法国民法典》,揭开了国际私法发展的新纪元。其中的国际私法规范在国际上产生了极大反响,欧美各国民法典纷纷仿效,出现了国际私法的国内立法浪潮,使国际私法的渊源由19世纪前的学说和习惯法转向国内成文的立法。国际私法的法律渊源自此发生了重大变化,这标志着国际私法"法理学与科学"时代的结束和"立法"时代的开始。正如沃尔夫所说:"在我们的时代，国际私法是国家的法律，而它的渊源是成文法、习惯和判例。但是，在国际私法的幼稚时期，情形不是这样的。它是以超国家的法律开始的，那时它的法律渊源是法律科学。”[1]

第二，国际私法真正取得“国际”的意义。《法国民法典》颁布前的法律冲突，其实只是一国境内各城市国家间或各地区之间的法律冲突，属于“区际私法”。《法国民法典》颁布后，法国各地法律得到统一，法国国内的区际冲突不复存在，面临的只是法国与其他国家和地区之间的法律冲突问题。由此，国际私法才真正取得“国际”意义，开始在“国际”层面得以适用。

第三，本国法主义的产生。《法国民法典》颁布前，法则区别说中的属人法就是当事人的住所地法。《法国民法典》则将其改为当事人的本国法，使属人法从此有了新的含义。自此，本国法和住所地法开始共同成为当事人属人法的两个基本法律依据。

第四，将国内法中公共秩序法律概念首次引入国际私法领域。早在十三四世纪巴托鲁斯法则区别说中已有公共秩序的萌芽，至17世纪胡伯国际礼让说又进一步提出一国出于礼让虽可承认外国法的域外效力，但前提条件是“只要这样做不致损害自己的主权权力及其属民的利益。”首先以法律形式将公共秩序明确规定的则是《法国民法典》，它进一步完善了外国法适用的法律制度。该法典第6条规定：“个人不得以特别约定违反有关公共秩序和善良风俗的法律。”该规定后来也为许多国家的立法所仿效，并逐步形成国际私法中重要的法律制度。

《法国民法典》对国际私法的进一步发展产生了深刻的影响。受其影响，在整个19世纪和20世纪初，世界范围内掀起了国际私法国内立法的浪潮，1811年奥地利、1817年摩尔多瓦公国、1825年海地（Haiti）、1838年荷兰、1844年塞

---

〔1〕［德］马丁·沃尔夫：《国际私法》（上），李浩培、汤宗舜译，北京大学出版社2009年版，第21页。

尔维亚、1845 年多米尼加共和国、1851 年希腊和智利、1852 年秘鲁、1865 的意大利和罗马尼亚、1867 年葡萄牙、1868 年乌拉圭、1869 年阿根廷、1873 年哥伦比亚、1887 年哥斯达黎加、1888 年西班牙、1903 年尼加拉瓜、1905 年洪都拉斯、1907 年瑞典等国家相继颁布了民法典,其中均有冲突法的规定。

早期冲突法立法囿于当时国际民商事法律关系的简单性,在内容和形式上都很简单,立法技术很不完善。具体表现在以下几个方面:

第一,调整内容比较单一。早期冲突法立法主要是较简单的国际民事法律关系,极少涉及国际商事法律关系。即使是民事法律关系,也仅仅是其中的一小部分而已,代理关系、劳动关系、产品责任、交通侵权、环境污染等民事法律关系基本未能涉及,尤其知识产权问题,早期冲突法根本没有规定。不仅如此,早期的冲突法立法也不涉及国际民事管辖权以及外国法院判决的承认与执行等问题。

第二,大多采用单边主义冲突规范形式。早期冲突法立法虽已有单边主义和双边或多边主义的立法方式,但因受国家主权思想的影响,大多采用单边主义形式,极力规定适用本国法而排斥外国法的适用,法律的属地性表现得尤为突出。如前述 1804 年《法国民法典》中有关冲突法的诸多规定,基本上都采用单边冲突规范的形式。

第三,极少有优先适用条约的规定。无论是《法国民法典》,还是随后出现的一系列民法典,均未对条约优先适用进行规定。这主要是因为早期各国并未意识到不同国家间国际私法的冲突问题,因此并未提出制定统一的国际私法公约,以解决各国冲突法的冲突。但到了 19 世纪末、20 世纪初,这种情况发生了根本性的变化。尤其是第二次世界大战以后,国际社会由于国际法律关系的发展,出现了大量有关法律冲突的国际公约。

第四,没有采取单行法或专门法典的立法形式。1896 年《德国民法施行法》颁布前,早期冲突法规范大都规定在民法典中,或分散、或专节、或专篇、或专章,但冲突法在性质上虽属于私法,但其不能用来直接解决国际民商事关系,与直接解决国际民商事关系的一般私法实体法存在不同。因此,其立法形式宜采单行法或专门法典。

(2)晚近立法。19世纪末20世纪初,国际私法的国内立法开始朝着系统化和法典化的方向发展,国际私法从此进入了崭新的历史发展时期。一般认为,世界上第一部成文国际私法单行法规应是1896年《德国民法施行法》。随后,日本1898年颁布了《法例》。受德国的影响,中国北洋政府1918年颁布《法律适用条例》,泰国则于1939年制定了《泰国国际私法》。国内的成文立法开始成为国际私法法律的主要渊源。

进入20世纪,尤其是第二次世界大战之后,各国国际私法立法有了长足的进步,国际私法的国内立法呈现出空前的繁荣局面。不仅越来越多的国家在国内法中规定国际私法规范,而且各国的国际私法立法逐步开始法典化。如东欧的捷克斯洛伐克(1948)、阿尔巴尼亚(1964)、波兰(1966)、东德(1975)、匈牙利(1979),南欧的南斯拉夫(1982),西欧的奥地利(1979)、西德(1986)、瑞士(1989),以及亚洲的泰国(1939)、韩国(1962)、土耳其(1982),非洲的马达加斯加(1962)、布隆迪(1980)和美洲的乌拉圭(1941)、阿根廷(1974)、巴拉圭(1985)等国家,相继颁布了单行的国际私法法规。其中,《奥地利联邦国际私法法规》最令人瞩目的特点是,它在欧洲国际私法单行立法中最早确立最密切联系原则,并将其作为整个冲突法的最高指导原则。尤其1988年《瑞士联邦国际私法法规》,堪称当代国际私法立法的代表作。该法共13章,200条,是迄今为止最为详尽完备、最具代表性和影响最广泛的国际私法法规。该法第15条将最密切联系原则规定为法律选择的基本原则。

20世纪末,国际私法的国内立法方兴未艾,又有一批国家或制定或重新修订了自己的国际私法典,成为20世纪末各国立法的一大特点。如突尼斯国际私法典(1998)、德意志联邦共和国关于非合同债权关系和物权的国际私法立法(1999)、列支敦士登关于国际私法的立法(1996)、委内瑞拉国际私法(1998)等,对各国国际私法产生重大影响。法国也于1998年重新修订了民法典中有关国际私法的规定,甚至一些普通法国家也开始制定有关的单行立法或法律草案，如1992年的澳大利亚法律选择法案、1995年英国国际私法（杂项规定）等。到目前为止，世界上已有相当一部分国家在国内法中采用不同的立法方式对国际私法法律规范进行规定。这股立法浪潮又滚滚涌入21世纪而成为新世纪各国法制建设的新开篇。

2. 美国冲突法重述

在国际私法的国内立法史上，美国冲突法的两次重述占有重要地位。虽然判例仍是美国法的主要渊源，重述因由民间组织美国法学会（American Law Institute，ALI）组织法学家主导编纂出版的非官方法律文件而不具有法律效力，但重述是对各州判例的汇编，起着统一法的作用，并对日后法院司法具有导向作用。特别在冲突法领域，法学家的作用远甚于其他法律领域。正如前文所示，美国和英国冲突法早期的司法实践，审判的依据最初主要是学者的学说。甚至现在的美国冲突法学者也坦言："法律选择不是一个容易的学科，可能这就是它被证明对学者具有吸引力的原因，也同样是法院愿意向学者寻求指导的原因。"[1]所以，在此对美国冲突法的两次重述做简单介绍。

（1）1934年《美国第一次冲突法重述》。1934年《美国第一次冲突法重述》是对美国历史当时为止判例法冲突规则的重要总结，并由此建立了美国的冲突法体系。报告员比尔站在多边主义哲学的立场上，以"既得权说"为理论指导，通过冲突规范以确定管辖权的方式来解决包括州际冲突和国际冲突在内的各种法律冲突问题。可见，这种传统法律选择方法是一种管辖权选择规范，在内外州法的适用上具有同等性，因而是一种中立、客观的标准。所以，《美国第一次冲突法重述》采取的是多边（主义的）方法。

《美国第一次冲突法重述》做出了积极的有限贡献。它作为综合完整的体系，提高了司法界的冲突法意识和知识，统一了美国的冲突法，推行非本地法的

---

〔1〕 Lea Brilmayer, *Conflict of Laws: Foundations and Future Directions*, 235 (Little, Brown and Company 1991).

观念。但也存在一些缺陷:它是详细的、机械的和僵硬的严格固定性规则体系;它过于单一地依赖属地性和既得权两个原则;它的法律选择规则是将立法管辖权分配到特定的法域。[1]这些缺陷成为后来上述美国冲突法革命时期诸多学者批判的对象。但无论如何,它实际在不同程度上已为所有的州所采纳,这(至少在冲突法领域)是极为罕见的现象,并且不可能再次上演。该重述的侵权领域直至1979年及合同领域直至1984年,都被大多数州所采纳。其原因是它是唯一能选择的规则,并且它也是成体系的和完整的。

(2)1971年《美国第二次冲突法重述》。前已述及,针对以《美国第一次冲突法重述》为代表的传统冲突法,国内学术界和司法界均参与掀起了坦率犀利的冲突法革命。

学术界提出前文的新理论和新方法中,就有前述英国学者莫里斯提出的自体法方法。其实,在莫里斯之前,美国齐斯沐(Elliott Cheatham)和里斯(Willis Reese)教授撰文认为,冲突法案件中,"有更重要利益州(the state with the dominant interest)的法律一般至少应当被适用"。[2]后来1954年"奥汀诉奥汀(Auten v. Auten)案"的多数意见中,纽约州上诉法院富德(Fuld)法官在州际合同案件中抛弃合同缔结地法律,强调采用"最重要联系"(most-significant-contacts)方法,寻找"与争议问题有最重要联系"(the most significant contacts)地方的法律。同时,法院也谈到"连结点聚集"(grouping of contacts)理论和"重力中心"(center of gravity)理论,但它们似乎都是作为同一种方法的不同名称而互换使用的。实际上,20世纪中叶刚过,一些法院为了选法就开始考查许多事实联系和"连结点",而不再考查单一的、重要的连结点这个传统选法规范结构中的关键部分,来试验卡弗斯的建议。司法偏离传统方法主要表现在抛弃合同缔

---

〔1〕 Symeon C. Symeonides, *American Private International Law*, 68 (Kluwer Law International 2008).

〔2〕 Elliott E. Cheatham, Willis L. M. Reese, Choice of the Applicable Law, 52 *Colum. L. Rev.* 972 (1952).

结地法和侵权行为地法这两个典型且重要的传统冲突规范。合同领域的著名案例就是上述“奥汀诉奥汀案”，侵权领域的著名案例是1963年“贝布克诉杰克逊案”(Babcock v. Jackson)。[1]在这些进步司法实践进展的同时，一大批美国学者开始竭力主张不仅应更多地关注许多事实联系，而且更应关注被选法律的潜在目的和政策。前述齐斯沐和里斯教授在上述文章中提出，法院在解决选法问题时至少应研究9个问题。[2]

1953年，美国法学会开始起草第二次重述，以部分地回应冲突法革命的挑战，报告员由里斯教授担任。[3]前述政府利益理论先后由柯里和其他学者阐发的同时，美国法学会把齐斯沐和里斯阐述的政策清单用作制订新冲突法重述的基础。尽管其他学者对该清单的数量做过或大或小的增减，但其基本特征在1971年《美国第二次冲突法重述》中得到了改进。《美国第二次冲突法重述》的

---

〔1〕 该案事实为:1960年9月16日,住在纽约州的杰克逊夫妇邀请其好友贝科克小姐于周末乘他们的汽车去加拿大旅游,不料在加拿大安大略省因杰克逊驾车不慎出了事故,致使贝科克小姐身受重伤。回到纽约后,贝科克即向法院起诉,要求杰克逊夫妇赔偿损失。如按美国传统的冲突规范,本应适用作为侵权行为地法的安大略省法律,而安大略省法律是不承认免费乘客有此种损害赔偿请求权的。但审理此案的纽约州法院富德(Fuld)法官认为,在处理侵权行为案件时,到底适用什么法律,应该考虑到与案件有直接联系和重大利益的法律规定。在该案中,安大略省只是事故偶然发生地,其他各种因素都集中在纽约州——当事人双方的住所都在纽约州,汽车、车库和驾驶执照等均在纽约州注册和保险,旅游的始发点和终结地也都是纽约州,从而认为只有纽约州法律与该案具有最重要联系,应适用纽约州法律作为准据法。而纽约州的法律承认免费乘客的赔偿请求,结果满足了贝科克小姐的诉讼请求。其实这两个案例并不是侵权和合同领域最早偏离传统方法“侵权行为地法”规范和“合同缔结地法”规范的案例,但却是公开放弃传统方法的案例。并且,纽约州是第一个采纳新理论的州。

〔2〕 这九个问题是:①州际和国际体制的需要;②除找到不能适用法院地法的恰当原因外,应当推定适用法院地法;③实现本地法规范的目的;④结果的确定性、可预见性和一致性;⑤保护正当期望;⑥适用更重要利益州的法律;⑦准据法易于确定,法院便利;⑧实现广泛的本地法领域潜在的有关基本政策;⑨个案正义。Elliott E. Cheatham, Willis L. M. Reese, Choice of the Applicable Law, 52 *Colum. L. Rev.* 962 - 981 (1952).

〔3〕 里斯是冲突法思想的新派成员,不过不是冲突法革命各流派的成员。里斯赞同针对第一次重述公开指责的许多批评观点,但更重要的是,他愿意倾听对其第二次重述草案的批评。粗略看看最后成为第二次重述第6条的连续几个版本,就可以看出报告人思想的演变,以及新派对旧派的改进。

目标是确定哪一国与争议有“最重要的关系”(the most significant relationship)。所以,自体法观念混合着政策和利益言语一起成为第二次重述的基本要素。从最具体的角度看,冲突法规范是以推定形式规定的,并且许多规范都将传统选法规范作为出发点。例如,第145条侵权一般原则的规定[1]、第188条(当事人未有效选择法律时)合同的规定和第222条财产权一般原则规定。但需要指出的是,第二次重述仍然坚守了第一次重述中多边主义方法的观念:第一,解决州际问题仍然需要根据客观标准确定哪个相关法律能够适用于特定案件的独立规范体系,这是第二次重述的前提。第二,它继续沿用第一次重述中的地域性连结点,不过也考虑了当事人与其本州之间的属人联系。

第二次重述的两大基石是第6条“法律选择的原则”和最重要关系方法。第6条是指导法院寻找准据法的一般原则,该规定:①除宪法有限制外,法院应当适用本州选法方面的成文规定;②没有上述成文规定的,与选择被选法律的规范有关的因素包括:①州际和国际体制的需要;②法院地的相关政策;③解决特定争议时其他有利害关系州的相关政策及其相关利益;④保护正当期望;⑤特定法律领域潜在的基本政策;⑥结果的确定性、可预见性和一致性;⑦易于确定和适用应当适用的法律。[2]从哲学的角度讲,该条阐明了第二次重述的思

---

[1] 例如,第7章“wrongs”第1节“torts”第145条(§145或Section145)“一般原则”规定:在人身侵害诉讼中,当事人的权利和责任适用侵害行为发生地法律。但在特定争议中,根据第6条“法律选择原则”规定的原则,其他国家与侵害行为和当事人有更重要关系的,应当适用该国的法律。所以,第6条是适用这些推定(发现其他更为重要的关系时可予以推翻)时的一些指导原则,它们与齐斯沐和里斯原来制订的政策清单以及莱佛拉尔教授提出的“影响法律选择的五点考虑”几乎一样。但应当注意的是,第6条基本原则没有包括莱佛拉尔提出的参照“较好法”或齐斯沐和里斯原来提出的参照“个案正义”。

[2] § 6 Choice-of-Law Principles: (1) A court, subject to constitutional restrictions, will follow a statutory directive of its own state on choice of law. (2) When there is no such directive, the factors relevant to the choice of the applicable rule of law include (a) the needs of the interstate and international systems, (b) the relevant policies of the forum, (c) the relevant policies of other interested states and the relative interests of those states in the determination of the particular issue, (d) the protection of justified expectations, (e) the basic policies underlying the particular field of law, (f) certainty, predictability and uniformity of result, and (g) ease in the determination and application of the law to be applied.

想,以此区别于其他理论。从方法论角度看,该条是检验指导和确证适用重述其他几乎所有条款的试金石。

最重要关系方法是第二次重述的另一个基石。第 6 条阐明的是指导法律选择过程的原则和政策,普遍采用的最重要关系方法表达的则是法律选择过程的目标:适用的法律应当是与特定争议及其当事人具有最重要关系的法律;第 6 条第 2 款中所有影响选择的考虑因素,被认为赋予最重要关系方法这个模糊不清的方法以具体的内容。最重要关系这个时行术语很像萨维尼法律关系中的"本座"和晚近欧洲的时行术语,如"最密切"和"最强"联系。但它们只是在术语上很近似,重述只是狭义地界定为"争议"而不是整个法律关系,并且要求采用个性化的针对具体问题进行非萨维尼式的分割式处理。同时,重述采用的方法是单边主义和多边主义的混合方法。最后,根据重述选择最重要关系州时,不是根据其事实联系的数量甚至紧密度进行选择,而是根据第 6 条表述的原则进行,第 6 条中包括要考虑相关联各州的政策和利益。这就是重述与"重力中心地"和"重要联系"方法的基本区别。

第二次重述是在美国法学会的支持下站在中立法院的立场上起草的,因此它不算冲突法革命的任何阵营,但它是新旧学派(包括新学派的不同分支)的慎重折中和综合。目前,美国法院处理法律冲突案件的主要法律依据是《美国第二次冲突法重述》,该《重述》共 423 条。1986 年,美国法学会又对 1971 年重述进行了修订,《美国第二次冲突法重述》(1986 年修订本)共 423 条。

尽管第二次重述做了最大限度的改善,但仍有不完善之处,况且还见仁见智。正如美国学者所说:"《第一次冲突法重述》提供了相当的确定性,而牺牲了公正性;《第二次冲突法重述》提供了更多的灵活性和潜在的更加公正性,而牺牲了确定性。究竟应怎样立法才好?"[1]两次重述鲜明地反映了冲突法法律价

---

〔1〕 Lea Brilmayer & Jack Goldsmith, *Conflict of Laws: Cases and Materials*, 333 (CITIC Publishing House 2003).

值的激变。第一次是牺牲正义而追求秩序,第二次是牺牲秩序而追求正义。第二次重述为了改善作为重力中心思想真实原因之愚蠢的地域主义,引入“最重要”词语来修饰“关系”。该词语表明的是一种价值导向的方法。但用意义模糊的词语代替原本意义同样模糊的词语,意义只能还是模糊的。所以,报告人里斯坦诚:“不可否认,‘重述’的主要缺陷是其指导作用相对微弱。严格地看,它是一个过渡性文件。它是在变迁混乱时期编制的,那时根本没有显示出发展的方向,这只能在冲突法的未来发展中捕捉。”[1]美国学界对这两次冲突法重述都不满意,所以1999年年会上又开始讨论第三次重述的编制。

二、中国国际私法立法史

我国唐朝时,涉外关系发达。为了调整涉外法律关系,唐朝在《永徽律》中规定:“诸化外人同类自相犯者,各依本俗法;异类相犯者,以法律论。”其疏议曰:“化外人”,谓蕃夷之国,别立君长者,各有风俗,制法不同。其有同类自相犯者,须问本国之制,依其俗法断之。异类相犯者,若高丽之与百济相犯之类,皆以国家法律,论定刑名。后来,随着两十余年闭关自守的封建专制统治,我国的涉外交往相应衰落。宋、元、明各朝代,调整涉外法律关系的法律一直沿用明朝上述规定。对于上述唐朝规定,我国学界大多认为它是世界上最早的成文冲突规范。西方晚至1756年《巴伐利亚法典》中才出现成文冲突规范。[2]但有学者指出,中国历史上的法典同时调整民事案件和刑事案件。就此而言,将上述规定认定为最早的冲突规范颇值怀疑。[3]其实,争论的核心是我国唐律的调整对象究竟是否包括涉外民商事关系还是仅指涉外刑事关系。

---

〔1〕 See Friedrich K. Juenger, *Choice of Law and Multistate Justice* (special edition), Transnational Publishers, Inc. 2005, p. 130.

〔2〕 The lex situs shall prevail without any distinction between immovables and movables and between corporeal and incorporeal things. See Martin Wolff, *Private International Law*, second edition, Oxford University Press 1950, pp. 31-32.

〔3〕 Huo Zhengxin, *Private International Law in China*, 50 (Law Press China, 2010).

直至北洋军阀统治时期,1918 年才颁布《法律适用条例》,这是我国历史上第一部国际私法立法。后来,南京国民政府 1927 年命令暂准援用该条例,这种状况延续至 1953 年我国台湾地区颁布新的"立法"。

中华人民共和国成立后,废除国民政府的全部法律,开始建立社会主义法律体系,其中包括对涉外民商事关系的立法。值得一提的是,2010 年我国《涉外民事关系法律适用法》的内容比较完善和先进。

目前我国的国际私法立法,直接吸收了国际上最先进的成果,反映了国际社会的通行做法。吸收借鉴的情况大致有:

第一,确立条约优先原则和国际惯例补缺原则。例如《民法通则》第 142 条、《海商法》第 268 条。

第二,采纳意思自治原则和最密切联系原则。该原则在近现代国际私法理论和实践中已得到广泛的认可,《美国第二次冲突法重述》、奥地利和瑞士等许多欧洲国家的国际私法中都已采用。我国最早采纳的是《涉外经济合同法》第 5 条,后来《民法通则》第 145 条和第 148 条、《合同法》第 126 条、《海商法》第 169 条继续沿袭该原则。单行法《涉外民事关系法律适用法》第 3 条和第 2 条更将其上升为法律适用一般原则的高度。另外,该原则还在我国法律的具体法律适用条款中均有体现,在多法域国家准据法的确定(《涉外民事关系法律适用法》第 6 条)、委托代理(《涉外民事关系法律适用法》第 16 条)、信托(《涉外民事关系法律适用法》第 17 条)、仲裁协议(《涉外民事关系法律适用法》第 18 条)、国籍及住所的积极冲突(《涉外民事关系法律适用法》第 19 条)、夫妻财产关系(《涉外民事关系法律适用法》第 24 条)、协议离婚(《涉外民事关系法律适用法》第 26 条)、动产物权(《涉外民事关系法律适用法》第 37 条)、运输中动产物权发生变更(《涉外民事关系法律适用法》第 38 条)、有价证券(《涉外民事关系法律适用法》第 39 条)、合同(《涉外民事关系法律适用法》第 41 条),消费者合同(《涉外民事关系法律适用法》第 42 条)、侵权责任(《涉外民事关系法律适用法》第 44 条)、产品责任(《涉外民事关系法律适用法》第 45 条)、不当得利和无因管理(《涉外民事关系法律适用法》第47条)、知识产权的转让和许可(《涉外民事关系法律适用法》第49条)、知识产权的侵权责任(《涉外民事关系法律适用法》第50条),在其他法中还适用于营业所的确定和扶养关系等方面。

第三,立法技术上,大量采用双边冲突规范和选择性冲突规范。《民法通则》中除第145、146条外,第143—149条都是双边性规范。《涉外民事关系法律适用法》第5条是公共秩序保留条款,该规定既能维护国家主权和平等适用国外法,促进了国际交往,也能与增强法律适用灵活性的趋势保持一致。

另外,需要指出的是,尽管我国《涉外民事关系法律适用法》第2、51条和《涉外民事关系法律适用法解释》第3条对该法和其他法律中冲突规范的相互关系作了规定,但仍不够清楚。这样,不仅适用法律的相关部门和当事人等群体会很难厘清新法与旧法之间的适用关系,即使是相关的专门著作在论述时也往往是语焉不详,甚或只是对所有相关法律规定的简单罗列,致使读者不够明了应当适用哪个法中的哪条规定。

三、国际私法的统一化

在国际私法的历史上,倡导国际私法统一的呼声从未间断。但究竟统一的是哪些类的规范,这与前述国际私法的范围问题紧密相关。本书采取与国际私法范围相一致的观点,只包括冲突法和国际民商事程序法。

在国际私法的统一方面,比较有影响的组织有海牙国际私法会议(Hague Conference on Private International Law)、美洲国家间国际私法特别会议(the Inter-American Specialized Conference on Private International Law)和泛美会议(the Pan-American Conference)。

海牙国际私法会议于1893年成立,当时只是临时性的国际会议而非国际组织,参加的主要是欧洲国家。1951年第七届会议上,通过《海牙国际私法会议章程》,正式确立为常设性国际组织。我国已于1987年加入该组织。该组织主要致力于冲突法和程序法的统一。

美洲国家间国际私法特别会议和泛美会议是致力于国际私法统一的两个区域型组织。其出名的成就是1928年泛美《国际私法法典(1928 *Pan American Code of Private International Law*)》[又称《布斯塔曼特法典》(*Bustamante Code*)]。这是一个综合性的文本,包括序言和四个部分(国际民法、国际商法、国际刑法和国际程序法),共437条。就其内容与包含的条文而言,在国际私法方面到现在仍堪居首位。[1]但美洲学者认为:"乍一看,《布斯塔曼特法典》是统一化获得重大成功的典范,但细看其规定,它却徒具统一化的虚假外表"。[2]因此无论采取的是实体法模式,还是冲突法模式,私法统一历程的渐进性中必然包含着强烈的艰难性。

当然,随着经济全球化趋势的进一步加强,将来会出现更多区域性和专门性的国际组织。它们会和现有的国际组织为了国际交往的便利,共同致力于国际私法的统一工作。

---

〔1〕 屈广清主编:《国际私法导论》,法律出版社2003年版,第169页。

〔2〕 Alejandro M. Garro, Unification and Harmonization of Private Law in Latin America, 3 *The American Journal of Comparative Law*, 591(1992).

第三章

国际私法的主体

国际私法的主体是指国际私法法律关系中享有权利、履行义务和承担责任的法律人格者。国际私法的主体通常包括自然人、法人和其他组织(其他组织包括国家和国际组织)。

第一节　自然人

在国际私法上,各国关于自然人的规定一般是将其区分为本国人和外国人而作出不同的规定。

一、自然人的国籍和国籍冲突

（一）国籍的概念

国籍是指作为一个国家的国民或公民的法律资格。[1]自然人的国籍指自然人以国家成员身份与所属国的一种永久联系。国籍在不同法中具有不同的意义。2005年《保加利亚共和国关于国际私法的法典》第48条第1款规定，在本法典意义上，自然人的本国法系指其国籍所属国的法律。在国际私法上，国籍具有非常重要的意义（如表3－1所示）。

表3－1 国籍的意义

自然人国籍的意义	法人国籍的意义
根据国籍可以判断民商事关系是否具有涉外因素	根据国籍可以判断民商事关系是否具有涉外因素
国籍是准据法的一个重要连结因素	国籍可判断法人权利能力与行为能力
根据国籍确定是否给予外国人待遇	根据国籍确定是否给予外国人待遇
根据国籍确定是否必须遵守该国强制性的规定	根据国籍确定是否必须遵守该国强制性的规定

（二）国籍的冲突及其解决

自然人的国籍冲突分为积极的冲突和消极的冲突。积极冲突指当事人具有两个以上国家的国籍；消极冲突指当事人不具有任何国家的国籍。自然人国籍冲突的产生是因为存在不同的国籍的取得与国籍的丧失制度（如表3－2所示）。

---

〔1〕王铁崖主编：《国际法》，法律出版社1995年版，第121页。

表 3－2 国籍的取得与国籍的丧失

<table>
<tr><td colspan="3">国籍的取得</td><td colspan="2">国籍的丧失</td></tr>
<tr><td rowspan="4">生来取得</td><td rowspan="2">血统主义（父母的国籍来决定子女的国籍），采用国家有奥地利，斯里兰卡，苏丹，列支敦士登，埃塞俄比亚等</td><td>双血统主义</td><td rowspan="3">自愿丧失</td><td rowspan="3">申请退出一国国籍</td></tr>
<tr><td>单血统主义</td></tr>
<tr><td colspan="2">出生地主义（出生的地方决定子女的国籍），采用国家有英国等</td></tr>
<tr><td colspan="2">混合主义，大部分国家采用</td><td rowspan="3">非自愿丧失</td><td rowspan="3">由于婚姻，收养等原因自动丧失原来国籍</td></tr>
<tr><td rowspan="2">传来取得</td><td colspan="2">根据归化，婚姻，收养，领土割让，国家合并等又取得新国籍</td></tr>
<tr><td colspan="2">根据自愿申请又取得新国籍</td></tr>
</table>

对于自然人国籍的积极冲突，国际私法通常分别不同情况采取不同方法加以解决。自然人同时既具内国国籍，又具外国国籍的，国际上通行的做法是内国国籍优先，以内国法为该人的本国法。如 2005 年《保加利亚共和国关于国际私法的法典》第 48 条第 2 款规定，具有两个或多个国籍的自然人，如果保加利亚是其国籍之一，则以保加利亚法律为其本国法。

自然人具有两个以上外国国籍的，解决办法并不一致（如图 3－1 所示）。

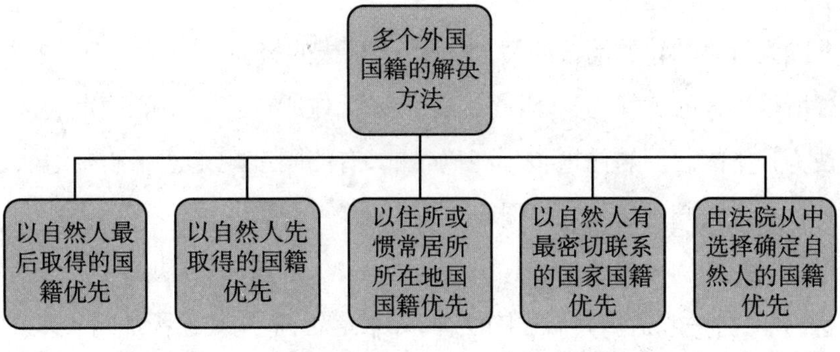

图 3－1 当事人国籍均为外国国籍时的解决办法

我国对于自然人国籍的积极冲突也有明确规定，我国《民法通则意见》第 182 项规定："有双重或多重国籍的外国人，以其有住所或者与其有最密切联系的国家的法律为其本国法。”由于我国1980年《中华人民共和国国籍法》不允许具有中国国籍的人同时亦具有外国国籍，所以未规定一个人兼具中国与外国国籍时的解决办法。我国《涉外民事关系法律适用法》第19条规定，依照本法适用国籍国法律，自然人具有两个以上国籍的，适用有经常居所的国籍国法律；在所有国籍国均无经常居所的，适用与其有最密切联系的国籍国法律。自然人无国籍或者国籍不明的，适用其经常居所地法律。

国籍的消极冲突与积极冲突相反，是因为当事人没有国籍而产生的法律问题，具体可分为如下三种情况（如表3－3所示）：

表3－3　国籍的消极冲突

生来无国籍	出生地及生父母均不明确的弃婴
后来无国籍	原来有国籍后来因身份变更或政治上的原因而变得无国籍
国籍无法查明	属于何国国籍暂时无法查明

国籍的消极冲突在实践中也是大量存在的，例如，一对男女结婚时，如果男方国家法律规定，外国妇女与本国公民结婚，并不当然取得夫方国籍。女方国家法律规定，本国妇女与外国公民结婚，当然丧失内国国籍。这时，女方结婚后就会成为无国籍人。由于没有国籍，使得与国籍相关的法律问题无法得到正确处理。

各国为解决国籍的消极冲突，也进行了积极的努力。国际上一般主张以当事人住所地国家的法律为其本国法；当事人无住所或住所不能确定的，以其居住地法为其本国法。居住地也不能确定的，有的国家规定适用法院地法，有的国家要求当事人归化法院地国国籍等等。

对于国籍的消极冲突，我国《民法通则意见》第181项仅规定：“无国籍人的民事行为能力，一般适用其居住国法律；如未定居，适用其住所地国法律。”

对于各种原因丧失国籍的人，一般还可以重新取得原来的国籍，即国籍的恢复。如《中华人民共和国国籍法》第13条规定：曾有过中国国籍的外国人，具有正当理由，可以申请恢复中国国籍。

二、自然人的住所与住所冲突

（一）住所的冲突

通常认为,住所指一个人久住的处所。一个住所的确立需要具备两个条件,即主观上当事人应有久住的意思,客观上当事人应有久住的事实。

由于各国对住所的规定不同,也会发生一人同时具有两个或两个以上的住所(住所的积极冲突)或一人无一住所或住所不明(住所的消极冲突)的情况。

（二）自然人住所冲突的解决

对于住所的积极冲突,其解决原则大体分为六种(如表3－4所示)。

表3－4　住所积极冲突的解决原则

依当事人的意思确定	适用当事人选择的法律
依法院地法确定	适用处理案件的法院所在地的法律
依法律关系的性质确定	解决一些继承问题时，住所依遗产所在地法确定
内国住所优先	发生内外国住所冲突时,以内国住所优先,而不问它们取得的先后
后取得的住所优先	发生多个外国住所冲突的，后取得的住所优先;同时取得的,依其他因素(如居所设立在何国、其父母现在或过去的住所在何国等)考虑决定
依最密切联系原则确定	我国《民法通则意见》第183条规定,当事人有几个住所的,以与产生纠纷的民事关系有最密切联系的住所为住所

对于住所的消极冲突,各国解决的方法有:

第一,以当事人的居所或者惯常居所代替其住所,即以当事人的居所地法或者惯常居所法代替其住所地法。

第二,以当事人曾有过的最后住所为其住所,如无最后住所,则以其居所或者惯常居所代替其住所。

第三,当事人既无居所也无惯常居所的,一般以当事人的现在居住地法作为住所地法。

我国《民法通则》第 15 条规定，公民以其户籍所在地的居住地为住所，经常居住地与住所不一致的，经常居住地视为住所。我国《民法通则意见》第 183 条规定，当事人的住所不明或不能确定的，以其经常居住地为住所。我国《涉外民事关系法律适用法》第 20 条规定，依照本法适用经常居所地法律，自然人经常居所地不明的，适用其现在居所地法律。

第二节　法人

法人是按照法定程序设立、具有一定组织机构和独立财产，并能以自己的名义享有权利、履行义务和承担责任的社会组织。

一、法人的国籍

法人的国籍指法人与所属国的一种永久联系。尽管一般认为法人是依法定程序成立，有一定的组织机构和独立的财产，能够以自己的名义享受权利承担义务的社会组织。但各国对法人的规定并不一致，对内国法人与外国法人在权利义务方面的规定也存在差别，法律冲突经常发生。加之随着国际经济贸易活动的发展，特别是跨国公司的出现，法人的情况更加复杂，例如某一公司为甲国人集资所组成，但其登记注册地在乙国，董事会或管理中心设于丙国，而实际经营的业务却在丁国等，因此不但确定法人的国籍十分必要，而且确定法人的国籍也十分困难。目前，关于法人国籍的确定国际上主要有以下几种不同的主张：

(1)法人成员国籍说，即依控制法人的自然人的国籍来确定法人的国籍。

(2)设立地说，即依法人的登记地国来确定法人的国籍。

(3)住所地说，即以法人的住所来确定法人的国籍。

(4)准据法说，即依法人设立时所依据的法律来确定。

(5)复合标准说,即法人设立地和住所地并用。

我国主张依法人的登记地来确定法人的国籍。我国《民法通则意见》第184条规定,外国法人以其注册登记地国家的法律为其本国法。

我国《民法通则》第11条规定:"在中华人民共和国领域内设立的中外合资经营企业、中外合作经营企业和外资企业,具备法人条件的依法经工商行政管理机关核准登记,取得中国法人资格。"我国《中外合资经营企业实施条例》第2条规定,依照中外合资经营法批准并在中国境内设立的合资企业是中国法人。

二、法人的住所

法人住所的确定与法人国籍的确定一样,在国际私法中非常重要。欧洲大陆国家一般主张法人的国籍依法人的住所地来决定。对法人住所的确定,具有十分重要的意义。对于如何确定法人的住所,各国又有不同主张:

(1)主要事务所所在地说,以法人主要事务所所在地或法人的管理中心所在地为法人的住所。

(2)营业中心所在地说,以法人实际从事营业活动的所在地为法人的住所。

(3)章程指定住所说,以法人章程指定的住所为法人的住所。

(4)主要办事机构所在地说,以法人的主要办事机构所在地为法人的住所。

我国立法采用主要办事机构所在地说。我国《民法通则》第39条规定,法人以它的主要办事机构所在地为住所。我国《公司法》第10条规定,公司以其主要办事机构所在地为住所。

三、法人的营业所

法人从事经营活动的场所是法人的营业所。法人和自然人都可有营业所。《中国国际私法示范法》第64条规定,自然人、法人和其他非法人组织以其经营活动的场所为营业所。自然人、法人和其他非法人组织同时具有两个或者两个以上营业所的,以与产生纠纷的民商事关系有最密切联系的营业所为准。自然人、法人和其他非法人组织没有营业所的,以其住所或者惯常居所为准。

我国《民法通则意见》第185条规定,当事人有两个以上营业所的,应以与产生纠纷的民事关系有最密切联系的营业所为准;当事人没有营业所的,以其住所或者经常居住地为准。我国《民法通则意见》第184条规定,外国法人以其注册登记地国家的法律为其本国法。我国《民法通则》第11条第2款也规定:"在中华人民共和国领域内设立的中外合资经营企业、中外合作经营企业和外资企业,具备法人条件的依法经工商行政管理机关核准登记,取得中国法人资格。"我国《中外合资经营企业实施条例》第2条还规定,依照中外合资经营法批准并在中国境内设立的合资企业是中国法人。

我国《涉外民事关系法律适用法》第14条规定,法人的主营业地与登记地不一致的,可以适用主营业地法律。法人的经常居所地,为其主营业地。

值得注意的是,确定法人资格适用的法律非常重要,因为法人资格的确定往往是解决其他国际私法问题的前提。

四、外国法人的认可

(一) 外国法人认可的概念

外国法人的认可指内国对外国法人的法律人格的认可。外国法人的认可并不是重新赋予其法律人格,而是内国在法律上是否允许依外国法有效设立的外国法人从事民商事活动的问题。在内国要取得在内国活动的权利,无论大陆法或普通法,都认为必须经过内国的认可。它是外国法人进入内国从事民商事活动的前提。对外国法人是否许可其在内国活动,应分别从两个方面加以解决:一是该组织是否已依外国法成立为法人;二是依外国法已有效成立的外国法人,内国法律是否也承认它作为法人而在内国存在与活动。

(二) 外国法人的认可

关于外国法人的认可,国际上有以下几种不同的方式:

(1)相互认可制。一般是根据国际条约的规定,相互认可对方国家的法人。

如1956年6月1日订于海牙的《承认外国公司、社团和财团法律人格的公约》第1条明确规定："凡公司、社团和财团按照缔约国法律在其国内履行登记或公告手续并设有法定所在地而取得法律人格的，其他缔约国当然应予承认。"

(2)特别认可制。特别认可制，即内国对外国法人通过特别登记或批准程序加以认可。社会主义国家一般采用该制度。

(3)概括(分别)认可制。概括(分别)认可制，即内国对属于某一国家或某一类型的法人一概加以认可，对其他国家或其他类型的法人，采用特别认可制。法国等采用该制度。

(4)一般认可制。一般认可制，即外国法人根据内国法的规定办理必要的手续后就可以开展活动。日本、美国、英国、西班牙、瑞士等国采用该制度。

(三) 我国对外国法人认可的有关规定

我国对外国法人认可也有明确的法律规定，具体内容如下表。

表3-5　住所地的积极冲突的解决原则

认可方式	法律规定	具体情况
特别认可制	1980年10月国务院《关于管理外国企业常驻代表机构的暂行规定》第2条：外国企业确有需要在中国设立法人常驻代表机构的，必须提出申请，经过批准，办理登记手续。未经批准登记的，不得开展常驻业务活动。《中华人民共和国公司法》第193条规定，外国公司在中国境内设立分支机构，必须向中国主管机关提出申请，并提交其公司章程、所属国的公司登记证书等有关文件，经批准以后，向公司登记机关依法办理登记，领取营业执照。	在我国为进行连续的生产经营活动，以外国公司名义在我国设立分公司等分支机构。
一般认可制	我国立法采取自动承认其在本国的主体资格的政策，在程序上属于一般认可。	临时来华进行经贸活动等
无须认可	"三资"企业均为中国法人，故不存在认可问题。	在我国直接投资，主要形式有中外合资经营企业、中外合作经营企业、外资企业等

第三节　其他组织

其他组织包括国家和国际组织。国家和国际组织也是国际私法的主体，但属于国际私法的特殊主体。

一、国家

在国际私法中，国家同自然人和法人等一样，可以依据民商事法律的规定，参加国际民商事活动，与自然人、法人、其他国家和国际组织形成国际民商事法律关系，取得其涉外民事法律关系的主体资格并进而享有民商事权利和承担民商事义务。如国家可以同外国私人投资者签订特许权协议以开发本国自然资源或发展基础设施等公用事业；国家可以同外国或外国人签订各种外贸合同，直接在国际市场上销售或采购商品；国家还可以对外发行债券、股票，向外国银行贷款，与外国自然人、法人、国际经济组织就国际间的技术合作等问题签订合同等，这也就是说，国家也可以成为国际民商事法律关系的主体即国际私法的主体。但国家参加国际民商事活动与自然人和法人参加国际民商事活动有所不同，其作为国际民商事法律关系主体有其特殊性，这种特殊性表现在以下几个方面：

(1)国家是主权者，这种身份决定了国家参加国际民商事活动的场合和范围十分有限，国家不可能成为涉外婚姻关系、亲权关系及继承关系的主体。因此，国家只是国际私法的特殊主体。

(2)国家具有当事人和主权者的双重身份。在国际民商事法律关系中，国家首先是民商事法律关系的当事者，应限制其主权者的地位，以免背离民商法律关系的平等性原则。

(3)国家活动是以国家本身的名义并由其授权的机关或负责人进行的活

动。以独立法人身份出现并以自己的名义参加国际民商事活动的国有公司和企业不能代表国家。

(4)国家参加国际民商事活动以国库财产作为后盾。以国库财产为基础承担民商事法律责任,一般来讲,国家所负的责任是无限责任。

(5)国家通常享有豁免权。国家虽作为民商事主体参与国际民商事法律关系,但它毕竟是主权者,国家及其财产享有豁免权。

二、国家及其财产的豁免权

国家及其财产的豁免权是指国家及其财产在国际交往中享有未经其同意免受他国的管辖及执行措施的权利。关于国家及其财产的豁免权问题,目前国际上的认识并不一致,形成了不同的观点,如下表。

表3-6　国家及其财产的豁免权

绝对豁免	凡外国国家所有的财产无论其性质和用途如何,都当然地不受内国管辖,仅在外国国家明示放弃豁免者除外。发展中国家采用该主张。
相对豁免(或限制豁免、职能豁免)	把国家活动分为主权行为和非主权行为(或统治权行为和事务权行为、公法行为和私法行为),继而把国家财产依其用途分为两部分,隶属于国家从事主权行为涉及的财产可以主张豁免,而隶属于国家从事非主权行为的财产不再享受豁免权。美国英国等采用该主张。
平等豁免	国家不享有绝对豁免只享有平等豁免。只存在该种理论,实践中没有国家采用。
废除豁免	以国内立法和条约的方式完全废除国家财产的豁免权。但国家享有的财产豁免权是由国家主权原则派生的重要权利,如果完全否定国家财产的豁免权,国家主权原则势必遭到破坏。所以废除豁免主义的观点,实际上与国家主权原则完全背离。因此,废除豁免主义在实践中难以得到支持,在理论上也受到多数学者的批判。只存在该种理论,没有国家采用。

值得注意的是,因为关于国家及其财产豁免权问题存在不同观点,所以在实践中,采用绝对豁免与采用相对豁免的国家经常会发生冲突。

（一）国家财产豁免权的内容

按照一般国际惯例，国家财产豁免权主要包括以下几项内容：

1. 司法管辖豁免

指未经财产所属国的同意，其他任何国家不得受理以位于其境内的该外国财产为诉讼标的的案件；不得受理以该外国国家为被告的案件。

2. 诉讼程序的豁免

指即使一国放弃了司法管辖豁免，参与了在他国法院的民商事诉讼，他国法院未经该国同意，仍然不能强迫它出庭作证或提供证据以及实施其他诉讼行为，也不得对它的财产采取诉讼保全等诉讼程序上的强制措施。

3. 强制执行豁免

指非经财产所属国的同意，财产所在地国家的法院不得依判决对该外国的国家财产采取强制执行措施，如不得拍卖该外国的国家财产、不得强行划拨该外国国家的银行存款等。

（二）中国在国家及其财产豁免问题上的立场

目前我国还没有有关国家豁免权的专门立法，但在中国缔结或参加的一些双边或多边国际条约中涉及了国家及其财产豁免问题，如我国1980年参加的1969年《国际油污损害民事责任公约》第11条规定，缔约国就油污损害赔偿案件放弃对油污损害所在缔约国法院的管辖豁免。

迄今为止，中国法院还没有审理过涉及外国国家及其财产豁免权的案件，但是中国在其他国家或地区的法院被诉的情况时有发生。具有较大影响的主要有“湖广铁路债券案”、“光华寮案”[1]等。

---

〔1〕 光华寮是坐落在日本京都市左京区北白川西町，面积约为1000平方米的五层楼。该寮建于1931年。第二次世界大战后期，京都大学受托于日本政府“大东亚省”将该寮租用作为当时中国留学生的宿舍。日本投降后，“大东亚省”被撤销，从此由中国留学一组织自治委员会对该寮实行自主管理，并将该寮取名为“光华寮”。此后，旧中国政府驻日代表团用变卖侵华日军在大陆掠夺的财产所获得的公款将该寮买下，专用于中国留学生宿舍。1961年我国台湾地区以“中华民国”的名义在日本将其登记为中国国家财产。1967年，我国台湾地区以“驻日本大使”陈之迈的名义就光华寮问题向京都地方法院起诉，要求中国留日学生王炳寰等8人搬出光华寮。1977年9月16日，京都地方法院作出判决，确认该寮为中华人民共和国的国家财产，我国台湾地区的原诉被驳回。

在上述案件中,中国鲜明地表明了自己在国家及其财产豁免问题上的立场和态度,我们可将之归纳为下表:

表3-7　中国在国家及其财产豁免问题上的立场

立场一	中国坚持国家及其财产豁免是国际法上一项重要原则,反对限制豁免论和废除豁免论。
立场二	中国坚持国家本身或者说以国家名义从事的一切活动都享有豁免,除非国家自愿放弃豁免。
立场三	中国坚持应将国家本身的活动与国有公司、国有企业的活动严格区分开来,国有公司或国有企业是具有独立法律人格的经济实体,不应享受豁免。
立场四	中国坚持到外国法院特别出庭抗辩该外国法院的管辖权,不得视为接受该外国法院的管辖。
立场五	中国坚持如果外国国家任意侵犯中国的国家及其财产豁免权,中国可以对该国采取相应的对等报复措施。
立场六	中国赞成通过达成国际协议的方式来消除各国在国家豁免问题上的分歧。

值得注意的是,中国对涉及外国国家等豁免主体的案件是非常重视的。2005年,我国通过了《中华人民共和国外国中央银行财产司法强制措施豁免法》(以下简称《外国中央银行财产司法强制措施豁免法》),并决定将之列入我国香港和澳门两特区基本法附件三以适用于两特区,这是我国第一部关于国家财产豁免的专门立法。《外国中央银行财产司法强制措施豁免法》共4条,主要内容有:

第一,豁免的对象是外国中央银行财产。所谓外国中央银行,既包括外国的中央银行,也包括区域经济一体化组织的中央银行,以及履行中央银行职能的金融管理机构。所谓外国中央银行财产,包括外国央行的现金、票据、银行存款、有价证券、外汇储备、黄金储备、有关不动产和其他类型的财产。

第二,豁免的范围限于司法强制措施豁免。我国法院对外国央行的财产在判决前不能采取查封、扣押、冻结等财产保全措施,在判决后不能采取查封、扣押和执行措施。

第三,享有豁免的外国央行或该行所属国政府有权放弃强制执行豁免。

第四,对外国央行财产的豁免实行对等原则。

《外国中央银行财产司法强制措施豁免法》的公布实施标志着我国在国家财产豁免立法领域迈出了重要一步,也为外国央行在华财产提供了法律保障,有利于吸引外国央行资产来华。

2007 年 5 月 22 日,最高人民法院发布了《关于人民法院受理涉及特权与豁免的民事案件有关问题的通知》。该通知规定,我国法院受理的涉及外国国家等特权与豁免主体的案件应该实行报告制度。

该通知规定:凡以下列在中国享有特权与豁免的主体为被告、第三人向人民法院起诉的民事案件,人民法院应在决定受理之前,报请本辖区高级人民法院审查;高级人民法院同意受理的,应当将其审查意见报最高人民法院。在最高人民法院答复前,一律暂不受理。这些在中国享有特权与豁免的主体包括:外国国家;外国驻中国使馆和使馆人员;外国驻中国领馆和领馆成员;途经中国的外国驻第三国的外交代表和与其共同生活的配偶及未成年子女;途经中国的外国驻第三国的领事官员和与其共同生活的配偶及未成年子女;持有中国外交签证或者持有外交护照(仅限互免签证的国家)来中国的外国官员;持有中国外交签证或者持有与中国互免签证国家外交护照的领事官员;来中国访问的外国国家元首、政府首脑、外交部部长及其他具有同等身份的官员;来中国参加联合国及其专门机构召开的国际会议的外国代表;临时来中国的联合国及其专门机构的官员和专家;联合国系统组织驻中国的代表机构和人员;其他在中国享有特权与豁免的主体。

三、国际组织

国际组织有广义和狭义之分。广义国际组织是指若干国家或其政府、个人、民间团体为了共同的目的,依协议而建立的常设性国际性团体。狭义国际组织是指国家之间为了实现特定的目的和任务,根据共同缔结的条约而设立的常设性组织实体,是跨越国界的一种多国机构。目前国际上国际组织非常多,且非常重要。

国际组织无论是履行其职能的需要还是其生存的需要,都将不可避免地要与有关国家或其他国际组织以及有关国家的自然人或法人组织进行民商事交往，结成特定的民商事法律关系，因此，国际组织是国际民商事法律关系的特殊主体，这就必然地也成为国际私法的特殊主体。

国际组织作为国际民商事法律关系的主体有如下特点：

（1）国际组织是以其本身的名义进行活动的。由于国际组织本身具有独立的法律人格，因而它参加民商事活动是以自己的名义进行的，而不牵涉到组成国际组织的各个成员。国际组织的成员对国际组织的债务不负连带责任。

（2）是执行其职务及实现其宗旨所必需的民商事活动。这也就是说，国际组织所从事的民商事活动一般应与其职能和宗旨有关。

（3）必须严格按照有关条约和组织章程的规定进行活动。国际组织与国家不同，它作为国际民商事法律关系的主体资格是由各成员之间缔结条约、协议或共同制定组织章程而确立的。因此，国际组织的职能和活动范围必须严格按照有关条约和组织章程的规定。

（4）国际组织所能参与的国际民商事活动的范围极其有限。通常是由其宗旨或是基本法律文件所决定的，不可能如同自然人和法人一样可以广泛地参与国际民商事活动。

（5）享有一定的特权与豁免。政府间国际组织由于行使职能的需要，在国际上享有一定的特权与豁免。这种特权与豁免也适用于参与国际民商事活动的国际组织。国际组织在国际民商事交往中的特权与豁免主要有：国际组织及其财产享有司法管辖与执行豁免；国际组织的财产和资产免受搜查、征用、没收、侵夺和其他任何形式的干涉；国际组织的会所、公文档案不受侵犯等等。

值得注意的是，国家与国际组织可以成为国际私法的主体，但各国关于国家与国际组织权利义务责任的规定各不一致，容易产生法律冲突，需要进行解决。关于这一问题的解决，国际上也有一些相关的制度和规定。一般认为，国家与国际组织的权利能力与行为能力适用其行为地法，如 1984 年《秘鲁民法典》第 2072 条规定：在秘鲁的外国国家和其他公法实体以及依对秘鲁有拘束力的国际条约建立的国际公法实体，依秘鲁法取得权利和承担义务。

第四章

法律冲突、冲突规范和准据法

前已述及，世界上各个国家（严格地说，应该是法域）基于自身各种因素的考虑，制定的私法可能存在差异，在调整国际民商事关系时，就会出现法律适用上的冲突，国际私法正是以解决这种冲突为己任。

第一节　法律冲突

法律冲突是指同一国际民商事关系因所涉几个法域私法规定的不同而出现的法律适用上的相互抵触现象。关于法律冲突产生的原因和条件，前文已经述及。

一、法律冲突的分类

依据不同标准，法律冲突可有不同分类：根据发生领域的不同，法律冲突可分为公法冲突和私法冲突；根据发生冲突的法律及其效力级别的不同，可分为平面的法律冲突和垂直的法律冲突；以法律冲突的内容为标准，法律冲突可分为积极冲突和消极冲突；以法律冲突的发生阶段为标准，可分为立法冲突、司法冲突和守法冲突；根据法律冲突的性质不同，可分为空间上的法律冲突、时际法律冲突和人际法律冲突。其中最重要的就是以法律冲突的性质为标准所进行的分类。

二、区际法律冲突

一般来说，一个国家内部往往只有一种法律制度，但是很多国家由于各种原因，其内部法律制度并不统一，存在着数个具有独特法律制度的地区或者区域，我们称之为法域(law district, legal region)。如美国等联邦制国家，部分单一制国家内部也存在着不同法域。这些不同区域法律制度之间产生的冲突就是区际法律冲突(interregional conflict of laws)，它是区际私法(private interregional law)或区际冲突法解决的对象。

(一) 区际法律冲突的含义

区际法律冲突是指一国内部不同法域法律制度之间的冲突。区际法律冲突多见于联邦制国家或复合法域的国家，如美国、加拿大和英国。美国是典型的联邦制国家，除了联邦法之外，各州都有相对独立的立法权并有着各不相同的私法法律制度，各州之间法律冲突早就发生，美国的国际私法正是在解决这种州际法律冲突的基础上发展完备起来的。

不仅联邦制国家会发生区际法律冲突，存在着复合法域的单一制国家也会产生区际法律冲突。中国虽是单一制国家，但是中国内地、香港地区、澳门地区和台湾地区各自构成独立的法域，施行不同的民法，区际法律冲突也因此产生，也需要区际私法来调整。

（二）区际法律冲突的解决

区际法律冲突包含两个不同的内容：（1）一国内部跨法域的民商事交往中产生的法律适用上的冲突如何解决；（2）在国际法律冲突中，经冲突规范指引当事人本国法后，而该当事人的本国却是一个多法域国家，这时究竟应以其中哪一法域的法律作为他的本国法而加以适用的问题。

1. 一国内部跨法域的民商法律冲突的解决

（1）用区际私法来解决。具体方式大致有以下两种：一是制定全国统一的区际冲突法，如波兰1926年《区际冲突法典》。二是各法域分别制定各自的区际冲突法第三，类推适用国际私法解决区际法律冲突。这种方式一般在多法域国家既无统一的区际冲突法，各法域也无区际冲突规范或中央立法机关不允许这种规范存在的情况下采用。

（2）用统一实体法来解决。其一，制定全国统一的实体法。如1907年《瑞士民法典》，其二，制定仅适用于部分法域的统一实体法。其三，制定特定领域的统一实体法作为示范法，供所属各法域采用。其四，一些复合法域国家的最高法院在审判实践中确立统一规则，促进内部各法域法律冲突的解决。此种做法普通法系国家采用较多。其五，将在一个法域适用的实体法扩大适用于其他法域。这种做法多出现在因国家的兼并、国家领土的割让、国家领土的回归或国家的殖民等原因而形成的复合法域国家中。

2. 多法域国家当事人本国法的确定

（1）在应适用当事人的本国法而其本国各地法律不同时，以当事人的住所地法或居所地法为其本国法。如中国台湾地区1953年“涉外民事法律适用法”第28条规定：“依本法适用当事人的本国法时，如其国内各地方法律不同时，依其国内住所地法，国内住所不明者，依其首都所在地法。”

（2）依当事人本国的“区际私法”的规定来解决。但如果当事人本国无此类指定规则时，晚近的趋势是，适用与当事人或案件有最密切联系法域的法律。如1995年《意大利国际私法制度改革法》第18条规定，所指定法律所属国就地域或人存在不统一法律制度的，应当根据该国的规定来确定准据法。经证实确无此种规定的，应适用与特定案件有最密切联系的法律制度。

(3)适用与民商事关系有最密切联系法域的法律。我国《涉外民事关系法律适用法》第6条规定，涉外民事关系适用外国法律，该国不同区域实施不同法律的，适用与该涉外民事关系有最密切联系区域的法律。这样，我国《民法通则意见》第192条的规定不再适用。

(三) 中国的区际法律冲突问题

随着中国"一国两制"伟大构想的付诸实现，中国已出现"一国两制四法域"的局面，中国也因此成为多法域国家，自然也就产生了区际法律冲突。然而，与世界上其他一些多法域国家内的区际法律冲突相比，中国的区际法律冲突具有自己的特点：(1)是一种特殊的单一制国家内的区际法律冲突。(2)既有属于同一社会制度的法域之间的法律冲突，如中国香港、澳门和台湾地区之间的法律冲突，又有社会制度根本不同的法域之间的法律冲突，如中国内地法律与香港、澳门和台湾地区法律之间的法律冲突。(3)既有属于同一个法系的法域之间的法律冲突，如中国台湾地区和澳门地区法律同属于大陆法系；同时又有分属不同法系的法域之间的法律冲突，如属普通法系的中国香港地区法律与属大陆法系的澳门地区法律之间的冲突。(4)不仅表现为各地区本地法之间的冲突，而且有时表现为各地区的本地法和其他地区适用的国际条约之间以及各地区适用的国际条约相互之间的冲突。(5)由于各法域都有自己的终审法院，而在各法域之上无最高司法机关，因此在解决区际法律冲突方面，无最高司法机关加以协调。(6)在立法管辖权方面，无中央立法管辖权和各法域立法管辖权的划分。实际上，在民商事领域，各法域享有完全的立法管辖权。[1]

解决中国的区际法律冲突，既要坚持"一国"，又得彼此尊重法律与司法的特殊性，并且在解决彼此法律冲突与相互提供司法协助等方面提供更多的方便

---

〔1〕 参见黄进主编：《中国的区际法律问题研究》，法律出版社2001年版，第59页。

与优惠。同时，中国区际法律冲突的解决，必须坚持以下四项基本原则：(1)促进和维护国家统一原则；(2)“一国两制”原则；(3)平等互利原则；(4)促进和保障正常的区际民商事交往原则。[1]

在我国，根据《香港特别行政区基本法》和《澳门特别行政区基本法》，中央政府没有制定全国统一的民商事实体法和全国统一的区际冲突法的权限，故目前我国内地、香港地区、澳门地区均是类推适用自己的国际私法来解决区际法律冲突，而台湾地区已于1992年公布了《台湾地区与大陆地区人民关系条例》(最近于2010年进行了修正)，同年发布了该条例的施行细则。条例的民事部分(第41条至第74条)对两岸“法律”冲突的解决做了详细规定。此外，台湾地区还于1997年公布了《香港澳门关系条例》，并于2007年做了增订和修正，发布了实施细则。对于台、港、澳之间法律冲突的解决，其第38条规定：“民事事件，涉及香港或澳门者，类推适用涉外民事法律适用法。涉外民事法律适用法未规定者，适用与民事法律关系有重要牵连关系地法律。”

三、人际法律冲突

1. 人际法律冲突的概念

人际法律冲突(interpersonal conflict of laws)是指一国内不同民族、种族、部落、阶级以及教徒适用的法律之间的冲突，或者不同人员集团适用的法律之间的冲突。例如，在印度和巴基斯坦，印度教徒适用印度教法，伊斯兰教徒适用伊斯兰教法，假如一个印度教徒和一个伊斯兰教徒因财产继承问题而发生诉讼，就出现究竟是适用印度教法还是适用伊斯兰教法来解决该继承纠纷的问题。人际法律冲突主要发生在人的身份、婚姻家庭、继承、合同以及土地法等领域。

---

[1] 参见韩德培主编：《国际私法》，高等教育出版社、北京大学出版社2007年版，第340—342页。

2. 人际法律冲突的解决

解决人际法律冲突的法律制度叫人际私法(private interpersonal law)。人际法律冲突的解决,学者多主张有该外国人的人际私法来解决。如果在被指定国内有适用于不同人的不同法律制度,就应当依该法规定的法律冲突制度确定所要适用的法律。也有国家规定,如果该法没有规定适用何种法律,则适用最密切联系原则确定所要适用的法律。

四、时际法律冲突

1. 时际法律冲突的含义

时际法律冲突(intertemporal conflict of laws)是指调整同一涉外民商事关系的新旧法律、前后法律之间的冲突。解决时际法律冲突的法律制度叫时际私法(private intertemporal law)。时际法律冲突一般在以下三种情况下发生:

(1)法院地国的冲突规则发生了改变。冲突规则中采用的连结点、时间因素等的变化,都将导致冲突规则的变化,从而引起时际法律冲突。

(2)法院地国的冲突规则未变,但事实上的连结点发生了改变。这种因事实上的连结点发生改变而导致前后两个准据法之间的冲突,又叫"动态冲突"。如动产所有人住所地的变化,将前后不同住所地间相冲突的法律制度联系起来,从而导致前后时际的法律冲突。

(3)前两者均未改变,但被指定的准据法本身发生了改变。例如,中国1950年《婚姻法》规定五代以内的旁系血亲之间的婚姻从习惯,而1980年《婚姻法》则禁止三代以内的旁系血亲之间结婚。现有一对1979年在中国结婚的表兄妹于定居美国多年后,男方于2003年在美国提出婚姻无效的诉讼,这时美国法院不但得首先确定究竟应适用中国法还是美国法的问题,而且在确定应适用中国法后,还要进一步确定是适用1950年《婚姻法》(这样他们之间的婚姻将被认为有效)还是适用1980年《婚姻法》(这样他们之间的婚姻将被认为无效)。

可见,时际私法和国际私法所要解决的问题,不是处于同一平面的。

2. 时际法律冲突的解决

时际冲突的解决主要有以下方法：

(1)由冲突规则改变而引起的时际法律冲突，一般依“信赖利益保护”和“法不溯及既往”的原则来调整，在新规则的制定中，明确规定新旧规则的适用条件和范围等。

(2)由单纯连结点的变化而引起的时际法律冲突的解决，在理论和实践中尚未达成一致的观点。一般来说，以公平原则为指导，视情况而采取不同的做法。一种为对选择法律有决定意义的必要条件后来发生变化的，对既往事实不发生影响，此种做法可称为不可变主义，此种做法可以防止当事人故意规避法律适用，也利于保护当事人的利益。与之相反，另一种为允许采用变更后的新连结点指定的准据法，将之称为可变主义。

(3)准据法本身发生改变的情形，有多种复杂的原因，难以达成统一的解决办法。“信赖利益保护”、“法不溯及既往”和公平合理等原则可以加以借鉴。

第二节　冲突规范

冲突规范(conflict rules)是国际私法中最古老、最基本、最独特的法律规范。设计冲突规范的目的在于指定一个可以最终适用于涉外民商事法律关系的实体法，从而解决国际民商事法律冲突。由于冲突规范是国际私法中特有的法律规范，因而它在结构、功能方面都具有其自身的独特之处。

一、冲突规范的概念

冲突规范是指规定某类国际民商事法律关系适用何种法律的法律规范。我国《涉外民事关系法律适用法》第 2 条规定：涉外民事关系适用的法律，依照本法确定。冲突规范又称“法律适用规范”(rules of application of law)、“法律选择规范”(choice of law rules),也有人称为“国际私法规范”。例如,我国《涉外民事法律关系适用法》第27条规定的“诉讼离婚,适用法院地法律”,就是一条冲突规范。

上述冲突规范的定义只是从冲突规范的传统意义和主要适用对象上来界定的,属于狭义的冲突规范。从广义上讲,凡在处理涉外民商事关系及因涉外民商事关系而发生争讼时,指定对实体问题和程序问题应适用哪一法律以及划分涉外(或国际)民事管辖权的规范,均属冲突规范。

二、冲突规范的特点

冲突规范作为国际私法领域特有的法律规范,具有下列显著特点:

第一,冲突规范具有独特的结构。一般冲突规范通常由假定、处理和制裁三个要素组成,而冲突规范则由范围和系属两个部分构成。

第二,冲突规范既非实体法规范也非程序法规范。实体法规范一般直接规定当事人的权利义务,而冲突规范却是间接规范,只选择某种涉外民事关系应适用何国法律,故必须与被其指定的实体法律规范结合起来,才能最终确定当事人的权利义务关系,完成解决涉外民商事争议的任务。

冲突规范虽只指定应该适用的法律,但若据此片面地认为,只需单纯依靠冲突规则的指引而不考虑任何其他因素,不问选择的后果,显然是不正确的。早在12世纪末,前述罗马阿尔德里库斯就已提出所谓“结果选择的方法”,也就是法院在选择法律时,不应该只问什么规则是最合适的规则,而主要应该问适用什么法律才能取得最合适的结果。我国《涉外民事关系法律适用法》第25条(对于父母子女人身、财产关系,没有共同经常居所地的,适用一方当事人经常居所地法律或者国籍国法律中有利于保护弱者权益的法律),就体现了结果选择目的。程序法规范是规定诉讼与仲裁法律关系的,且大部分程序法规范都是直接规范。

值得注意的是,一般来说,冲突规范具有强制性,法院在审理涉外民商事纠纷时，必须依照职权主动先适用本国的冲突规范确定案件应当适用的法律。这已得到大多数国家的承认。20 世纪 70 年代以后，某些大陆法国家学者受英美法影响，开始主张接受“任意性冲突法”理论（facultative choice of law）[1]，将冲突规范的适用与当事人“意思自治”结合起来，主张只有当事人要求适用冲突规范并且能够像对待事实问题一样证明它们时，才能适用。否则，法院将一律适用法院地法判案。法国和斯堪的纳维亚国家的司法实践倾向于这种做法。我国《涉外民事关系法律适用法》第 2 条规定，涉外民事关系适用的法律，依照本法确定。可见，我国立法把冲突法视为强制性规范。最高人民法院也多次要求各级法院必须按照冲突法来确定涉外案件的准据法。然而，我国法院在许多涉外案件的审判中，有意无意地采用了类似于“任意性冲突法理论”的做法。

三、冲突规范的结构

冲突规范是由范围（category）和系属（attribution）两部分构成，范围是指冲突规范所调整的类民商事法律关系；系属是指范围所适用的法律。系属的表面意思就是“隶属”或“归属”，就是什么样的法律关系应“隶属”什么国家和地区的法律支配的意思；或者用类似于萨维尼的观点说，就是什么样的法律关系应与哪一法域相连结或相联系的意思，或者更直观地说，就是运用某种连结点来指引某一类型法律关系应适用的法律。例如我国《涉外民事关系法律适用法》第 15 条规定，人格权的内容适用权利人经常居所地法律。该条冲突规范的“范围”就是“人格权的内容”，“系属”即为“权利人经常居所地法”。

四、冲突规范的类型

根据冲突规范对应适用法律指定的不同，可以将其分为四种基本类型：单边冲突规范、双边冲突规范、重叠性冲突规范与选择性冲突规范。

---

[1] Th. M. de Boer, *Facultative Choice of Law*, Martinus Nijhoff Publishers 1997.

1. 单边冲突规范

单边冲突规范(unilateral conflict rules)是直接规定某种涉外民商事关系只适用内国法或只适用外国法的冲突规范。德国法中此类冲突规范又称为“不完全冲突规范”。单边冲突规范多为一种附条件的指定,其所附条件多为当事人的国籍或住所、标的物的所在地等。例如,1804 年《法国民法典》第 3 条中规定的“不动产,即使属于外国人所有,仍适用法国法”与“关于个人身份与法律上的能力的规定,适用于全体法国人,即使其居住于国外时亦然”等。

由于单边冲突规范明确规定了只适用内国法或只适用某一外国法,所以其适用具有简便明了或直截了当的优点,但其明显的缺陷会给法院在适用法律上留下漏洞。如前述《德国民法施行法》的单边冲突规范就没有指明在德国有住所的外国人的继承案件应适用什么法律。对于这种情况,大陆法系一些国家便常常需要通过最高法院的判例,根据一个单边冲突规则推引出另一个单边冲突规则(如“外国人的继承,虽于德国有住所,仍适用其人的本国法”),或者干脆推引出一个双边冲突规范(如“继承依被继承人的本国法”)。1896 年《德国民法施行法》中大量的单边冲突规范都通过法院判例而双边化。

单边冲突规范尽管有上述缺陷,但在各国冲突法中,却仍屡有所见,即使到今天,在少数需要特别通过国内法加以保护的法律关系中,单边冲突规范是不可缺少的。例如我国《合同法》第 126 条第 2 款规定,在中华人民共和国境内履行的中外合资经营企业合同、中外合作经营企业合同、中外合作勘探开发自然资源合同,适用中华人民共和国合同法律。

2. 双边冲突规范

双边冲突规范(bilateral conflict rules,all-sided conflict rules),是指不直接规定某种涉外民事关系适用内国法还是外国法,而只抽象地规定一个指引确定准据法的连结点,表明什么问题应适用何地法律,至于准据法是内国法还是外国法,取决于连结点在内国还是外国。德国称为“完全冲突规范”。我国《涉外民事关系法律适用法》第 44 条(侵权责任,适用侵权行为地法律)就属于双边冲突规范,当侵权行为地在内国时,就适用内国法,当侵权行为地在外国时,就适用外国法。

单边冲突规范与双边冲突规范既有区别又有联系。两者的区别是,双边冲突规范解决的是普遍性的问题,而单边冲突规范一般只规定特殊问题应以什么法律为准据法。例如,"侵权行为的损害赔偿适用侵权行为地法"针对的是涉外侵权赔偿如何确定准据法这一普遍性问题,无论侵权发生在国内还是国外;而"在中国境内履行的中外合资经营企业合同适用中国法"则只规定了在中国境内履行的中外合资经营合同的法律适用,对于在外国履行的该类合同的法律适用则付诸阙如,从而留下了法律适用上的漏洞。而两者的联系则表现在:任何一个双边冲突规范在适用的过程中都可以分解为两条相对应的独立的单边冲突规范,而单边冲突规范通过有关机关的解释,也可以推导出与之相对应的另一个单边冲突规范,并可将两者结合成一个双边冲突规范。

在双边冲突规范中,还有一种不完全的双边冲突规范。例如,甲国法律规定,甲国公民和外国人结婚适用婚姻缔结地法律,离婚适用受理案件的法院所在地法律。因为它只适用于甲国公民和外国人之间的结婚和离婚关系,而并不适用于所有含有涉外因素的结婚和离婚关系。这种不完全的双边冲突规范也会导致法律适用上的漏洞。

另外,还有一种附条件或有限制的双边冲突规范。例如,我国《涉外民事关系法律适用法》第 21 条规定,没有共同国籍,在一方当事人经常居所地或者国籍国缔结婚姻的,结婚条件适用婚姻缔结地法律。

3. 重叠性冲突规范

重叠性冲突规范(double rules for regulating the conflict of laws)是指对"范围"所指的法律关系或法律问题必须同时适用两个或两个以上连结点所指向法律的冲突规范。例如,我国《涉外民事关系法律适用法》第 28 条规定,收养的条件和手续,适用收养人和被收养人经常居所地法律。显然这类冲突规范反映了立法者对相关问题的解决,要求在准据法的适用上从严掌握。这种重叠性冲突规范与上述附条件或附限制的双边冲突规范也是不同的。因为前者要求同时适用两个乃至两个以上连结点指向的不同国家的法律，而后者却只要求适用一个连结点指向的国家的法律，只是这个连结点要受所附条件的限制。

在许多情况下，重叠性冲突规范规定的必须重叠适用的两个或两个以上准据法中有一个必定是法院地法，这是出于法院地的公共秩序不致被违反的考虑。例如某甲国法律规定，侵权行为的损害赔偿，适用侵权行为地法律。甲国法律不认为在甲国领域外发生的行为是侵权行为的，不作为侵权行为处理。

4. 选择性冲突规范

选择性冲突规范(choice rules for regulating the conflict of laws)也包含两个或两个以上的连结点，但只需选择适用其中一个连结点所指定的国家的法律来处理某一涉外民事关系。选择性冲突规范又可以分为两类：

(1)无条件的选择性冲突规范。冲突规范中两个或两个以上的连结点所指向国家的法律无适用上的主次或先后顺序之分，可以从中任选其一来处理某一涉外民事关系。我国《涉外民事关系法律适用法》第28条规定，收养关系的解除，适用收养时被收养人经常居所地法律或者法院地法律。

(2)有条件的选择性冲突规范。它又可分为两种情况：第一种是冲突规范中的两个或两个以上的连结点所指向的法律有主次或先后顺序之分，只允许依顺序或有条件地选择其中之一来处理某一涉外民事关系。我国《涉外民事关系法律适用法》第26条规定：协议离婚，当事人可以协议选择适用一方当事人经常居所地法律或者国籍国法律。当事人没有选择的，适用共同经常居所地法律；没有共同经常居所地的，适用共同国籍国法律；没有共同国籍的，适用办理离婚手续机构所在地法律。第二种是附“结果导向”条件的选择性冲突规范。我国《涉外民事关系法律适用法》第29条规定：扶养，适用一方当事人经常居所地法律、国籍国法律或者主要财产所在地法律中有利于保护被扶养人权益的法律。

各国在实践中之所以发展出多种类型的冲突规范，完全是由于国家处理不同涉外民事关系需要采取不同的政策。在当前的国际私法立法中，采用双边冲突规范尤其是选择性冲突规范的比例明显升高,主要还是由于经济全球化趋势使国际社会共同体中的成员国的联系更加紧密,需要国际私法提供更为便捷的解决纠纷的法律选择方法。当然,在上述四种类型中,双边冲突规范是最基本的、最能反映国际私法本质的类型。

为了适应国家处理不同性质法律关系的政策需要,有时还可把几种基本类型的冲突规范结合在一个法律条文之中。例如,我国《民法通则》第146条首先对一般的涉外侵权行为的损害赔偿用一条双边冲突规范指引准据法(即"侵权行为的损害赔偿,适用侵权行为地法律"),但它并不是在任何情况下必须适用的,故而该条随后加上供选择的冲突规范:"当事人双方国籍相同或者在同一国家有住所的,也可以适用当事人本国法律或者住所地法律。"同时为了保护当事人的正当权益,防止无理索赔,该条第2款还明确规定在中国法院涉讼时,"中华人民共和国法律不认为在中华人民共和国领域外发生的行为是侵权行为的,不作为侵权行为处理",要求重叠适用中国的法律。

第三节　准据法

一、准据法的概念

所谓准据法(lex causae 或 applicable law)是经冲突规范指引用来确定国际民商事关系中当事人具体权利、义务和责任的特定实体法律。[1]从本质上讲,

---

〔1〕 目前学界对于准据法的概念存在不同看法。有学者认为,准据法是一个可虚可实、可抽象可具体的概念。就虚或抽象的含义而言,准据法是调整国际民商关系的实体法;就实或具体含义而言,准据法是特定国际民商关系所涉及的各国中某一特定国家的一个特定实体法,甚至是该实体法中的具体条文,或是某一可适用的实体国际公约中的具体条款。参见沈涓:《合同准据法理论的解释》,法律出版社2000年版,第164—165页。

准据法并不是国际私法中特有的概念。在纯域内民商事关系中,最终也涉及法律适用,只是不需要进行域内域外法律的选择,而是直接适用域内的实体法。例如,我国《民法通则》第144条规定:“不动产的所有权,适用不动产所在地法律。”在这条冲突规范中,不动产所在地国家的实体法,就是有关不动产所有权关系的准据法。受理案件的法院应用这条冲突规范,如确认所涉不动产位于中国并适用中国实体法,则中国有关不动产所有权的实体法,就是该不动产所有权关系的准据法。可见,准据法是国际民事关系所具体适用的法律,而不是冲突规范所抽象指定的法律,所以,冲突规范的法律调整作用,不能离开准据法。

过去我国台湾地区法律能否作为准据法被祖国大陆人民法院适用,没有明确规定。根据2010年最高人民法院《关于审理涉台民商事案件法律适用问题的规定》,人民法院审理涉台民商事案件,应当适用法律和司法解释的有关规定。根据法律和司法解释中选择适用法律的规则,确定适用台湾地区民事法律的,人民法院予以适用。

二、准据法的特征

1. 准据法必须经过冲突规范的援引

如不是由冲突规范所援引的某特定国家的实体法,不能称为准据法。无论是统一实体法还是直接适用的国内专用实体法,未经冲突规范援引,不能称为准据法。

2. 准据法必须是能够具体确定国际民商事关系中当事人权利、义务和责任的实体法

内国冲突规范基于反致、转致、间接反致而适用的外国冲突规范,虽然也是为冲突规范所援引的外国法,但因其不能直接用来确定当事人间的权利义务关系,不能称为准据法。准据法通常应该是现行有效、能够具体确定当事人权利、义务的某国实体法。但有时已失效的或被废除的或尚未生效的法律,也可能会成为准据法,这要根据前述解决时际法律冲突问题时所持的态度而定。

3. 准据法不是冲突规范逻辑结构的组成部分

使用冲突规范时，必须结合具体的事实才能确定。任何一个国际民事案件都有自己的准据法。准据法和系属是有区别的：系属是一个抽象的概念，准据法是具体确定当事人权利、义务的，只有和案件的具体事实结合起来才能确定。

4. 准据法是具体的法律

准据法不是笼统的法律制度或法律体系，而是某国具体的实体法规范或法律文件，而非该国的法律制度或法律文件。因为法院不可能依据笼统的法律制度或法律体系（如中国法律或美国法律）来确定当事人的权利、义务，而只能依据具体规定当事人权利、义务的法律规范或法律条文来确定。

三、准据法表述公式的基本类型

准据法表述公式，又称系属公式，因为它是对冲突规范中系属部分的公式化表述。常见的准据法表述公式有属人法、物之所在地法、行为地法、法院地法、旗国法、当事人合意选择的法律和与案件或当事人有最密切联系的国家的法律。

1. 属人法（lex personalis）

传统上属人法是以当事人的国籍和住所为连结点的一种准据法表述公式，可又分“本国法”即“国籍国法”（lex patriae 或 lex nationalis）和“住所地法”（lex domicilii）。属人法一般用于解决人的身份、能力、婚姻、亲属和继承等领域的法律冲突。大陆法系国家多以当事人的本国法为当事人的属人法，英美法系国家多以当事人的住所地法为当事人的属人法。近年来，一些国家的立法尤其是国际公约已开始采用“惯常居所地法”作为当事人的属人法，从而使属人法方面长期存在的本国法和住所地法两大派别的对立已在一定程度上得到了缓和。

属人法中还有一种法人属人法（personal law of legal person），主要是法人的国籍国法，常用来解决法人的成立、解散及权利能力与行为能力方面的问题。

2. 物之所在地法（lex rei sitae, lex situs）

物之所在地法是作为涉外民事法律关系的客体的物所在的地方的法律。

它常用于解决物权方面,特别是不动产物权方面的法律冲突。1971年《美国第二次冲突法重述》则除采用“物之所在地法”这一系属公式之外,抑或用“物之所在地法院将予以适用的法律”这种软性连结因素来取代硬性的“物之所在地法”。

3. 行为地法(lex loci actus)

行为地法是指法律行为发生地(或行为的损害结果发生地)所属法域的法律。它来源于法则区别说时代即已产生的“场所支配行为”(locus regit actum)这一古老的法谚。行为地法主要可以分为:(1)合同缔结地法(lex loci contractus),通常用于解决合同方式、合同内容的有效性等方面的法律冲突问题。(2)合同履行地法(lex loci solutionis),通常用于解决合同履行方面的法律冲突问题。(3)侵权行为地法(lex loci delicti),通常用于解决侵权行为之债的法律冲突问题。(4)婚姻缔结地法(lex loci celebrationis),通常用于解决婚姻关系方面的法律冲突。(5)立遗嘱地法。通常用于解决遗嘱方式方面的法律冲突问题。在适用行为地法这个冲突法原则时,在当事人为隔地法律行为或侵权行为的情况下,还需要解决何地为行为地的问题。

4. 法院地法(lex fori)

法院地法是指审理涉外民商事案件的法院所在地的法律。过去它多用于解决涉外诉讼程序方面的法律冲突问题,但现在对一些实体问题适用法院地法,在各国的立法中也不少见。与“法院地法”类似的还有仲裁地法(lex arbitri)。

5. 旗国法(the law of the flag)

旗国法是指船舶所悬挂的旗帜所属国家的法律。它常用于解决船舶在运输过程中发生涉外民商事纠纷时的法律冲突。现在航空器所属国的法律也称作航空器的旗国法,并用于解决航空运输中发生的涉外民商事纠纷的法律冲突。

6. 当事人合意选择的法律(lex voluntatis)

当事人合意选择的法律是指当事人双方合意选择的某个国家或地区的法

律或者国际条约、国际惯例。“当事人合意选择”与前几种客观性连结点的不同点在于它是一种“主观性连结点”。这种准据法表述公式又称为“意思自治原则”,是当今大多数国家确定涉外合同准据法的首要原则。现在,有些国家在合同以外的领域,如侵权、婚姻和继承领域也开始有限制地采用该原则。

7. 与案件或当事人有最密切联系的国家的法律(the law with which the action or the party has its closest connection)

该准据法表述公式在1978年《奥地利联邦国际私法法规》中称“最强联系”,在1971年《美国第二次冲突法重述》中称“最重要联系”。它是对各种客观因素经由法官的主观判断加以认定的一种“准据法表述公式”。但它往往作为一项总的指导原则在有些国家的国际私法立法中发挥着至高无上的作用(如上述两部法律),甚至还作为一项对各种既定的冲突规范起校正作用的准据法表述公式。如1987年《瑞士联邦国际私法法规》第15条便规定:“根据所有情况,如案件与本法指定的法律联系并不密切,而与另一法律联系更为密切,则可作为例外,不适用本法所指定的法律。”所以,这一准据法表述公式既可在制定有关冲突规范时预先由立法机关加以确定(如奥地利、瑞士等国立法),亦可作为授权性规范在立法中交由法院在审判活动中去自主认定。

在一定意义上讲,冲突法从开始出现时起,就一直寻求各种最密切联系的法律,而上述各种纯空间意义的连结点在各该具体法律关系中被当作指定准据法的“系属”来对待,可以说,在一定程度上也是体现了最密切或最强或最重要联系的,只是未做如此表述而已。

第五章

冲突规范的配套制度

前已述及，传统国际私法学说的立法表现形式是冲突规范。冲突规范的适用过程犹如路径指示器，据此可以确定准据法。正如有学者所说的，实际上，国际私法基本上是一个技术问题，在这方面除了明显的差异外，它类似于程序法。它内在的"精神品质"甚至比程序法的还要少，例如，程序法中陪审团的观念或者公正审判的观念都具有情感的价值，这在冲突法中不易发现。[1]密切关注法律最新情况的卡多佐法官曾经说："我发现这里（在国际私法中）的逻辑比较残酷无情。它极有可能太残酷无情了。"[2]如此而言，似乎冲突规范无法保护当事人的合法利益。确实，传统冲突法方法实现的是冲突正义，对于实质正义爱

〔1〕 Arthur Nussbaum, *Principles of Private International Law*, Oxford University Press 1943, [ix].

〔2〕 Benjamin N. Cardozo, *the Paradoxes of Legal Science*, Columbia University Press 1928, p. 68.

莫能助。但前已述及,传统学说与现代学说最终都能不同程度地实现大致相同的结果。因为冲突规范适用时适用者借用了一系列美国学者所称的“逃避工具”,实现了实质正义。拉贝尔在讲到“冲突法的目的”之“政策考虑因素”时将其称为“法官智慧的权宜之计”(expedients of judicial wisdom)[1]对此,国内一般称为“适用冲突规范过程中形成的制度”,本书称其为“冲突规范(适用中)的配套制度”。

第一节 识别

冲突规范的适用过程就是法律选择过程。美国西蒙教授说,法律选择三段论一般是指对案件的定性、确定连结点的地方和法律适用共三个步骤,它们都与冲突规范的三个组成部分相关[其中第三个步骤又包括几个更小的步骤:查明经连结点所确定地方法律的内容、确定案件所适用法律的范围、检查该法律适用时是否有现行的例外(若没有例外,就直接适用)]。[2]可见,识别是法律选择中首先运用的制度。

一、识别的概念

识别是指根据特定的法律观点或法律概念,对国际民商事关系的法律事实进行法律上的分类和定性,以及界定相关冲突规范的适用范围,以便正确确定应当适用的冲突规范。英国称其为分类(classification)、我国和法国称为定性(qualification)、美国称为识别(characterization)。

---

〔1〕 1 Ernst Rabel, *The Conflict of Laws: A Comparative Study*, second edition, University of Michigan 1958, p. 98.

〔2〕 Symeon C. Symeonides, *American Private International Law*, Kluwer Law International 2008, pp. 74 – 75.

准确理解法律的含义，了解案件的事实真相，是正确审理案件的前提条件。在国内案件的审理中，由于法官只依本国的法律观念和制度进行识别（即国内案件案由的确定），不会产生识别冲突问题，因而不需要专门研究识别的依据问题。但对于国际私法而言，识别就成为一个基本的法律问题。[1]因为对法律含义的理解不同，对事实构成的定性不同，案件的审理结果也就不同。可见，识别也并非国际私法的特有制度。

国际私法上的识别与冲突规范的适用过程紧密相连，对案件的审理具有特殊的作用和意义。对有关的法律事实和问题进行识别，从而确定应予适用的冲突规范；对冲突规范本身的识别，即对冲突规范中的"范围"、"连结点"中的有关法律概念进行解释。

二、识别产生的原因

识别产生的原因实际上就是识别冲突产生的原因。在处理国际私法案件时，案件总是与两个或两个以上的国家相联系，依不同国家的法律进行识别，其结果往往不同，这就是识别冲突。由于法院地法与有关外国法对冲突规范的范围或连结点中同一法律概念赋予不同内涵，或对同一事实作出不同的分类，因而采用不同国家的法律进行识别，就会适用不同冲突规范和不同准据法的法律冲突现象。

产生识别冲突的原因主要有以下几个方面：

（1）不同国家对同一事实赋予不同的法律性质，因而可能援引不同的冲突规范。例如，关于未达到婚龄的子女结婚必须得到父母同意的问题，法国法认为属于婚姻能力问题，而英国法认为属于婚姻形式问题。如果是婚姻能力问题，应适用当事人的住所地法；如果是婚姻形式问题，应适用婚姻举行地法。

（2）不同国家往往把具有相同内容的法律问题分配到不同的法律部门中。

---

〔1〕 参见肖永平：《肖永平论冲突法》，武汉大学出版社2002年版，第62—63页。

例如，对于时效问题，一些国家认为它是实体法问题，应依有关冲突规范确定准据法；而另一些国家则认为它是程序法问题，只能适用法院地法。

（3）不同国家对同一冲突规范中相同用语的连结点赋予不同的含义。例如，各国法律都主张"不动产物权依不动产所在地法"，但各国对于什么是不动产、什么是动产有不同理解，法国把蜂房当作动产，而荷兰则认为是不动产。另外，对于"合同缔结地"，大陆法系国家一般采取到达主义，而英美法系一般是采取投邮主义，因此可能会导致同一个合同的成立地是不同的。对于侵权行为地，不同国家理解也不相同，有的认为是侵权行为实施地，有的认为是损害后果发生地。

（4）由于社会制度和历史文化传统的不同，一些国家具有的法律概念是其他一些国家所没有的。例如，许多国家都有占有时效制度，而我国法律中却没有。

三、识别的主体

当今世界各国的诉讼模式可分为两类：当事人主义和法官职权主义。"法官职权主义"对应的是"纠问式"审理方式，在这种审判方式下，诉讼程序的进行以及诉讼资料和证据的收集等职能均由法院为之。而"当事人主义"则与"对抗式"或"辩论主义"审理方式相适应，在此模式下，诉讼请求的确定、诉讼资料和证据的收集和证明均由当事人负责，法官则处于一种中立的地位，对于当事人没有提出的事实，即使法官通过职权调查已得到心证，仍然不能作为裁判的依据。

资产阶级革命之前欧洲各国司法诉讼程序普遍贯彻法院职权主义。当代西方两大系国家，在民事诉讼程序中大都奉行"当事人主义"。20 世纪后职权主义在西方国家虽有所复兴，但主要局限于某些涉及公共利益和第三人利益的诉讼。苏联及东欧国家的诉讼制度一般被认为属于典型的职权主义。

在涉外民事诉讼中，如果依照"当事人主义"，对诉讼标的的识别应当依据当事人的诉讼请求。

在我国,受苏联影响,一直实行的是“法官职权主义”的诉讼模式,在诉讼标的的识别问题上,法院发挥着决定性作用。因此,在诉讼中,法官可以不受当事人诉讼请求的影响,依照职权确定该案的诉讼标的。

可见,识别的主体不是单一的,且其在识别过程中的法律地位也是不平等的。当事人和法院都是识别主体。一个具有涉外因素的民事案件发生后,当事人之间在不能对纠纷达成和解或调解的情况下,多会寻找司法的救济,为了选择最有利于自己的管辖法院以及适用最有利于自己的国家的法律,当事人在起诉前就需要判断案件是什么性质的案件,拟将起诉的法院是否会受理,为此,在向法院提交的起诉状中对案件性质作明确的陈述并提交相关证据材料予以佐证。而法院在确定案件管辖权时,首先也要对案件进行分类,根据本国的法律看法院是否有管辖权、是否行使管辖权。

当事人的识别和法院的识别,是一个互动并相互制约的关系,在管辖阶段,当事人的识别会与法院的识别之间发生冲突。由于各国的法律传统、文化和立法的不同,不同国家的法院对案件事实构成的识别不同直接影响到一国法院是否受理该案件。在当事人向不同国家法院起诉,两国法院对事实构成识别相同的情况下,往往会形成管辖权的积极冲突。在这种情况下,一国法院的识别,应从保护当事人合法的诉权和权益的角度来进行定性或分类。若过于强调当事人的识别和据此对管辖权的选择权,法院对此不加以审查,往往并不利于对案件公正地行使管辖权和相应的冲突规范的适用。因为司法实践中有很多当事人利用不同国家的法律对案件性质的不同规定规避有管辖权法院的管辖,进而规避应该适用的冲突规范和实体法,这对被告来说显然是不利和不公平的。

在当事人的识别和法院的识别中,法院享有案件管辖权的最终决定权和适用法律的选择权,因此,识别的主体主要是当事人和法院,其中法院对识别起决定性作用,法院对事实情况的定性是终极性的。

四、识别的对象

传统观点认为，只有冲突规范中“范围”所涉及的问题，才是识别的对象。也有观点认为，凡是在冲突规范过程中遇到的事实和由该事实引起的法律问题，都要求法官加以识别，它们都是识别的对象。对连结点的解释也包含其中，他们认为对连结点的解释也会影响法律适用。然而，识别是援引哪一种法律规范的前提，而对连结点的解释是对法律的适用，并非“识别”，因而，传统观点是正确的。

五、识别的依据

识别的依据是指确定依何国法律进行识别时遵循的原则。这是识别问题的关键。由于各国法律和法律观念不同，依不同法律对相同的法律事实或同一冲突规范进行识别时，可能得出不同结论，从而对案件作出不同的判决。对于识别的依据，各国国际私法理论、立法和司法实践综合起来有以下不同主张。

（一）依法院地法识别

该学说是德国学者卡恩和法国学者巴丹首先提出来的，得到许多国际私法学者的支持和许多国家立法与司法实践的肯定。主张除动产和不动产依物之所在地法进行识别，合同关系依当事人选定的法律进行识别外，其他方面的识别都应依法院地法进行。其理由是：

(1)冲突规范是国内法，其使用的名词或概念只能依照所属国的法律即法院地法进行解释。依法院地法进行识别，可以保持一国冲突规范与该国其他法律对同一事实情况解释的同一性。

(2)法官熟悉自己国家的法律概念。依法院地法进行识别，简便易行，无须查明有关外国法的内容，并常常是唯一可行的途径。

(3)识别是适用冲突规范的前提，在没有解决识别问题之前，外国法的适用问题还没有提出来。因此除了法院地法外，不可能有其他法律可作为识别的依据。

反对这种做法的学者认为，依法院地法进行识别，比较武断、狭隘，在法院地法中没有被识别对象的法律概念时，就无法识别了。

综观各国的国际私法理论和立法及司法实践，在审理国际民事案件时采用法院地法进行识别，在大多数国家的理论和实践中是占主导地位的。

（二）依法律关系准据法识别

这是法国的德帕涅和德国的沃尔夫倡导的，他们认为应根据适用的冲突规范所援引的某特定国家的实体法（准据法）进行识别，即用于解决基本法律冲突的准据法，同时也应当是解决识别冲突的依据。其理由是：

(1)准据法是支配具体法律关系的法律，如不依它进行识别，结果就是等于准据法没有被适用。

(2)适用冲突规范的目的在于指定准据法，依准据法识别既可避免因对冲突规范识别不准确而歪曲适用法律，又可防止改变应适用的准据法。

(3)以事实构成为出发点来解决识别问题，应采用准据法识别，因为准据法是和事实构成有密切联系的法律。

当今大多数国际私法学者认为这种主张自身存在着很大的矛盾，即在识别之前尚未确定冲突规范，更无从确定准据法。因而这种主张，在理论上是本末倒置、自相矛盾的，在逻辑上是讲不通的；在理论上和实践中支持者不多。

但是，近年来，也有一些学者通过分析英国的一些案例发现，在英国的司法实践中有时是依准据法和法院地法相结合的方法进行识别的。所以，这个问题需要进一步深入研究。

（三）依比较法学和分析法学的方法识别

这是德国学者拉贝尔、英国学者贝克特等的主张，认为识别的标准不能仅仅局限于一国的法律，而应从建立在比较法研究基础上的分析法学中得来，即在比较研究各国法律的基础上得出普遍适用的共同原则、共同概念，寻找出某种各国都能接受的“普遍性概念”或“一般法律原则”，依此进行识别。其理由是:国际私法中的冲突规范,是在涉及的若干个法律制度中选择适用何国法的规范,在认识上具有国际普遍性,因而应在比较法和分析法基础上来解决识别依据问题,这是一种理想化但脱离实际的想法。分析各国法律的工作,将使法官不堪重负,因此在司法实践中采用这种做法进行识别的例子并不多。

(四) 个案识别

这是苏联学者隆茨和德国学者克格尔等所提出的,不主张对识别依据问题采取统一的解决办法,而主张对不同的案件,分别依不同的法律进行识别。其理由是:识别问题归根到底是对冲突规范的解释问题,不存在统一的识别问题,因而不应采取统一的方法,而应按照案情的具体情况和一国制定冲突规范时所追求的目标,来决定是依法院地法还是依相关国家的法律进行识别。

该学说考虑到了识别问题的复杂性,具有一定的合理性,但却陷入了不可知论,使识别标准成为游移不定、经常变换的东西,不利于识别问题的解决。

(五) 依法律制度的功能识别

此学说是德国纽包斯在 1962 年提出的,主张依法律制度在社会生活中的功能进行识别。

持这种观点的学者认为,以上各种方法都是从法律结构上的定性来解决识别依据问题,存在一些不足,应该从考察法律制度的目的和社会功能入手,对相关问题进行识别,可以较好地解决问题。例如,对于后死配偶的财产请求权,在国际私法上常用法律结构的定性方式,将之视为“夫妻财产法上的请求权”或“继承法上的请求权”,但它显然忽视了后死配偶财产请求权的目的。因为无论是哪种请求权,其目的都是相同的:要使后死的配偶得到应得的财产,使其生活不至于发生困难。依纽包斯的观点,既然两种请求权具有同样的目的和功能,不如将“财产法上请求权”的行使限制在配偶双方生存时的财产关系上,而在一方死亡时,即应适用“继承法上的请求权”,即适用死亡配偶(被继承人)死亡时的本国法。

（六）两级识别说

“两级识别说”（Primary and Secondary Characterization）最早由英国学者戚希尔于1938年提出。他把识别分为“一级识别”（primary characterization）和“二级识别”（secondary characterization）：“一级识别”的任务是“把问题归入到适当的法律范畴”或按照法律分类对事实加以归类；“二级识别”是“准据法定界或决定其适用范围”。两者的区别在于：一级识别发生在准据法选出之前，必须依法院地法；二级识别发生在准据法选出之后，要依准据法进行识别。

历史上“两级识别”只反映在英、美等几个国家的判决中，如苏联十月革命后英国法院对于哈斯股东公司在英国银行的存款被国有化后要求提款案，以及第二次世界大战后美国法院对第三世界国家的国有化案，都是采用了“两级识别”。现在多数国家都不采用两级识别的方法。

反对“两级识别”的理由是：(1)客观上根本不存在“二级识别”。识别是在冲突规范适用的过程中产生的一个问题，目的在于确定一条应予适用的冲突规范，从而确定准据法。既然找到了准据法，识别的任务也就完成了。(2)难以给无限多样的事实划分出“一级”、“二级”识别的标准。既然要区分“一级”、“二级”识别，就需要一个划分的标准，但是，这个标准是很难确定的，而且将损害国际私法中原有的识别规则，导致混乱。因此，所谓的“二级识别”是不存在的，它实质上是对外国法的解释和运用问题。

综观上述各种理论，它们都有一些缺陷和不足。法院地法说、准据法说和两级识别说的缺陷在于，它们都试图用一种方式或一种固定的模式来解决形形色色的识别问题。而个案识别说有相当大的灵活性，但其弹性太大，使识别方法成为游移不定的标准。

一般来说，各国法院普遍依法院地法对与案件有关的事实或问题进行识别，但又不能把依法院地法识别作为一种僵硬不变的模式，在下列情况下，应适当考虑依与案件有密切联系的有关法律制度来识别：(1)如果依法院地法识别，而法院地法中没有关于某一法律关系的概念，就应按照组成该法律关系的外国法确定它的概念;(2)如果有关冲突规范是由条约规定的,应以该条约作为识别的依据;(3)特殊的或专门的国际民事关系,如动产或不动产的识别,应根据财产所在地国家的法律规定。

以上列举的不同的识别依据的主张,各有利弊,但利弊大小不同。除了上述五种主张以外,还有技术转让中依受方国家法律识别、根据具体情况和一国冲突规范所追求的目的来识别,等等。在近些年各国国际私法立法和司法实践中解决识别问题的趋势是:一般依法院地法识别,必要时也适当考虑其他有关国家的法律。1971 年《美国第二次冲突法重述》中就采用了此方法,即根据具体情况和冲突规范所追求的目的,一般依法院地法识别,在特殊情况下可考虑兼顾其他有关国家的法律进行识别。又例如 2005 年保加利亚《关于国际私法的法典》第 39 条规定:"1. 如果准据法的确定取决于对案件事实或法律关系的识别,则依保加利亚法律进行识别。2. 如果相关的法律制度或者法律概念在保加利亚法律中不存在,而且根据保加利亚法律进行解释后也不能确定,则在识别时应考虑规定这些法律制度或法律概念的外国法。3. 识别适应国籍所调整的法律关系中的国际因素以及国际私法的各种特性。"

六、中国关于识别的理论、立法和实践

我国对于如何解决识别冲突问题,归纳起来主要有以下三种主张:

第一种主张认为:每一项涉外民事关系中都含有一个主要方面。识别冲突的解决应该是比较一项涉外民事关系的各个方面,找出其主要方面,依与主要方面关系有关的国家的法律进行识别。而所有的法律关系根据主要方面可分为三大类:第一类是以财产为中心的法律关系,应依财产所在地法进行识别;第二类是以人为中心的法律关系,应依人的属人法进行识别;第三类是以行为为中心的法律关系,应依行为地法进行识别。

第二种主张认为:一国法院在处理涉外民事案件时应依与案件有最密切联系的国家的法律进行识别。所谓与案件有最密切联系的国家的法律,实际上就

是可能成为准据法的所属国家的法律。也就是说,用来解决争讼问题的准据法同时也就是对有关事实构成等识别对象进行识别的依据。其理由是,与涉外民事案件联系最密切的法律对事实构成、名词概念的解释最切合有关案件的实际。用这种法律进行识别,可以避免因对有关案件事实构成等识别对象定性不准确而造成适用不同冲突规范、歪曲案件性质、导致相互抵触的判决的不合理结果。

第三种主张认为:一国法院在处理涉外民事案件时,一般情况下应依法院地法进行识别。这种主张有利于促进国际民事交往,保护民事关系稳定;有利于当事人合法权益的维护,也便于案件的处理。只有当出现特殊情况时才考虑依与案件有密切联系的法律进行识别:(1)有条约明确规定时,依条约规定进行识别;(2)动产和不动产的识别依物之所在地法进行;(3)对于法院地法未做任何规定的问题的识别,依对该问题有规定的有关外国法。

我国《涉外民事关系法律适用法》第8条规定:"涉外民事关系的定性,适用法院地法。"可见,我国采用的是大多数国家立法和司法实践所遵循的依法院地法进行识别的做法。

最后,需要指出的是,识别究竟是不是逃避工具的问题。美国西蒙教授认为,美国法官根据第一次重述的规定有时甚至经常能够操控识别,这表明识别不是逃避工具。确切地说,识别是无法保证一致性的过程。然而,冲突规范的质量与法官寻求逃避冲突规范的频率之间具有紧密的关系。就此而言,法院适用第一次重述时频繁使用逃避工具,可以表明其规范质量的低劣。问题是,使用逃避工具相对于更直接和坦率的分析,充其量是一种短期的解决办法,因为它只是延长质量低劣冲突规范的寿命。他认为的逃避工具有实体与程序、反致、公共政策例外、刑法例外、外国税法例外共五个。[1]也有学者认为,识别通

---

[1] Symeon C. Symeonides, *American Private International Law*, Kluwer Law International 2008, p. 75.

常认为属于一种逃避工具，但相比其他一些逃避工具，它更不名副其实。[1]我国李双元教授也没有将识别放在“准据法确定中的几个一般性问题”章节与“反致、先决问题、法律规避”等一起研究，而是放在“冲突规范”一章。[2]但美国大多数学者认为识别是一种逃避工具。

第二节 先决问题

一、先决问题的含义

先决问题（preliminary question），也称为附带问题（incidental question），法语称“question prealable”，是指解决国际私法中的争讼问题时，需要以另外一个问题的解决为条件，该争讼问题称为“本问题”或“主要问题”（principal question），首先要解决的另一问题即为“先决问题”。

理论上存在“广义先决问题”和“狭义先决问题”的区分，两者的定义和特征各有不同。我国大部分学者采狭义说，并认为先决问题必须同时具备三个条件：首先，主要问题依法院国的冲突规则，应适用外国法作准据法；其次，该问题对主要问题来说本身就有相对独立性，可作为单独的问题向法院提出，并且它有自己的冲突规则可以援用；最后，依主要问题准据法所属国适用于先决问题的冲突规则和依法院国适用于先决问题的冲突规则，会选择出不同国家的法律做准据法，并且会得出不同的结论，从而使主要问题的判决结果也不同。这三个条件缺一不可，否则便不会构成“先决问题”，也就没有必要单独研究它的准据法选择问题。

---

〔1〕 Kermit Roosevelt, *Conflict of Laws*, Foundation Press 2015, p. 16.

〔2〕 李双元、欧福永主编：《国际私法》（第4版），北京大学出版社2015年版，目录。

二、先决问题的准据法

对于“先决问题”究竟应援用主要问题准据法所属国的冲突规则，还是仍依法院国的冲突规则来选择它应适用的法律，目前各国的实践并无一致的做法，学说上也形成了尖锐对立的两派。

一派以梅希奥(Melchior)、汪格尔(Wenglel)、罗伯逊(Robertson)、沃尔夫、安东(Anto)等为代表，主张依主要问题准据法所属国冲突规则来选择先决问题的准据法，并认为只有这样才可求得与主要问题协调一致的判决结果。但人们指出，这种协调一致有时是需要用牺牲法院国冲突法的一致换来的。例如，一个住所在英国的西班牙公民，在英国取得了与他的妻子离婚的判决后，又在英国与第二个妻子结了婚，后来未留遗嘱而死于他的西班牙住所地，留下动产在英国。依英国的冲突规则应适用西班牙法来解决此项动产继承问题(主要问题)。但是，究竟谁是他的合法妻子这一先决问题，如果用主要问题准据法所属国(即西班牙)的冲突规则来解决，应认为他的第一个妻子有继承权，而第二次婚姻应属无效。因此，英国法只有在先决问题上放弃自己的冲突规则，才能保证先决问题的解决，与依西班牙法解决的主要问题取得协调一致的结果。在本案情况下，英国法院显然是不愿意推翻过去已作出的离婚判决的。

另一派以拉布(Raape)、莫利(Maury)、努斯鲍姆、科马克(Cormack)等为代表，主张以法院地国家的冲突规范来选择先决问题的准据法。这种主张等于把先决问题作为一个单独的主要问题一样来对待，其优点在于可以实现判决的内部一致:即同一国家法院处理同类案件可以获得同样的判决。[1]美洲国家组织1979年国际私法会议通过的《关于国际私法一般规定的公约》第8条，也规定“因主要问题而提出的先决问题，不一定按适用于主要问题的法律解决”。

---

〔1〕 杜涛、陈力:《国际私法》，复旦大学出版社2008年版，第88页。

三、我国关于先决问题准据法的规定

我国《涉外民事关系法律适用法司法解释》第12条规定："涉外民事争议的解决须以另一涉外民事关系的确认为前提时，人民法院应当根据该先决问题的自身性质确定其应当适用的法律"，显然我国采用第二种观点。

该解释的第13条又规定："案件涉及两个或两个以上的涉外民事关系时，人民法院应当分别确定应当适用的法律。"这主要是指案件中出现多个涉外民事关系、但相互之间没有先后衣服关系的情况。例如，在离婚案件中，涉及当事人的婚姻财产制问题，应分别确认准据法，而不能根据《涉外民事法律关系适用法》第27条直接用法院地法解决所有涉案问题。

第三节 反致

冲突规范指应适用外域法时，该外域法是仅仅指外域的实体法，还是外域的实体法和冲突法。如果是后者，就会引起反致问题。

一、反致的概念和种类

（一）反致的概念

广义的反致（renvoi）是指法院处理国际民事案件时，根据本国冲突规范确定准据法的过程中，没有援用外国的实体法，而是接受并根据外国的冲突规范，最终适用本国实体法或其他国家实体法作为准据法的法律适用过程。

解决法律冲突问题时会涉及国内法中的冲突法（即冲突规范、法律选择规范、法律适用规范）和经冲突规范指引最终适用的实体法（即实体规范）两种规范，为了将两者区分开来，美国库克教授将后者称作"内国法（内国规范）"，

domestic rule。[1]换言之,将一个国家法律(即国内法)中的实体法称作“内国法”,以区别于冲突法。

尽管17世纪中叶,荷兰、瑞士法院中已出现过“反致”问题,但国际私法学界真正对“反致”问题产生广泛兴趣并进行研究,是从1878年法国最高法院对“福尔果(继承)案”的处理开始的。该案的案情是:居住在法国的巴伐利亚人的私生子福尔果,1801年5岁时随母亲到法国,并一直在法国生活,在法国有事实上的住所。按照当时法国法律的规定,外国人在法国取得住所必须办理“住所准许”的法律手续,而福尔果在法国从未办过这种手续。1869年福尔果死于法国,死前未立遗嘱,但在法国留下了一笔动产(存款)遗产,其在巴伐利亚的旁系亲属,根据巴伐利亚法律享有继承权,因而向法国法院要求取得这笔遗产。法国法院受理了这个案件,根据法国法,“动产继承依被继承人的原始住所地法”,应适用巴伐利亚法律;但根据巴伐利亚法律中的冲突规范,“无遗嘱的动产继承依事实上的住所(承认实际住所)地法”,据此,应适用法国法。法国最高法院在1878年根据法国法作出了判决,确认这笔遗产为无人继承的财产,收归法国国库所有。法国法院这个适用法律的过程,被称为反致。

(二) 反致的种类

广义的反致,包括狭义的反致和转致、间接反致,英国法中还有“双重反致”。

1. 狭义的反致(remission, renvoi)

狭义的反致,又称“一级反致”、“直接反致”,是指当甲国法院在审理某个国际民事案件时,根据内国冲突规范的援引,应适用乙国法,但根据乙国法中的冲突规范,这个国际民事案件应适用甲国法,最后,甲国法院按照内国实体法处理这个案件的法律适用过程。例如,前述福尔果继承案。

---

[1] Waller Wheeler Cook, *The Logical and Legal Base of the Conflict of Laws*, Harvard University Press 1942, p. 21.

2. 转致(transmission)

转致,又称“二级反致”,是指当甲国法院在处理某国际民事案件时,根据内国冲突规范的援引,应适用乙国法,但乙国法中的冲突规范规定,这个案件应适用丙国法(第三国法),最后甲国法院按丙国实体法处理这个案件的法律适用过程。例如,德国法院在确定一个定居在法国的中国公民是否具有行为能力的问题时,根据德国冲突规范“自然人的权利能力和行为能力依其本国法”的规定,应适用中国法,而中国《民法通则》第143条规定,“中华人民共和国公民定居国外的,他的民事行为能力可以适用定居国法律”,如果德国法院根据这条规定,转而适用法国的实体法确定该中国公民的行为能力问题,这个适用法律的过程,就构成了转致。从理论上讲,转致还可能出现再转致,即丙国冲突规范援引丁国法,丁国冲突规范又援引戊国法,最后,法院按戊国实体法处理了案件的法律适用过程。但这种再转致的情况不多。

3. 间接反致(indirect remission/renvoi)

间接反致,又称“大反致”,是指当甲国法院在处理某个国际民事案件时,根据内国冲突规范的援引,应适用乙国法,但乙国法中的冲突规范规定,该案件应适用丙国法,而丙国法中的冲突规范却指向适用甲国法,据此,甲国法院适用内国的实体法作为准据法处理这个案件的法律适用过程。它比反致、转致更复杂,司法实践中不多见。

4. 双重反致(double remission/renvoi)

双重反致是英国冲突法中独有的反致制度,是指英国法官在处理特定范围(如家庭法问题以及遗赠有效性等问题)的涉外民事案件时,如果依英国冲突规范应适用某一外国法,英国法官应将自己视为在该外国审判,依该外国对反致的态度,决定最后所应适用的法律。如果英国冲突规范所指向的那个外国承认反致,就会出现双重反致;如果英国冲突规范所指向的那个外国不承认反致,就只会出现单一反致;如果英国冲突规范所指向的那个外国还承认转致,还可能出现转致。

也有学者认为，把英国冲突法特有的这项反致制度称为外国法院说（foreign court theory）更为恰当。[1]

二、反致产生的原因

反致问题的产生必须具备主、客观两个方面的条件。

1. 主观原因，是产生反致的前提条件

审理涉外案件的法院认为，它的冲突规范指向的是某外国法的全部，既包括该国的实体法，又包括该国的冲突法。

如果法院地国把本国冲突规范所援引的外国法仅理解为该国实体法，依该实体法就可确定双方当事人的权利、义务，反致问题就不会发生。因此，认为本国冲突规范所指引的外国法是该外国法的全部，是反致产生的主观条件。

2. 客观原因，是产生反致的根本条件

相关国家针对同一国际民事关系或同一法律问题所制定的冲突规则内容不一致，彼此存在冲突，也就是说，不同国家就同一国际民事关系或法律问题制定的冲突规范的连结点不同，或在连结点表面相同的情况下，各自对连结点有不同的解释，是导致反致产生的客观原因。如果仅仅是法院认为法院地国冲突规范指定的外国法也包括冲突规范，但相关国家的冲突规范相同，也不会产生反致。因此，相关国家冲突法的冲突是反致产生的客观条件或法律条件。

例如，对于不动产的法定继承，甲国规定适用不动产所在地法，乙国规定适用被继承人的本国法，且都认为本国冲突规范指定的外国法律包括冲突法。假如一个乙国公民死于甲国并在甲国留下不动产，如在甲国提起继承诉讼，并不发生指定乙国法的情况；反之，如在乙国提起诉讼，也不发生指定甲国法的现象，反致问题也就不会发生。

由此可见，必须同时具备上述两个条件，才会产生反致。在一国法院处理

---

[1] 参见肖永平：《评英国冲突法中的“外国法院说”》，载《比较法研究》1991年第2期。

国际民事(国际私法)案件时,就可能出现反致问题。实践中,由于对属人法和侵权行为地有不同的理解,因而在确定婚姻、家庭、继承及侵权行为的损害赔偿的准据法时,也容易发生反致问题。

三、反致的理论分歧与立法规定

对于反致问题,无论是理论上还是立法中,都存在着赞成和反对两种意见。

(一)反致的理论分歧

在理论上,赞成反致制度和反对反致制度的焦点主要在于是否会妨碍尊重国家主权原则,能否达到判决结果的一致性,以及能否把外国法的冲突规范和实体法规范加以分割等问题。

1. 赞成反致的理由

赞成反致的学者认为,反致应当成为国际私法中的一个制度。理由主要有:(1)承认反致制度符合尊重国家主权原则的要求。因为,根据外国冲突规范的规定而适用法院地法,是尊重了外国的立法主权。既然外国冲突规范作出了这样的规定,说明该外国自动放弃了其实体法的适用而指定适用法院地法或第三国法,与该国的主权和立法意旨相一致。(2)承认反致制度有利于达到判决结果的一致性。这样,就可以避免对于同一案件在不同国家的法院作出不同的判决,这正是国际私法的重要目的之一,有利于内国法院的判决为外国法院所承认与执行。(3)承认反致制度有利于维护和尊重一国(外国)法律的完整性。因为外国法律是由冲突规范和实体规范共同构成的、不可分割的整体,法院地国家的冲突规范援引外国法,是一种总括性的援引,包括了外国的冲突规范和实体规范,是合理的。恶性循环的现象实际上是不易发生的。(4)承认反致制度可以扩大内国法的适用范围。在反致和间接反致情况下,可以导致法院地国家法律的适用,有利于维护法院地国的公共秩序。

2. 反对反致的理由

反对反致的学者认为,采用反致制度不仅毫无实际意义,而且有碍于国际私法的发展和贯彻实施。其理由主要有:(1)采用反致制度只看到外国的主权而忽视了法院地国家的主权。既然法院地国家的冲突法规定适用外国法,就应依据规定去适用外国法,否则,就是不尊重自己国家的主权和立法意旨,实际上就等于放弃了自己国家的冲突规范。(2)在各国都采取反致的情况下,也并不一定能取得判决的一致性。所以,前述福尔果继承案,如分别在法国和巴伐利亚法院处理,结果就将不同。(3)采取反致制度将出现相互援引、无限循环的现象,永远无法确定准据法。"逻辑镜子"、"国际草坪网球运动"、"乒乓球游戏"都是这种所谓循环复杂性现象闻名的名称,这一再被认为是反对反致的"最有力的论据"。[1]所以,冲突规范所援引的外国法,不应包括冲突规范。1946年《希腊民法典》第32条就规定:"在应适用的外国法中,不包括该外国法的国际私法在内。"(4)大大增加了法官和当事人查明外国法内容的任务,给司法实践带来很大不便,有时甚至要查明多个国家的冲突规范、有关识别和公共秩序保留制度后,才能作出法律适用的结论。

上述赞成和反对反致制度的不同主张,从不同的标准和视角出发,各有其合理和不合理之处。采用反致,增加了法律选择的手段,多了一个选择的可能。但是也不能否认,赞成反致制度的主张,反映了一些国家限制外国法适用的倾向。例如,1896年《德国民法施行法》规定了大量限制外国法适用的单边冲突规范,只规定了8条双边冲突规范,还在第27条规定了可以反致德国法,这就进一步限制了外国法的适用。一方面,一些国家采用反致的主要原因在于扩大少数领域的内国法的适用;另一方面,有的国家在发现依本国冲突规范适用外国实体法不利于贯彻自己国家的公共政策时,就有可能通过反致排除外国法的适用。

(二)关于反致的立法

对于反致制度,采用反致和反对采用反致这两种主张也都同样存在于各国

---

[1] 1 Ernst Rabel, *The Conflict of Laws: A Comparative Study*, second edition, University of Michigan 1958, p. 80.

立法和国际条约中。

1. 各国关于反致的立法

自反致成为国际私法上的一个基本制度以来，就各国立法情况看，一直存在采用和反对采用两种意见。自从 1896 年《德国民法施行法》第 27 条最先作规定以来，目前各国立法中，大致存在着以下三种不同态度：

(1)接受全部反致制度，即在立法中对于狭义的反致、转致和间接反致都有规定。采取这种做法的国家主要有奥地利、法国、英国、波兰等国家。法国自 1878 年福尔果继承案以后就接受了反致制度；在 1967 年《补充民法典关于国际私法内容的草案》中肯定了接受反致和转致制度，但是规定，在合同、夫妻财产制及行为方式等方面，不应适用反致制度，在一定条件下，当遗嘱人选定了本国法时，也不适用反致。英国只在有限的问题上接受反致和转致。在这些问题中，最常见的是关于遗嘱的形式及实质要件以及无遗嘱继承的情况，以及子女因后继结婚准正的问题、婚姻的形式和能力问题，而在合同、侵权、保险、动产买卖、财产的生前赠与、抵押、票据、企业、合伙、外国公司的解散等领域，均不采用反致制度。而英国的双重反致只适用于遗赠的有效性、位于国外的不动产的权利、一些动产案件以及家庭法等方面的问题。《波兰国际私法》第 4 条规定："(1)依本法而适用的外国法对波兰法反致时，则适用波兰法。(2)如依本法指定适用的外国法，对另一国法律转致时，则适用该另一国法律。"1978 年《奥地利联邦国际私法法规》第 5 条第 1、2 款规定："(1)对外国法律的指定，也包括它的冲突法在内。(2)如外国法反致时，应适用奥地利内国法(不包括冲突法)；如外国法转致时，则对转致亦应予以尊重；但当某国内国法未指定任何其他国家的法律，或在它被其他法律首次反致时，则应当适用该外国的内国法。"这是最为详细规定反致制度的条款，而且各种法律关系都适用反致。

(2)接受部分反致制度，即在立法中只接受狭义的反致，拒绝转致和间接反致，采取这种做法的国家主要有俄罗斯、匈牙利、日本、泰国等。而且，日本只在以当事人国籍作为连结点的那些民事关系中接受反致，即只限于在当事人本国法与日本法之间发生反致。有的国家还规定了适用反致的具体的例外性规则。

(3)完全不接受反致制度。采取这种做法的国家主要有荷兰、希腊、巴西、埃及、秘鲁、伊朗、伊拉克、意大利、叙利亚、摩洛哥等,这些国家不接受任何形式的反致。例如,1964 年《希腊民法典》第 32 条规定:“在应适用的外国法中,不包括该外国的国际私法规则。”1942 年《意大利民法典》第 30 条规定:“依上述各条之规定应适用外国法时,径行适用该外国自己的规定,而不考虑该法任何反致的规定。”但是,1995 年《意大利国际私法制度改革法》第 13 条采纳了反致制度。

2. 国际条约关于反致的规定

在国际条约中,目前对反致制度的态度也可分为赞成和反对两种:(1)赞成反致制度的国际条约。1902 年《婚姻法律冲突公约》、1930 年《关于解决汇票和本票某些法律冲突的公约》、1931 年《解决支票法律冲突公约》等,都明确规定接受直接反致。而 1955 年《关于解决本国法和住所地法的法律冲突公约》,明确规定接受反致和转致。(2)排除反致制度的国际条约。有些国际条约明确规定排除反致制度,例如,1978 年《代理法律适用公约》。

这里需要说明的是,绝大多数国家都明确规定在合同领域不采取反致制度。应该说,这一做法基本上已经在国际上达成共识。

四、中国有关反致的理论和立法

中国国际私法学界对于是否采用反致态度是有分歧的,存在着赞成部分采用反致和反对采用反致两种意见。赞成部分采用反致的意见认为,既然反致制度是国际私法上与适用外国法有关的一项制度,没有反对的必要,不妨在继承等有限的领域采取部分采用反致的做法,即采用狭义的反致或直接反致。

我国 1988 年《民法通则意见》中对于反致没有非常明确的解释。学术界对于该“解释”第 178 条第 2 款的规定,即“人民法院在审理涉外民事关系的案件时,应当按照民法通则第八章的规定来确定应适用的实体法”,出现了不同的理解。一种认为,根据此规定,在司法实践中将不采用反致、转致制度;另一种认为,该规定只说按第八章的规定来确定应适用的实体法,并没有规定不采用反致制度,因此在实践中对于反致应采取灵活的态度,根据具体需要可以采取反致,也可以不采取反致。

2007 年最高人民法院《关于审理涉外民事或商事合同纠纷案件法律适用若干问题的规定》第 1 条重申:“涉外民事或商事合同应适用的法律,是指有关国家或地区的实体法,不包括冲突法和程序法。”这表明我国在涉外合同的法律适用方面不采用反致。

我国《涉外民事关系法律适用法》第 9 条规定:“涉外民事关系适用的外国法律,不包括该国的法律适用法。”可见,我国采取完全不接受反致的立场。

第四节　外国法的查明

一、外国法内容查明的含义

外国法内容的查明是指法院根据内国冲突规范的援引应当适用外国法时,对外国法内容的确定,也叫外国法的确定、证明或举证。

世界各国的法律千差万别、纷繁复杂,任何法官都不可能通晓世界各国的法律。因此,当一国法院审理涉外民事案件时,如依本国冲突规范的指引应适用外国法,就必须通过一定的方式和途径来查明外国法的内容。但是,各个国家对于经冲突规范援引而适用的外国法的性质如何有不同的观点,因而导致查明外国法内容的方法也各不相同。所以我们必须首先探讨外国法的性质问题。

对于外国法的性质,各国有不同的观点,大致有以下三种主张:

1. 事实说

普通法系国家的学者普遍采取这种主张。他们认为,通过本国冲突规范的指引而适用的外国法相对于内国法而言，只是一个单纯的事实而非法律。在英美司法实践中均贯彻这种观点。其理由是：(1)一国的法律只在其国境内有效，如果内国承认所适用的外国法是法律，就等于承认了外国法的域外效力，而这同国家主权原则及他们一直坚持的国际礼让原则是不相容的；(2)内国法官审理案件时，只有适用内国法的职责，而没有适用外国法的义务，因此，依本国冲突规范指引适用的外国法只能作为事实，而不能作为法律。因此，英国学者莫里斯说："尽管外国法是一个事实问题，但它是'一个特殊种类的事实问题'。"〔1〕

但是，外国法本来就是法律，并不因为人们把它说成是事实而改变其性质。如果把外国法说成是"事实"，就等于将一个"事实"适用于另外一些事实，那是毫无意义的。事实上，内国法院适用外国法是根据本国的冲突规范的指引，说到底，它是适用内国法的结果，承认外国法是法律也丝毫不会损害本国主权。

2. 法律说

此学说是意大利等国家的学者所主张的，认为一国依本国冲突规范而适用的外国法，具有法律的性质，也就是法律。但是，这种主张又分为两种观点：一种观点认为内国法官适用外国法是根据法律关系的本座而确定，因此，内国法与外国法是完全平等的，内国法官适用外国法和适用内国法一样，没有什么区别；另一种观点认为内国法官适用的外国法是法律，但在内国不能具有任何法律上的效力，必须成为内国法律的一部分，才能得到适用。

这种观点认为外国法也是法律，这无疑是正确的，但是，认为外国法和内国法没有任何区别是错误的，而认为外国法必须成为内国法的一部分才能得到适用也是不对的。根据内国冲突规范的指引应该适用的外国法是法律，但始终是外国法，在适用该外国法时，通常会受到反致、法律规避等制度，尤其是公共秩

〔1〕［英］莫里斯：《法律冲突法》，李东来等译，中国对外翻译出版公司1990年版，第40页。

序保留制度的制约。

3. 折中说

此学说是德国学者创立的，主要目的是调和事实说与法律说之间的矛盾。该学说主张，外国法既非单纯的事实，也非纯粹的法律，而是根据内国冲突规范的指引而适用的外国法。从内国法观点而言，外国法是根据法院地法而被援用的，因此，这样的外国法既有别于本国法，又有别于外国法，是一种特殊的法律事实。因此，证明外国法也必须采取有别于确定事实的程序，又不同于确定法律的程序。德国、日本等国家采取这种做法。

我国大多数国际私法学者认为，我国的诉讼法律制度并不是在严格区分事实问题和法律问题的基础上建立起来的，我国民事诉讼法确定的"以事实为根据，以法律为准绳"的基本原则，要求人民法院在审理国际民事案件时，要在查清事实和法律的基础上，作出切合实际的、合理的判决，所以，把外国法看成是法律还是事实，在我国没有意义。

二、外国法内容的查明方法

由于不同国家对外国法性质的认识不同，有关查明外国法内容的方法也就因此有很大的不同。从各国关于外国法内容查明的理论和实践来看，外国法内容查明的方法大致有三种。

1. 当事人举证

依据普通法，依据冲突规范所援引的外国法被看作是事实，而不是法律，从而要求当事人举证证明。

在英国，外国法的查明必须经过抗辩，而且对外国法的证明要使法官能够接受。对该外国法的证明缺乏令人信服证据的，法院将适用英国法。因此在正常情况下，外国法不可能视为已知的事实。不过，英国将欧盟法律作为司法认知而接受，将英格兰、苏格兰及北爱尔兰的法律视为已知的事实。对外国法的查明必须进行抗辩，和任何其他令法官接受的事实一样，由适用外国法的一方当事人承担举证责任，证明该外国法的内容及其与内国法的不同。外国法的查明必须依据适当的证据(如由适格的证人提供的证据)予以证明。根据英国1972年《民事证据法》第4条第1款，任何人由于其具有的专业知识或阅历而成为关于外国法查明的适格专家证人的，不考虑其在有关国家是否从事法律事务或是否有资格从事法律事务。专家证人以口头陈述或提交正式书面陈述的方式对外国法予以证明。

由当事人举证证明外国法内容的具体做法是：如诉讼双方当事人对该外国法有一致的理解，应向法院提交双方就此达成协议的声明，法院就可按协议确定外国法的内容；如双方对该外国法的内容理解不同，必须由双方各自在诉状或答辩状中引证外国法来证明，或请有关专家提供证明，然后由法院认定。

目前，采用这种方法的国家，主要有：英、美、英联邦国家、比利时、荷兰、部分东欧国家、阿根廷、墨西哥、智利、巴西等，只不过各国在具体做法上又有所不同。法国原则上也把外国法看作事实，要求当事人举证证明，但如果当事人举证受到限制，法院也可以依职权查证该外国法的内容。

2. 法官依职权查明

把冲突规范所援引的外国法，当作法律而不是事实，外国法的内容无须当事人负责证明，按照法官知法的原则，由法官依职权调查并证明。欧洲一些大陆法系国家如奥地利、意大利、荷兰等国家，以及采用《布斯塔曼特法典》的拉丁美洲国家，都采取这种方法。1978年《奥地利联邦国际私法法规》第3条规定："外国法一经确定，应由法官依职权并按该法在原管辖范围那样予以适用。"第4条规定："外国法应由法官依职权查明，可以允许的辅助方法有：有关人员参加、联邦司法部门提供资料以及专家意见。"《布斯塔曼特法典》第408条规定："各缔约国的法官和法院应在适当的条件下依职权适用其他国家的法律。"

3. 法官依职权查明，当事人负有协助的义务

采用这种方法的国家有德国、瑞士、土耳其、秘鲁等国家，它们认为，经冲突规范援引的外国法既不是单纯的法律，也不是纯粹的事实，因此，查明的方法也

与查明内国法及查明事实有所不同;原则上应由法官负责调查,同时,当事人也有协助举证的义务。当事人必须在而且只能是在法院要求时,才可以举证。但法院对当事人的证据既可以确认,也可以拒绝或限制,同时也不受当事人所提供的材料的限制,还可以寻求其他来源,比如比较法研究机构和其他研究机构等。1987年《瑞士联邦国际私法法规》第16条规定:“外国法的内容由法官依职权查明。为此可要求当事人予以合作。有关财产的事项,可令当事人负举证责任。”

三、外国法内容无法查明时的解决办法

在各国司法实践中,也会发生通过允许的方法仍然无法查明外国法内容的情况,各国的理论和实践常采用的方法有以下几种:

1. 适用法院地法(即内国法)

国际上采用这种方法的国家比较多,其理由为:外国法不能查明的事实,既可以推定为该外国法内容与内国法相同,也可以推定为当事人放弃了适用外国法的权利。在这种情况下,代之以法官最熟悉的法院地法,是公平可行的。

奥地利、瑞士等国家采用的是直接适用法院地法即内国法的方法。例如,1978年《奥地利联邦国际私法法规》第4条规定:“如经过充分努力,在适当时期内仍不能查明外国法内容时,应适用奥地利法。”1987年《瑞士联邦国际私法法规》第16条规定:“外国法不能查明时,适用瑞士法律。”

而英美法系国家通常采用的是类推适用法院地法即内国法的方法。它们认为既然外国法不能查明,就应推定外国法与内国法相同。如英国法院,在当事人提不出关于外国法内容的证据或法院认为该项证据不充分时,就用类推的方法适用英国法。英国1972年《民事证据法》第4条第2款规定:“皇家法院、高等法院、枢密院委员会的判决和裁定,如引用外国法,则可以以它为证据;如果当事人提不出证据,或法院认为‘证据不足’,则法院可用‘推定’办法,来适用‘类似’的英国法。”美国法院也采用类似的方法:当事人不能证明外国法时,推定外国法与美国法相同,但这种推定仅限于普通法系国家的法律,诸如英国、

加拿大、澳大利亚等国家的法律。

2. 驳回当事人的诉讼请求或抗辩请求

当外国法内容无法查明时,法院有权拒绝受理当事人的诉讼请求或抗辩请求,作为无法查明外国法的解决办法或辅助解决方法。采取这种做法的国家主要是德国和美国。《德国民事诉讼法》第293条规定:德国法院应依职权确定外国法的内容,但也有权要求当事人双方提供有关外国法的证明,如果负责证明外国法内容的一方不能提出证据,法院可以证据不足为由,驳回当事人的诉讼请求或抗辩请求。在美国,当事人不能证明外国法内容时,同属普通法系国家则可"类推"适用美国法,若属于非普通法系国家,则不能采用"类推"适用办法,在这种情况下,法院有权以"证据不足"为由,驳回当事人的请求。

其实,适用外国法大多数情况下并不是当事人的要求,而是冲突规范指引的结果,因此,驳回当事人的诉讼请求或抗辩请求是不合适的;而且,这种解决方法也不利于解决国际民事纠纷,不利于国际民事交往的顺利进行。目前采取这种方法的国家并不多见。

3. 适用与本应适用的外国法相近或类似的法律

德国曾有案例采取这种做法。在该案例中,一个人被父亲用遗嘱剥夺了在父亲遗产中的保留分,而争执是关于厄瓜多尔法所给予的这个人的权利问题。但是,这个案件并未得到判决。当时是在1914—1918年战争后不久,不可能得到《厄瓜多尔民法典》。但是,人们知道这个民法典是以《智利民法典》作为基础的(《智利民法典》本身是模仿《拿破仑法典》而制定的),而适用《智利民法典》比适用法院地法(德国法)似乎更接近于正确的解决方法。[1]日本也有判例采取这种做法。东京家庭裁判所昭和38年(1963年)6月13日关于养子关系认可申请一案判决要点指出,被指定的外国法内容不明时,应依据《日本法例》

[1] [德]马丁·沃尔夫:《国际私法》,李浩培、汤宗舜译,北京大学出版社2009年版,第247页。

关于准据法指定的精神探求其内容。首先应从该外国的整个法律秩序中推断其内容,如尚不明,则从其以前施行的法令,或政治上或民族上相近的国家的法律秩序中推定其法律的内容。[1]

在立法上明确规定外国法无法查明时,适用与本应适用的外国法相近或类似的法律的国家几乎没有。值得一提的是,1978 年《瑞士联邦国际私法法规草案》曾考虑采用这一解决方法,该草案第 5 条第 3 款规定,外国法内容无法查明时,法官可以考虑适用最相近似的法律,没有最相近似的法律,则适用瑞士法。但 1987 年《瑞士联邦国际私法法规》正式颁布时,却删除了这一规定。[2]

4. 适用最密切联系国家的法律

在应当适用的外国法的内容无法查明的情况下,就适用与当事人有最密切联系的国家的法律。例如,1995 年《朝鲜人民民主主义共和国涉外民事关系法》第 12 条规定:"在外国的某一法律被确定为准据法而该法律内容无法查明的情况下,可以适用与当事人有密切联系的国家的法律。"这种方法也是很少国家采用的,因为看似一个好的解决方法,而实际上采用之后仍然有可能再次遇到外国法内容无法查明的问题。

5. 适用一般法律原则

这是法解释学中补充法律漏洞的通用方法在国际私法上的运用。所谓一般法律原则,应该是为各国普遍接受的法律原则和规则。这种方法在各国的立法中都没有规定,各国的司法实践中也很少采用。日本法院曾经在审理案件时采用过此种方法。日本大阪法院于昭和 41 年(1966 年)1 月 13 日关于亲子关系不存在的判决中确认:母之夫的本国法不明,依法理裁决。[3]

---

〔1〕 参见[日]北胁敏一:《国际私法——国际关系法Ⅱ》,姚梅镇译,法律出版社 1989 年版,第 63—64 页。

〔2〕 参见黄进主编:《国际私法》,法律出版社 2005 年版,第 207 页。

〔3〕 参见[日]北胁敏一:《国际私法——国际关系法Ⅱ》,姚梅镇译,法律出版社 1989 年版,第 63—64 页。

四、适用外国法错误的补救方法

适用外国法时，也可能发生错误适用的情况。基本上错误适用外国法有这样两种：一是依冲突规范本应适用某一外国的法律，却适用了内国或另一外国的法律，或者本应适用内国法，却适用了外国法。我们一般把这种错误叫作“适用冲突规范的错误”。一是虽依冲突规范适用了某一外国法，但对外国法的内容做了错误的解释，并据此作出了错误的判决。这叫作“适用外国法的错误”。对于法院在审理案件过程中出现的上述错误，各国的理论和实践都给出了救济的方法。

1. 适用冲突规范的错误

虽然把适用冲突规范的错误归入外国法的错误适用，但从本质上讲，它是直接违反了内国的冲突规范，具有错误适用内国法的性质。故各国实践中都认为与错误适用内国其他法律规范的性质相同，允许当事人依法上诉，以纠正这种错误。

2. 适用外国法的错误

对于这类错误是否允许当事人上诉，在国际私法的理论和实践中有两种不同的主张：

(1)不允许当事人上诉。持这种观点的国家一般都是把外国法看作是一种事实，而这些国家的最高法院只是对下级法院所审理的案件进行法律审，即它必须接受下级法院关于事实的认定，只能审查从事实得出的法律上的结论。因此，对于适用外国法的错误不允许当事人上诉到最高法院。另外，还有一些国家虽然也把外国法看作是事实，也不接受当事人的上诉，但是与上述国家的理由不同，它们认为：其最高法院之所以设立，是为了保证本国法律解释的正确性与一致性，至于外国法律的解释是否正确与一致，应由外国最高法院解决。而且，内国最高法院如果干涉外国法的解释，事实上也有所不便。况且，如果内国最高法院所做的解释与外国最高法院不相一致，或对外国法做了错误的解释，也会影响自己的声誉。因此,它们对于外国法的错误适用问题,也不接受当事人的上诉。采取这种制度的国家有法国、德国、瑞士、西班牙、希腊、比利时、荷兰等。

(2)允许当事人上诉。允许当事人以适用外国法的错误为由提起上诉的国家,大致有两种类型:第一种是奥地利、葡萄牙、芬兰、意大利、波兰、美洲国家及苏联、东欧等国家。它们认为,对外国法内容的确定与解释有误,就是对规定适用外国法的内国冲突规范的错误;当外国法作为处理涉外民事关系的准据法时,它同内国法并无差异,两者应同等看待;此外,在外国法的查明方面,进行上诉审的上级法院更容易查明外国法,从法律的安全性出发,应允许上级法院或最高法院对下级法院关于他国法律在解释上有无错误做最后决定。因此,它们允许当事人上诉。例如,1928 年《布斯塔曼特法典》第 412 条规定:"在有上诉或其他类似制度的各缔约国内,得以违反另一缔约国的法律或对之做错误解释或不当适用为理由提起上诉,与对其本国法有同样情况者相同,并以同样的条件为依据。"又如,2005 年保加利亚《关于国际私法的法典》第 44 条第 2 款规定:"对外国法的不适用以及错误解释和适用,均可提出上诉。"第二种是以英国、美国为代表的普通法系国家。它们虽将外国法视为事实,但在诉讼程序上实行上诉审制度,法律赋予上诉审法院对于下级法院关于事实的认定和法律的适用问题进行审查的职能。所以,对于外国法的错误适用,是可以提起上诉的。

五、中国关于外国法内容查明问题的规定

1988 年《民法通则意见》第 193 条规定:"对于应当适用的外国法律,可通过下列途径查明:(1)由当事人提供;(2)由与我国订立司法协助协定的缔约对方的中央机关提供;(3)由我国驻该国使领馆提供;(4)由该国驻我国使馆提供;(5)由中外法律专家提供",同时规定,通过以上途径仍不能查明时,适用中华人民共和国法律。1988 年 2 月 8 日生效的《中华人民共和国和法兰西共和国

关于民事、商事司法协助的协定》第28条也规定:“有关缔约一方的法律、法规、习惯法和司法实践的证明,可以由本国的外交或领事代表机关或者其他有资格的机关或个人以出具证明书的方式提交给缔约另一方法院。”

2007年最高人民法院《关于审理涉外民事或商事合同纠纷案件法律适用若干问题的规定》第9条第1款规定:“当事人选择或者变更选择合同争议应适用的法律为外国法律时,由当事人提供或者证明该外国法律的相关内容。”该条第2款规定:“人民法院根据最密切联系原则确定合同争议应适用的法律为外国法律时,可以依职权查明该外国法律,亦可以要求当事人提供或者证明该外国法律的内容。”根据上述规定,如果依当事人意思自治原则确定合同准据法,由当事人承担外国法查明的义务;如果法院依照最密切联系原则确定合同准据法,由法院依职权查明外国法。该司法解释第10条还规定:“当事人对查明的外国法律内容经质证后无异议的,人民法院应予确认。当事人有异议的,由人民法院审查认定。”依据该条规定,外国法无论是由当事人提供还是由人民法院依职权查明,都需要经过双方当事人质证。经质证,如果双方当事人对外国法律内容无异议,人民法院应予确认;如果当事人有异议,由人民法院审查认定。另外,上述司法解释第9条第3款对于外国法无法查明的解决途径也做了明确的规定,即“当事人和人民法院通过适当的途径均不能查明外国法律的内容的,人民法院可以适用中华人民共和国法律。”

我国《涉外民事关系法律适用法》第10条规定:“涉外民事关系适用的外国法律,由人民法院、仲裁机构或者行政机关查明。当事人选择适用外国法律的,应当提供该国法律。不能查明外国法律或者该国法律没有规定的,适用中华人民共和国法律。”该条规定表明,当涉外民事关系需适用外国法时,我国坚持法官依职权查明法律的原则,由人民法院、仲裁机构或者行政机关负责查明外国法;而只有在当事人选择适用外国法律的情况下,应当由当事人提供。

第五节　公共秩序保留

一、公共秩序保留和公共秩序

（一）公共秩序保留和公共秩序的含义

1. 国际私法上的公共秩序保留

公共秩序保留（reservation of public order），是指一国法院根据本域冲突规范本应适用外国法时，因该外国法的适用会与法院地国的重大利益、基本政策、道德的基本观念或法律的基本原则相抵触而排除其适用的一种保留制度。其实质是一国通过冲突规范调整国际民事关系时，用以维护本国公共利益和重要法律秩序的工具。它既有排除与内国公共秩序相抵触之外国法适用的否定作用，又有直接适用内国法中强制性规范的肯定作用。它是国际私法的一项基本制度，也是争议最多、内涵很不确定的问题之一，在各国国内立法和条约中都有规定。

广义而言，公共秩序保留作为国际私法的一项基本制度，主要应用于以下几个方面：（1）应适用的外国法的具体规定违背了内国的公共秩序；（2）外国法院判决或仲裁裁决违背了内国的公共秩序；（3）在外国作成的法律文书，如公证文件等，要在内国使用时违背内国的公共秩序等。本节只涉及在适用外国法时的公共秩序保留问题。

2. 公共秩序的含义

对于公共秩序，国际上一直没有一个明确的定义，它是一个富有弹性的政治一法律概念，在各国立法中有各种各样的名称，例如，英美法中称为“公共政策”，德国法中称为“保留条款或排除条款”，法国法称为“公共秩序”，还有的称为外国法适用的限制、外国法的拒绝适用、适用外国法的例外、善良风俗、基本政策、制度基础、公共利益、社会利益、法律政策、法律目的,等等。从公共秩序的名称的多样化,便可知其含义是含糊不清的。总的来说,公共秩序是指一国的根本利益问题,是指关系到一国的国内基本制度、基本政策、基本原则和社会公共利益的法律秩序和道德秩序。但是,各国在不同历史时期都有不同的解释:(1)公共秩序就是保证社会平衡的法律的总和,由法官自由裁量而定;(2)公共秩序就是善良风俗和道德;(3)英国的公共政策就是英国司法的基本观念、英国的道德观念、联合王国对外正常关系和利益以及英国的个性解放与行动自由的观念(戚希尔);(4)公共秩序就是一国政治与法律的基本原则或基础;等等。

(二) 公共秩序保留的起源和发展

公共秩序保留的概念和实践由来已久,早在公元14世纪,意大利法则学派巴托鲁斯主张,一城市国家可以不承认另一城市国家的"令人厌恶的法则",如否认妇女继承权的规则。正如美国荣格教授所说:"为了防止审判不公,机制上就需要一个门卫,它会将快要进门的最讨厌的外国规则推到门外。"[1]17世纪,荷兰胡伯提出国际礼让说时也指出,承认外国法的域外效力时,必须以其本国及人民的权利和利益不因此而遭受损害为条件。但当时没有"公共秩序"的名词,"公共秩序"这个概念是在法国资产阶级大革命后提出来的,并风靡全世界,广泛规定在各国国内立法中。20世纪80年代以来,在一些条约中也出现了关于公共秩序保留的规定。

1. 国内立法规定

1804年《法国民法典》首次对"公共秩序保留"作了明确规定:"不得以私人协议取消有关公共秩序及善良风俗法律的效力。"(第6条)这一规定原本是适用于国内契约案件的,但后来法国的审判实践,也把它运用到涉外案件中,即援

---

〔1〕 Friedrich K. Juenger, *Choice of Law and Multistate Justice* (special edition), Transnational Publishers Inc. 2005, p. 79.

用的外国法如果违反法国的公共秩序，则不予适用。后来，“公共秩序保留”为美国学者斯托里在1834年出版的《冲突法评论》所接受。后来在19世纪60年代又为英国戴西所接受，不过改称为“英国的公共政策”。在西欧和拉丁美洲，公共秩序保留也得到了广泛的应用，如意大利、西班牙、葡萄牙、阿根廷等国家的民法典，《德国民法施行法》（1896年）、《日本法例》（1898年）等都对此做了明文规定。20世纪以来，有更多的国家在立法中确立公共秩序保留制度，如1918年中国《法律适用条例》、《泰国国际私法》、《奥地利联邦国际私法法规》、《加蓬民法典》、《希腊民法典》、《埃及民法典》、《秘鲁民法典》、《塞纳加尔家庭法》、《土耳其国际私法和国际诉讼程序法》、《瑞士联邦国际私法法规》等。

2. 国际条约中的规定

这里只介绍“公共秩序保留”在国际私法条约中的规定，不涉及公共秩序保留应否受条约的约束问题。《布斯塔曼特法典》对公共秩序保留规定得很详细，其总则8条中有6条是关于公共秩序保留的，6条中有5条采取直接规定方式，1条采取间接规定方式，并把公共秩序区分为国内公共秩序和国际公共秩序。

（三）公共秩序保留的特点和作用

公共秩序保留之所以能起到排斥外国法适用的作用，而为世界各国所广泛采用，是因为它具有下列法律特点：(1)符合主权原则，为主权原则所允许；(2)内涵不具体、不明确、富有弹性，运用时具有较大的灵活性和伸缩性；(3)比其他限制外国法的制度更直接、更彻底地排除外国法的适用；(4)从法律上把不适用外国法的责任推给了相应外国法。

公共秩序保留的作用，就是排除外国法的适用，否定根据外国法产生的权利和义务，是适用冲突规范必要的补充手段，起“安全阀”的作用。

二、公共秩序保留适用的理论

各国对于公共秩序保留适用的理论有很大的分歧，主要是大陆法系国家和英美法系国家之间的差别，存在歧义源于这两大法系国家对于法律的本质的认识不同。归纳起来,大致上有以下不同的主张。

(一) 区分国内国际两种公共秩序,只有国际的可以排除外国法的适用

这是大陆法系国家国际私法学者的主张,他们认为应该依据法律规范的性质来探讨公共秩序问题,任何国家的强行法都包括两类:(1)为保护个人利益而规定,例如自然人结婚年龄、行为能力年龄等,性质上属于"国内公共秩序",不能作为排除外国法适用的根据;(2)既与保护个人利益有关,又与保护一国的基本制度、基本政策、基本原则、社会公共利益等有关的强行法,例如各国法律中关于禁止赌博和走私的规定等,性质上为"国际公共秩序",通常可以作为排除外国法适用的根据。德国学者萨维尼和意大利学者孟西尼都持这样的观点。萨维尼把后一类强行法视为公共秩序法,不过,他主张,公共秩序是国际私法基本原则的一种例外。

(二) 具体列举公共秩序适用的条件和情形,反对只以法律规范的抽象性质作为结论根据

与大陆法系学者不同,英美法系学者更注重公共秩序保留适用的具体情况和具体条件,反对仅根据法律规范的抽象性质作出结论。但英美国家对公共秩序保留的适用,远不如大陆法系国家普遍。英国学者戴西认为,"英国法院将不承认基于他国法律而获得的权利,只要这种权利与英国法律政策或英国法所支配的道德准则或英国政治法律制度是不相容的"。他把下列五种情况列为可以排除外国法上既得权的公共秩序:(1)违反英国法院所支持的道德;(2)违反英国关于人的身份能力的规则;(3)违反英国关于土地财产法的规则;(4)违反英国关于侵权法的规则;(5)违反英国关于诉讼程序法的规则。与此类似,美国学者库恩把必须适用公共秩序保留的具体情况分为三类:(1)将违背文明国家或文明人类的道德准则时;(2)将违背法院地国的禁止性规定时;(3)将违背法院地国的重要政策时。但大陆法系国家的学者则认为这种列举方法难以包括公共秩序的各种情况。

三、适用公共秩序保留的条件

关于公共秩序保留适用的条件,学术界主要有两种观点:

1. 主观说

该学说认为,法院依所属国的冲突规范本应适用某一外国法时,如果该外国法的规定本身与法院地国的公共秩序相抵触,即可排除外国法的适用,而不问具体案件适用该外国法的结果如何。主观说强调外国法本身的可恶性、有害性或邪恶性,而不注重法院地国的公共秩序是否因适用该外国法而受到损害。例如,1978 年《意大利民法典》第 31 条规定:"在任何情况下,外国法律和法规,一个组织或法人的章程和规定,以及私人间的协议和约定,如果违反公共秩序或善良风俗,在意大利领土上无效。"

2. 客观说

此说不重视外国法本身是否不妥,而注重个案是否违反法院地国的公共秩序。客观说又分两种情况:

(1)联系说。该学说认为,外国法是否应被排除适用,除了该外国法违背公共秩序外,还必须看个案与法院地国的联系如何。如果个案与法院地国有实质性联系,则应排除该外国法的适用;如果个案与法院地国无实质性联系,则不应排除该外国法的适用。

(2)结果说。此学说认为,在援用公共秩序保留时,应区分是外国法的内容违反法院地国的公共秩序,还是外国法适用的结果违反法院地国的公共秩序。如果只是内容上违反,并不妨碍该外国法的适用。只有外国法的适用结果危及法院地国的公共秩序时,才可以援用公共秩序保留,排除该外国法的适用。[1]例如,1978 年《奥地利联邦国际私法法规》第 6 条规定:"外国法的规定,在其适

---

〔1〕 参见赵晋枚:《国际私法上外国法适用限制之实际标准》,载马汉宝主编:《国际私法论文选辑》(上),台北五南图书出版公司 1984 年版,第 332—334 页。

用会导致与奥地利法律的基本原则互相抵触的结果时,不得适用。”1964 年《捷克斯洛伐克社会主义共和国国际私法及国际民事诉讼法》第 36 条规定,适用“外国法的结果”,同其“社会制度、政治制度及法律原则相抵触时,不予适用”。按照这种规定,仅仅“规定”抵触还不构成适用公共秩序保留的理由,只有在导致违反公共秩序的结果时,才适用公共秩序保留。假如,甲国实行一夫一妻制,乙国允许一夫多妻,乙国一男子已经有一个妻子,拟在甲国再行结婚,按照甲国的冲突规则,婚姻的实质要件适用当事人的属人法,但甲国法院就会以适用乙国法会损害甲国的公共秩序为由,排除乙国法的适用,也就是说,适用乙国法的结果损害了甲国的公共秩序;但是,若乙国公民的第二个妻子到甲国要求继承遗产,甲国法院在依冲突规范适用乙国法确定其婚姻关系是否合法存在时,从法律适用后果来看,尽管乙国的多妻制与甲国婚姻法原则相抵触,但并不违反甲国的公共秩序。

主观说尽管运用起来很方便,但因外国法内容本身违反法院地国的公共秩序的情况很少见,所以各国法院也很少采用。客观说,尤其是其中的结果说,重视个案的实际情况,对外国法内容违反法院地国的公共秩序及外国法的适用结果违反法院地国的公共秩序进行区分,既能维护法院地国的公共秩序,又有利于个案的公正、合理解决,故为各国实践普遍接受。〔1〕

公共秩序保留制度的最大特点是它的不确定性,其实施带有极大的灵活性和伸缩性。虽然这有利于法官根据本国利益的需要,随机应变地决定是否适用冲突规范所指引的外国法,只要法官感到适用某一外国法对本国不利,他就可以以公共秩序保留为法律依据,拒绝适用,但是,公共秩序保留制度必须在相当严重的情况下,作为一种例外,排除外国法适用的手段和措施,而不能无限制地滥用。在运用公共秩序保留时,首先必须把国内民法上的公共秩序和国际私法上的公共秩序加以区别,其次援用公共秩序保留不应与他国主权行为相抵触,

---

〔1〕 参见李双元、金彭年:《中国国际私法》,海洋出版社 1991 年版,第 159 页。

并且不应与外国公法的排除混为一谈。

总而言之，公共秩序是一个笼统的、含糊的概念，各国在什么情况下运用公共秩序保留制度，是随着时间、国际国内形势、所涉及的问题以及其他条件的不同而变化着的。因此，不同时代、不同国家的学者，甚至同一国家的不同学者对这个问题都不可能有统一的认识，我们没有必要，也不可能要求政治制度、社会结构和历史文化传统等方面都不相同的各个国家，对公共秩序有一个共同、统一的理解。也就是说，哪一外国法的适用违反了内国的公共秩序，只能由内国的立法机关、法院或适用国际私法的其他机关决定。但并不是说，一国对公共秩序的解释不受任何限制，至少国际法和国际社会公认的准则，是任何国家都不能任意践踏和逾越的障碍。

四、公共秩序保留的立法形式

由于在理论上存在着分歧，各国立法对于公共秩序保留的立法方式也不相同。通常认为公共秩序保留的立法方式大致上有以下三种形式。

（一）间接限制的立法方式

该方式不直接规定在什么情况下排除适用外国法，只规定某些国内法规则为绝对强制性规范，必须直接适用，从而间接地排除了外国法适用的可能性。例如，《法国民法典》第3条第1款规定："有关警察和公共治安的法律，对于居住于法国境内的居民均有强行力。"此外，荷兰、比利时等国家也都有这种立法方式。

（二）直接限制的立法方式

该方式直接规定违背内国公共秩序的外国法不予适用。目前在国际实践中，大多数国家都采用这种立法形式。例如，1948年《埃及民法典》第28条规定："如果外国法的适用与埃及的公共秩序或善良风俗相抵触，则将排除依上述条款而适用的外国法。"1978年《奥地利联邦国际私法法规》第6条规定："外国法的规定，在其适用会导致与奥地利法律的基本原则互相抵触的结果时，不得适用。”我国1986年《民法通则》第150条规定:“依照本章规定适用外国法律或者国际惯例的,不得违背中华人民共和国的社会公共利益。”这种规定直接、明确,绝大多数国家都采用这种立法方式。这种方式完全依靠法官的自由裁量来确定,一方面有利于法官依据实际情况作出适当的决定;另一方面由于公共秩序概念的不确定性,也并不能保证法官的决定一定准确无误。

(三)合并限制的立法方式

该方式是在同一法典中同时采用直接限制和间接限制两种立法方式。《西班牙民法典》、《意大利民法典》都采用这种方式。1978年《意大利民法典》第28条规定:“刑法以及警察和治安法拘束所有在意大利领土上的人。”第31条规定:“尽管有前述各条规定,外国国家的法律和法规、任何机构或实体的规则和规定或私人间的规定和协议,违背公共秩序或道德的,在意大利领土上均无效。”

通常所说的间接限制的立法方式是否存在,是一个值得进一步探讨的问题。因为,从目前我们能够找到的相关规定来看,似乎都属于排除外国公法的适用的范畴。所以,根据所掌握的资料可以得出一个结论,公共秩序保留的立法方式实际上就只有直接限制的立法方式一种。

这里的另外一个问题是,在外国法被排除适用以后,内国法官应如何处理法律适用问题。对于这个问题各国的主张和做法很不一致,其中一种主张和做法是用法院地法的相应规定取代被排除的外国法。这种做法符合某些国家通过公共秩序保留限制外国法的适用、扩大本国法适用范围的要求。因此,有许多国家的立法和实践采取这种做法。也有学者主张在外国法被排除后,法院可拒绝审判。其理由是,冲突规范既已指定应适用的外国法,就表明它不允许用其他法律代替。因此,在该外国法被排除后,可视同外国法的内容不能证明,拒绝审判是恰当的。

五、中国关于公共秩序保留的理论和立法

在理论和立法上,我国对公共秩序保留制度都是持肯定态度。

中国国际私法学界一般都认为,公共秩序保留制度是在长期的国际实践中形成的一个国际私法基本制度,为不同的国家所普遍采用,我国在实践中也应运用这个法律制度,以使国际私法案件获得公平、合理的解决和维护我国的权益。同时认为,由于公共秩序本身的灵活性,究竟在什么情况下才能运用,立法中不可能,也不必要作出明确的硬性规定,它依赖于法官的自由裁量。但从我国的实际情况出发,在下列情况下可援用公共秩序保留排除外国法的适用:(1)如果适用外国法违反我国宪法的基本精神,违反四项基本原则,有损于国家统一和民族团结,就应排除;(2)如果适用外国法有损于我国主权和安全,就应排除;(3)如果适用外国法违反有关部门法的基本准则,就应排除;(4)如果适用外国法违背我国缔结或参加的国际条约所承担的义务,或违反国际法上公认的公平、正义原则,应予以排除;(5)如果某一外国法院在审理国际民事案件时,无理拒绝适用本应适用的中国法律,则根据对等原则,我国也可以以公共秩序保留排除该外国法的适用,以作为报复措施。[1]

从我国立法上来看,早在1950年,中央人民政府法制委员会在《关于中国人与外侨、外侨与外侨婚姻问题的意见》中指出,对于中国人与外侨、外侨与外侨在中国结婚或离婚的问题,我国婚姻登记机关应不仅适用我国的婚姻法,而且应在适当限度内照顾到当事人本国婚姻法,以免当事人结婚或离婚被其本国认为无效。但适用当事人本国婚姻法以无损于我国的公共秩序即无损于我国的公共利益、也不违背我国目前的基本政策为限度。我国1954年《宪法》也曾提到"公共利益"这个概念。1982年、1991年和2007年修正的《民事诉讼法》都有公共秩序保留条款的规定,但它们都只是在承认和执行外国法院判决和裁决问题上的具体应用。

1986年《民法通则》第150条规定:"依照本章规定适用外国法律或者国际惯例的,不得违背中华人民共和国的社会公共利益。"这一规定被认为是我国在

---

〔1〕 参见肖永平:《国际私法原理》,法律出版社2003年版,第132页。

国际私法方面第一次全面地确定公共秩序保留制度。根据这个规定,我国国际私法学者得出以下结论:(1)我国采取了直接限制的立法方式,适用起来比较灵活;(2)对于确定违反公共秩序的实际标准,我国采取了结果说,这有利于适当限制公共秩序保留的运用;(3)我国的公共秩序保留条款不仅指向外国法律,还指向国际惯例,这是我国所特有的。不足之处是,没有规定排除外国法的适用后应该适用何种法律。另外,是否有必要借助公共秩序保留来排除国际惯例的适用问题,也需要进一步探讨。

我国《涉外民事关系法律适用法》第5条规定:"外国法律的适用将损害中华人民共和国社会公共利益的,适用中华人民共和国法律。"可见,这延续了《民法通则》的做法并予以完善,明确规定排除外国法的适用后应适用我国法律,同时删除了借助公共秩序保留来排除国际惯例的适用的内容。有学者认为,我国现行立法中用"社会公共利益"一词来表述公共秩序保留制度不能完全涵盖公共秩序的所有内涵,今后的立法中应该使用国际上通行的用语,即"公共秩序",而且应该明确规定,只有在"严重"或"明显"违反我国公共秩序的情况下,才能够援用公共秩序保留制度排除某外国法的适用。

第六节 法律规避

一、法律规避的概念

法律规避(Evasion of Law)是指国际民商事法律关系的当事人故意创造条件改变冲突规范的连结点,逃避本应适用于其民商事关系的实体法,而适用对其有利的其他实体法的行为。

历史上法律规避的有名案例是"鲍富莱蒙案"(L'affaire de la Princesse de Bauffremont)。比利时籍女子卡拉曼因与法国王子鲍富莱蒙结婚而取得法国国籍,后两人不和。她又与罗马尼亚王子比贝斯科相恋,想与丈夫离婚。但当时法国法律不准许离婚只准许分居(1804 年法国民法制定时允许离婚,但 1816 年至 1884 年禁止离婚)。卡拉曼 1874 年在法国法院获得分居判决,但因没有离婚而不能再婚。为了达到离婚的目的,卡拉曼迁居到德国萨克森阿尔登堡公国,并取得该国国籍。卡拉曼在德国法院提起离婚诉讼并获得离婚判决后,在德国柏林与罗马尼亚王子比贝斯科结婚。后来在卡拉曼回到法国后,鲍富莱蒙王子向法国法院起诉,要求宣告卡拉曼在德国的离婚及其与罗马尼亚王子比贝斯科的结婚无效。法国最高法院按照当时法国的冲突规范,离婚适用当事人的本国法。因此本案应当适用德国法判决两人是否可以离婚,而按照德国法两人是可以离婚的。但法国法院认为,卡拉曼迁居德国并取得德国国籍是为了规避法国禁止离婚的法律规定。所以,法国最高法院 1878 年 3 月 18 日作出判决,判决卡拉曼在德国法院获得的离婚判决及其与罗马尼亚王子的结婚均属无效。

从法律规避的概念可以看出,构成法律规避必须具备下列要件:

(1)行为的主体是国际民商事关系的当事人。

(2)当事人主观上有故意逃避某种法律的动机。因此,法律规避又被称为"僭窃法律"、"诈欺规避"、"诈欺设立连结点",等等。

(3)规避的对象是本应适用法律中的强制性或禁止性规范而非任意性规范。因为,任意性规范的适用具有选择性,对当事人而言并无规避的必要。当然,因为各国的规定不同,是否构成法律规避也应视情况而定。

(4)当事人是通过人为制造或改变连结点的方式来达到规避法律的目的的。如改变国籍、住所、行为地、物之所在地,等等。

(5)当事人在客观结果上达到了适用对其有利之法律的目的。如果当时人只是有规避适用一国实体法的意图,而没有使这种意图现实化,就不构成国际私法上所说的法律规避。

以上是构成法律规避必备的要件,必须同时具备方构成法律规避,其中当事人改变冲突规范连结点这一具体事实,体现了法律规避行为的基本或本质特征。

二、法律规避的性质

对于法律规避是一个独立问题还是公共秩序保留的一部分,在学术界存在着不同的观点和主张。一派学者认为法律规避是一个独立的问题,不应与公共秩序保留问题混为一谈,法律规避着眼于当事人的虚假行为,而公共秩序保留着眼于外国法的内容和适用结果。另一派学者认为法律规避也属于公共秩序保留问题,是后者的一部分,在不适用外国法而适用内国法时,二者都是为了维护内国法的权威,法律规避可以视为公共秩序保留的一个附带条件。[1]

中国的大部分学者认为法律规避是一个独立的问题,法律规避和公共秩序保留之间是有明显的区别的,主要表现在:(1)二者发生的原因不同。法律规避是当事人故意制造或改变连结点而构成的,而公共秩序保留则是由于适用内国冲突规范的结果与内国的公共秩序相冲突而产生的,是内国法律规定的结果。(2)二者的保护对象不同。法律规避是为了保护内国法或外国法中的强制性或禁止性规范,而公共秩序保留是为了保护内国的公共秩序。(3)二者的行为性质不同。法律规避是一种个人行为,是当事人通过故意制造或改变连结点来实现的,而公共秩序保留是一种国家司法行为。(4)二者的后果有所不同。二者都排除外国法的适用,但法律规避的当事人还可能承担其他的法律责任,而公共秩序保留的当事人一般不承担其他法律责任。(5)二者的地位和立法上的表现不同。法律规避并不是所有的国家都采用的一项制度,而公共秩序保留是各国立法中都普遍接受和采用的一项基本制度。

三、法律规避的效力

对于法律规避的效力问题,大陆法系国家和英美法系国家存在着尖锐的对

[1] 参见韩德培主编:《国际私法》(修订版),武汉大学出版社1989年版,第85页。

立。大陆法系国家普遍认为,法律规避是一种欺诈行为,根据"欺诈使一切归于无效"的原则,在发生法律规避行为的情况下,就应排除当事人希望适用的法律,而应当适用本应适用的法律。一些英美法系国家的学者采取宽容态度,认为探知当事人的内心意思是非常困难的,无故意应承认有效,那么故意和无故意,结果也没什么不同和害处。既然冲突规范给予当事人选择法律的可能,当事人为了达到其目的而选择某一国家的法律,就不应归咎于当事人。如果要防止冲突规范被人利用,就应该由立法者在冲突规范中有所规定。例如,美国统一各州法律委员会于1907年制定的《撤销婚姻和离婚的统一法》中,把当事人任何一方"是一个州的善意居民",而且在一定时间内"继续是这个州的善意居民",作为该州法院对婚姻无效案件和离婚案件行使管辖权的条件,便可达到防止法律规避的目的。

从各国关于法律规避的法律规定来看,法律规避的效力可分为三种情况:

1. 规避法院地法无效,而规避外国法有效

法国法院在1922年审理佛莱案时就采取了这一立场。该案的当事人佛莱夫妇是意大利人,为了规避意大利法律中只许别居、不许离婚的限制性规定,两个人商定由妻子归化为法国人,并向法国法院申请离婚。法国法院对此案作出了准予离婚的判决。但是这种做法遭到很多批评。

2. 仅仅否认当事人规避内国法的效力

绝大多数国家的立法都明确否定当事人规避内国法的效力,而对于规避外国法的效力未作规定。如《加蓬民法典》第31条规定:"任何人不得利用规避加蓬法而使某个外国法得以适用。"1982年《南斯拉夫法律冲突法》第5条规定:"如适用依本法或其他联邦法可以适用的外国法是为了规避南斯拉夫法的适用,则该外国法不得适用。"1979年《匈牙利国际私法》第8条也有类似规定。

3. 所有的法律规避行为均无效

法律规避的本质是一种欺诈行为,只要不存在其他相反的解释,就不应该承认其效力,无论是规避内国法还是规避外国法。如《阿根廷民法典》第1207

条规定:“在国外缔结的规避阿根廷法律的契约无效,即使该契约依契约缔结地法是有效的。”该法第1208条又规定:“在阿根廷缔结的规避外国法的契约无效。”美洲国家间于1979年缔结的《关于国际私法一般规则的公约》第6条规定:“成员国的法律不得在另一成员国的法律基本原则被欺诈规避时作为外国法而适用。”根据该公约的规定,凡规避公约任一成员国法律基本原则的法律规避行为,均不具有规避效力。

四、中国有关法律规避的理论和立法

依照我国多数学者的观点,由于国际私法所调整的法律关系不仅涉及本国和某外国两个国家的法律,甚至常常涉及三个或四个国家的法律,当事人既可适用外国法来规避本国法,也可适用第二国法来规避第三国法,而第二国法和第三国法对法院来说都是外国法。因此,国际私法上的法律规避应包括一切法律规避在内,既包括规避内国法,也包括规避外国法。至于法律规避的行为是否有效,应视不同情况而定,首先,规避本国法一律无效。其次,对于规避外国法要具体分析、区别对待,如果当事人规避外国法中某些正当的、合理的规定,应该认为规避行为无效;反之,则应认定该规避行为有效。〔1〕

但是,也有学者认为,对于规避外国法的效力问题,我国理论界普遍主张“依据具体情况具体分析”的做法,显然不符合现代国际法上的国家主权原则,因为用法院地法的观念去判断、识别外国法是否“正当、合理”存在明显的理论缺陷,“正当、合理”的标准含糊不清,很难掌握。因此,主张规避外国法也应是无效的。即使外国法的规定确实不合理,当法院在适用它的时候,如果与本国的公共政策相抵触,便可借公共秩序保留排除其适用,这也不会妨害法院地国的法制。〔2〕

---

〔1〕 参见黄进主编:《国际私法》,法律出版社1999年版,第273页。
〔2〕 参见肖永平:《国际私法原理》,法律出版社2003年版,第126页。

我国立法中没有法律规避的明文规定，但1988年《民法通则意见》第194条规定："当事人规避我国强制性或者禁止性法律规范的行为，不发生适用外国法律的效力。"这里，也只是规定了当事人规避我国强行性或禁止性法律规范属于无效行为，而对于当事人规避我国法律行为无效后应适用者未做规定。2007年最高人民法院《关于审理涉外民事或商事合同纠纷案件法律适用若干问题的规定》第6条也明确规定，在涉外民事或商事合同纠纷案件中当事人规避中国法律、行政法规的强制性规定的行为，不发生适用外国法律的效力；同时，明确规定该合同争议应当适用中华人民共和国法律。

我国《涉外民事法律关系》第5条规定："外国法律的适用将损害中华人民共和国社会公共利益的，适用中华人民共和国法律。"可见，我国也将公共秩序保留制度的审查对象限于"外国法律"，没有继续将"国际惯例"包括在内。

第六章

权利能力和行为能力的法律适用

第一节　自然人权利能力的法律适用

一、自然人权利能力的法律冲突

自然人的权利能力是自然人作为国际私法主体的前提，它是指自然人依法享有民事权利和承担民事义务的资格。自然人的权利能力"始于出生，终于死亡"为各国民法一致认可，非依法律规定不得剥夺，但是由于各国文化、民族传统等方面的差异，造成了各国在法律上对"出生"和"死亡"的理解不同，以及对推定死亡、宣告死亡等制度的规定有所不同，所以在某些情况下也会产生法律冲突现象。自然人权利能力的法律冲突主要表现在以下两个方面：

1. 权利能力的开始

自然人的权利能力始于出生，但对出生的判断标准，在各国民法学界却有不同的主张，概括来讲有阵痛说、初声说、露头说、独立呼吸说、出生完成说、存活说，等等。立法上的规定各国也不尽相同，如1804年《法国民法典》要求出生时必须具有生命才取得自然人的权利能力。《瑞士民法典》规定：胎儿，只要其出生时尚生存，出生时即具有权利能力。而《西班牙民法典》进一步规定自然人与其母体分离后需存活24小时以上才能取得权利能力。我国对于出生时间在立法上没有明确规定，一般以医学上公认的出生标准为准，要符合两个条件：(1)与母体分离，能独立存在；(2)须在与母体分离之时保有生命。由于各国立法上对出生时间的规定各不相同，法律冲突因此不可避免。

2. 权利能力的终止

民事权利能力终于死亡，死亡包括生理死亡和宣告死亡。关于生理死亡，各国基本上都以呼吸停止说、心跳停止说和脑死亡说为准，总的说来生理死亡比较容易判定，法律冲突不多。与其形成对比的，是各国的宣告死亡与宣告失踪制度却有较大差异，这主要表现在：(1)制度设置不同。有的国家只有宣告死亡，如法国和日本；有的国家只有宣告失踪，如前民主德国；有的国家二者兼有，如我国。(2)宣告失踪或死亡要求自然人下落不明的期间不同。如《法国民法典》规定，当事人停止在其住所出现而又无音信经过4年，由利害关系人提出，监护法官确认为推定失踪；确认推定失踪的判决满10年时，由民事法院宣告失踪；不经监护法官判决确认推定失踪的，当事人停止在其住所出现而又无音讯满20年的，直接由民事法院宣告失踪。宣告失踪的判决与确定失踪者死亡具有同样效力。《日本民法典》规定，失踪人生死不明满7年；中国《民法通则》第20条规定公民下落不明满2年的，利害关系人可以向人民法院申请宣告他为失踪人；第23条规定：下落不明满4年，或因意外事故下落不明，从事故发生之日起满2年，经利害关系人申请，法院可宣告其死亡。除此，宣告失踪或宣告死亡的法律后果在各国的立法规定中也不尽相同。

另外,针对互有继承权的数人死于同一事故,但无法确定谁先死亡的问题,许多国家规定了"推定死亡"(也称"推定存活")制度,但对于推定死亡的顺序又规定不一致。如《瑞士民法典》第32条第2款规定,如不能证明多数人死亡的先后顺序时,推定其为同时死亡。1804年《法国民法典》第721、722条分别规定:如果同时死亡者均不足15岁的,推定年龄年长者后死;均在60岁以上的,推定年龄最小者后死;如既有15岁以下的又有60岁以上的,推定最年少者后死;如年龄相等或相差不超过一岁的,而其中既有男性又有女性的,则推定男性后死。1985年我国《最高人民法院关于贯彻执行〈中华人民共和国继承法〉若干问题的意见》第2条规定,相互有继承关系的几个人在同一事件中死亡,如不能确定死亡先后时间的,应推定无继承人的先死;如他们均有继承人,则看他们辈分是否相同,如辈分不同,应推定长辈先死;如辈分相同,则应推定同时死亡,彼此不发生继承关系,而由他们各自的继承人继承。由此可见,对"死亡"的理解不同,也会引起自然人权利能力法律适用的冲突。

二、自然人权利能力的法律适用

1. 当事人的属人法

依当事人的属人法(本国法或住所地法),是各国在解决自然人民事权利能力法律冲突时采取的普遍原则。这是因为,权利能力是自然人的基本属性,特定的人的这种属性是由一国伦理、历史、社会、经济、政治等方面的条件所决定的,因而适用其属人法较为合理。但在具体规定上有所不同,大陆法系国家一般以国籍国法为准,英美法系国家则以住所地法为准。有的国家主张采取混合制度,对在内国的外国人以住所地为属人法,对在外国的内国人则以其本国法为属人法。例如,2005年保加利亚《关于国际私法的法典》第49条规定,人的权利能力,依其本国法。《德国民法施行法》(国际私法部分)第7条规定,人的权利能力和行为能力,适用该人所属国法律。

英美法系等国及南美部分国家采用此主张。如《阿根廷国际私法草案》第

7 条规定：自然人的存在、身份及一般能力，受其住所地法支配。1889 年《蒙得维的亚国际民法公约》第 1 条规定：人的行为能力，按其住所地法规定。

住所地发生变更的，有的国家规定，一般不影响自然人根据原住所地（或惯常居所地）法取得的行为能力。如上述《阿根廷国际私法草案》规定：住所地的变更不限制已具有的能力，变更后惯常居所地国的法律如果对存在、身份及能力的规定较前惯常居所地法律更为优惠，则适用更优惠的法律。

2. 法院地法

自然人的权利能力会涉及法院地国的公共利益，所以有的主张自然人的权利能力适用法院地法律。

3. 具体法律关系的准据法

该种做法是将权利能力附属于具体的国际民商事法律关系（如物权关系），认为自然人的权利能力与其关联的国际民商事法律关系适用相同的准据法。有的国家规定，当事人对不动产的处分能力适用不动产所在地法；但这种做法忽视了权利能力问题的相对独立性，因此采取这种做法的国家极少。

三、宣告失踪和死亡的管辖权及法律适用

1. 失踪或死亡宣告的管辖权

对于涉外失踪或死亡宣告案件应由何国法院管辖的问题，国际上主要存在以下几种立法方式：(1)失踪人本国法院有管辖权。《斯洛文尼亚共和国关于国际私法与诉讼法的法律》第 78 条规定，对失踪的斯洛文尼亚公民的死亡宣告，不管该人住所位于何处，由斯洛文尼亚共和国法院专属管辖。(2)失踪人居住地法院有管辖权。1950 年联合国《关于失踪者死亡宣告的公约》规定，任何缔约国的法院，都有权对其境内居住的，属于另一缔约国的失踪者进行死亡宣告；1987 年《瑞士联邦国际私法法规》第 41 条第 1 款规定："失踪人失踪前在瑞士有住所的，其最后住所地的瑞士法院对失踪宣告案件有管辖权。"(3)原则上由失踪者本国法院管辖，但在一定条件下，也可由其住所国法院管辖。

2. 失踪或死亡宣告的法律适用

关于失踪或死亡宣告的法律适用问题，各国普遍主张适用失踪人的属人法，但在具体规定上，又有以下几种不同方式：

(1)失踪人的本国法。2005 年保加利亚《关于国际私法的法典》第 55 条规定，失踪或死亡宣告的条件和后果，依被宣告失踪或死亡者有最后确切消息时的国籍所属国法律。若其为无国籍人，失踪或死亡宣告的条件和后果，依其最后的惯常居所国法。1982 年《土耳其国际私法和国际诉讼程序法》第 10 条规定：死亡的宣告，适用当事人本国法律。《布斯塔曼特法典》第 82 条规定：一切关于失踪人死亡的推定及其可能有的权利，依失踪人的属人法调整。《斯洛文尼亚共和国关于国际私法与诉讼法的法律》第 16 条规定，对失踪人的死亡宣告，依照失踪人失踪时的国籍国法。

(2)失踪人的住所地法。《秘鲁民法典》第 2069 条规定，失踪宣告，依失踪人最后住所地法，失踪宣告对失踪财产的后果亦依该法。2005 年保加利亚《关于国际私法的法典》第 55 条规定，根据具有合法利益者的申请，对惯常居所在保加利亚共和国境内者，可依照保加利亚法律宣告其失踪或死亡。1950 年联合国《关于失踪者死亡宣告的公约》也肯定了这一做法。

(3)原则上适用失踪人属人法，但涉及财产问题时适用财产所在地法。1939 年《泰国国际私法》第 11 条规定，对外国人的失踪宣告及宣告的效力，除在泰国的不动产外，依外国人本国法。2005 年保加利亚《关于国际私法的法典》第 55 条规定，为保护某自然人的位于保加利亚共和国境内的财产而采取的临时措施，依保加利亚法律。《2001 年韩国修正国际私法》第 12 条规定，外国人生死不明时，如果该外国人在大韩民国有财产，或存在应适用大韩民国法律的法律关系，或存在其他正当理由，法院可依据大韩民国法律对其作出失踪宣告。

(4)死亡宣告、死亡和死亡时间的确定以及推定存活和推定死亡，适用失踪人在最后有消息获知其尚存活的时间所属国法律。如果失踪人在该时间为外国人，则在存在正当利益的前提下可以依照德国法律对其宣告死亡。2005年保加利亚《关于国际私法的法典》第55条规定，失踪或死亡宣告的条件和后果，依被宣告失踪或死亡者有最后确切消息时的国籍所属国法律。若其为无国籍人，失踪或死亡宣告的条件和后果，依其最后的惯常居所国法。《吉尔吉斯共和国民法典》第1179条规定，宣告自然人失踪或死亡，依照法院所在地法。

四、我国关于自然人民事权利能力法律适用的规定

我国《民法通则》等法律对自然人权利能力的法律冲突及法律适用问题未做明确规定。但第8条规定："在中华人民共和国领域内的民事活动，适用中华人民共和国法律，法律另有规定的除外。本法关于公民的规定，适用于在中华人民共和国领域内的外国人、无国籍人，法律另有规定的除外。"据此，外国人、无国籍人的民事权利能力应适用我国法律。

2010年《涉外民事关系法律适用法》第11条规定，自然人的民事权利能力，适用经常居所地法律。第13条规定，宣告失踪或者宣告死亡，适用自然人经常居所地法律。自然人从事民事活动，依照经常居所地法律为无民事行为能力，依照行为地法律为有民事行为能力的，适用行为地法律，但涉及婚姻家庭、继承的除外。第20条规定，依照本法适用经常居所地法律，自然人经常居所地不明的，适用其现在居所地法律。

第二节　自然人行为能力的法律适用

一、自然人行为能力的法律冲突

自然人的民事行为能力是指自然人通过自己的行为取得民事权利和承担民事义务的能力。每个自然人的权利能力"始于出生，终于死亡"，但是自然人

行为能力的取得必须符合一定的法定条件,即拥有权利能力,不一定拥有行为能力。一般地说,享有民事行为能力的自然人应符合两个条件:一是要求达到法定年龄;二是要求精神正常,心智健全,能够认识到自己行为将引起的法律后果。

有关自然人行为能力的法律冲突主要表现在以下几个方面:

1. 成年年龄的规定不同

成年年龄是划分完全行为能力人、限制行为能力人和无民事行为能力人的重要标志。各国民法一般都规定有"成年"制度,这对公民权利的保护有重要意义。成年人是指完全达到法律规定的一定年龄的人,这类人具有行为能力或完全行为能力,可以通过自己的行为取得民事权利和承担民事义务。凡未达到这一法定年龄的未成年人就为限制行为能力人或无行为能力人,法律通常针对其设定代理、监护制度,或给予必要的限制。

各国关于法定成年年龄的规定差别很大。例如:德国、英国、法国法律规定18 周岁为成年,瑞士、日本法律规定 20 周岁为成年,泰国规定 21 周岁为成年,墨西哥法律规定为 23 周岁,智利、西班牙、丹麦则规定为 25 周岁。我国《民法通则》第 11 条规定,18 周岁以上的公民为成年人,具有完全民事行为能力,可以独立进行民事活动;16 周岁以上不满 18 周岁的公民,以自己的劳动收入为主要生活来源的,视为具有完全民事行为能力人。

此外,各国关于无行为能力和限制行为能力的年龄界限的规定也不同。我国《民法通则》第 12 条规定,10 周岁以上的未成年人是限制民事行为能力人,可以进行与他的年龄、智力相适应的民事活动;其他民事活动由他的法定代理人代理,或者征得他的法定代理人的同意;不满 10 周岁的未成年人是无民事行为能力人,由他的法定代理人代理民事活动。

2. 宣告无行为能力或限制行为能力(禁治产或准禁治产)的规定不同

禁治产是指成年人因精神不健全而被限制其行为能力的制度。许多国家的法律都规定,已达成年年龄的人,精神失常不能独立处理自己事务的,可以被宣告为无民事行为或限制行为能力人。这一制度在许多国家称为禁治产或准禁治产宣告制度。但各国对禁治产的原因及禁治产的效力规定并不完全相同。《日本民法典》区分禁治产和准禁治产,把心神丧失者称为禁治产人,而把精神耗弱者和浪费者称为准禁治产人。1804 年《法国民法典》也有类似的规定。中国立法未采用禁治产或准禁治产的称谓,我国《民法通则》第 19 条规定:“精神病人的利害关系人,可以向人民法院申请宣告精神病人为无民事行为能力人或者限制民事行为能力人;被人民法院宣告为无民事行为能力人或者限制民事行为能力人的,根据他健康恢复的状况,经本人或者利害关系人申请,人民法院可以宣告他为限制民事行为能力人或者完全民事行为能力人。”但是,我国民法上只规定了宣告精神病人为无民事行为能力人或限制民事行为能力人,没有明确使用“禁治产”。

二、自然人行为能力的法律适用

各国关于自然人行为能力法律适用的立法主要有以下几种:

1. 自然人的本国法

2005 年保加利亚《关于国际私法的法典》第 50 条规定:人的行为能力,依其本国法。如果相关法律关系的准据法在行为能力方面规定有特别条件的,则适用该关系的规定。《比利时国际私法典》第 34 条规定,身份和能力的准据法,除非本法另有规定,自然人的身份和能力适用其本国法。2001 年《韩国修正国际私法》第 13 条规定:人的行为能力依据其本国法。当行为能力扩大到婚姻的行为时,也同样应适用当事人的本国法。已经取得的行为能力不因为国籍的变更而丧失或受限制。

如果当事人的国籍有所变动,一般主张适用新的本国法判定其行为能力。因此,未成年人若依新国籍法为完全行为能力人,则成为成年人。《德国民法施行法》第 7 条规定,人的权利能力和行为能力,适用该人所属国法律。在行为能力通过结婚行为而得以扩展时,亦适用此规定。曾经取得的权利能力和行为能力,不因取得或丧失作为德国人的法律地位而受影响。

对于无国籍人,其行为能力一般适用住所地法律;无住所的,适用居所地法;居所地也无法确定的,一般适用当事人现在所在地的法律。如《加蓬民法典》规定,无国籍人以其惯常居所地法为本国法;该法典又规定,个人的身份与能力依其本国法,也就是说,无国籍人的行为能力适用其惯常居所地法。

2. 自然人的住所地法

英美法系等国及南美部分国家采用此主张。《阿根廷国际私法草案》第7条规定,自然人的存在、身份及一般能力,受其住所地法支配。1889年《蒙得维的亚国际民法公约》第1条规定:人的行为能力,按其住所地法规定。

住所地发生变更的,有的国家规定,一般不影响自然人根据原住所地(或惯常居所地)法取得的行为能力。《阿根廷国际私法草案》规定,住所地的变更不限制已具有的能力,变更后惯常居所地国的法律如果对存在、身份及能力的规定较前惯常居所地法律更为优惠,则适用更优惠的法律。

3. 原则上适用自然人本国法,但在内国实施民事行为的,适用行为地法

尽管许多国家规定人之行为能力适用属人法,但随着国际经济贸易的发展和扩大,也主张关于当事人缔结合同等方面的行为能力受行为地法制约。这种规定首见于1794年的《普鲁士法典》,该法典规定,当事人如依属人法或依缔约地法为有行为能力,便被认为有行为能力。

历史上一个有名的案例:23岁的墨西哥青年李查蒂(Laffaire Lizard)在法国签发了一张期票,向巴黎商人购买珠宝,后被诉请付款。《法国民法典》第3条规定,当事人的行为能力适用其本国法。该青年便以墨西哥法规定25岁为成年年龄,认为缔约时他尚无行为能力为由宣告该合同无效。双方当事人就合同是否有效成立发生了争执,而争执的焦点是该墨西哥青年究竟有无签订合同的行为能力。这也需要在法国法和墨西哥法之间作出法律选择。法国法院认为,法国人不可能知悉世界各国的法律,只要根据内国法律规定具有行为能力,即使根据其本国法没有行为能力,也应视为具有行为能力。当时法国法规定的成

年年龄是 21 岁,所以法国法院在该案中根据内国法律认定李查蒂具有行为能力。1861 年法国最高法院审理的李查蒂案件,创造了为保护内国交易安全而适用法律行为地法限制本国法的先例。

从国际私法的立法实践上看,并不是一切在国内所为的行为,当事人的行为能力都依行为地法,一般地说,行为人的行为出于恶意,如欺诈或其他不正当的动机和目的,则排除行为地法的适用。

至于依内国法无行为能力的自然人,如在外国所为的法律行为依行为地法有行为能力,内国法是否应承认?一般地,各国出于保护国际交易的安全考虑,大都持肯定态度,但有关身份的行为例外。《斯洛文尼亚共和国关于国际私法与诉讼法的法律》第 13 条规定:自然人的权利能力和行为能力,依其本国法。依照其本国法为无民事行为能力的自然人,若依义务产生地国法具有行为能力的,则为有民事行为能力。

另外,不动产物权中当事人行为能力的法律适用,一般不采纳李查蒂案适用行为地法的做法,而是适用不动产所在地法律。当然这里的不动产物权的行为能力,是指创设及变更不动产物权的行为能力,不是缔结处分不动产合同的能力,后者一般受合同准据法支配。此外,婚姻家庭和继承领域的法律行为能力也不适用行为地法律。

三、宣告无行为能力(禁治产)的管辖权和法律适用

宣告无行为能力(禁治产)的法律冲突根源在于各国关于无行为能力(禁治产)宣告的条件的规定不同。国际私法主要解决无行能力(禁治产)宣告的管辖权、法律适用及该宣告的效力的法律适用问题。

1. 无行为能力(禁治产)宣告的管辖权

国际上关于无行为能力(禁治产)宣告有两种主张:第一种是规定内国对此问题有专属管辖权,第二种主张由被宣告人住所地法院行使管辖权,如 1896 年的《德国民法施行法》第 8 条规定:对在德国有住所或有居所的外国人,德国法

院依德国法为禁治产宣告。又如《希腊民法》规定,希腊法院对于住所在希腊的外国人,可以宣告禁治产。

2. 无行为能力(禁治产)宣告的法律适用

对于这个问题,国际上有以下主张:(1)适用法院地法。(2)适用被宣告人的本国法。《希腊民法典》第 8 条规定,禁治产适用本国法。(3)适用被宣告人本国法兼法院地法。

3. 宣告无行为能力(禁治产)效力的准据法

有以下两种主张:第一种主张认为,宣告无为能力(禁治产)的效力,适用宣告地法。2001 年《韩国修正国际私法》第 14 条规定,法院可依照大韩民国法律对在大韩民国由惯常居所或居所的外国人作出限定治产或禁治产宣告。第二种主张适用被宣告人的属人法。1978 年《奥地利联邦国际私法法规》第 15 条规定,无行为能力宣告的要件、效力,依被监护人的属人法。

有的国家不区分宣告无行为能力(禁治产)的条件和效力,规定二者适用统一的准据法。《布斯塔曼特法典》第 30 条就规定,禁治产宣告应适用被宣告人的本国法。

四、我国关于自然人民事行为能力法律适用的规定

2010 年《涉外民事关系法律适用法》第 12 条规定,自然人的民事行为能力,适用经常居所地法律。自然人从事民事活动,依照经常居所地法律为无民事行为能力,依照行为地法律为有民事行为能力的,适用行为地法律,但涉及婚姻家庭、继承的除外。

1986 年《民法通则》第 143 条和 1988 年《民法通则意见》的相关规定被上述《涉外民事关系法律适用法》第 12 条的规定所代替而失效。

我国《票据法》第 96 条规定:“票据债务人的民事行为能力,适用其本国法律。票据债务人的民事行为能力,依照其本国法律为无民事行为能力或者为限制民事行为能力而依照行为地法律为完全民事行为能力的,适用行为地法律。”

第三节　法人权利能力和行为能力的法律适用

一、法人权利能力和行为能力的法律冲突

法人的权利能力是指法人依法享有民事权利和承担民事义务的资格。法人的行为能力是法人以自己的名义和意思独立进行民事活动，取得民事权利和承担民事义务的能力。

法人的权利能力和行为能力具有如下特点：(1)法人的权利能力和行为能力在时间上是一致的，均始于法人的成立，终于法人的消灭。(2)法人的权利能力和行为能力在范围上是一致的。因此法人权利能力和行为能力的法律冲突在解决上采取的是完全一致的方法。(3)法人的行为能力由法人的机构的行为表现出来。这不同于自然人以自己的行为表现出来。

法人权利能力和行为能力的法律冲突主要表现在下列几个方面：(1)各国立法中规定的法人权利能力和行为能力的范围和内容不同，从而造成一国法人在内国可以从事的行为，在另一国可能被禁止的现象。(2)有的国家，如法、意承认合伙是法人，而在英、德等国家则不承认合伙具有法人资格。(3)法人的解散问题，有的国家规定法人因自己的决定或破产而解散，在有的国家除自己决定或破产而解散外，还可因法人违背善良风俗而解散。

二、法人权利能力和行为能力的法律适用

从各国的立法实践来看，法人的权利能力和行为能力一般是依法人属人法解决，但具体的规定又有所不同，大致可分为以下几种：

1. 法人的国籍法

《布斯塔曼特法典》规定，公司的民事能力适用准许公司成立的国家的

法律。

2. 法人的主要事务所所在地法

1978 年《奥地利联邦国际私法法规》规定,法人,其属人法应是该法律实体主要事务所所在地国家的法律。《希腊民法典》规定:法人的能力适用它的主要事务所所在地法。

3. 法人营业地法

2001 年《韩国修正国际私法》第 16 条规定:法人或团体应适用确定其设立的准据法。但如果在外国设立的法人或团体在大韩民国有主事务所或主要商业活动,则该法人或团体应适用大韩民国法律。

4. 法人成立地法

《秘鲁民法典》规定:私法人的存在和能力,由其成立地国的法律确定。一些社会主义国家也规定:外国企业和组织在订立外贸合同和与此有关的结算、保险及其他业务的合同时,其民事权利能力依据企业或组织成立地法律确定。

三、我国关于法人权利能力和行为能力法律适用的规定

1988 年《民法通则意见》第 184 条规定:外国法人以其注册登记地国家的法律为其本国法,法人的民事行为能力依其本国法确定。外国法人在我国领域内进行的民事活动,必须符合我国的法律规定。

2010 年《涉外民事关系法律适用法》第 14 条规定,法人及其分支机构的民事权利能力、民事行为能力、组织机构、股东权利、义务等事项,适用登记地法律。法人的主营业地与登记地不一致的,可以适用主营业地法律。法人的经常居所地,为其主营业地。

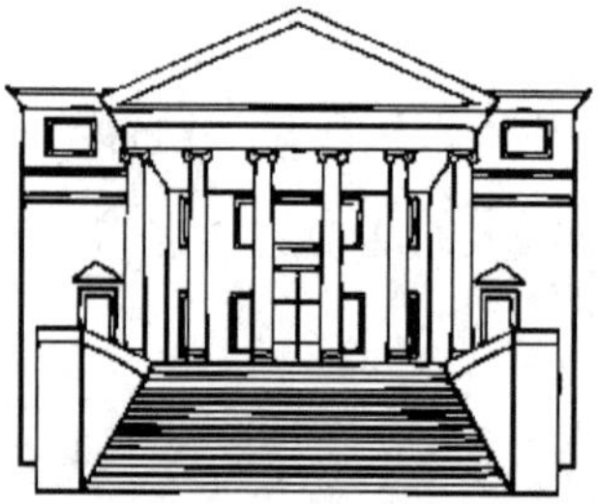

第七章

法律行为、代理和时效的法律适用

第一节　法律行为的法律适用

在国际民商事交往中，国际民商事法律关系绝大多数都是法律行为引起的。由于各国私法对法律行为的规定存在很多歧异，所以当法律行为跨越法域时必然会带来法律适用问题。

一、法律行为的概念

法律行为是指民事主体基于意思表示产生私法上之效果的法律事实。民事法律行为具有如下特征：(1)法律行为以意思表示为要素。这是法律行为区别于非法律行为的关键。(2)法律行为是设权行为。这是法律行为区别于事实行为和违法行为的关键。(3)法律行为是私法上之行为。换言之，法律行为能引起私法上权利义务关系之产生、变更或消灭。

在国际私法上,法律行为是产生各种国际民商事关系的一个基本要素,也是引起国际民事关系变动最典型的法律事实。

二、法律行为的法律冲突

一个有效的法律行为,必须具备成立法和生效的实质要件和形式要件。关于法律行为的实质要件和形式要件,各国立法中的具体规定是千差万别的。由于各种法律关系的建立、变更和终止都要通过法律行为来确立,因而法律行为的法律冲突也反映在各种民事法律行为的实质要件和形式要件的规定上,如反映在物权行为、知识产权行为、债权行为、婚姻家庭和继承行为等各方面。这是法律行为之法律冲突的最突出的特点。

(一) 法律行为实质要件的法律冲突

关于法律行为的实质要件,国际上和各国立法中并没有一个综合的、普遍性的共同的要件,而是各国分别依照不同法律关系的性质,各自做了规定。例如,物权转移、婚姻登记、缔结合同等,都各有各的实质要件,不同的实质要件必然引起法律冲突。总体来说,法律冲突集中在以下几点:

(1)当事人具有相应民事行为能力的法律冲突。关于行为能力的法律冲突,前已述及,此处不再赘述。各国一般规定成年人具有完全行为能力,未成年人、禁治产人没有订立合同的行为能力,但是,对自然人享有何种行为能力的年龄限制,规定却不尽相同。即使对成年人,有些国家立法也作出限制,如法国民法,对已婚妇女的行为能力就做了限制。

(2)意思表示真实的法律冲突。各国对意思表示的规定有所不同。如关于合同的意思表示,各国对要约和承诺的理解与解释,以及生效等,都有差别。对意思表示错误的后果,有些国家如日本规定为无效;有些国家如德国规定为可撤销。

(3)行为内容不违反法律与公共利益的法律冲突。法律行为的内容必须合法,这是各国法律的普遍规定。除此之外,各国法律还援引“善良风俗”、“公共秩序”、“社会基本利益”等法律原则作为该项规定的重要补充,各国可以根据自身利益的需要,以此为由排除外国法律的适用。对“善良风俗”、“公共秩序”、“社会基本利益”的不同解释,也导致了法律冲突的产生。

(二) 法律行为形式要件的法律冲突

法律行为形式要件或简称形式、方式,是指法律行为成立要件中的形式要件,是法律行为合法、有效成立所必需的意思表示方法的外部形式。必须符合有关国家的法律规定,一个法律行为方为有效。对此方式或形式要求,各国规定不同:

(1)关于书面形式和口头形式的法律冲突。各国法律规定法律行为一般为书面形式和口头形式,大多数国家从便利民事交往的角度出发,对合同采取不要式原则,规定合同的订立可采用书面形式、口头形式和其他形式。1980 年《联合国国际货物销售合同公约》对合同的形式规定得更为宽松,该公约第 11 条规定:“销售合同无须以书面订立或书面证明,在形式方面也不受任何其他条件的限制。”但有些国家对国际合同规定必须采用书面形式。

(2)关于要式行为和不要式行为的法律冲突。各国对此的具体规定有所不同。例如法国法律规定赠与、夫妻财产、抵押合同必须公证,否则无效。而多数国家对此没有特定形式的要求,允许采用意思自治原则。

(3)关于特定形式的法律冲突。各国法律对特定形式的法律行为都有特别的规定,但规定的内容却有不同。例如婚姻成立的形式要件,有些国家只承认民事登记方式,有些国家只承认宗教方式,有些国家同时承认民事登记方式和宗教方式,有些国家除了同时承认民事登记方式和宗教方式外,还承认事实婚姻的方式。因为各国规定不同,法律冲突不可避免。

三、法律行为的法律适用

法律行为产生冲突后,必须确定其法律适用问题。民事法律行为有效成立

必须具备的实质要件和形式要件在性质和特征上并不完全相同,因此,国际私法上通常将两者的法律适用分别确定:

(一)法律行为实质要件的法律适用

在国际私法的普遍实践中,对于法律行为实质要件的法律适用,各国一般依据因法律行为变动的法律关系的不同性质分别进行规定,如物权行为适用物权关系的冲突规范,知识产权行为适用知识产权关系的冲突规范,债权行为适用债权关系的冲突规范,婚姻家庭行为适用婚姻家庭关系的冲突规范,继承法律行为适用继承关系的冲突规范,等等。这是由各类法律关系的本质所决定的。

(二)关于法律行为形式要件的准据法

虽然不同的法律行为有不同的方式,但相对于法律行为实质问题来讲,相对较为统一:口头、书面,书面签字、书面公证认证、书面批准等。因此,法律行为形式要件的法律适用问题,也相对容易找出大致的规律性。综合来看,其法律适用原则如下:

1. 适用行为地法

"场所支配行为原则"(Locus Regit Actum)是一个古老的法律原则,沿用至今,已为各国学说和立法所承认和采纳。按照这一原则,法律行为的实质要件和形式要件都应适用行为地法。随着国际民事法律关系的发展,适用行为地法被认为是法律行为形式要件的法律适用原则。不过,在国际实践中,对"场所支配行为原则"的性质仍有不同主张:有些国家认为它是一条强制性规范,如阿根廷、智利、哥伦比亚、古巴、危地马拉、洪都拉斯、荷兰、西班牙等国的法律规定,法律行为方式只适用行为地法;有些国家认为它是一条任意性规范,德国、瑞士、比利时、意大利、瑞典、日本等国的法律规定,在行为地法和其他法律之间选择适用,实现"与其使之无效,不如使之有效的原则"。

2. 选择适用法律行为本身的准据法和行为地法

现在许多国家已不再局限于场所支配行为原则,而是兼顾法律行为本身的准据法。法律行为本身的准据法,就是指用来支配法律行为成立与效力的准据法。适用这一原则,可以在行为地法之外将适用于法律行为实质要件的准据法亦适用于法律行为的方式。

选择适用法律行为本身的准据法在国际上是普遍采用的做法,不过,在具体采用这项原则时,各国的做法仍不尽相同。有的国家是以法律行为本身的准据法为主,以行为地法为辅。德国、奥地利、匈牙利、挪威、波兰、日本、瑞士等国均是采取此种做法,如1978年《奥地利联邦国际私法法规》第8条规定:"法律行为的方式,依支配该法律行为本身的同一法律;但符合该法律行为发生地国对方式的要求者亦可。"1966年《波兰国际私法》第12条也规定:"法律行为的方式,依支配法律行为实质的法律,但如遵守行为地国家法律所规定的方式,亦为有效。"有的国家则是以行为地法为主,而以法律行为本身的准据法为辅。例如,1982年《土耳其国际私法和国际诉讼程序法》第6条规定:"法律行为的方式适用行为完成地的法律,也可以适用调整行为效力的法律。"

3. 选择适用当事人的共同属人法和行为地法

对于法律行为的方式,原则上应适用行为地法,但是当行为地难以确定、行为地法不存在或无以证明,或者行为地的偶然性使行为地法与当事人及其法律关系并无实际联系或仅有松散联系时,如果双方当事人国籍相同或在同一个国家有住所或惯常居所,则依其共同的属人法来确定其法律行为应具备的形式或应采取的方式。目前一些国家采取此种方式确立法律行为方式的准据法。

4. 采用灵活、多元的法律适用原则确定准据法

当前,各国普遍放弃了对法律行为方式的严格要求,对有关的冲突法规则进行软化处理或规定多数连结点以增强准据法的可选性,如允许对法律行为的方式选择适用法律行为实质要件的准据法、行为地法、当事人共同的属人法、法院地法和法律关系成立地法等。1946年《希腊民法典》第11条即规定:"法律行为的方式如果符合决定行为内容的法律,或者符合行为地法,或者符合全体当事人的本国法,就认为有效。"2010年中国《涉外民事关系法律适用法》第24

条规定:“夫妻财产关系,当事人可以协议选择适用一方当事人经常居所地法律、国籍国法律或者主要财产所在地法律。当事人没有选择的,适用共同经常居所地法律;没有共同经常居所地的,适用共同国籍国法律。”

5. 物权法律行为的方式一般适用物之所在地法

上述法律行为方式的准据法原则,并不适用于物权方面的一些行为方式,物权行为方式例外。物权登记、设定抵押方式,不动产转移方式等,适用物之所在地法。2006 年《日本法律适用通则法》第 13 条规定:“物权以及其他需要登记的权利:(1)动产物权、不动产物权以及其他需要登记的权利适用物之所在地法。(2)尽管有前款的规定,导致前款所述之权利的取得与丧失的事件如果已经完成,则上述权利的取得与丧失适用财产所在地法。”

6. 最密切联系原则和特征履行说的引入

1898 年《日本法例》第 7 条、第 8 条和第 9 条规定的是法律行为的法律适用,由于该法已在其他部分就物权行为和身份法律行为的法律适用做了规定(第 10 条及第 13 条以下),因而第 7 条虽然是有关法律行为的一般性条款,但其适用对象却应是除以上行为之外的其他法律行为,一般理解为仅限于债权法律行为。又因该法第 11 条已就侵权、无因管理和不当得利做了规定,因而这里的“债权”可以进一步限定为合同之债。2006 年日本《法律适用通则法》在法律行为的法律适用上引入最密切联系原则和特征履行说。该法第 8 条第 1 款首先规定最密切联系原则,即在当事人没有选择准据法的情况下,合同适用与其有最密切联系的地方的法律。该条第 2 款进一步规定特征履行说,该款规定,假如合同的特征给付仅由一方当事人实施,则实施该特征给付行为的一方当事人的经常居住地法,应被推定为合同的最密切联系地法。鉴于以不动产作为标的物的合同的特殊性,该法第 8 条第 3 款规定特征履行说不适用于该类合同,此时不动产所在地法应被推定为该类合同的最密切联系地法。该法第 9 条规定当事人可以变更适用于法律行为的成立及效力的法律,但侵害第三人权利时,该变更不得对抗该第三人。

四、中国关于法律行为法律适用的规定

在立法上,中国尚无关于法律行为的法律适用的一般性规定。我国一些法律对法律行为的法律适用虽已作出规定,但没有明确其是对法律行为实质要件还是形式要件的规定,例如《民法通则》第 144 条规定:“不动产的所有权,适用不动产所在地法律”;从理论和实践来看,我国把这类规定理解为既是对法律行为实质要件的法律适用的规定,也是对法律行为形式要件的法律适用的规定。

另有单行法规对法律行为的形式要件的法律适用作了规定,如我国《票据法》第 97 条、第 98 条规定:汇票、本票出票时的记载事项,适用出票地法律。支票出票时的记载事项,适用出票地法律,经当事人协议,也可以适用付款地法律。票据的背书、承兑、付款和保证行为,适用行为地法律。我国《涉外民事关系法律适用法》第 21 条规定:“结婚条件,适用当事人共同经常居所地法律;没有共同经常居所地的,适用共同国籍国法律;没有共同国籍,在一方当事人经常居所地或者国籍国缔结婚姻的,适用婚姻缔结地法律。”

第二节　代理的法律适用

一、代理的概念

国际上对代理的概念有不同的理解,存在广狭义之分。狭义代理是指代理人在代理权限范围内以本人(被代理人)名义与第三人为民事法律行为,而由本人对代理人的代理行为直接承担民事责任的法律制度。这就是直接代理。广义代理,指代理人以本人(被代理人)名义或以自己的名义,在代理权限范围内,代本人与第三人为民事法律行为,而所产生的法律效果,则直接或间接由本人承担民事责任的法律制度。这就是直接代理和间接代理,间接代理就是代理人

以自己的名义为法律行为,而其法律后果间接地归于本人的代理。我国《民法通则》第63条规定:"代理人在代理权限内,以被代理人的名义实施民事法律行为。被代理人对代理人的代理行为,承担民事责任。"这属于直接代理。

英美法系国家将代理分为"全部显名代理"、"部分显名代理"和"隐名代理"。全部显名代理是指代理人向第三人表明自己代理人的身份,以自己的名义与第三人为一定法律行为,代理行为所产生的后果由本人承担。部分显名代理是指代理人不公开本人的身份,仅向第三人表明自己代理人的身份,以自己的名义与第三人为一定法律行为,代理行为所产生的后果由本人承担。隐名代理是指代理人以自己的名义从事代理活动,实施本人所委托的法律行为,该法律行为的后果由本人承担。大陆法系国家的间接代理与英美法系国家的隐名代理有些近似,直接代理与全部显名代理和部分显名代理存在一定融合。

因此,不同的国家从不同的标准、不同的角度、不同的做法,将代理区分为各种各样的代理,主要的种类有以下几种:(1)直接代理和间接代理;(2)显名代理和隐名代理;(3)常设代理和临时代理;(4)法定代理和意定代理;(5)其他各种代理:诉讼代埋、船长代埋、不动产代埋、保险代理、委托代理,以及居间、行纪、信托、承揽,我国还曾有过外贸代理等。按照代理权产生的原因,通常将代理归纳为:法定代理、意定代理和指定代理。

国际私法上的代理(即国际代理)是指代理人和本人具有不同的国籍或者住所在不同的国家,或代理人和第三人具有不同的国籍或者住所在不同的国家,或代理人根据本人的委托,在另一国家或地区实施代理行为等的代理。

二、代理的法律冲突

(一)代理的法律冲突

代理是根据他人的独立行为而使本人直接取得法律效果的制度,是民法上重要的法律制度。但各国民法对代理的理论、立法互不相同,差异较大,因而在国际民事交往中,便不可避免地遇到了代理的法律冲突问题。

1. 代理的立法体例不尽一致

不仅大陆法系国家和英美法系国家之间立法体例不同，而且大陆法系国家之间立法体例也有不同，例如，同为大陆法系国家的法国、德国就有所不同：《法国民法典》中，代理不是一个独立的法律制度，而是作为"委任"契约列入"取得财产的各种方法"；在《德国民法典》中，代理与委任分别规定，代理列入总则编的"法律行为"章。在普通法系的国家，代理法自成一体，既有大量的有关代理的判例规则，还有有关代理的单行法规，如英国有《贷款代理法》、《王室代理人法》、《不动产代理人法》、《代理商法》等。

2. 代理的分类不同

不仅对代理的广、狭义理解不同，而且大陆法系国家和英美法系国家对代理的分类也不同：一些大陆法系国家十分强调代理人必须以本人的名义实施代理行为，认为只有以本人的名义实施的直接代理才属于代理的范畴，而间接代理代理人虽在事实上受本人委托，但在与第三人为法律行为时，既不披露本人的身份，也不表明自己代理人的身份，因此，不属于严格意义上的代理，只是一种经纪关系。但在英美法系国家，不仅显名代理、隐名代理、保险代理等，而且居间、行纪、信托等法律行为，均可纳入代理范畴，由代理法来调整。大陆法系国家则不存在这些代理。

3. 代理的范围大小不同

英美法系国家比大陆法系国家广泛得多，有许多英美法系国家把含有代理业务者都列入代理之中，代理还有间接代理、居间、行纪、信托，合伙也被认为是代理的分支，合伙人之间、合伙人与企业之间互为代理关系；还有"企业交易代理"，即无论交易是以企业的名义还是以企业成员的名义进行，企业本身必须对由交易产生的侵权之债与合同之债负责。而《美国代理法重述》第 1 条第 1 款规定：代理是一种信任关系，这种关系产生的理论基础在于，一方表示同意由另一方代表自己实施法律行为，并受自己控制；另一方也表示同意实施该法律行为。其中，前者称为被代理人，后者称为代理人。代理包括：雇主与受雇人之间的关系;非受雇人的代理人即独立缔约人与被代理人之间的关系。而雇佣关系在大陆法系国家不属于代理法调整的范围。

4. 代理的产生和终止以及代理关系当事人间的相互关系也不同

关于代理权产生的原因,大陆法系国家多规定代理权一般通过本人意思表示的委托授权和基于法律的直接规定两种途径获得。英美法系国家的规定非常宽泛,代理权产生的原因可以是实际授权、表见授权、职业或惯常授权、必要的授权或授权追认等多种方式。关于代理的终止、代理关系当事人之间相互关系、本人单方面撤回代理权、无权代理人的责任等,各国立法也存在很大差异。

(二) 解决代理法律冲突的《代理法律适用公约》

代理关系是比较复杂的法律关系,既有代理内部关系即代理人与本人间的关系,也有代理的外部关系即代理人、本人与第三人间的关系。而在客观上,各国立法对代理各方面的规定不同,在国际民事交往中必然会产生法律冲突,依不同国家的法律规定,会造成当事人之间不同的权利义务关系,这就需要国际私法予以调整,以确定具体代理关系的法律适用。国际上为了解决代理的法律冲突问题,海牙国际私法会议在 1978 年 3 月 14 日通过了《代理法律适用公约》(以下简称《公约》),共 5 章、28 条,已于 1992 年 5 月 1 日生效(中国尚未加入)。该公约的主要内容为:

1.《公约》的适用范围

《公约》第 1 条规定:公约适用于具有国际性质的商业行为代理,即代理人代表本人与第三人进行或打算进行交易,但也不排除适用于代理人负责以他人名义接收和传达意思表示,或者与第三人进行谈判等场合。亦即不管是显名代理或隐名代理、常设代理或临时代理,公约规定均应予适用。《公约》第 2 条规定:公约不适用于代理关系中的当事人的行为能力、形式方面的要求,家庭法、夫妻财产制和继承法中的法定代理、诉讼代理以及船长执行职务上的代理。

2.《公约》调整的代理关系

包括本人和代理人之间的关系、本人和第三人之间的关系、代理人和第三人之间的关系。

3. 一般条款和最后条款

为了制约当事人意思自治,防止当事人规避有关强行法规范,《公约》第16条规定:适用公约时,如根据与案件有重大联系的任何国家的法律,该国强制性规范必须适用,则该强制性规范可以予以实施,而不管该国国际私法规定应适用何种法律。为了使公共秩序保留条款对公约的普遍效力的限制减少到最低限度,《公约》第17条规定:"本公约规定应适用的法律只有在其适用会明显地与公共政策相抵触时才可以拒绝适用。"《公约》倾向于实体法的适用,不接受反致、转致和间接反致。为保持公约适用的普遍性,《公约》第18条做了保留规定:在银行交易中为银行或银行团进行的代理,保险业务中的代理,以及在行使职权时替私人从事这类代理活动中的公职人员的行为,缔约国有权保留不适用公约等。

三、代理内部关系的法律适用

代理内部关系仅指本人(被代理人)与代理人间的关系,代理关系的法律适用,只指代理内部关系的法律适用。代理关系是本人与代理人间基于合同的委托关系还是法定代理关系,代理人是否具有代理权限、代理关系是否成立、代理权限的范围、代理时期、双方责任等,均依照代理合同的准据法。确定代理合同准据法的原则如下:

(一) 意思自治原则

现代各国多以意思自治原则作为合同关系的法律适用的首要原则,这也是确定代理关系合同准据法的首要原则。各国立法一般都允许合同当事人选择合同适用的法律,就国际代理合同而言,允许当事人选择某一国家或地区的法律作为本人与代理人关系的准据法。英、美、德、瑞士等国都有这方面的规定,《代理法律适用公约》也确立了这一原则。在中国,按照《民法通则》第145条的规定,合同也适用当事人选择的法律。

（二）代理合同当事人未选择适用的法律时确定准据法原则

当代理合同当事人未选择合同适用的法律时，在各国立法和判例中，主要有以下几种做法：

1. 适用与代理关系最密切联系地法

我国《民法通则》第 145 条第 2 款规定：当事人没有选择的，适用与合同有最密切联系的国家的法律。《美国第二次冲突法重述》第 291 条规定："本人与代理人间的权利义务，就特定问题而言，根据第 6 条所述原则，依与当事人及交易有最重要联系的州的本地法确定。"确定准据法应考虑的原则包括政府的利益、政策，适用法律，结果的预见性、确定性和一致性；考虑的因素包括合同缔结地、谈判地、履行地、标的物所在地，当事人的住所、居所、国籍，公司成立地以及营业地等。通常，代理关系成立地法律和代理人为代理行为地法律应予考虑。

2. 适用代理人住所地法或营业地法

采用这一原则的国家比较多。例如，1966 年《波兰国际私法》第 27 条第 1 款规定：如果双方当事人住所不在同一国内，又未选择法律时，则本人与代理人的代理合同，适用缔结该代理合同时的代理人所在地法。在法国，当事人未选择法律时，一般适用代理人营业地法。1979 年《匈牙利国际私法》第 25 条、1964 年《捷克斯洛伐克社会主义共和国国际私法及国际民事诉讼法》第 10 条、1982 年《南斯拉夫法律冲突法》第 20 条第 3 款也有类似规定。

3. 适用代理人代理行为地法

1978 年《奥地利联邦国际私法法规》第 49 条规定：若当事人未指定适用的法律，所依代理人按委托人为第三者明显可见的意旨而在其中行事的国家的法律；如果代理人受委托为几种行为，则依代理人在通常情况下按委托人为第三者明显可见的意旨而在其中行事的国家的法律；如果依上款规定仍不能作出法律的选择，依代理人在其中为代理行为的国家的法律。

4. 适用委托人主营业所（或事务所）所在地法律

原《德意志民主共和国法律适用条例》第 12 条规定，对于商务代理人的合同,适用委托人主营业所在地的国家的法律。第15条规定,代理权的成立及范围,应依行使代理权的所在地的国家的法律;关于为德意志民主共和国某企业工作的代理人的代理权依德意志民主共和国的法律确定。

另外,也有适用代理成立地法的做法。

(三)《代理法律适用公约》对本人和代理人间关系法律适用的规定

(1)《代理法律适用公约》第5条规定,本人与代理人之间的关系,适用当事人按照双方共同的意思表示所选择的某国国内法。选择必须是明示的,或是从当事人间的协议以及案件的事实中合理而必然地可以推定的。

(2)《代理法律适用公约》第6条规定,当事人未作选择的,适用代理关系成立时代理人的营业所所在地法;如代理人无营业所,则改为适用其惯常居所地法。如果本人在代理人为代理行为的国家内有营业所或惯常居所,则应适用代理人为代理行为地法。在本人或代理人有一个以上的营业所时,上述所谓的营业所则是指与代理关系有最密切联系的营业所。但在代理关系是基于雇佣合同而产生的场合,本人与代理人间关系的准据法的确定,不适用公约上述规定。

(3)《代理法律适用公约》第8条规定,本人与代理人之间准据法的适用范围包括:代理关系的成立及效力、双方当事人的义务、履行的条件、不履行的后果以及此项义务的消灭。本人与代理人间关系的准据法特别适用于下列事项:其一,代理权的存在和范围,变更或终止,代理人逾越权限或滥用代理权的后果;其二,代理人指定替补代理人、分代理人或增设代理人的权利;其三,在代理人和本人之间存在潜在的利益冲突的场合,代理人以本人名义订立合同的权利;其四,非竞争性营业的条款和信用担保条款;其五,在顾客中树立的信誉的补偿;其六,可以获得赔偿的损害的种类。

四、代理外部关系的法律适用

代理外部关系指本人、代理人与第三人之间的权利义务关系。国际实践中,代理外部关系的法律适用原则如下。

(一) 本人与第三人关系的法律适用原则

本人与第三人的关系是指代理人与第三人所为的法律行为是否对本人有拘束力的问题。因为本人是通过代理人来从事某项活动的,所以他与第三人的关系是通过代理人的行为来建立的,这就存在着代理人是否具有代理权、代理权的范围、代理权是否已被撤销以及越权或无权代理的责任归属等问题。关于解决这些问题应适用的法律、适用的理论、司法中的不同做法和《代理法律适用公约》的规定,简介如下。

1. 各国理论、立法、司法中的不同做法

(1)适用本人住所地法。适用本人住所地法是最古老的做法,19 世纪末为各国所普遍采用,最有利于保护本人的利益,因为本人对住所地法最为熟悉。因为既然代理的作用在于扩张和补充人(当事人)的法律行为能力,而行为能力适用当事人的属人法,代理关系自然也应适用本人的属人法,尤其是其住所地法。

(2)适用主合同准据法。主合同就是代理人和第三人所缔结的合同。代理人和第三人所缔结的合同是主要的问题,而代理人的行为是否有权约束本人是附属于主要问题的附随问题,即是代理人缔结的合同的附随问题,两者应受同一法律调整。这种做法对第三人有利,因为主合同的准据法往往就是代理人和第三人选择的,或者是与主合同有最密切联系的法律,第三人可以事先预料到,例如,美洲国家在 1889 年订立的《蒙得维的亚国际民法公约》第 36 条,1940 年订立的同名公约第 41 条都规定,主合同的准据是规范代理整个外部关系的准据法。

(3)适用代理人代理行为地法。代理行为地法就是代理人和第三人缔结合同(主合同)地法,较易为第三人所了解和接受,也被认为有利于保护第三人的利益;同时,对本人合理。例如,瑞士、奥地利、日本、挪威、美国等国家采用这一原则:《美国第二次冲突法重述》第 292 条第 2 款规定:"依据代理人与第三人从事交易地州的本地法,被代理人应受其代理人行为约束时,得被认为被代理人应受此种约束,他是至少必须以被代理人此前已授权代理人以其名义在该州进行活动或已使第三人有理由相信代理人有此项授权为条件。”根据这一规定,在美国如果被代理人(本人)曾授权代理人在某地为代理行为,或导致第三人有理由相信代理人有此授权,则一般也适用代理人为代理行为地法来判定被代理人是否应对代理行为负责。此外,1951 年《荷兰、比利时、卢森堡国际私法统一法》第 22 条也采用了这一原则。

(4)适用调整本人与代理人内部关系的法律。有许多学者认为本人和第三人的关系应适用调整本人与代理人间关系的准据法,即适用代理关系的准据法。

2.《代理法律适用公约》(以下简称《公约》)关于本人与第三人关系的法律适用的规定

(1)《公约》第 11 条第 1 款规定:在本人与第三人关系中,代理权的存在与范围,以及代理人行使或意图行使代理权所产生的效力,应适用代理人为有关行为时其营业所所在地法。为保护第三人的利益,第 2 款规定:有下列情形之一的,不适用上述规定,而适用代理人行为地国家的法律:1)本人在代理人为有关代理行为地国家内设有营业所,或虽无营业所但设有惯常居所,并且代理人以本人名义进行活动的;2)第三人在代理行为地国家内设有营业所,或者虽无营业所但设有惯常居所;3)代理人在交易所或拍卖行为代理行为的;4)代理人无营业所。公约规定,在当事人一方有数个营业所的场合,该条款所指营业所系指与代理人的有关行为有最密切联系的营业所。

(2)《公约》第 12 条规定,根据代理人与本人间的雇佣合同而进行活动的代理人,没有营业所,则本人的营业所视为代理人的营业所。

(3)《公约》第 13 条规定,代理人与第三人在不同国家通过信件、电报、电传、电话或其他类似手段进行通信联系的,应视为在其营业所所在地从事此类代理活动,不适用代理人为代理行为地法,改为适用代理人营业所所在地法;无营业所的,适用代理人惯常居所地法。同时,公约也允许按照意思自治原则,由当事人合意选择。《公约》规定,本人或第三人已就第11条涉及问题的法律适用做了书面约定,并且该约定已为另一方当事人所接受的,该约定的法律应适用于此类问题。

(二)代理人与第三人关系的法律适用原则

代理人与第三人的关系,指代理人代表本人与第三人进行或打算进行交易,或代理人负责以本人名义接收和传达意思表示,或与第三人进行谈判等建立起来的关系。代理人在代理权限内为代理行为而发生的法律关系的权利、义务由本人承担,因此,代理人与第三人间的关系一般情况下不会产生法律适用问题,但是,当代理人因实施代理行为而构成对第三人的侵权,或者代理人无权代理或超越代理权限时,就需要确定代理人与第三人关系的准据法。

1. 代理人与第三人的关系适用被代理人(本人)与第三人关系的准据法

这是国际上通常的做法,理由是,代理关系中,代理人在代理权限内以被代理人的名义所为的代理行为的法律后果,由被代理人承担;代理人不负责任,所以,其关系适用同一准据法。但对无权代理或越权代理,存在不同主张:(1)应适用代理人行为地法;(2)适用主合同准据法;(3)适用支配被代理人与第三人关系的准据法;(4)代理人的无权代理或超越代理权的行为,被代理人不承担由此产生的民事责任,《美国第二次冲突法重述》第292条第2款的规定,含有这个意思。

2.《代理法律适用公约》关于代理人与第三人关系法律适用的规定

公约第15条规定:支配本人与第三人关系的准据法也应支配代理人与第三人之间因代理人行使其代理权、超越代理权或无权代理所产生的关系。

五、我国关于代理法律适用的规定

我国《民法通则》没有关于国际代理关系法律适用的规定。

1999年《合同法》取消了代理合同,增加了委托合同、行纪合同和居间合同。委托合同是委托人和受托人约定,由受托人处理委托人事务的合同;行纪合同是行纪人以自己的名义为委托人从事贸易活动,委托人支付报酬的合同;居间合同是居间人向委托人报告订立合同的机会或者提供订立合同的媒介服务,委托人支付报酬的合同。《合同法》第402条规定:受托人以自己的名义,在委托人的授权范围内与第三人订立的合同,第三人在订立合同时知道受托人与委托人之间的代理关系的,该合同直接约束委托人和第三人,但有确切证据证明该合同只约束受托人和第三人的除外。该规定丰富了《民法通则》关于代理的定义和内容,因为在一般情况下,受托人以自己的名义在委托人的授权范围内与第三人订立合同,依照合同相对性,该合同只能约束受托人和第三人,但法律规定,第三人在订立合同时知道受托人与委托人之间的代理关系的,该合同就突破了相对性,可以直接约束委托人和第三人,即合同真正意义上的当事人双方;这还大大地增加了交易的安全性,在一定程度上减少委托人和受托人合伙合同诈骗的可能性。

《合同法》第126条规定,涉外合同的当事人可以选择处理合同争议所适用的法律,但法律另有规定的除外。涉外合同的当事人没有选择的,适用与合同有最密切联系的国家的法律。对于国际代理,《合同法》没有区分代理内部和外部关系的法律适用。总的说来,《合同法》所调整的代理行为,仍然仅限于委托、行纪以及居间合同层面。2007年《最高人民法院关于审理涉外民事或商事合同纠纷案件法律适用若干问题的规定》进一步将上述三种合同类型适用与合同有最密切联系的国家或者地区的法律分别确定为:委托合同,适用受托人住所地法;行纪合同,适用行纪人住所地法;居间合同,适用居间人住所地法。

2010年《涉外民事关系法律适用法》第16条明确规定,代理适用代理行为地法律,但被代理人与代理人的民事关系,适用代理关系发生地法律。当事人可以协议选择委托代理适用的法律。

第三节 时效的法律适用

一、时效的概念

时效是导致民事法律关系产生、变更和终止的法律事实,是指一定的事实状态经过一定时间而发生一定法律后果的法律制度,就是法律确认的某种权利得以行使的时间范围。由于时间的经过是一种客观存在,不以人的意志为转移,所以,时效属于法律事实中的事件。时效的意义主要在于确认和保障权利人的权利行使的期间,而免除被任意侵犯或得不到保障。

二、时效的法律冲突

各国关于时效的性质、种类、时效期间的长短的法律规定不同,容易导致时效的法律冲突。时效的法律冲突大致表现在下列各方面:

(一) 时效法律性质的认定不同

时效问题,到底属于实体法问题还是程序法问题,各国认定不同。大陆法系国家,如法国等,认为时效问题为实体法问题,因而在民法典中加以规定;我国也把时效规定在实体法中。而英美法系国家,如英国等,则认为时效是程序问题。

(二) 对取得时效和诉讼时效的态度不同

有的国家既规定取得时效,也承认诉讼时效;有的国家只规定诉讼时效,不承认占有(取得)时效。前者如《法国民法典》,后者如《蒙古民法典》。我国《民法通则》只规定了诉讼时效。

(三) 时效期间的长短规定不同

这方面的规定相差很大:(1)《法国民法典》:一切物权或债权的诉讼时效

为30年,适用于不动产占有的时效为10年。(2)《日本民法典》:债权的消灭时效为20年,物权或所有权以外的财产的消灭时效为10年,医生、助产妇等关于治疗、护理的债权的消灭时效为3年。除此之外,还规定有1年、2年的短期诉讼时效,而占有时效分别为10年和20年(不动产)。

三、时效的法律适用

时效可以分为取得时效和诉讼时效,其法律适用也区分取得时效和诉讼时效,受不同的准据法调整。

(一) 取得时效的法律适用

总的来说,取得时效依物之所在地法,即占有一物经过多长时间、占有何种物品满足一定时间才能取得该物的所有权等问题,适用该物的所在地法律。例如,《布斯塔曼特法典》第227条规定:不动产和动产的取得时效均受财产所在地法律支配。但是,即使采用同样以物之所在地为原则的国家间具体规定也有不同。

1. 适用时效完成时的物之所在地的法律

有的国家或地区的国际私法做此规定。1889年《蒙得维的亚国际民法公约》第55条规定,标的物是动产,并且该动产的所在地已经变更的,其取得时效按规定时期的期限届满时所在地的法律规定。而2010年我国台湾地区“涉外民事法律适用法”第38条第3款规定:物之所在地如有变更,其物权之取得、丧失或变更,依其原因事实完成时物之所在地法,也即适用时效完成时物之所在地法。

2. 适用时效期限开始时物之所在地法

1948年《埃及民法典》第18条规定:“占有、所有以及其他物权,不动产适用不动产所在地法,动产适用导致取得或丧失占有、所有或其他物权的原因发生时的该动产所在地法。”

（二）诉讼时效的法律适用

诉讼时效的法律适用，各国规定不同：

1. 区分对人诉讼时效和对物诉讼时效而规定不同的法律适用

有些国家的法律、有些国际条约，做此区分。例如，《秘鲁民法典》第2091条规定："在诉讼时效期间变更所在地的财产，其诉讼时效，由财产所在地法规定的时效期满时该财产所在地法确定。"第2099条规定："因不作为而产生的对人诉讼的时效，依支配主要债务的法律。"《布斯塔曼特法典》对人和对物的诉讼时间作了与《秘鲁民法典》相同的规定：对因商业契约和商业行为所发生的诉讼时效，规定应依本法典对民事诉讼权所设定的规则。

2. 适用依冲突规范确定的民事法律关系的法律适用

国际民事关系的诉讼时效适用依冲突规范确定的民事法律关系的法律适用。我国《民法通则意见》第195条规定："涉外民事法律关系的诉讼时效，依冲突规范确定的民事法律关系的准据法确定。"

3. 适用法院地法

《美国冲突法第一次重述》把诉讼时效识别为程序事项，适用法院地法。1982年《统一时效冲突法》对此做了不同的规定，即适用诉因依据的法律的诉讼时效法。而1988年修订版的《美国第二次冲突法重述》，则规定适用法院地法，除非诉因所依据的法律的时效更短。第142条规定："除特殊情况外，(1)法院得引用法院地的诉讼时效阻止诉讼；(2)法院得引用法院地的诉讼时效允许诉讼的进行，除非阻止诉讼会影响法院地的利益或者与当事人或者该民事关系有更重要联系的州的时效会阻止诉讼。"

4. 特殊的民事关系的时效适用本国法

《哥斯达黎加国际私法》1887年版本第6条规定在该国境内实施或者履行的任何民事法律行为和合同所产生的债，其履行和消灭及诉讼时效均适用哥斯达黎加法律，不论当事人是否外国人和该合同是否在境内签订。蒙古国规定，所有的涉外民事案件的诉讼时效都适用蒙古国或者国际公约的法律。

5. 时效适用调整行为内容和法律关系的法律

不分对人和对物诉讼时效，只笼统作出规定。例如，1982 年《土耳其国际私法和国际诉讼程序法》第 7 条“时效”规定：“时效，适用调整行为内容和法律关系的法律。”

四、我国关于时效法律适用的规定

我国《民法通则》规定普通诉讼时效为 2 年，特殊诉讼时效期间为 1 年，适用于：身体受到伤害而要求赔偿的；出售劣质不合格商品未声明的；迟付或拒付租金的；寄存财物被丢失或者损毁的。我国《继承法》规定，诉讼期间为 2 年，根据最高人民法院的司法解释，继承的诉讼时效依《继承法》而不依《民法通则》；我国《合同法》第 129 条规定，国际货物买卖合同和技术进出口合同争议的诉讼时效，自当事人知道或者应当知道其权利受到侵害之日起计算 4 年，其他合同则依有关法律规定。

在我国，《民法通则》第八章没有规定诉讼时效的法律适用；《民法通则意见》第 195 条规定：“涉外民事法律关系的诉讼时效，依冲突规范确定的民事法律关系的准据法确定。”2008 年 8 月 11 日《最高人民法院关于审理民事案件适用诉讼时效制度若干问题的规定》对诉讼时效的抗辩以及诉讼时效的期间做了规定，但没有明确规定国际民事案件的诉讼时效的法律适用问题。

2010 年《涉外民事关系法律适用法》第 7 条明确规定：“诉讼时效，适用相关涉外民事关系应当适用的法律。”也就是说，具体案件的诉讼时效，依据该案件所适用的准据法确定。

第八章

物权的法律适用

第一节　物之所在地法原则

一、物权的含义与基本特征

物权(right in rem)是指权利人依法对特定的物享有直接支配和排除的权利。物权是对世权,其基本特征是权利主体特定而义务主体不特定;其内容是排除他人干涉的对物的直接支配权;其客体是物而不可能是行为;物权具有追及效力,不管物权的标的物位于何处,权利人都可以追及该物而主张权利。

物权制度在民法体系中素来占有重要位置,与债权制度并称为民法财产权中的两大支柱。相对于债权而言,物权有着浓重的本地特色,特别是由于受地理环境、经济结构、社会制度乃至意识形态的影响,各国有关物权的法律制度,在内容上存在着比较明显的差异。根据各国实行的物权法定主义原则,物权的种类是由法律具体规定的，在不同的历史时期和不同的国家法律中，物权种类是不一样的。一般而言，物权可分为所有权、地上权、地役权、抵押权、质权、留置权、典权、永佃权等。其中，所有权属自物权，永佃权属他物权。另外，物权还有用益物权和担保物权之分，前者如地上权、永佃权等，后者如抵押权、留置权等。在外国因素介入物权关系后，由于各国物权法的规定不同，往往会发生法律适用上的冲突，需要解决法律选择问题。在调整涉外民商事关系的国际私法领域，物权的法律适用问题一直是理论和实践工作者关注的对象和争论的焦点。尤其是在当代，随着经济社会的进步，互联网的日益普及，新的物权凭证、交换方式的出现，物权的法律适用问题愈趋复杂多变。在这一问题上，出现了“统一说”和“区别说”的不同主张与实践。前者认为不论动产、不动产，均应适用物之所在地法，而后者认为不动产固应适用物之所在地法，而动产却不应如此。但是，在物权法律适用的演进的过程中，始终贯穿着一条主线，这就是物权法律适用中的物之所在地法原则。目前在国际私法界适用得最为广泛而且起着主导作用的冲突原则还是物之所在地法原则。

二、动产与不动产的划分

把财产划分为动产与不动产，是世界各国民法的通行做法。早在13、14世纪巴托鲁斯提出的法则区别说中，就提出不动产物权适用物之所在地法，动产物权则是根据“动产随人”或“动产附骨”或“动产无固定场所”的理论适用当事人的住所地法。这样，对动产与不动产进行划分就具有重要的实际意义了。从一般意义而言，划分动产与不动产的标准就在于财产能否从一个地方移到另一个地方而不改变其外观、性能和价值。但在现实生活中，各国法律往往并不只作这么简单的区分。尽管各国均将土地及其定着物以及与土地密切相关的有形可移动物视为法律意义上的不动产，但对有些东西，如池塘中的鱼和鸽舍中的鸽子，有的国家界定为不动产，有的国家界定为动产。因此，关于某一特定物是动产还是不动产这个问题，可能会产生法院地法与物之所在地法之间的法律冲突。对于这种冲突情形的解决,各国已经确定适用物之所在地法判定特定物的性质。

我国法律中对不动产法律适用的规定主要体现在民法相关条文中。我国《民法通则》第144条明确规定:“不动产所有权,适用不动产所在地的法律”。最高人民法院《民法通则意见》第186条规定:“土地、附着于土地的建筑物及其他定着物、建筑物的固定附属设备为不动产。不动产的所有权、买卖、租赁、抵押、使用等民事关系,均应适用不动产所在地法律。”我国与大不列颠及北爱尔兰联合一国政府签订的《关于对所得和财产收益相互避免双重征税和防止偷漏税的协定》第6条第2款规定:“‘不动产’一语应具有财产所在地的缔约国的法律所规定的含义。该用语在任何情况下应包括附属于不动产的财产,农业和林业所使用的牲畜和设备,一般法律规定的适用于地产的权利,不动产的用益权以及由于开采或有权开采矿藏、水源和其他自然资源取得的固定或不固定收入的权利。船舶和飞机不应视为不动产。”

三、物之所在地法原则

(一)物之所在地法原则的产生和发展

我们认为,以物之所在地法原则的适用状态为依据,国际私法中物权法律适用的历史可以被划分为三个发展时期:物之所在地法原则的相对适用时期、物之所在地法原则的主导适用时期和物权法律适用的软化发展时期。

1. 不动产适用物之所在地法原则的相对适用时期

国际私法理论中,物之所在地法(Lex Loci rei sitae 或 Lex situs)也同样发端于意大利的法则区别说。不过,在巴托鲁斯正式提出法则区别说之前,已经出现了一些有关解决法律冲突问题的理论主张,其中也蕴含了物之所在地法的思想。不过,在巴托鲁斯之前的一些学者们提出的法律适用原则并未摆脱绝对属地主义的影响,仍将法律适用限定在立法管辖的领域之内,也正是在此基础上,他们主张财产问题应一概依物之所在地法。巴托鲁斯在借鉴前人研究成果的基础上提出，法律能否适用于域外，应视法律规则的性质而定，他将法律规则分为人法、物法及混合法，主张“人法”约束在域内有住所的一切人，不论他位于何处；“物法”是属地的，仅适用于一国领域内的不动产，而不适用于该领域之外；混合法适用于在一国领域内成立的一切契约。对于物权的法律适用，巴托鲁斯明确提出，不动产适用物之所在地法；动产则根据“动产随人”（Mobilia Personam Sequtur）、“动产附骨”（Mobilia assihus inhaerent）、“动产无处所”（Personal Proerty has no locality）等原则，适用动产所有人的住所地法。

此后，承袭巴托鲁斯法则区别说的法学家也都基于人法、物法和混合法的划分提出自己的理论主张，并且对于物法的适用范围皆主张以其所属地域为限，并主要用于调整不动产物权关系。

16 世纪，国际私法的研究中心从意大利转移到法国。著名学者杜摩兰和达让特莱虽然在对待属人法和属地法的态度上存在着严重分歧，就物之所在地法原则的适用而言，杜摩兰只承认对于不动产应适用物之所在地法；达让特莱则主张以属地主义为主导，而以属人主义为例外，所以他特别偏重物法的适用，对于动产和不动产都力图划归物之所在地法管辖。但是，对于物权的法律适用，双方均主张以物之所在地法为基准。虽然后来达让特莱在物权法律适用的绝对属地问题上有所松动，他也认为只有不动产的继承应依不动产所在地法，动产的继承则酌情考虑，因而又被称为温和的属地法主义学派。

17 世纪，法则区别说在荷兰得到了发展。荷兰学者承袭法国法则区别学派的属地主义理论，并把“国家主权”观念渗透到国际私法领域，使得包括物权在内的法律适用问题获得了新的解释。这其中以胡伯和约翰·伏特最具代表性。胡伯就解决各国法律冲突问题提出了著名的“三原则”：(1)每个国家的法律只能在其境内有效并约束其全体居民，但在该国境外则无效力；(2)在一国境内的一切人，无论是定居者还是暂时居留者，都应被视为该国的居民；(3)每个国家的法律既已在其境内实施，根据礼让，各国统治者也应允许其在本国境内保持效力，只要这样做不致损害自己的主权权力和臣民的利益。“胡伯三原则”的前二项明显仍在强调法律的属地主义，据此，关于物权只能认为应适用物之所在地法，不论不动产还是动产；但从其第三项原则我们可以作出推断，胡伯也承认“动产随人”原则。与胡伯相比，约翰·伏特更强调法律的属地性原则，主张无论人法、物法、混合法均不能在外国有效，立法者的权力既然受其本国领土的限制，其所制定的法律也只能在其领土范围内有效。但是，他同时又不得不认为，根据“礼让”，法院对外国立法者制定的“人法”应承认其效力。由此可见，约翰·伏特也认为应由属人法支配动产。

从巴托鲁斯的法则区别说到胡伯的国际礼让说，他们都从法律规则的性质本身出发来研究法律适用问题，并且毫不例外地将物中的不动产划归了物法的范畴，用属地法即物之所在地法进行调整；而对于动产，在不同的时期或不同的国家，虽然在适用人的住所地法或本国法的幅度上有所波动，但基本上是以属人法为依据。因此，这一时期的物之所在地法原则主要适用于不动产物权。

2. 物之所在地法原则的主导适用时期

在物权的法律适用问题上，随着社会生产力的进步和人类财富的积累，以及人们的认识和观念的转变，物之所在地法原则的地位逐渐得以强化，并最终确立了不论动产还是不动产均适用物之所在地法的原则。

19 世纪中叶，斯托雷不仅摒弃“法则”二分或三分的主张，而且分别就人的能力、婚姻、离婚、契约、动产、不动产、遗嘱、法定继承、审判权与救济、外国判决等问题加以讨论，更明确地强调法律的属地效力。这就不仅直接否定了“动产随人”的传统观念，而主张无论动产还是不动产都适用物之所在地法。

对于物权的法律适用，戴西也从法律的严格属地性原则出发，认为应绝对适用物之所在地法。在《戴西和莫里斯论冲突法》一书中，戴西和莫里斯不仅提出：“所有不动产（土地）权利或与之有关的权利（除后面提到的例外）由该不动产所在国的法律（物之所在地法）支配”，他们进一步指出：“在早期，个人动产很少，而且通常位于所有人的住所地，所以这一规则可能是正确的。然而在当今商业社会，这一规则就完全不合适。因此，所有现代的学者和绝大多数现代法官,都已放弃了住所标准,而且‘动产从人’在今天的含义只是指动产继承应由死亡人的属人法来支配。”

在司法实践上,当时英国著名的 Cammell v. Sewell 案即是一典型判例。在挪威的一位船主拍卖了一艘英国籍遇难船上的木材,买受人依照挪威法获得了拍卖标的物,尽管依照英国法,船主逾越了他的权限,但英国法院仍然承认这位基于诚信原则的买受人的所有权。Crompton 法官代表法院的多数意见,发表的判决理由是,假如动产是依照动产所在地法律所做的合法且具有拘束力的处置,这项处置在任何地方均具有拘束力。

相对于后人对斯托雷、戴西所做的推定性结论,萨维尼的学说以及遵循其学说的一些国家的立法或判例则以无可辩驳的事实证明了这段物之所在地法原则的主导性适用时期的存在。

萨维尼从普遍主义——国际主义的立场出发,避开法律的域内域外效力问题的争论,主张平等地看待内外国法律,以判决结果的一致性作为国际私法所追求的目标。他在《现代罗马法体系(第 8 卷)》中,从“人”和“住所地”的不确定性方面对“动产随人”理论进行了深刻的批判。萨维尼认为,动产物权适用人的住所地法,这里的“人”是与动产有法律上利害关系的人,而界定利害关系人是十分困难的。他进一步指出,对于利害关系人可以理解为所有人,但在财产转让中,利害关系人是指以前的所有人还是指新的所有人;在关于财产的对立纠纷中有双方当事人,到底哪一方是所有人;如果不仅仅从所有权的角度考虑,再从物权的其他形态上考虑,每种物权在其存在或被主张时仍然会产生不止一个的利害关系人。利害关系人既难于确定,住所地法也就难于确定,“这样,指导我们的住所地原则,即使其本身理由充分,也仍是非常模糊的,因此这个所谓的规则对问题的实际解决没有什么效果。”

关于物权一概适用物之所在地法的理由,萨维尼指出,“为了确定它们所属的法域,我们要根据物权客体真正的性质来确定这种地域。因为物权客体是由感觉来感知的,并占有一定的空间,因此它们所在的空间场所自然是它们所参与的每一法律关系的本座。一个人为了取得、拥有或行使对物的权利,他必须到物所在的场所,对于这种特定的法律关系,他自动地使自己服从于约束该地域的本地法。因此当说到物权由物之所在地法判定时,这种主张所依据的理由与人的身份适用住所地法理由相同,二者均源自自愿服从”。萨维尼从物权的主要客体物着手,分析物的客观空间属性,从简单、实用与有效行使权利的角度阐述物权适用物之所在地法的理由,这是应该给予肯定的。然而,在主观方面,他认为物的权利人一概“自愿”服从物之所在地法,未免过于武断,似乎不能完全令人信服。但是,他坚持认为,关于物权,不论动产还是不动产,都应以物的所在地为本座,从而都应适用物之所在地法。

此外,承袭萨维尼学说的德国学者齐特尔曼,以对“权利性质”的研究为基点,探讨法律适用问题,也得出动产和不动产物权均适用物之所在地法的结论。

在立法方面,1756 年《巴伐利亚法典》是最早采用物之所在地法原则的立法范本。在物权方面,它拒绝了“动产随人”的原则,而不分动产与不动产、有体财产与无体财产,主张一概适用物之所在地法。不过,总的说来,在立法上规定物权一律适用物之所在地法原则是经历了一个过程的,这个过程甚至是比较曲折的。例如,自从 1864 年以后,意大利的学说就曾试图通过解释之方法把动产置于物之所在地法的控制之下,直到 1942 年修订民法典时,才在其 22 条明确作出相应规定。中南美洲国家、非洲国家也都普遍采用了绝对的物之所在地法原则。在亚洲,绝对适用物之所在地法原则的国家也很多。如 1898 年《日本法例》第 10 条第 1 款规定:“关于动产及不动产的物权及其他应登记之权利,依其标的物所在地法”。《日本法例》虽历经 1942 年、1947 年、1964 年三次修改,但是这一规定始终未变。1939 年《泰国国际私法》第 16 条第 1 款规定:“动产及不动产,依物之所在地法”,第 17 条规定:“在诉讼进行中变更动产的所在地时,仍依该诉讼开始时物之所在地法。”1982 年《土耳其国际私法和国际诉讼程序法》第 23 条第 1 款规定:“动产和不动产的所有权以及其他物权适用物之所在地法律。”此外,伊朗、伊拉克、苏联东欧国家、非洲的埃及、马达加斯加等国,也都主张物之所在地法同样适用于动产物权的原则。此外,1889 年《蒙得维的亚国际私法条约》第 32 条,1928 年《布斯塔曼特法典》第 105 条,也都在总的原则上支持对所有的财产适用物之所在地法。

我国台湾地区 1953 年“涉外民事法律适用法”第 10 条第 1 款规定:“关于物权,依物之所在地法”,第 3 款规定:“物之所在地如有变更,其物权之得丧,依其原因事实完成时物之所在地法。”在实践中,围绕第 10 条的规定曾发生过一起适用案例:1957 年 5 月台湾亚洲航空公司美籍工程师安诺德在台湾地区坠楼身亡,死者遗属有中国台湾籍的妻子及美国籍的子女二人。安诺德的遗孀及子女向法院诉请亚洲航空公司交还其所保管的安诺德的遗产(动产)。台湾地区台北市地方法院于 1957 年 8 月作出判决,认定此讼争议标的为物权性质,适用台湾地区《涉外民事法律适用法》第 10 条的规定:以遗产(动产)所在地法为准据法,判决被告返还原告请求交还的财产。

可以肯定地说,19 世纪中叶以后,在物权问题上,不论动产还是不动产都适用物之所在地法,不仅逐渐成为学者们的一般共识,而且逐渐成为世界各国的普遍实践。不过,需要说明的是,关于物之所在地法原则的相对适用时期和主导适用时期的划分也不是“绝对”的,即使在近现代社会适用物之所在地法原则为绝大多数国家所承认之时,仍然有一些国家或学者基于某种原因坚持相对适用的观点。因而,“相对适用时期”和“主导适用时期”的划分只是对该时期的总体状况所做的一种高度概括,而绝非涵盖了这一时期关于物权关系法律适用的所有实践。

3. 物权法律适用的软化发展时期

诚如马克思所言:“法的关系正像国家的形式一样,既不能从它们本身来理解,也不能从所谓人类精神的一般发展来理解,相反,它们根源于物质的生活关系,是这种物质的生活关系的总和。”国际私法关系也是现实社会政治、经济等一系列社会生活关系的集中体现。特别是随着 20 世纪 80 年代互联网的普及,人与人、国与国之间的交往有了新的渠道、新的方式,国际民事交往中的新问题不断涌现,国际私法关系的种类、内容和特点也发生了相应的变化,而出现了学者们所谓的冲突规范的软化发展趋势。所谓的冲突规范的软化发展趋势,指的是当代冲突规范中用一种灵活的、开放的连结点取代僵硬的、封闭的连结点,其中最鲜明的体现之一即是最密切联系原则的应用。当代冲突规范出现软化发展趋势的原因之一是实现冲突法的实质正义,因为封闭的、只规定一个连结点的冲突规范可能应用于一般的案件时是正义的,但在某些具体的案件中可能会是不正义的,而灵活的冲突规范则可以根据具体情况具体分析,选择适用对具体案件最适合的法律。[1]这些发展变化也不可避免地对物权的法律适用产生了并继续产生着影响,使物之所在地法原则的适用呈现出某种松动迹象,而朝着一种以物之所在地法为轴心的多元化方向发展。并且,随着世界经济全球化和区域经济一体化趋势的加强,国际民商事交往日益扩大,国际民商事纠纷不断增多且日趋复杂,物权关系和物权纠纷也同样愈来愈多样化、复杂化。在此情形下,仍然适用物之所在地法一种规则去解决物权的法律适用问题已显然不合时宜。有学者认为,当代物权之法律适用正呈现出分割化的走势,不同种类的物权,不同客体的物权以及物权关系的不同方面分别适用不同的法律。[2]

(二) 物之所在地法的理论依据

1. 法律关系本座说

萨维尼主张的法律关系本座说从各个方面阐述了物权关系的"本座"应是标的物之所在地法,任何人要取得占有、使用或处分其物,就必须依赖于物之所在地,并自愿受制于该地关于物权关系的法律规定(此说故又称为"自愿受制说")。

---

〔1〕 李双元主编:《国际私法学》,北京大学出版社2000年版,第77—81页。

〔2〕 周后春:《物权冲突法研究》,中南大学出版社2014年版,第120页。

2. 国家主权需要说

齐特尔曼和弗兰根斯坦等许多学者认为,“物与法律之间,除了空间上的联系,不存在其他更强的联系”,他们认为该原则是“从自然本身得出的必然结论”;并且还主张物权适用物之所在地法是所在地国家主权的需要(故又称主权说),任何国家都有其主权,而主权是不可分割的,物权关系依物之所在地法即是主权在物权关系法律适用方面的体现。因为任何国家都不愿意让犯罪活动适用于本国境内的物,否则,主权将丧失其不可分割的性质。[1]因此,适用物之所在地法也是尊重物之所在地国领土主权的国际法原则所要求的。

3. 方便说

一些学者认为,在国际商业活动中,物的所有人的住所常常变换,购买人或债权人很难知道所有人的住所究竟在什么地方,即使知道了住所,也不容易了解其住所地物权法的具体内容,倒不如物之所在地法便利为当事人掌握了解。况且,如果对物权发生争议的双方当事人的住所地不同,究竟应适用其中哪一方的住所地法,也是难以确定的一个问题。拉贝尔也认为,物之所在地法不仅应为所有国家所尊重,而且还应适用于所有的财产。[2]不容置疑的是,财产只有得到它所在地法律的保护,其所体现的利益才能有确切的保障。而且,物权的保护或有效确立往往需要履行一定的程序,如登记或注册,这些特定程序的实际操作只能在物之所在地才可行。

4. 实际需要说

也有人称为利益需要说。法国学者巴尔和毕耶特等认为,法是为集体利益制定的,物权关系适用物之所在地法是维护社会的需要。如果包括动产和不动

---

〔1〕 齐特尔曼:《国际私法》(第1卷),第133页及以下;弗兰根斯坦:《国际私法》(第2卷),1926—1935年德文版,第3、5页。转引自李双元,周辉斌、黄锦辉:《趋同之中见差异——论进一步丰富我国国际私法物权法律适用问题的研究内容》,载《中国法学》2002年第1期。

〔2〕 4Ernst Rabel, *The Conflict of Laws: A Comparative Study*, second edition, University of Michigan 1958, p. 30.

产在内的物权不受物之所在地法支配，则物权的取得、占有都将陷入不确定状态，对其保护也将是不利的，社会的利益亦将遭到损害。主张此说的人们还认为，物权是具有“对世效力”的，即它应受到每一个人的尊重。如果土地所有权按照现在所有人的属人法来决定，则同一土地上的权利就将因所有人的不同或所有人住所的不同而随时发生变更，所有权的随附的权利和义务，也会因上述情况的出现而发生改变，这显然是不符合公共利益和实际需要的。

5. 控制说

英国的戴赛和莫里斯认为，有关不动产的所有权适用不动产所在地是基于便利和适宜这样明显的理由，任何其他规则都没有如此有效，因为对土地的最后救济只能采取所在当地允许的方式。他们还指出，土地所在地的国家对于土地享有对该土地的管辖权。因此，不动产物权应适用所在地法的理由：一是第三人可以合理地寻求确定所有权的客观而易于确定的连结因素；二是所在地国对财产能进行控制，与所在地法冲突的判决不能生效。

此外，以沃尔夫为代表的学者也认为，动产随人原则在国际商业活动尚不活跃的时代是有其存在的客观基础的，但到国际民商事交往十分频繁的现代仍抱守这一原则，显然不合时宜。他以英国为例，指出英国在 19 世纪上半叶之前，殖民贸易占其海外贸易量的主要部分，此时对从事贸易的英国商人适用其英国住所地法，对保护本国人的利益是显而易见的，但是随着商品经济的发展，如对在欧洲大陆其他国家进行商贸活动的英国人，再提出适用他们的住所地法，就可能适得其反，只会削弱自身在国际商业交易中的地位。

总的来说，上述各种学说都未能综合揭示物权关系适用物之所在地法的客观依据，尽管各说亦从不同侧面说明了这一冲突原则的不同的理论依据。我们认为，物权关系依物之所在地法，是由物权关系本身性质所决定的。首先，物权关系是一种最基本的体现所有制体制的法律关系，也是一种民事关系，各国统治层无疑总希望适用自己的法律严格控制与支配位于其境内的物权关系；其次，物权关系的权利人要顺利实现其权利，谋取财产上的利益，也只有适用物之所在地法最为合适；再次，物权关系只能由物之所在地法提供最有力的保障；最后，就境内之物去适用外国法，在技术上也有诸多困难。[1]

（三）物之所在地的确定

既然物之所在地法原则是物权关系调整最普遍适用的法律原则，毋庸置疑物之所在地的确定就显得非常重要。

物作为物权的客体，是存在于人身之外、为人力所能支配而且能够满足人类某种需要的物体。物之所在地的确定，相对来说，不动产容易，动产难；有体物容易，无体物难。就有体物而言，物之所在地应为有体物在地理上的处所。

不动产是不能移动或移动就会损害其经济价值的物。其处所是固定的，其所在地的确定自然十分容易。而动产是可以移动的物，其处所由于常常移动而不易确定，对于那些处于运动状态的动产来说尤其如此，故过去有"动产无场所"之说。针对动产的这种特点，在实践中，对于物之所在地的确定，原则上应依法院地法为依据，但是其中的权利财产或无体动产之所在地相当复杂，各国的法律很少予以明确规定。总结各国的实践，大致有以下几种做法：

(1)不动产，以该不动产在地理环境中的实际位置所在地为物之所在地。

(2)一般有体动产，以该动产在地理环境中的实际位置所在地为物之所在地。

(3)运输过程中的有体动产，以从事运输的船舶或飞机注册地或地理位置所在地为物之所在地。

(4)船舶、飞机等交通工具，以它们的注册登记地为物之所在地。

(5)专利、商标、版权等专有财产，以该权利创设地国为物之所在地。

(6)流通证券和债券，以代表这些证券和债券的票据所在地为物之所在地。

(7)公司股票以发行公司的注册地国，若是凭登记转让的股票，则是登记簿所在地国为物之所在地。

---

[1] Martin Wolff, *Private International Law*, Oxford University Press 1945, p. 487.

(8)商誉的物之所在地则为与商誉有关的商业实体的营业场所所在地。

(四) 物之所在地法的适用范围

物之所在地法在物权关系中得到普遍的肯定,总结各国的立法和实践,物之所在地法主要用来调整以下问题:

1. 动产与不动产的区分

物被定性为动产还是不动产,主要看该物能否从一个地方移到另一个地方且不损害其经济价值,能移动之物为动产,不能移动之物为不动产。但是,在各国实践中,尽管各国对动产和不动产的划分都有明文规定,但划分标准却不尽相同。例如,英国法就将土地权利证书划分为不动产。

2. 物权客体的范围

就一般意义而言,作为物权客体的物在范围上是十分广泛的,凡是存在于人身之外,能为人力所支配和控制并能够满足人们的某种需要的物,都能够成为物权的客体。但各国的规定并不完全相同。比如,对于是否只是有体物才能成为物权的客体,各国就作出不同规定。英美法系国家和法国民法中明确规定物包括有体物和无体物,即除有体物外,还包括知识产权、债权、证券等无体物;而德国和日本的民法,则明确规定物即为有体物,虽然两国在物权中规定权利可以作为物权的客体。对于这类争议,通常只能由物之所在地法支配。

3. 物权的种类和内容

根据物权法定主义,各国物权的种类是由法律明确规定的,各国民法中规定的物权种类一般都有所有权、地上权、役权、抵押权、动产质权,等等。但是在不同国家乃至同一国家的不同历史时期所规定的物权种类也是不同的。各国一般都主张依物之所在地法确定。

4. 物权的取得、变更和消灭的方式及条件

对于物权变动的方式及条件,有的国家不予区分因事实行为还是法律行为而变动,一概适用"行为完成时物之所在地国家的法律"。也有的国家主张区别因事实行为还是法律行为而变动而分别确定相应的准据法,根据这些国家的法

律规定,因法律行为而发生的物权变动,物权法律行为的成立和效力,一般应依物之所在地法;但对当事人行使物权的行为能力,一般主张适用当事人属人法;在因法律行为以外的事实或事实行为(如发现埋藏物等)而物权发生变动时,一般适用物之所在地法。还有主张区分物权行为和债权行为分别确定准据法,这些国家规定所有权在当事人之间的效力可由当事人选择法律支配,而所有权转移对于第三人的效力则必须适用物之所在地法,如南非、俄罗斯、日本、丹麦等国。

5. 物权的保护方法

各国民法规定的物权保护方法主要有:停止侵害、排除妨碍、恢复原状、返还原物、消除危险、确认所有权等方法。物权人是否可以行使上述权利及如何行使应根据物之所在地法确定。

(五)特殊动产的法律适用问题

虽然物之所在地法在物权的法律适用方面占了主导地位,但是,由于某些物的特殊性或处于某种特殊状态之中,需要特殊考虑这种特殊动产的法律适用问题。归纳各国实践,主要有以下几方面:

1. 运送中的物品的物权关系的法律适用

运送中的物品处于经常变换场所的状态之中,难以确定到底以哪一个所在地法来调整有关物权关系。即使能够确定,把偶然与物品发生联系的国家的法律作为支配该物品命运的准据法,也有失合理性。而且,运送中的物品有时处于公海或公空,这些地方不受任何国家的法律管辖,并不存在有关的法律制度。因此,运送中物品的有关物权关系不便适用物之所在地法。在实践中,运送中的物品的物权关系的法律适用问题主要有以下解决方法:(1)适用送达地法。如1989年《瑞士联邦国际私法法规》第101条规定:“对运送中的货物的物权的取得与丧失,由目的地国家的法律支配”。土耳其与南斯拉夫的国际私法也作了类似规定。(2)适用发送地法。如1964年《捷克斯洛伐克国际私法及国际民事诉讼法》第6条规定:“依照契约运送的货物,其权利之得失,依该标的物发运地法。”(3)适用所有人本国法。如1933年《泰国国际私法》第16条第2款：“把动产支出国外时，依起运时其所有人本国法。”在理论上，还有学者主张适用交易时物品实际所在地法或转让契约的准据法。

不过，运送中的物品并非绝对不适用物之所在地法，在有些情形下如运送中物品所有人的债权人申请扣押该物品而导致运送暂时停止或运送中的物品因其他原因长期滞留某地，该物品的买卖和抵押也可适用该物品的现实所在地法。

2. 船舶、飞行器等运输工具之物权关系的法律适用

由于船舶、飞行器等运输工具处于运动之中，难以确定其所在地，加上它们有时处于公海或公空，因此，有关船舶、飞行器等运输工具的物权关系适用物之所在地法是不恰当的。国际上，一般主张有关船舶、飞行器等运输工具的物权关系适用登记注册地法或旗国法或标志国法，如1978年《奥地利联邦国际私法法规》第33条第1款规定，水上或空中运输工具的物权依注册国的法律，但铁路车辆依在营业中使用该车辆的铁路企业有其主营业场所的国家的法律。

3. 外国法人终止或解散时有关物权关系的法律适用

外国法人自行终止或被其所属国解散时，其财产的清理和清理后的归属问题不应适用物之所在地法，而应依其属人法解决。不过，外国法人在内国境内因违反内国的法律而被内国撤销时，该外国法人财产的处理就不一定适用其属人法。

4. 遗产继承的法律适用

遗产继承的法律适用分为两类：一类为单一制，即不将遗产区分为动产和不动产，遗产继承适用同一法律。在实行单一制的国家中，有的根本不考虑遗产继承适用物之所在地法，而采纳适用被继承人的属人法的主张。如《布斯塔曼特法典》第144条规定：“法定继承和遗嘱继承，包括继承顺序、继承权利的数量和处分的内在效力，不论遗产的性质及其所在地，均受权利所产生的人的属人法支配”。另一类为区别制，即将遗产区分为动产和不动产，分别适用不同的

法律。一般来说,实行区别制的国家主张,动产遗产的继承适用被继承人死亡时的属人法,不动产遗产的继承适用不动产所在地法。因此,在遗产继承方面,物之所在地法也并非总得到适用。

5. 无体动产的法律适用问题

由于大陆法系国家,如德国民法,否定权利财产作为物权的客体。因此,这里仅讨论普通法系国家关于无体动产的法律适用规则。

英国和加拿大的实践是,无体动产能否转让,以及在什么条件下转让,由创设该无体动产的法律决定。无体动产的转让,在双方当事人之间实质上的有效性,由该转让的准据法决定。其形式上的有效性,由该转让的准据法或行为地法决定。例如,对股票的转让,在转让者与受让者之间的有效性和效力,由该交易的准据法决定,实际上,所有的案件都是由行为地法决定;在当事人与公司之间的有效性和效力,由股票所在地法(即公司股票登记簿所在地法)决定。对流通票据(本票、支票、汇票)转让的有效性和效力,由物之所在地法(即流通票据所在地法)或契约订立地法决定。英国法学家莫里斯说,流通证券的转让是否有效,由行为地法决定,但行为地法必须与物之所在地法相一致。对于专利、商标,可能还有版权,在转让者与受让者之间是否有效,由行为地法决定;受让者是否可以享有这些权利,由物之所在地法,即创设这些权利的法律决定。

美国法律把体现在票据中的无体动产分为两类:一类是所有权凭证,如提单、仓单等;另一类是票据,如汇票、本票、支票、股票和存款单等。《美国第二次冲突法重述》第248条规定,提单和仓单等动产所有权是否体现在票据中,适用签发票据时动产所在州的法律;对提单和仓单等转让的效力,由转让时票据所在州的法律决定。第249条规定,证券的权利是否体现在票据中,适用支配该权利的法律;证券转让的效力,适用转让时票据所在州的法律。关于无体动产的法律适用,美国第六巡回上诉法院对旅游者保险公司诉菲尔兹案的判决,很有代表性。

四、物之所在地法原则的发展趋势

20 世纪中叶以来,国际私法学界对于传统的冲突规则进行了一次彻底的变革,美国的国际私法学者在其中发挥了主导作用。经过这样一个革新的过程,国际私法在保持传统基本框架的基础上,呈现出了一些新的发展趋向,并且体现在物权的法律适用领域。这些新趋向主要包括:以最密切联系原则和当事人意思自治原则为核心的弹性原则的适用与扩张,“自体法”理论的延伸,等等。

(一) 最密切联系原则

回溯最密切联系原则的衍生发展过程,该原则最早产生并适用于合同领域和侵权领域,后来扩展到了物权等其他领域。由里斯主持编纂的《美国第二次冲突法重述》1960 年的第六个草案,抛弃了《美国冲突法第一次重述》中契约效力问题适用缔约地法的规定,采用最密切联系原则确定准据法;1963 年的第八个草案,又将最密切联系原则扩张及侵权领域,否定了长期以来适用侵权行为发生地法的规定。最后,最密切联系原则被正式确定为《美国第二次冲突法重述》的主导思想,指导包括物权、债权在内的各个领域的法律适用问题的解决。最密切联系原则适用范围的扩大也表现在许多其他国家的立法中,从而使最密切联系原则不仅是法官自由裁量的准则,而且是制定法律选择规则的标准。1978 年《奥地利联邦国际私法法规》第 1 条规定:“(1)与外国有连结的事实,在私法上,应依与该事实有最强联系的法律裁判。(2)本联邦法规(冲突法)所包括的适用法律的具体规则,应认为体现了这一原则。”该条第(1)项以总纲的形式确认了在处理涉外私法关系时应依据以最密切联系为标准选择的法律来裁判;第(2)项更进一步说明奥地利国际私法确定的具体法律适用规则总体上体现了最密切联系原则,这其中当然也包含了物权的法律适用规则。1988 年公布的《瑞士联邦国际私法法规》第 15 条第 1 款规定:“根据所有情况,如果案件与本法指定的法律联系并不密切,而与另一项法律的联系明显地更为密切的,则可作为例外,不适用本法所指定的法律。”这个规定更是从司法的角度要求法官在审理各类案件时，尽量寻求与法律事实更为密切的法律。美国学者斯蒂芬·麦克弗里对该法草案作出了恰如其分的评价："在每一主题方面，草案所包含的法律选择规则是根据各种条件和相关利益，向法院指出与特定事实情况有最密切联系的国家的法律。在这方面，草案与奥地利国际私法所采取的方法相近，奥地利法规定它的具体法律选择规则，也是体现该法所采取的'最强联系原则的'。"

总之，最密切联系原则，由于其自身灵活性的优势和注重维护当事人权益的特点，适用范围逐渐扩大。在物权领域，它不仅为物权适用物之所在地法提供了新的理由，也为物权适用当事人属人法、行为地法等提供了正当依据。

（二）当事人意思自治原则

当事人意思自治原则的扩张有着多方面深刻的原因。就物权领域而言，从根本上来说，一方面，物权法属于民商法——私法的范畴，因而也应当体现私法自治的要求，渗透私法自治的精神；另一方面，物权本身是一种私权，因而也应当通过权利人的自治而予以体现、保障和实现。

证诸各国立法和司法实践，也已经有不少在物权领域适用当事人意思自治原则的范例。值得提及的是，最初，杜摩林就是针对解决夫妻财产制问题而提出当事人意思自治的主张的。1525 年，有人就加内夫妇的夫妻财产制问题请教杜摩林，问他是否有可能避免适用该夫妇各项财产所在地的习惯规则，杜摩林表示赞成全部财产适用加内夫妇结婚时的共同住所地——巴黎的习惯规则。其理由，主要是夫妻双方已通过选择婚姻住所的方式默示愿意将其财产置于婚姻住所地法——巴黎的习惯规则的支配之下。显然，在这里，杜摩林对夫妻财产问题主张适用夫妻双方所选择的法律。尽管人们认为，这个案件是有关定性问题的典型实例，即把夫妻财产制问题定性为合同问题，但是，归根结底，它所要解决的是关于夫妻财产关系的法律适用问题，定性只是解决问题的手段。在立法方面，《瑞士联邦国际私法法规》第 104 条规定："对于动产物权的取得与丧失，当事人可以选择适用货物发送地国家的法律、货物送达地国家的法律，或者适用调整基本法律行为的法律。第三者不得反对这种选择。”第 105 条第 1 款规定：“抵押权、票据或其他权利适用当事人选择的法律。第三者不得反对这种选择。”1984 年《秘鲁民法典》第 2089 条第 2 款规定：“当事人可以将运送中有体财产物权的取得与丧失置于支配法律交易并调整该物权的创设或消灭的法律之下。双方当事人选择的法律不能对抗第三人。”

（三）“自体法”理论

除最密切联系原则和当事人意思自治原则之外，“自体法”（proper law）理论更是从纲领性的高度揭示并支持了物权法律适用的软化趋势，反映了现代冲突法对法律适用的灵活性和适当性的追求。

自体法理论发源于合同领域，并经历了主观论、客观论和现代论三个不同的发展阶段。主观论以合理遵循当事人的选择意愿为适当；客观论视最密切联系地法为适当；现代论则以“意图的标准”辅以“联系的标准”作为合同法律适用的适当标准。由此可见，不同的时期适当法以不同的形态展现出来，但它们都适应了当时的社会需要，并使法律适用问题的解决更趋合理。

虽然在不同的领域，适当法的具体要求不尽一致，但它作为指导确定准据法的一项原则或法律适用的应然标准，毫无疑问也可以在物权法律适用领域有所作为，指导物权法律适用向着无限合理性接近。而且，“自体法不是一个僵化的公式，而是一个面向实际的开放的理论体系”。随着人们对物权法律适用问题认识的深化、价值观念的更新以及客观情势的变化，具体衡量物权法律适用的“适当性”的标准也会发生改变，适当法理论将指导人们不断修正物权法律适用的标准，从而使软化的趋势更加强劲。

纵观物权法律适用的历史演进可以发现，物权法律适用的变化虽不像债权法律适用变化得迅速和鲜明，但也在因应着社会物质生活条件和人们思想观念的变化。不过，无论如何变化，物之所在地法原则都是解决物权法律适用问题的基本原则，这既是由物权关系的特点决定的，也是由物之所在地法的性质决定的。

五、我国关于物权法律适用的规定

我国《民法通则》第144条明确规定:“不动产所有权,适用不动产所在地的法律”。《民法通则意见》第186条规定:“土地、附着于土地的建筑物及其他定着物、建筑物的固定附属设备为不动产。不动产的所有权、买卖、租赁、抵押、使用等民事关系,均应适用不动产所在地法律。”

我国《涉外民事关系法律适用法》第五章物权第36—40条对物权的法律适用作了规定。第36条规定,不动产物权,适用不动产所在地法律。第37条规定,当事人可以协议选择动产物权适用的法律。当事人没有选择的,适用法律事实发生时动产所在地法律。第38条规定,当事人可以协议选择运输中动产物权发生变更适用的法律。当事人没有选择的,适用运输目的地法律。第39条规定,有价证券,适用有价证券权利实现地法律或者其他与该有价证券有最密切联系的法律。第40条规定,权利质权,适用质权设立地法律。

第二节 国有化问题

一、国有化含义

国有化(nationalization)是国家通过有关法令对原属私人或政府(包括外国自然人与外国法人、外国政府;内国自然人与内国法人以及内国前政府)所有的某类或某项财产长期的收归国有,由国家或它的机构加以控制和使用并予以一定补偿的一种法律措施。国有化问题的出现源起于20世纪六七十年代一些法制不健全的发展中国家,这些国家为发展本国的民族产业,在一定的条件下往往对位于本国的外国企业通过国有化的手段实行征收。与国有化概念相似但又有区别的还有三个概念:征用(requisition)、没收(confiscation)和征收

(expropriation)。“征用”通常是政府在紧急情况下为了公共利益而在一定期限内对私人财产予以征收使用,并给予一定补偿的一种措施。“没收”是指政府将私人财产永远收为公有、不给予任何补偿的一种强制性法律措施。“征收”则是指政府为了公共利益需要依法将私人的财物或企业收归公有,政府将给予补偿,也可能不给予补偿。对于含有涉外因素的国有化措施,其效力主要涉及两个方面的问题。

二、国有化措施的效力问题

对于国有化问题,国际公法、国际经济法和国际私法都会涉及。但前两者主要研究的是国有化涉及外国人的财产权利时,只有在什么条件下一国政府才能采取国有化措施;而在国际私法中,则主要是探讨国有化措施采取后,主种强制性法令的效力能否及于外国人在其境内的财产和本国人在外国的财产。

(一) 国有化措施的域外效力(国有化法令对本国人在外国的财产的效力)

国有化法令的域外效力,是指国有化法令对当时已在国外或其后被转移到国外财产的效力问题。就法令的域内效力来说,任何主权国家都有权依一定程序采取国有化措施,而不受他国干预,这是国际法上的一条公认准则。一般而言,国有化法令对被采取措施的内国人的财产,其绝对效力是不容置疑的。但对于其域外效力,实践中,产生此问题的通常有以下两种情况:

第一,一国实行国有化后,该国的某公司将国有化财产通过贸易转移到国外,该财产的原所有人主张对财产的权利,在此就会产生国有化法令的域外效力。对此,西方国家为了维护本国的经济利益,一般承认国有化法令的域外效力。在1956年海尔伯特威格公司(Re Helbert Wagg & Co. Ltd.)案中,英国法院指出:“英国和大多数国家的法律的基本原理是,一般来说,应承认每一文明国家有权对位于该国的动产立法—其他国家理应承认这一立法能够有效地变更动产的所有权。”戴西等人也指出,英国法院应尊重其他国家的独立主权以及法律的效力。

第二，一国国有化法令对被国有化的本国企业位于外国的财产是否有效。西方国家国际私法理论和实践往往否认，其否认他国国有化法令域外效力的理由有以下几种。

1. 刑法性法令说

他们认为通过没收手段实行国有化是在完全没有补偿的情形下做出的，具有刑法性法令的性质，故对法令生效时位于国内的财产固然有效力，但对位于外国的财产则不生效力。戴西和莫里斯认为，有补偿的征用是一种主权行为，具有域外效力；而没收则是一种刑事处罚，不应承认其域外效力。[1]

2. 公共秩序保留说

对私人财产实行国有化与西方国家坚守的私有财产神圣不可侵犯原则相矛盾，从而与西方国家的公共秩序相抵触，故应否定其域外效力。

3. 未被承认说

认为这种法令未得到有关外国的正式承认，从而拒绝承认其国有化措施的域外效力。

4. 未被控制说

该学说认为，只有已被实行国有化措施的国家事实上已掌控的财产，才能视为已国有化了的财产，而在实行国有化政策的国家之域外的财产是该国所不能掌握的财产，则应依物之所在地法，来决定该财产的命运。

5. 物之所在地说

认为根据物权应适用物之所在地法原则，位于外国的财产是在内国发布的国有化法令效力范围之外的，该部分财产的物权关系，应由财产所在地国的法律所支配。

我国学者均认为国有化完全是一种主权行为，故而其所指向的财产，不论

---

〔1〕《戴西和莫里斯论冲突法》，李双元等译，中国大百科全书出版社 1999 年版，第 569－573 页。

当时位于内国为外国人所有,还是属于内国人所有而位于外国,均应发生效力。即使在后一种情形下,也不能适用物之所在地法。

在和平与发展成为目前国际社会的主流趋势时,世界各国为了促进平等互利的国家间投资关系的发展,往往通过有关的国际条约,相互保证在一般情况下不对对方私人投资采取国有化措施。

(二) 国有化法令对外国人在本国财产的效力和补偿

有关国有化法令和措施对外国人在本国境内财产的效力,各国原来依习惯国际法禁止征收外国人财产的规则拒绝承认。但近年来由于主权原则的广泛尊重,以及国际社会合作的不断增强,各国一般倾向于承认外国国有化法令对其境内外国人财产的效力。所涉财产处于该国实际控制之下,其效力实际上已经产生。前述海尔伯特威格公司案中阿普琼法官指出,法院不追究外国政府在其境内行为合法性的原则,不限于涉及外国国民。美国最高法院在古巴银行诉沙巴蒂诺(Banco National de Cuba v. Sabbatino)案中也指出,缺乏条约或其他协议时,法院不追究外国政府在其境内占有财产的效力,即便宣称该行为违反国际法。但各国在承认国有化法令对其境内外国财产效力的同时,通常还要求所在国给予一定补偿。

对被国有化的外国人在本国境内财产是否应予以补偿,在各国国际私法上一直有分歧,但为了加强国际关系,一般给予补偿。各国实践主要有以下三种做法:

1. 不予补偿

这种观点认为,一国对其领域内的任何人和物所为行为,都是该国的主权行为,一国的国有化措施,更应受到他国的尊重。外国人必须无条件地接受所在国的管辖,自觉地服从和遵守所在国的法律规定,如果实行国有化的国家对其本国人不予补偿,那么对于外国人也可以不予补偿。

2. 给予"充分、有效、及时"的补偿

这是西方资本主义国家基于私有财产神圣不可侵犯理论而提出的主张。

这些国家多为资本输出国,其主张旨在保护本国海外投资者利益,“充分”指的是对被国有化的财产予以全额补偿,“有效”要求补偿的是世界硬通货币,“及时”指的是及时予以兑现。

3. 给予“适当、合理”的补偿

通过国际条约相互保证在一般情况下不对对方投资采取国有化措施,而在特殊情况下有此必要时,经适当程序给予适当的、合理的补偿。已成为当今国际社会的普遍实践。我国在 1990 年第七届全国人民代表大会第三次会议通过的关于修改中外合资企业法的决定中,更进一步明确宣布:“国家对合营企业不实行国有化和征收,在特殊情况下,根据社会公共利益的需要,对合营企业可以依照法律程序征收,并给予相应的补偿。”

如苏丹政府对美国华尔施建设公司资产征用后实行的补偿标准即为“适当补偿”原则。1967 年,当时苏丹政府因与美国政府断绝外交关系,便对原在苏丹承建喀土穆至瓦德·麦多尼公路的美国华尔施建设公司的部分机器设备实行征用,征用的总价值达 22 万美元。事后,苏丹政府与美国政府采用“适当补偿”原则就该事件的补偿事宜达成了协议。[1]

(三) 国有化措施补偿标准的理论背景分析

20 世纪以来,国际商贸关系开始由直接的贸易活动为主转向以国际间投资活动为主。在日增多的国际投资关系中,国际私人直接投资[2]占据着重要的地位,对于资本输入国产生了重大影响。当今世界,和平与发展已成为国际关系的两大主题。因此,东道国在一定情势下采取了国有化措施之后,往往会对投资者的损失进行补偿。从而东道国可能会采取何种形式的补偿标准则成了双方关注的焦点。所谓的国有化补偿标准,即对外国人财产实施征收或国有化

---

〔1〕 张慧龙、王元成、孙华忠主编:《涉外经济法案例解析》,中国青年出版社 1990 年版,第 270—271 页。

〔2〕 私人直接投资是指伴有企业经营管理权和控制权的投资,投资者在海外直接经营企业,并对企业的经营管理有着较大的控制权。

之后,东道国是否和在何种程度上给予补偿的问题。[1]在承认现代经济全球化发展的客观情况的前提下,我们将对历史上出现过的三种国有化补偿原则进行法理分析:

1.“赫尔规则”

这是一种由有关发达国家所提出要求实行国有化的国家有义务以“充分、有效和及时”的方式赔偿外国人的一切损失,并认为这是国际最低标准。该补偿标准说是美国国务卿赫尔1938年写给墨西哥政府的信中明确提出的,因而被称为“赫尔规则”。该规则实质上就是要求发展中国家从赔偿数量、支付方式及支付时间三个方面完全满足国外投资者的要求。西方发达国家将此作为最低国际标准。这一观点以私有财产神圣不可侵犯为基础,以保护既得权理论和反对不当得利理论为其法理依据。由于明显不能用调整平等民事主体间民事关系的传统民法理论来调整国际法中的民族国家之间的关系,所以既得权理论在今天已经陷入了困境,无法自圆其说。至于不当得利理论,一方面也因为存在类似于既得权理论的先天性缺陷,另一方面也由于外国资本在国有化前,在东道国获得的巨额垄断利润之大而不可能被发展中国家接受。

2.“卡尔沃主义”

这是曾任阿根廷外长的南美著名法学家卡洛·卡尔沃(Carlo Calvo)19世纪60年代提出的理论。当时,欧洲列强介入拉美国家与欧洲公司或个人之间在契约等方面的争议,借口护侨,滥用外交保护权,甚至动用武力向拉美国家索债,激起拉美国家的普遍愤慨。卡尔沃主义就是为了反对欧洲列强的粗暴干涉、反对其所谓国际标准、维护发展中国家属地主权的完整性而提出的。1868年,卡尔沃在《国际法的理论与实践》一书中强调指出:“属于一国国内的外国人与该国国民有同等受到保护的权利,不应受到更大的保护。”

卡尔沃主义有三个基本原则:(1)各主权国家是自由、独立和平等的,享有

〔1〕 卢炯星:《中国外商投资法问题研究》,法律出版社2001年版,第218页。

不受其他国家任何干涉的权利;(2)外国人对投资或其他商事上的争议,只能由当地法院进行司法解决;(3)外国人无权要求享有比国民更优惠的待遇。可以看出,卡尔沃主义的理论基础是各主权国家地位平等,外国人只能享有与内国人同等的待遇。所以,一国不得干涉他国内政,外国人的待遇只能是国民待遇,而不是高于国民的所谓国际标准待遇。卡尔沃主义的最终目的是维护属地主权的完整性,从而维护各主权国家的平等。具体到国有化补偿问题上,是否补偿及怎样补偿,完全是实行国有化的权利,是其内部事务,应由其国内法加以解决。由于当时发达国家的法院处理其他国家国有化事件,所以卡尔沃主义认为,其他国家运用其国内法律对在实行国有化的国家发生的国有化事件进行干预是侵犯国家主权。

卡尔沃主义由于有力地维护了发展中国家的利益,得到 1889 年至 1890 年召开的第一届拉美国家国际会议的支持,并被会议接受为美洲国际法原则之一。此后,它得到了拉美国家的长期支持,广大发展中国家也普遍予以赞同,从而成为拉美国家及其他一些发展中国家制定卡尔沃条款、坚持对国际投资争议包括国有化争议属地管辖权的重要法律依据。

但是,卡尔沃主义的真正含义并非不予补偿,而是要求其主权国家根据其本国法律自由决定是否补偿,补偿多少、何时补偿,国有化国家享有不受他人干涉的权利。所以,按照这一原则,国有化国家可以补偿,也可以不补偿;如果他们决定补偿,其补偿既可能是全部的,也可能是部分的,所有这些全由国有化国根据情况决定。在司法管辖方面,它反对发达国家采用“外国法院诉讼”,但不排斥以后出现的 WTO 关于争端解决办法的规定。

3. “适当补偿原则”

(1)“适当补偿原则”的概念。为了发展全球经济,消除投资和贸易壁垒,在广大发展中国家的努力下,联合国通过了两个对国有化补偿问题有重要意义的文件,这就是 1962 年的《关于天然资源之永久主权宣言》和 1974 年通过的《各国经济权利义务宪章》。这两个文件规定了国有化的补偿标准是“适当补偿”。《关于天然资源之永久主权宣言》规定:“行使其主权之国家应依据本国现行法规及国际法,予原主以适当补偿。倘补偿问题引起争执,则应尽量诉诸国内管辖。如经主权国家及其他当事各方同意,得以公断或国际裁判办法解决争端。”《各国经济权利义务宪章》规定:“应由采取此种措施的国家给予适当的补偿,要考虑到它的有关法律和规章以及该国认为有关的一切情况。因赔偿问题引起的任何争论应由实行国有化国家的法院依照其国内法加以解决,除非有关各国自由和互相同意根据各国主权平等并依照自由选择方法的原则寻求其他和平解决办法。”这两个文件包含了以下内容:给予投资者的补偿标准是“适当补偿”。何谓适当?即根据国有化国家的法律和规章的规定,同时考虑该国有关的一切情况。这里的“有关”应理解为“与补偿有关”,如东道国的经济情况,本次国有化对内国人的补偿等情况。这里突出了确定补偿标准的依据是国有化国家的国内法和国有化国据以做出判断的有关情况,强调了主权国家的权利。1962 年《关于天然资源之永久主权宣言》规定,补偿除了要依据国内法律外还要按国际法的要求。然而,我们知道,国际法在一国生效的条件只能是该国参与签订或加入的双边、多边国际条约或公约。而一国签订或加入的国际条约、公约是该国的法律渊源。正因为如此,1974 年的《各国经济权利义务宪章》做了修改,去掉了“国际法”三字。

“适当补偿原则”是在目前国有化实践中所采用的最为频繁的一种国有化补偿原则。在“赫尔规则”明显代表西方利益,而“卡尔沃主义”又从理论上拒绝了国有化问题国际法适用的可能的情况下,“适当补偿原则”不仅仅只是一种前面两种理论的简单折衷,其精要之处便在于,在强调了国内法的解决纠纷中的地位的同时,也没有完全的排斥国际法适用的可能。由此,我们可以看出,联合国的这两个文件立足于国家主权原则、各主权国家平等以及国民待遇原则,这是对卡尔沃主义的补充和发展。

(2)“适当补偿原则”的理论基础。关于适当补偿理论的法理根据,西方学者的代表性观点是不当得利和善意两种。国内学者亦有自己的观点。观点之一认为,适当补偿的法理依据是公平互利原则和国家对其自然资源永久主权原则[1];观点之二认为除了第一种观点认为的两点依据外,还有国际共谋发展的国际经济基本原则[2]。

西方学者认为,适用不当得利原则来解决补偿问题的主要优点是,该原则可以合法地表示补偿的义务,而不求助于"损害赔偿"的概念,这就可以把国有化行为的固有合法性与支付补偿的后果协调起来。他们认为,不当得利的原则应当适用于国有化国家和被征收财产的外国人。在补偿时,应将国家的得利情况和外国人因国有化而受的损失加以平衡。如果外国公司利用殖民地统治的特权而取得了巨大的利益,不全部补偿是有道理的。如国内学者所分析的那样,该观点忽视了国有化行为的合法性。

持善意说的学者认为,善意原则不仅适用于国家间,也适用于国家与外国人间的关系。如果外国投资者合法投资,又被无偿征用的话,那就违反了善意原则,东道国便失去了投资者的信用。这种观点企图使国家受其与外国人间契约的约束,结果将国有化看成非法,显然不合情理。

国内学者的观点之一认为,公平互利原则是在建立新国际经济秩序时提出的,是中国历来主张的平等互利原则的发展。根据这一原则,在补偿时要考虑双方的利益。一方面,要考虑国有化国家实行社会和经济改革的需要,要考虑到其经济发展水平和财政支付能力。另一方面,在补偿时,要考虑外国财产所有人的合法利益所受损失的各种情况,并予以适当补偿。同时注意外国人过去是否有不当得利,如果有,就要将其不当得利从补偿数额中予以扣除。依据国家对自然资源永久主权原则,一国对自然资源实行国有化时,参与开发该自然资源的外国投资者不应对由该国的自然资源所产生的利益主张权利,只能就其资产考虑补偿。同时,自然资源受到外国或殖民统治的掠夺的国家,有向掠夺者要求赔偿损失

---

[1] 姚梅镇主编:《国际经济法概论》,武汉大学出版社2001年修订版,第797页。
[2] 卢炯星:《中国外商投资法问题研究》,法律出版社2001年版,第224页。

的权利。当这些国家将某些外国企业收归国有时，就可以把征收国的反求偿来抵补对外国资本所应做的补偿，从而减轻支付补偿的沉重负担。

国内观点之二认为，其法理依据还应包括“国际合作共谋发展原则”。其理由是，该原则是所有国家的共同目标和共同义务，也是《联合国宪章》的主要宗旨和原则之一，它要求世界各国进行合作，为促进公平合理的国际经济关系作出努力。这意味着，在国有化补偿问题上，被国有化外国人及其母国应充分考虑到国有化国家实施国有化的历史根源及其对本国政治独立、经济发展和社会进步的重大意义，考虑到国有化国家的财政负担及其实际承受能力以及与发展中国家进一步合作、共同发展的需要等现实因素。另一方面，国有化国家应考虑到外国人财产损失的事实与双方进一步合作的需要，给予外国人以适当补偿。

西方学者是站在发达国家的立场来进行分析的，显然不符合法理。国内学者的观点不无道理。但是，我们认为，把国家的经济职权原则和公平原则作为“适当补偿”原则的法理基础更为准确。国家的经济职权意味着任何主权国家都有对该国经济进行管理和调控的权利。在必要的时候，出于对整体经济结构调整需要的考虑，国家将私人资产（包括外国人的资产）国有化，是国家经济职权的一种表现。无论什么性质的国家，有时都会进行国有化，资本主义国家企业国有化，“不过是国家垄断资本主义众多调节方式之一”〔1〕。因此，主权国家是否实行国有化以及国有化的补偿标准如何，完全可以由该国在不违背其所签订或加入的国际条约的前提下自由决定。当然，在决定时，应当注意补偿的公平原则。公平原则要求合理分配利益。具体到国有化补偿中，它要求兼顾与该国有化补偿案件有关的当事人各方利益。那么，对外国人的补偿就得考虑以下因素：(1)国有化国的经济承受能力怎样。如果国家的财政收支困难，就只能给予部分补偿甚至不予补偿。(2)国有化对该国经济的影响。例如国有化后，该国经济会有彻底改观，将上一新台阶，那么可以适当提高补偿的数额。(3)在该

---

〔1〕 傅殷学：《经济学基本理论》，中国经济出版社1995年版，第62页。

次国有化中国家对该国国民的补偿情况。对外国人的待遇不能低于国民待遇。(4)外国人的损失情况,及外国人的获利中是否有殖民掠夺成分。(5)对今后引进外资的影响。

国家的经济职权原则是公平原则的基础,在国家有经济职权的前提下才能决定怎样进行补偿是公平的。至于国家对自然资源的永久主权原则,仅涉及补偿的抵消问题,而不能决定总体的补偿标准。国际共谋发展原则属于操作层面的技巧问题,不宜被当作法理依据。

三、中国对外资国有化补偿的立法前景

中国的外商投资企业法已经明确承诺对外资不实行国有化,这表明一般情况下中国不会对外资实行国有化。在世界上,越南、蒙古、老挝、埃及、也门、加纳等发展中国家法律中也有类似规定。但在某些特殊情况下,中国可能对外资实行国有化,外商投资企业法规定的补偿标准是"相应的补偿"。为了适应 WTO 法律的透明度原则,为了保障对外国人一视同仁,即实行最惠国待遇原则,同时也为了便于吸引外资,在修改外商投资企业法时,宜将补偿的方法具体写明。毫无疑问,联合国有关文件规定的"适当补偿"原则已得到国际社会的公认,中国法律应当遵循该原则,并且在适应国际国有化补偿趋势的前提下,考虑我国的经济承受能力、引进外资的政策来规定,而且还得顾及外商的实际损失程度。

从中国现有所订国际条约来看,提供的补偿标准也比较高,如中奥协定、中荷协定、中意协定、中英协定等许多中外双边协定规定的补偿都类似于"充分补偿"。归纳起来,其补偿额是被征用的投资在国有化前夕的公平合理的市场价格,包括自征用之日起按商业上合理的利率计算的利息。我们认为可以将这一标准用于国内立法,在中国的外商投资企业法中固定下来。就我国目前经济实力的发展态势来看,已经具备承受这一较高的补偿标准的经济能力,何况我们一般不会实行国有化。同时,实行这一标准不会偏离"适当补偿"标准,引起其他发展中国家的不满,因为综合各方面的情况,这一标准是公平的。

第三节　信托的法律适用

一、信托制度概述

信托制度起源于英美法系，后逐渐被大陆法系所采用。信托是指将自己的财产交给信赖的第三人，让其按照自己的意向与要求对财产进行管理的制度。各国对信托的定义、种类、成立要件、当事人的权利与义务等方面的法律规定不同，也使得该制度在法律适用上产生冲突，需要冲突规则进行解决。

早期的信托制度比较单一，多是有关土地财产，因此，物之所在地法理所当然成为支配信托制度的主要因素。直至第二次世界大战以后，各国有关信托制度的法律选择规则发生了变化，法院开始采用其他连结点来选择适用法律，准据法的连结点也开始变得复杂起来。

二、《关于信托的法律适用及其承认的公约》

1985 年 7 月 1 日海牙国际私法会议主持订立了《关于信托的法律适用及其承认的公约》（以下简称《公约》），1992 年 1 月 1 日生效。该《公约》力求解决信托制度在不同国家承认的法律冲突问题，对信托的概念、可以适用公约的信托类型、先决问题、法律适用、信托的承认和适用法律时应考虑的强行性规则都做了统一的规定。

1.《公约》的适用范围

《公约》对信托下了一个定义："在本公约中，当财产为受益人的利益或为了特定目的而置于受托人的控制之下时，'信托'这一术语系指财产授予人设定的在其生前或身后发生效力的法律关系。信托具有下列特点：（一）该项财产为独立的资金，而不是受托人自己财产的一部分；（二）以受托人名义或以代表受托人的另一个人的名义拥有信托财产;(三)受托人有根据信托的条件和法律所加于他的特殊职责,管理、使用或处分财产的权力和应尽的义务。”

同时,《公约》规定:“本公约规定适用于信托的法律及其承认。”

2. 信托的法律适用

《公约》第6条至第10条对信托的法律适用作出了规定。信托应依财产授予人所选择的法律。该项选择必须是明示地或默示地规定在设定或书面证明信托的文件的条款中,必要时,须根据案件的情况予以解释。如果根据上述规定选择的法律未对信托或对有关的信托所属类别作出规定,该项选择不应为有效,应采取以下规则选择:如适用的法律未经选择,信托应依与之有最密切联系的法律。确定与信托有最密切联系的法律时,特别应考虑:(1)财产授予人指定的信托管理地;(2)信托财产的所在地;(3)受托人的居住地或营业地;(4)信托的目的及其目的实现地。

3. 信托准据法的适用范围

对于准据法的适用范围,《公约》第8条规定:“选择的法律应支配信托的有效性、解释、效力及其管理。该项法律尤其应适用于:(1)受托人的委派、辞职或撤换,作为受托人的行为能力,受托人职责的转移;(2)受托人相互间的权利和义务;(3)受托人将其义务的履行或权力行使全部或部分地委托给他人的权利;(4)受托人管理或处分信托财产、在信托财产上设定担保利益或取得新的财产的权力;(5)受托人进行投资的权力;(6)对信托存续时间以及积累信托收益的权力的限制;(7)包括受托人对受益人的个人责任在内的受托人和受益人之间的关系;(8)信托的变更和终止;(9)信托财产的分配;(10)受托人报告管理情况的义务。

三、我国关于信托法律制度的规定

我国《涉外民事关系法律适用法》第17条规定,当事人可以协议选择信托适用的法律。当事人没有选择的,适用信托财产所在地法律或者信托关系发生地法律。

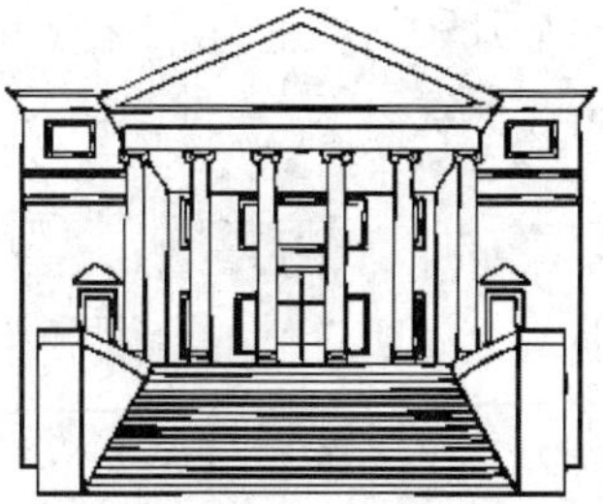

第九章

债权的法律适用

第一节　合同的法律适用

一、合同的法律冲突及其解决

（一）涉外合同的概念

合同是商品经济发展的产物，是平等主体的自然人、法人、其他组织之间设立、变更、终止民事权利义务关系的协议。尤其是随着资本主义时代的到来，跨越时空国际贸易活动的空前繁荣，使一个交易的发生很难仅仅局限于一国境内，于是，合同的法律适用就变得复杂化了，也就有了区分涉外合同与普通国内合同的必要，其法律适用也有了自身的特点。涉外合同，顾名思义就是具有涉外性质（或称含有涉外因素）的合同。究竟何谓合同的涉外性？人们常常从当事人具有不同的国籍、或当事人的营业场所位于不同国家领域内、或合同的签订或履行涉及两个或两个以上的国家来判定合同的涉外性”。事实上,以某种或某几种机械的标准来衡量合同是否具有涉外性似乎过于僵化,从而并不恰当。涉外合同,应是一个宽泛的概念,其表现形式是多样的,不应拘泥于机械化的“标准”,而应包括所有与外国有联系的情况:比如当事人各自的不同国籍与他们之间所订立的合同产生的联系;当事人的经营场所在不同国家,他们营业所所在地国家便与他们所订立的合同发生了关联;合同的订立地、履行地、标的物所在地等,都可能与两个或两个以上的国家产生联系。所以,涉外合同是指所有在某个方面或以某种方式与两个或两个以上的国家(法域)有联系的合同。

(二) 合同的法律冲突及其解决

1. 合同的法律冲突

由于合同涉及很多不同方面的法律问题,如合同当事人的缔约能力、合同形式、合同是否成立以及合同成立的时间、合同生效、合同内容解释、合同履行、违约责任、合同变更、中止、转让、解除、终止,等等,各国在这些法律问题的立法及实践上都存在较大歧异,产生了诸多法律冲突。

2. 法律冲突的解决

涉外合同法律冲突的解决也有两条途径:一是冲突法途径;二是实体法途径。关于与合同有关的统一实体法问题另有法学学科论及,本节主要讨论解决合同法律冲突的冲突法途径。

二、合同法律适用的理论与原则

(一) 合同准据法的概念

合同的法律适用是指如何确定合同的准据法。合同准据法是英国学者威斯特累克在萨维尼法律关系本座说基础上提出的概念,但并未做进一步的阐述,后来,戴西将其含义进一步明确为:合同的准据法是合同双方当事人打算或可能公平地认为已经打算使其合同受到约束力的法律。

我们认为,合同涉及许多不同的法律问题,如合同当事人的缔约能力、合同形式、合同的成立与效力、合同内容解释与合同履行等。在解决合同的法律适用问题时,有两种不同的方法论:一种方法主张对合同诸问题或诸因素不加分割,统一适用一个法律;另一种方法则主张对合同不同问题,不同因素或不同环节加以分割,分别适用不同的法律。与此相适应,合同准据法也就有广义与狭义之分。广义的合同准据法是指经冲突规范指引用来解决合同一切法律问题的实体法规则;而狭义的合同准据法只是用来解决合同的成立、效力与解释等主要问题的实体法规则。一般而言,当事人在合同中选择的准据法,多指狭义的合同准据法。本书也是在狭义的基础上使用准据法,即不管依什么方法确定的合同准据法,均非解决该合同发生的所有纠纷。

(二) 合同法律适用的统一论和分割论

1. 统一论

统一论又称单一论,指合同的一切事项均受统一的法律制度约束。统一论者认为,考虑到合同当事人缔约时的真实目的,为了保证合同的完整性,应当统一适用一个法律。在过去,许多学者认为应依合同缔结地法律,但后来认为应适用合同准据法。统一论力图使合同处于一种稳定统一的法律状态,这符合现代国际经济生活所要求的快速和简捷。但是,统一论忽略了合同关系的复杂性和合同当事人权益的有效维护。

2. 分割论

持分割论的学者认为:(1)就同一合同而言,合同当事人的行为能力、合同的方式、合同的有效成立以及合同的效力,可以受不同的法律调整;(2)就不同性质、不同类型的合同而言,不同种类的合同适用不同的法律。

就第一个方面来说,分割论的起源可以追溯到 13 世纪意大利的法则区别说,巴托鲁斯经过总结后主张合同的不同方面适用不同的法律;合同的方式及合同的实质有效性,应适用合同缔结地法;而对合同的效力在当事人一致同意于某地履行的情况下,应适用该履行地法律,而当事人无此种一致同意的履行时，则可依法院地法解决；当事人的能力，依当事人住所地法。

在该学说的基础上，后来许多学说与实践都主张对合同当事人适用属人法，对合同的形式适用缔约地法，对合同的履行适用履行地法，而对合同的成立及实质有效性适用合同准据法。美国在司法实践中就采纳了这一观点。1876年美国最高法院法官亨特在斯卡德诉芝加哥联合国民银行（Scudder v. Union National Bank of Chicago）案（该案涉及一个口头允诺是否有效的问题）中称，有关合同的形式、解释和效力问题应由合同订立地法支配，有关合同的履行由履行地法支配。此后，该案确立的原则曾长期成为美国法院的指导原则。后来这种分割方法在比尔的影响下，编进了《第一次冲突法重述》，继而被《第二次冲突法重述》沿用。

3. 统一论和分割论的发展

分割论遭到了近现代一些理论与实践的反对。瑞士法院在 1952 年 Chevatley Case 中认为，把合同的形式和合同的效力区分开来，分别适用不同的法律，常常是十分困难的，直到判决最后作出之前都一直是不明确、不肯定的。瑞士法院还认为，一个合同无论从经济的观点看，或者从法律观点看，都应该是一个整体。因而它的解释、履行都应该只由一个法律支配。然而分割方法仍有其旺盛的生命力，并且也有了新的发展。传统的分割方法，常是属地主义的反映，过于注重合同的不同方面与特定场所之间的机械联系，而不考虑合同的内在因素和争议问题的性质，因为其过于僵化而逐渐被淘汰。新的分割方法则建立在最密切联系或某种利益分析的基础之上。1980 年欧洲经济共同体签订的《关于合同义务法律适用的公约》（简称 1980 年罗马公约）第 3 条明确规定："双方当事人可自行选择适用于合同全部或部分的法律"。《美国第二次冲突法重述》在 188 条也规定，与合同某个问题有关的权利和义务应由有最密切联系的法律调整。有人认为，允许分割是符合当事人意思自治原则要求的，但是这种分割应是有限的，如按照前述公约的规定，当事人为了使某一个别合同条款有效，而避开与之有最密切联系的国家法律的强制性规定，这种强制性规定不因其被当事人的选择而受排斥或失效，这样就限制了对合同的非善意分割。

对于第二个方面，即所有合同均适用一样的冲突规则，还是分清不同类型和性质的合同，各自确定其准据法，学者们也都有不同主张。有的认为，随着国家对经济生活干预的加强，过去只适用单一冲突规范的情况受到了极大的挑战，如现代国家“直接适用的法”的产生；但有的认为，不管什么合同，都是当事人之间的一种协议，包含着当事人的共同意志，因此应一概适用同样的法律选择方法。

因此，当今在涉外合同的法律适用上，分割论是选择的主流，这已为实践所承认，但毫无限制的分割因常引起适用法律的不稳定、不统一和不明确而受到一定的限制，不能孤立地看待这种对立，而应对其进行综合的分析而适用。简言之，对合同的实质效力、当事人的权利义务适用的法律一般不能分割，应统一适用合同准据法；对合同的成立可灵活适用（下文有论述涉及），对合同当事人的缔约能力应适用分割理论，以当事人本国法为主，以缔约地法为辅的原则。

（三）合同法律适用的主观论和客观论

在合同法律适用上，从巴托鲁斯时代起，合同的成立与效力长期适用缔约地法律。这种机械的做法最早为杜摩兰所反对，他认为当事人的意图（哪怕是根据当事人默示的或可能的意图）应对适用的法律起决定作用。这就从一个新的角度，提出了以采用何种法律选择方法来解决合同法律适用最为合适的问题。自此，在合同法律适用上开始形成长期对立的两种观点：客观论和主观论。

1. 合同法律适用的客观论

合同法律适用的客观论是指以某种固定的场所因素作为连结点来确定合同准据法的主张。因而最适用于合同的法律，应该是合同关系在那里“场所化”了的地方的法律。衡量“场所化”的标准，就是看反映在合同构成及效力条款中的一系列客观因素最集中地与某一国发生联系。这种集中的关系，学者们或用“自然本座”，或用“重力中心”，或用“最密切联系”等概念来表述。但历史上的客观论者也并非都主张只适用合同缔结地法，还有主张或适用债务人住所地法,或当事人本国法,或“与合同和当事人有最重要联系的国家的法律”。

2. 合同法律适用的主观论

合同法律适用的主观论是指根据当事人双方的主观意图来确定合同准据法,即所谓当事人意思自治理论。主观论认为,在民事法律关系方面,当事人既然有权利按照自己的意志和协议创设某种权利义务,他们当然也有权利来决定适用于其协议的法律,这两个方面应该是一致地、有机地结合在一个合同中的。

判例中最早适用当事人意思自治原则的是英国1760年罗宾逊诉布兰德案。该案法官认为,在一般情况下,合同虽要受缔约地法而不是履行地法支配,但该原则有个例外,就是当事人在缔约时未曾考虑过适用另一国的法律。该案件可以说是英国在合同准据法上适用意思自治原则的首个判例。事实上,英国法院此后仍一直适用缔结地法原则,直到1865年法院接连作出对Peninxulau and Oriented Steam Navigation Co. V. Shand案和Lloyed V. Guibert案的判决中,才彻底确立了意思自治原则的适用。此后,许多国家的立法或判例也逐渐接受了这一原则。

3. 主观论和客观论的有机结合

从当今法律适用的理论及实践来看,国际私法上的合同主要适用当事人自主选择的法律,但依客观联结因素确定合同准据法的方法仍有其存在合理性。

当事人在签订合同之初,或者由于根本没有考虑到法律适用问题,或者在这一问题上无法达成一致意见,或者由于合同的性质特殊,法院根本不承认当事人所做的法律选择。比如在各国逐渐兴起的一种保护弱方当事人利益的立法取向,当事人的选法自由就或多或少受到限制。英国1977年《不公平合同条款法》就是一个强制适用的侧重于保护消费者利益的法律,该法为了防止通过选择外国法作为合同的准据法而间接地抛开这个法律,在第27条第2款规定,不论对合同条款是否有意适用英国以外的其他国家的法律,本法都具有拘束力。如果,(1)这个条款表明其完全或主要是为了避开适用本应适用法律的目的而订立的,或(2)在订立合同时,当事人一方是作为消费者,当时又有惯常居所在英国,并为订立合同在那里采取了必要的步骤。英国著名国际私法学家莫里斯认为这样的法律就是不受通常的冲突规则影响而直接适用的"超法"。法国国际私法学者弗朗塞斯卡基斯称此类法律规范为"直接适用的法"。另有学者称之为"自我限定的法"或"空间上受调整的法"、"必须适用的法",等等。

主观论也存在另一个问题,即是否承认当事人意思自治这一行为的有效性。因为当事人并非法律专家,很多情况下,当事人的选择用语模糊、并不明确;以及对默示选择是否承认和承认的标准,各国仍然持不同的态度。

(四) 合同法律适用的具体方法

尽管合同法律适用的主要方法在历史上经历了不同的阶段,如 19 世纪以前主要以合同缔结地或合同履行地等客观连结点为依据决定合同准据法,19 世纪中叶以后以当事人意思自治为主,决定合同准据法,和目前以合同自体法为代表的开放灵活性冲突规范决定合同的准据法。但现在流行的主要方法有意思自治原则、客观标志说、最密切联系原则和特征性履行方法,以及合同自体法。

1. 意思自治原则

(1)意思自治原则的产生与发展。意思自治是法国学者杜摩兰 16 世纪在《巴黎习惯法评述》中提出的。按照意思自治原则,双方当事人可以自由选择一个习惯法作为契约的准据法,从而可以摆脱本地区法律的束缚,冲破属地原则的禁锢。由于杜摩兰的这一理论,在实践中符合资本主义经济发展的客观需要,后来逐步发展成为涉外民商法律适用中合同之债的一项基本原则。

当事人意思自治原则最早出现在法院判决中,是英国 1760 年的罗宾逊诉布兰德一案。到 1865 年法院接连对"佩尼舒勒及东方航运公司诉香德案"和"劳埃德诉吉伯特案"作出判决,法院开始完全放弃适用缔约地法这种一贯做法,自始确立了意思自治原则。此后,许多国家的立法或判例也逐渐接受了这一原则。

在美国,大规模的从"合同订立地法"规则转变到"当事人意思自治"原则发生在20世纪50年代以后，里斯编纂的《美国第二次冲突法重述》第187条肯定了“当事人意思自治”原则，而现在已为美国法院广泛接受。

《法国民法典》中没有国际合同法律适用问题的明确规定，但在1910年最高法院的一个判决中承认了“当事人意思自治”原则，该判决认为“支配合同、合同的成立、合同的条件及合同的效力的法律，是合同当事人所选择的法律。”我国确立“当事人意思自治”原则是改革开放后1985年颁布的《涉外经济合同法》中最早规定的。

(2)意思自治原则的含义。当事人意思自治原则，是指涉外合同法律适用中，当事人有权选择支配他们所订立的涉外合同的法律，其实质，在于赋予合同当事人一种选择法律的特殊权利。它的优点是：其一，当事人对法律后果的可预测性；其二，准据法的确定性和一致性；其三，当纠纷发生时，更易于迅速地解决纠纷。其基本特征为：其一，它使合同当事人有权参与确定支配他们所订立的涉外合同的法律；其二，它的实际作用的发生，以合同当事人选择法律行为作为基础和前提；其三，它使支配涉外合同的法律同地域脱离了固定的联系。

(3)当事人运用意思自治原则时要注意的问题。

第一，法律选择方式。当事人选择法律的方式，除了书面形式和口头形式的明示法律选择外，还有默示的选择。明示的法律选择即是指合同当事人以文字、言词所作出的关于法律选择的协议。从法理上讲，只要当事人的法律选择确是双方自愿达成的合意，无论后来采取的是书面形式，还是口头形式，都应据以认定为达成了协议，效力也是等同的。当然，前提是口头形式的协议必须有确凿的证据证明这一事实的存在。

毫无疑问，明示的法律选择在当事人意思自治原则中总是得到肯定的，不同的是各国是否承认默示的法律选择。所谓默示的选择，即在合同当事人未作明示的法律选择的情况下，法院根据一定的合同条款、词语和案件事实所推定出来的合同当事人关于法律选择的意向。默示的法律选择也被许多学者认定为解决合同法律适用问题的有效手段之一，世界上许多国家的法律和国际条约中,对默示的法律选择就予以充分肯定,如1955年《关于有体动产国际买卖法律适用的公约》第2条第2款、1980年欧共体《关于合同债务的法律适用公约》第3条第1款、1985年《国际货物销售合同法律适用公约》第7条第1款都规定了默示的法律选择方法的有效性。

但也有一些国家认为,默示的法律选择给予法官太大的自由裁量权,并认为它往往是法官替当事人作出的选择,因而不承认默示的法律选择,我国就是其中之一,在1987年最高人民法院所做的《解答》中明确规定"当事人的选择必须是经双方协商一致的和明示的"。

第二,法律选择的时间。合同当事人通常在他们订立合同时就进行了法律选择,这样的法律选择构成合同中的法律选择条款。但由于各种原因,如合同当事人互不让步,或放任不管,或疏忽大意,或侥幸心理,还有国家等特殊主体所订立的涉外合同,当事人常常并未在缔结合同的同时作出法律选择。国际社会对这种情形的普遍应对方法是允许当事人进行事后的法律选择。首先来看国际公约的规定,1985年《国际货物销售合同法律适用公约》(以下简称1985年海牙公约)第7条第2款规定,"当事人可在任何时候约定,其销售合同全部或部分适用原来所没有规定的法律,而不管原来适用的法律是否由于当事人的选择。销售合同订立后,当事人对适用法律的任何变更不得有损于合同在形式上的有效性或第三人的权利"。可见公约不限制当事人选择法律适用的时间。从国外的立法看,多数国家也允许当事人在合同订立前直至纠纷发生后的法律选择,但对事后的选择有一定限制,即不能因此损害第三人的利益,并不得使原来成立的合同归于无效。

也有一些国家不允许事后的法律选择,这方面,意大利法院和英国上诉法院均有不允许当事人在订约之后选择法律的判例。

第三,法律选择的变更。从理论上说,允许当事人缔结合同后变更合同准据法的做法在逻辑上与允许当事人最初选择合同准据法的当事人意思自治原则并不矛盾。许多国家立法对此给予肯定,前面提到的1985年海牙公约也允许这种变更,但限制变更不得有损于合同形式的有效性或第三人的权利。一般认为,我国也允许当事人的这种变更。由中国国际私法学会组织起草的《中华人民共和国国际私法示范法》中明确规定当事人“可以在订立合同以后变更在订立合同时选择的法律”。该示范法不具有立法效力,但显示了我国国际私法学者对变更选择合同适用法律的认同。

第四,法律选择的范围。当事人根据意思自治原则所选择的法律只能是实体法,而不包括该国的冲突法,这是多数国家的立法和条约一致认可的,而且现在国际上还倾向于允许当事人选择适用于整个合同所有法律事项的法律,或者适用于合同某些部分的法律。当然,这些实体法规则应是国内法中或国际条约中的任意性规定或国际惯例。

至于当事人选择适用于合同的法律,是否应当与合同之间存在法定的联系,各国规定不同。有的国家立法上明文规定合同当事人可以选择的几种法律;有的国家规定当事人与其选择的法律必须有某种特定联系,如果缺少这种法定联系,则归于无效,如《美国第二次冲突法重述》要求合同当事人所选择的法律必须与当事人或交易有“实质联系”(substantial relationship),而按照已为美国 49 个州接受的《统一商法典》,合同当事人选择的法律必须与合同有“合理的联系”(reasonable relation);有的国家并不要求当事人选择的法律与合同之间存在法定联系,从而可以推定当事人可以自由选择法律,而不必考虑其选择的法律与合同有什么联系。我国《合同法》第 126 条规定“合同当事人可以选择处理合同争议所适用的法律”,并未明文对选择范围加以限制。值得注意的是,对当事人选择的法律与合同之间存在某种特定联系与否不做限制是当事人意思自治原则的愈益明显的发展趋向之一。

第五,法律选择的正当性。也就是说当事人进行法律选择必须符合善意、合法的准则,并且不能违反公共秩序和强制规则。凡是当事人通过胁迫、欺诈、恶意串通等方式选择的准据法,或是意在规避某种强制性或禁止性规范的情形下所做的法律选择,均违反了正当性原则,应认定为无效。早在提出“意思自治说”时，杜摩兰就指出，那些具有强制性的习惯是不能依当事人的意思而排除其适用的。因为强制性规则（mandatory rules）本身就是国家对社会经济活动控制和干预的一种反映，它是不依赖于当事人的意志而必须支配当事人行为的规则。像国家经济管制的法律规范和对某类利益进行特殊保护的法律规范，如外贸管制的规定，都不能被当事人的选择所排除，仍然于合同有直接拘束力。强制性规则的限制不仅来源于内国法律，它可能由于有关条约规定或者为利于争议的公正解决，而被法院主动自愿地适用外国的强制性规范。但出于主权利益的考虑，内国法院没有责任或义务去执行外国的公共秩序，除非存在双方都是有关条约的缔约国，作为条约一方缔约国的内国司法机关在特定的案件中有适用“外国的强制性规则”的国际义务。

2. 客观标志原则

（1）客观标志原则的起源。客观标志原则是指在涉外合同的法律适用上，依照某些与合同有关的客观性标志来确定合同准据法。它是“场所支配行为原则”在确定合同准据法理论上的直接体现，是确定合同准据法最古老的理论，产生于13世纪的法则区别说初期。巴托鲁斯通过总结主张对合同的不同方面分别适用不同的法律，并提出一些标志作为适用的依据。后来许多国家的立法和实践相沿成习，形成了较为固定的学说。

（2）常用的客观标志。在各国的立法和司法实践中，最能体现客观标志原则的标志主要有两种：①合同缔结地。指合同双方当事人缔结合同的地方。自巴托鲁斯提出合同的形式和实质有效性适用合同缔结地法以来，合同缔结地这一标志一直在合同法律适用领域占据统治地位，直到19世纪上半叶，久而久之，形成合同缔结地法这一系属公式。在交通、通讯等不甚发达的封建制度时期，合同缔结地常常是合同法律关系的聚集地，故以此为标志决定合同法律适用有其优越性和合理性。②合同履行地。指合同双方当事人履行合同义务的地方。合同履行地作为合同法律适用的标志，亦产生于法则区别说时期，但最初它在这一领域中的地位并不突出。随着实践的深入，人们发现，合同履行地通常是合同预定结果的发生地、合同标的物的所在地,也是最容易引发合同争议的地方,故合同履行地在合同法律适用领域中的地位日益提高,德国的萨维尼就采用了这一标志。除此之外,债务人住所地、被告住所地、合同当事人的国籍、法院地、仲裁地、物之所在地等,也在客观标志原则的影响下,分别被不同国家作为确定合同准据法的标志。

(3)客观标志原则的演化趋势。客观标志原则代表了合同准据法理论发展的第一阶段,在历史上曾发挥过重要作用。随着社会经济环境的变化,国际私法的着眼点已从地区性合同转向国际性合同,每一个合同中所涉及的标志纷繁复杂,企图以一个单一的标志确定合同准据法,调整合同权利义务,已越来越显得机械、呆板,缺乏针对性和合理性。但它毕竟形成已久,其具有的客观性和可操作性,无可比拟,特别是它将合同与某些标志联系起来考虑的观念,更是难以抛弃。故客观标志原则随着历史的发展早已不再是涉外合同法律适用的唯一原则,但在各国的立法和司法实践中仍然发挥着潜移默化的影响。近几十年来,以美国为首的一些国家对传统的客观标志原则进行了革新,赋予其新的内涵,使之进化演变为最密切联系原则。

3. 最密切联系原则

(1)最密切联系原则的含义与历史发展。最密切联系原则是指某一涉外民事法律关系适用与该法律关系有最密切联系的国家的法律。在合同的法律适用上,最密切联系原则是指合同应适用的法律,是合同在经济意义上或其他社会意义上集中定位于某一国家的法律。它的思想渊源可以追溯到德国著名国际私法学家萨维尼的"法律关系本座说"。萨维尼认为,每一法律关系,根据其自身的特点,都与某一法律制度相联系,而其联系的所在,即是该法律关系的"本座";要在一法律关系上达到适用法律的一致性,就必须适用以"本座"为标志来确定的法律制度。萨维尼所使用的"本座"一词,在含义上相当接近于当代冲突法中的"最密切联系地"一词。但是,萨维尼认为每一法律关系有且只有一个"本座",人们因此可以而且必须建立起一整套机械的法律选择规范体系;而最密切联系学说恰恰反对建立机械的法律选择规范体系,强调的是一切争议由法院依据具体情况,或在立法者提供某些标志的指导下作出判断。因此,最密切联系原则不是对"法律关系本座说"的简单承袭,而是对它的扬弃。早在1880年,深受萨维尼影响的英国国际私法学者韦斯特莱克在其《国际私法论》中就提出了"最真实联系"(the most real connection)的概念。美国的富德在1936年的"贝科克诉杰克逊"案中进一步发展了最密切联系学说,而里斯是通过深入广泛的研究,明确使用了"最密切联系"这一概念,并将它写进了《美国第二次冲突法重述》。有人称它为"改良的最密切联系原则"。这方面,美国纽约州上诉法院1954年在"奥廷诉奥廷案"中所做的判决是最早的判例之一。在这之后,最密切联系原则不仅在美国得到广泛重视,而且对其他国家也产生了很大影响。例如1978年《奥地利联邦国际私法法规》、1982年《土耳其国际私法和国际诉讼程序法》以及1989年《瑞士联邦国际私法法规》,都不同程度地吸收了这一原则。

英国是在20世纪50至60年代,主要受切希尔和莫里斯的主张影响,法院才在司法实践中使用了最密切联系原则,它并未取代推定当事人默示法律选择的方法,而是作为这一方法的补充或辅助方法而存在的。其判例可见英国1951年"博奈森诉澳大利亚联邦案",枢密院司法委员会在判决中认为:"……债的实质必须由合同的准据法来决定,亦即由订立合同以其为基准的法律体系或与交易有最密切和最真实联系的法律体系来决定……"

法国在成文法中尚无关于涉外合同法律适用问题的规定,但在司法实践中却创立并遵守了某些规则。例如,在20世纪60年代后,受巴迪福关于"合同定位"理论的影响,法院开始转向最密切联系原则。

(2)最密切联系原则的应用。最密切联系原则的真谛,在于软化传统的硬性连结点,增强法律适用的灵活性,从而有助于保证法律适用结果的合理性。其缺陷在于:不同的法官,即使面对情节相同的案件,也可能选择不同国家的法律,因而难以充分保证法律适用结果的确定性。为此,在具体适用中应遵守一定的规则。里斯在《美国第二次冲突法重述》中抛弃了硬性规则，以多少可供选择的系属联系代替了不变的单一连结公式，确定了“最密切联系原则”所要求的具体内容，并指出了法律适用的一般原则应该是：其一，受联邦宪法的制约，即每一个法院在选择法律时应该遵循本州成文法规的指示；其二，在缺乏这种指示时，有关法律选择应考虑的因素有：甲、州际或国际体制的需要；乙、法院州（或国）的相关政策；丙、其他利益有关的州（或国）的相关政策；己、判决结果的确定性、预见性和一致性；庚、将予适用的法律易于查明和适用。但是，依据最密切联系原则确定涉外合同的法律适用，不同学者有不同的主张，有学者提出由连结点的量和质的不同确定，即采用“合同要素分析法”。它是一种“弹性法律推定方法”，包括对合同要素量的分析和质的分析。这种分析方法重点在于如何评估不同的连结点在具体案件中的质量，从而确定最密切联系地。也有学者提出应为每种涉外合同制定出一组冲突规范，以多数连结点聚集地确定，或者以最主要连结点所在地确定。从司法实践看，由于最密切联系原则本身没有提供必要的严密而精确的分析方法，就使得它的应用在很大程度上依赖于法官的分析和判断，无法排除法官的地域偏见，从而比较适用于判例法国家而不太适合于法典化国家。

4. 特征履行原则

（1）特征履行原则的历史发展。特征履行原则，有的称为特征性给付原则（the Doctrine of Characteristic Performance）。它作为一项具体贯彻最密切联系原则的涉外合同法律选择方法，早已被许多国家的立法和司法实践所采纳。

自20世纪60年代开始，许多国家尤其是大陆法系国家采用了最密切联系原则具体化的方法，即以特征性履行方法来具体贯彻最密切联系原则。1955年第7届海牙国际私法会议上通过的《国际有体动产买卖法律适用公约》（简称1955年海牙公约）、1980年的《罗马公约》以及瑞士、丹麦、德国、奥地利、中国的立法都采纳了这一方法。

（2）特征履行原则的含义。合同特征性履行理论的核心在于确定各种不同合同的特征性履行义务,并以此作为选择合同准据法的客观依据。特征性履行是与非特征性履行相对而言的。所谓特征性履行,又称为特征性给付,是指双务合同中代表合同本质特征的当事人履行合同的行为。例如,买卖合同中卖方交付物品的给付行为反映了这种合同的本质特征,因而属特征性履行;而买方支付货款的行为反映了双务合同的共性,不能反映买卖合同的本质特征,故属于非特征性履行。

以特征性履行原则来确定合同准据法的实质在于考察合同具体的社会功能,即合同意在实现的社会目的,确定各类合同所具有的特殊性质,即它的特征性履行,适用与特征性履行人联系最密切的法律。可以说,该理论的目的之一是主。为了避免分割合同,使所适用的法律是支配合同所有主要问题的一个单一法律。

(3)特征履行原则的应用。依据特征履行原则确定涉外合同应适用的法律,通常是将合同分为不同的种类,进而根据各种合同的特征性履行一方当事人的住所地、惯常居所地或营业所所在地为标志来分别确定各种涉外合同的法律适用。采用这种方法的主要是大陆法系国家,因为大陆法系国家的判例制度不像英美法系国家那么发达,也没有遵守先例的传统;如果让法官在选择法律方面拥有很大的裁量权,就容易造成法官们各行其是的局面,使法律适用结果的确定性无法得到保障。特征履行原则运用的前提是依合同特征对该合同种类的划分,由于不同种类的合同具有不同的特征,所以,按这种方法来确定支配合同的法律就避免了“合同订立地法”原则或“合同履行地法”原则的刻板性,通过这种方法,可以针对不同种类合同所具有的不同特征,来分别确定支配它们的法律。

以特征性履行方法来确定与合同有最密切联系之法律的做法,使最密切联系原则理论上更趋完善,实践中更具可操作性,得到国际学术界和司法界的一致肯定。这体现了最密切联系原则的不断发展,适应了时代发展需要的强劲生命力。

5. 合同自体法

合同自体法理论被认为是英国学者对国际私法的独特贡献。由于“Proper”一词含义甚广,我国学者对“Proper Law of Contract”有不同的译法。有的认为它与“Applicable Law”一样,应将之译为“合同准据法”;有的认为应译为“合同特有法”;还有的认为应译为“合同宜用法”;以及译为“合同当用法”;等等。韩德培教授则主张将它译为“合同自体法”。将“Proper Law of Contract”译为“合同自体法”能较好地反映出“Proper Law”的本质,且用来已久,故本书支持并仍沿用此译法。[1]

(1)合同自体法理论的发展阶段及具体内容。第一阶段是所谓的“主观论”阶段。这一阶段的代表人物是戴西,他认为合同自体法是指合同当事人意予使合同受其支配的法律。第二阶段是“客观论”阶段。这一阶段的代表人物是威斯特莱克和切希尔,他们认为合同自体法是与合同有最密切最真实联系的法律。第三阶段是现代合同自体法理论阶段。该阶段的代表人物是莫里斯,他在糅合“主观论”和“客观论”的基础上提出了自己的看法。他认为合同自体法是指合同当事人明示选择或默示选择的法律;在当事人既无明示选择,又不能

---

〔1〕 关于自体法与准据法的区别,沈涓教授进行了深入研究。她说,准据法泛指所有最终被确定的实体法,不论依据、方法,或者说,从准据法一词看不出实体法是依据什么观念、原则和运用什么方法确定的。自体法一词由于在提出之初就被赋予了特殊含义,并被提出者与有关观念、原则和方法结合起来解释。因此,从自体法一词可看出实体法依据什么原则被确定。这就是说,国际私法各领域中法律关系应适用的法律,有的可以自体法简称之,有的则只能以准据法简称之。具体说,因为自体法理论以最密切联系原则为基础,所以,大面积纳入最密切联系原则的领域中,应适用的法律可被简称为自体法,如合同和侵权领域;而在最密切联系原则尚未占主导地位的领域,应适用的法律只可被简称为准据法。自体法概念的独特意义在于,它表述更多的是确定准据法的观念和寻找准据法的精神,而主要不是法律的表述。之所以在最密切联系原则之外,还要提出自体法概念,目的是要构筑一个观念层面。关于自体法,英国学者并没有提出一整套理论,而只提出了一个自体法概念,表述了一种观念,即确定准据法时应以关注结果为重点,选择最适当的法律。所谓自体法理论,其核心仍是最密切联系原则,没有更新的内容,这一理论是将自体法观念与广义最密切联系原则(包括意思自治原则)结合而构成的。所以,应该说,英国学者的贡献体现在提出自体法观念和最密切联系原则两个方面。参见沈涓:《合同准据法理论的解释》,法律出版社2000年版,第173—176页。

推定当事人默示选择法律的意图时,合同自体法是指与合同有着最密切最真实联系的法律。

(2)合同自体法理论的应用。合同自体法理论完成了合同法律适用问题上主客观论的协调和统一,平息了主客观论的纷争,它既肯定了自治原则,适应了各国经济社会发展的需要,又弥补了意思自治原则的不足,对当事人没有选择的情况做出规定;同时,它还把最密切联系原则吸收进来,在另一个层次上保证了法律适用方法的灵活性,有利于公平合理地维护当事人和有关国家的利益。

自体法理论因为国际私法大家的倡导与推介而对英国的司法实践产生了不小的影响。其他许多国家也采纳了这一理论。1971年的《美国第三次冲突法重述》、1951年的《比荷卢国际私法条约》、1980年欧共体《合同债务法律适用公约》、1986年海牙《国际货物买卖合同法律适用公约》等等都采用了当事人自主选择加最密切联系原则的法律适用方法。我国的《民法通则》和《合同法》的相关规定也符合这一国际趋向。

三、中国关于合同法律适用的规定

(一) 关于合同法律适用方法的规定

关于合同法律适用的争议包括下列几个方面:合同的订立、效力、履行、变更和转让、终止和违约责任等。

关于合同当事人缔约能力的法律适用问题,我国在立法层面与司法实践中,对自然人基本采取的是行为地法原则,对法人采取的是本国法兼行为地法原则。关于合同形式的法律适用问题,对合同中有一方当事人为中国的企业或经济组织或自然人的,应适用我国法律。

(二) 确定合同准据法的原则

我国学者对合同法律适用问题基本上都主张采用以意思自治原则为主、以最密切联系原则为补充。这一主张也体现在我国的相关立法和司法实践中。

归纳我国相关立法规定主要有《涉外民事关系法律适用法》、《民法通则》、《民法通则意见》、《合同法》,以及2007年最高人民法院《关于审理涉外民事或商事合同纠纷案件法律适用若干问题的规定》。此外,《中外合资经营企业法》、《技术引进合同管理条例》、《中国银行对外商投资企业贷款办法》以及《海商法》中也有涉外合同问题的相关规定。概括起来,有以下几种确定合同准据法的原则:

1. 意思自治原则

我国赋予该原则在涉外合同法律适用中首要原则的地位。我国《涉外民事关系法律适用法》第41条规定:“当事人可以协议选择合同适用的法律。”《民法通则》第145条、《合同法》第126条、《海商法》第269条也做了类似的规定。但在实践中,我国对这一原则的适用又规定有以下限制:对当事人选择法律方式的限制;对当事人选择法律时间的限制;对当事人选择法律内容和范围的限制;意思自治原则适用范围的限制。

(1)对当事人选择法律方式的限制。对于法律选择或变更选择的方式,我国规定必须是明示的,从而排除了默示选择的方式。

(2)对当事人选择法律时间的限制。我国对当事人选择法律的时间作出了相当宽松和灵活的规定,提出当事人在订立合同时,或者在发生争议后,甚至在一审法庭辩论终结前,都可以做出选择或变更选择。当事人未选择合同争议应适用的法律,但均援引同一国家或者地区的法律且未提出法律适用异议的,应当视为当事人已经就合同争议应适用的法律作出选择。

(3)对当事人选择法律内容和范围的限制。当事人选择的法律,可以是中国法,也可以是外国法。但选择的法律只能是实体法,不包括外国的国际私法规范和程序法,这就排除了反致制度在意思自治选择准据法时适用的可能性。从我国法律的规定看,并不要求当事人所选择的法律与合同或当事人有地理上的联系。

为了维护我国主权和公共利益,我国规定下列几类合同只能适用中国法律：

第一，在中国境内履行的中外合资经营企业合同、中外合作经营企业合同、中外合作勘探开发自然资源合同（我国《合同法》第126条第2款）。

第二，外资企业与其他公司、企业或者经济组织以及个人签订的合同，适用中国《合同法》（2001年修订的《外资企业法实施细则》第81条）。

第三，在中国境内履行的下列合同：①中外合资经营企业、中外合作经营企业、外商独资企业股份转让合同；②外国自然人、法人或者其他组织承包经营在中国境内设立的中外合资经营企业、中外合作经营企业的合同；③外国自然人、法人或者其他组织购买中国境内的非外商投资企业股东的股权的合同；④外国自然人、法人或者其他组织认购中国境内的非外商投资有限责任公司或股份有限公司增资的合同；⑤外国自然人、法人或者其他组织购买中国境内的非外商投资企业资产的合同（2007年最高人民法院《关于审理涉外民事或商事合同纠纷案件法律适用若干问题的规定》）。

2. 最密切联系原则与特征性履行原则

我国以立法形式确立了"最密切联系原则"的辅助性或补充性地位。我国《涉外民事关系法律适用法》第41条规定："当事人没有选择的，适用履行义务最能体现该合同特征的一方当事人经常居所地法律或者其他与该合同有最密切联系的法律。"《民法通则》第145条第2款、《合同法》第126条和《海商法》第269条均肯定了这一原则；而对最密切联系地的具体确定，我国采取的是特征性履行原则。

我国《涉外民事关系法律适用法》第42条规定，消费者合同，适用消费者经常居所地法律；消费者选择适用商品、服务提供地法律或者经营者在消费者经常居所地没有从事相关经营活动的，适用商品、服务提供地法律。第43条规定，劳动合同，适用劳动者工作地法律；难以确定劳动者工作地的，适用用人单位主营业地法律。劳务派遣，可以适用劳务派出地法律。

我国结合司法实践，并且根据特征性履行原则确定了一系列合同通常应适

用的法律(2007 年《关于审理涉外民事或商事合同纠纷案件法律适用若干问题的规定》第 5 条):

(1)买卖合同,适用合同订立时卖方住所地法;如果合同是在买方住所地谈判并订立的,或者合同明确规定卖方须在买方住所地履行交货义务的,适用买方住所地法。

(2)来料加工、来件装配以及其他各种加工承揽合同,适用加工承揽人住所地法。

(3)成套设备供应合同,适用设备安装地法。

(4)不动产买卖、租赁或者抵押合同,适用不动产所在地法。

(5)动产租赁合同,适用出租人住所地法。

(6)动产质押合同,适用质权人住所地法。

(7)借款合同,适用贷款人住所地法。

(8)保险合同,适用保险人住所地法。

(9)融资租赁合同,适用承租人住所地法。

(10)建设工程合同,适用建设工程所在地法。

(11)仓储、保管合同,适用仓储、保管人住所地法。

(12)保证合同,适用保证人住所地法。

(13)委托合同,适用受托人住所地法。

(14)债券的发行、销售和转让合同,分别适用债券发行地法、债券销售地法和债券转让地法。

(15)拍卖合同,适用拍卖举行地法。

(16)行纪合同,适用行纪人住所地法。

(17)居间合同,适用居间人住所地法。

如果上述合同明显与另一国家或者地区有更密切联系的,适用该另一国家或者地区的法律。

当事人有一个以上营业所的,应以与合同有最密切联系的营业所为准,当事人没有营业所的,以其住所或者居所为准。

此外,我国法律还规定了直接适用国际条约原则和国际惯例补缺原则。也就是说,只要我国参加或缔结了有关合同法律适用的国际条约,而且某合同争议也属于国际条约适用范围之内,就应直接并优先予以适用;而国际惯例的适用应是在法律没有规定时,才可以适用。

四、电子商务中合同的法律适用问题

(一) 电子商务带来的法律适用新问题

电子商务的迅猛发展,对各国经济起着巨大的促进作用。电子商务的发展预示着信息时代的真正来临,它已不仅仅是一个单纯的技术问题,而且是关系到国家经济形态转变的又一次严峻挑战。不难预见,电子商务将成为未来经济的重要特征。电子商务的蓬勃发展,给经济增长和社会发展带来了新的希望,但其在发展的同时也带来了一系列新的法律问题。

1. 对传统法律适用方法中确定连结点的挑战

传统法律适用规则主要根据具体的地理位置来确定,建立在以地域为连结点标准划分各国法律管辖范围之基础上的法律制度,但网络世界的虚拟性、无国界性、充分开放性等特点使得网址与基于地理位置的管辖权无必然联系可言。网络用户无处不在,同时又无处可寻,要对某一特定网络使用行为进行场所化相当困难,从而使传统冲突规范连结点的确定变得更加复杂和困难。因此,在传统国际私法中起着重要作用的地域因素和地理场所,面临国际化性质的电子商务的全面冲击和挑战时显得力不从心。

2. 对准据法确定的挑战

电子商务中准据法制度也面临着困境。由于现代信息技术的飞速发展,许多国家来不及对科学技术的发展做出法律上的调整与回应,在电子商务立法上尚属空白,有关国际组织也正处于拟订电子商务的国际条约草案阶段或尚处于提出动议阶段,已成型的国际条约少之又少,这方面的国际惯例更是几近于无。[1]因此,即使通过冲突规范确定了特定国家的实体法为解决某一电子商务争议的准据法,却由于该国尚无相关立法而陷入窘境。

（二）国际上的立法与司法实践应对

1. 美国现行的法律适用制度

美国统一州法全国委员会、美国法学会1999年7月在丹佛举行的第108届年会通过了《统一计算机信息交易法》(The Uniform Computer Information Transactions Act,以下简称"UCITA法")。在"UCITA法"的立法理由中指出,关于法律适用问题的规定是该法对于电子商务最重要的贡献之一。该法明文承认当事人选择准据法的效力,在当事人未约定准据法或约定无效时,该法规定除了一些特殊类型合同外,则适用最密切联系原则。

2. 欧盟现行的法律适用制度

1980年欧共体《关于合同义务法律适用公约》(简称《罗马公约》)在欧盟内部建立了统一的合同法律适用规则。《罗马公约》仅适用于合同之债,而不涉及侵权领域的法律适用。根据该公约,当事人可以采取明示或者是默示的方式选择合同的准据法,但涉及特定种类的(如向消费者销售商品,提供劳务和信贷支付等)消费合同时,当事人的选法自由将受到限制;对于其他类型的合同,如果未对法律适用做出选择,则应适用与之有最密切联系国家的法律,在此,这一国家应推定为承担合同特征性履行义务的当事人有惯常居所的国家。

（三）电子商务中法律适用问题的立法对策

有学者提出,要解决电子商务带给传统的法律适用制度的矛盾,应由独立于现有法律体系之外另行制定"网络空间法"来调整这一崭新的网络空间的法律关系。由各国通过国内立法及各国共同制定国际条约与公约的形式来形成

---

[1] Sicgried Eiselen, Implications of Private International Law for EDI, 2 *The EDI Law Review* 10(1995).

这一新的独立的法律部门。我们姑且不论这一新理论由于各国长期以来形成的民族利益、价值标准和文化背景上的差异而付诸实践的可行性有多大,但至少这一理论是立足于承认电子商务面临的法律适用问题属于国际法范畴之基础上的,也就是说,承认这一问题的解决需要国际间加强司法互助与协作这一点是可取的,要解决电子商务中的法律适用难题,基于网络环境的特殊性,各国协同合作统一电子商务纠纷的法律适用规则是十分必要的。联合国国际贸易法委员会、欧盟以及美国 UCITA 法就是很好的先例。在国际社会就新的法律统一规则达成相应国际条约或公约之前,对现有的规则制度进行修改和补充,以适应电子商务发展的现实需要,即是当务之急。1999 年美国 UCITA 关于电子合同法律适用的规定对我国相关立法就很有参考价值。〔1〕

1. 当事人对准据法已做选择

原则上应允许当事人意思自治选择电子商务合同的准据法。但对于某些特殊类型合同(如前述消费合同,如果当事人约定的准据法违反保护消费者权益的强制性规定时,该约定无效),从维护弱方当事人权益出发,有权进行限制。

2. 当事人未作选择或选择无效时

(1)特征性履行原则。对于在线履行合同,根据传统的"特征履行说",应适用合同成立时许可方所在地的法律,即许可方营业所所在地的法律;如果许可方有多个营业地则适用最主要营业所所在地的法律;如果许可方无实际营业场所,则指其在有关主管部门登记的处所的法律;其他情形下,则是指其最主要的住所地法律。

对于非在线履行合同,应根据"特征履行说"适用特征性义务履行地法律,即商品交付地的法律。必须注意的是,从保护作为弱方当事人的消费者合法权益的角度出发,在消费合同发生争议时,适用商品交付予消费者的交付地法律。

(2)在其他情形下,则适用最密切联系原则。

---

〔1〕 万以娴:《论电子商务之法律问题》,法律出版社 2001 年版,第 179—180 页。

第二节　侵权的法律适用

侵权行为是指行为人侵害他人的财产或人身权益,依法应当承担民事责任的行为,以及依照法律特别规定应当承担民事责任的其他致人损害的行为。侵权行为在当事人之间形成了一种侵权之债民事法律关系,涉外侵权行为之债是指该债权债务关系中含有涉外因素,亦即加害人或被害人中有一方是外国人,或者侵权行为的事实或结果发生在外国,等等。由于各国侵权制度多有歧异,因而侵权法律冲突自不可免。寻求妥善解决冲突之合理确定涉外侵权行为的法律适用,就成为国际私法中的一个重要问题。

一、涉外侵权行为的法律冲突

总的说来,各国关于侵权之债的法律冲突主要表现在以下几个方面:

1. 侵权行为范围的规定不同

各国由于历史、经济、文化等各方面的差异,因而其各自侵权行为法所涉及的领域亦即关于侵权行为范围的规定也多有不同。在法制尚不发达的国家,由于其法律所保护的权利范围一般不够广泛,因而侵权行为发生的领域也常常相对较小。有些在法制发达国家被认为构成侵权的行为,在法制不发达的国家却常常并不属于侵权行为的范畴。例如,对他人家庭关系的干扰、侵犯他人隐私、毁誉、滥用法律程序等,在法制发达的国家一般都被规定为侵权行为而在一些法制不健全的国家则尚未被纳入侵权范围。

2. 侵权行为的构成要件规定不同

各国法律关于侵权行为构成要件的规定存在较大差异。根据法国法,侵权行为的构成要件包括过错、损害以及二者之间的因果关系;而德国法却包括违法性、侵犯权利和错意;日本法则包括归责性意思状态、违法行为和损害的事实以及二者之间的因果关系、加害人有行为能力。普通法系国家的侵权行为法中通常没有关于侵权行为一般构成要件的规定，而只针对个别侵权行为规定其构成要件。

3. 侵权行为相对人的规定不同

根据多数国家的法律规定，受害人一般是指直接遭受侵权行为侵害的人，而不承认存在对未出生的人或与直接受害人存在特定关系的人构成侵害的侵权行为。但也有少数国家的法律规定，间接受害人和胎儿构成独立的受害人。例如，《日本民法典》第721条规定："胎儿，就损害赔偿请求权，视为已出生。"在美国，自1967年以后即已承认，如果母亲在怀孕前因药物或其他不良刺激导致后来怀孕的胎儿受到损害，胎儿享有赔偿请求权。另外，一些国家还主张把享有损害赔偿请求权的主体范围扩大到死者的情夫(妇)、雇主、未婚夫(妻)。

4. 损害赔偿的数额、限额、原则和标准规定不同

关于损害赔偿的数额，经济发达程度不同的国家之间受其经济发展水平的影响，确定的损害赔偿额往往不同，发达国家与发展中国家之间甚至出现巨大的差异。关于赔偿限额，各国法律的歧异主要表现在有无限额和限额高低两方面，且集中在对人身和人格权的侵害上。

关于赔偿的原则，主要有两种做法：一种是普通法系国家在侵权损害赔偿方面确立和遵循的两项原则，即充分补偿受害人损失的原则和有严重过失的侵权人予以严厉惩罚的原则；另一种则是许多发展中国家所采取的全部补偿的原则，即损失多少，赔偿多少。我国目前所采取的是全面赔偿、考虑当事人的经济状况以及衡平原则等三项原则。关于赔偿标准，普通法系国家实行的是可预见性标准，即侵权人只赔偿能预见到的损害；法国则要求侵权人必须赔偿所有因侵权行为所致的损害，即使这种损害结果是侵权行为人或其他适当的人都不可能预见到的。不过，不少大陆法系国家并不承认这种赔偿标准。

5. 关于诉讼时效的规定不同

各国对侵权行为之债诉讼时效的规定也长短不一。《德国民法典》第195条规定:“普通消灭时效期间为30年。”我国《民法通则》第136条规定:“下列的诉讼时效为1年:(一)身体受到伤害要求赔偿的;(二)出售质量不合格的商品未声明的……”

二、一般涉外侵权行为的法律适用

由于各国在侵权领域存在不同的认识和实践,依照不同国家的法律衡量某行为是否构成侵权以及解决与其相关的其他法律问题往往会得出不同的结果。因此,解决好涉外侵权行为的法律适用问题具有重要意义。国际私法中侵权行为的法律适用,是指一国法院在审理涉外侵权诉讼案件时,通过其冲突规范的指定,选择适用何国法律为确定当事人权利义务的法律。几个世纪以来,围绕涉外侵权行为法律冲突的解决,发展和确立了一系列的法律适用原则。晚近,随着涉外侵权法律适用理论和实践的进一步发展,一些新的更为科学、合理和灵活的法律适用理论或原则相继被提出,并逐渐得到了各国的普遍接受和采用。

(一)涉外侵权行为的传统法律适用

1. 侵权行为地法

侵权行为适用侵权行为地法(law of the place of wrong)在12世纪法则区别说中已显端倪,该学说探求了行为地法同行为的自然联系,提出因侵权行为而引起的损害赔偿问题依行为地法解决。此后一直为欧洲各国普遍采用。随后又传至其他国家。在世界各国的立法实践中,这一冲突原则已为许多国家接受。1804年《法国民法典》规定,有关警察与公共治安的法律,对居住于法国境内的居民均有强制力。根据法国最高法院的解释,该条适用于侵权行为。1898年的《日本法例》第11条规定,因不法行为而产生的债权成立及效力,依其原因事实发生地法。1979年生效的《奥地利联邦国际私法法规》第48条第1款规定,非契约损害赔偿,依造成此种损害的行为发生地国家的法律。《美国冲突法第一次重述》关于侵权行为适用侵权行为地法是从既得权理论出发的,认为在一地因法律而发生的权利,应在其他任何地方都得到承认,所以应该只适用不法行为地法。正如巴迪福所说:“侵权行为地法,乃国际私法上最早确立的法则之一。”侵权行为适用行为地法,是“场所支配行为”古老原则的具体化,但各国学者对其解释或适用该规则的理由存在不同看法:

(1)法则区别说的倡导者和追随者认为,侵权行为之债的产生是侵权行为这一法律事实引起的,只有侵权行为地与侵权行为有某种自然的联系。因此,侵权行为的赔偿应适用侵权行为地法。

(2)巴迪福等学者认为,侵权行为之所以适用行为地法,首先是因为这种债的发生是基于法律的权威,而非债务人的意思。其次,对行为者施加责任,是为维护人们的权利平衡,而恰好是在行为地的侵权打破了这种平衡。再者,适用行为地法也是当地公共秩序的要求,并且易于查明事实和确定法律上的责任。

(3)有些学者认为,侵权行为适用侵权行为地法是为保护该国的主权和公共利益。德国学者冯·巴尔认为,不适用侵权行为地法,就是对行为地国主权的侵犯。法国学者尼波耶也坚持,只有侵权行为地的国家主权才对发生于其境内的行为享有利益。

(4)英美一些学者采用既得权说,认为侵权行为地法给当事人的损害赔偿请求权类似一种财产权,原告不管在何州起诉,都携带该法所授予的权利。诉讼地法院只不过是被请求权支持或协助取得这一权利。

(5)还有学者采用债务说,如霍姆斯法官1904年在斯莱特诉墨西哥全国铁路公司案(Slater v. Mexican National R. R. Co.)中指出:“该行为能产生一种债务的唯一来源是行为发生地的法律,因而该法律能决定债务的存在。”事实上,这种看法与既得权说同出一源,在理论基础上基本相同。

侵权行为适用侵权行为地法原则已获得国际社会的普遍认可,但在实践中经常遇到的一个问题是某一侵权行为可能同时涉及两个或两个以上不同的国

家,这种情况下应该如何认定侵权行为地呢?从目前世界各国的国际私法理论和实践来看,确定侵权行为地大致有以下三种不同做法:

(1)主张以加害行为实施地为侵权行为地。大陆法系各国的学说及实践多持此种主张。例如,《土耳其国际私法和国际诉讼程序法》第25条第1款规定:"非合同性的侵权行为之债,适用侵权行为实施地法律。"

(2)主张以实际损害发生地为侵权行为地。英美法系一些国家持有这种主张。《加蓬民法典》第41条规定:"侵权行为责任依损害事实发生地法。"《美国第二次冲突法重述》对此也做了系统规定。

(3)主张侵权行为地既包括行为实施地,也包括实际损害发生地,甚至还可以包括其他相关地方,它容许受害人自行选择或具有管辖权的法院进行选择。

原《南斯拉夫法律冲突法》第28条第1款明文规定:"对非合同的损害责任,如果对某些情况没有其他规定,则依行为实施地法律或后果发生地法律,选择该二法律中对受害人最为有利而适用之。"1964年《捷克斯洛伐克国际私法和国际民事诉讼法》第15条也做了类似的规定。

侵权行为地法得到世界各国的普遍接受和采纳,并一直沿用至今,主要有以下几方面的原因:

第一,强有力的理论支持。如上所述,多年来,各国学者纷纷从各个不同的角度对涉外侵权行为适用侵权行为地法进行分析和论证,提出了各种学说和主张,为该法律适用原则的确立和推广提供了坚实的理论基础。

第二,侵权行为地与侵权行为间自然、直接的联系,对当事人和行为地都有利。侵权行为地与侵权行为之间具有天然的联系,这样适用侵权行为地法来处理该具体问题,不仅比较公平合理,容易达到当事人之间权利义务的平衡,容易为当事人所接受,而且有利于保护侵权行为地的公共利益,维护一国对在自己境内发生的事件都有管辖权的国家主权原则。

第三,侵权行为地法本身具有简明、可预见性强和有利于实现结果一致性等优点。一方面,它以侵权行为地为连结因素,该连结因素容易辨认且确定不移,依此连结因素确定准据法,有利于加害人预见其行为后果及可能要承担的法律责任;另一方面,适用侵权行为地法,可使同一涉外侵权案件无论在何国法院提起诉讼,都能保证适用同一准据法,从而实现判决结果的一致性。而这恰是国际私法所追求的传统目标之一。同时,既然诉讼地的确定或选择对侵权案件准据法的确定不存在任何影响,则可有效防止和减少当事人挑选法院的现象。

侵权行为地法具有的上述优点固然不容否认,但近年来在具体运用的过程中也受到学界的批判。尤其是进入20世纪以来,由于现代各国社会工业技术、交通急速发达,营业不正当竞争问题日益复杂,侵权行为的内容也已不单纯,侵权行为适用侵权行为地法的缺陷逐渐暴露出各种缺陷与不足。

首先,科技发达致使侵权行为地不易确定。同一行为兼跨数国,跨国污染、跨国销售产生的侵权问题,又如广播电视新闻的诽谤,同时散播于多个国家,究竟何地为行为地,不易确定。人类已进入21世纪的网络时代,网络传播信息速度之快、范围之广是任何传统的传媒工具所无法匹敌的。通过网络造成的侵权行为,其行为地的确定更是难上加难,甚至无法确定。

其次,现代国际交通便利致使行为地的出现极为偶然。这在交通设施意外事故中最为明显。此时行为人并无入境随俗的观念,若以这种与案件存在十分偶然和松散联系的侵权行为地国家的法律适用于案件,显然难以保证判决结果的公平性与合理性。况且,如果行为地位于公海或无主地,则无法适用法律。

最后,侵权行为与行为地及非行为地因素均有密切关系。侵权行为不仅与侵权行为地有关系,同时与行为的性质、案件的重心、当事人的国籍住所也有密切联系。以行为地为唯一标准,全然不考虑涉外侵权行为与侵权行为地外其他重要连结因素之间更紧密、更实质的联系,常常导致适用于案件的侵权行为地法根本不符合案件的实际情况,因而难以合理、有效地确定和调整当事人之间的权利义务关系,进而导致判决的结果常与社会观念、普通常识有明显的抵触。

2. 法院地法

法院地法在侵权领域的适用历史悠久，它首先是由德国国际私法学者韦希特尔（Wachter）提出来的。他认为，侵权行为近似于犯罪，如果法院对犯罪判处刑罚只能依法院地法，则对于类似犯罪的侵权行为也只能依法院地法。德国萨维尼在《现代罗马法体系》第八卷也提出了侵权行为应适用法院地法。[1]其理由主要是侵权行为责任与法院地国家的公序良俗密切相关，侵权行为与犯罪非常接近，不宜适用外国法，只宜适用法院地法。然而，这种硬性排除外国法适用的做法并未得到多数国家的采用。它过分强调了内国的公序良俗并不适当地扩大了内国法的适用，体现了法律适用上的国家本位主义；同时，适用法院地法无法保证法律适用的可预见性和判决结果的一致性，案件在不同国家的法院起诉和审理，就要适用作为法院地的各个不同国家的法律，从而得出不同的判决结果；同样道理，适用法院地法会助长当事人任意挑选法院的倾向，使问题难以在实质上得到公正的解决，也必然不利于判决在外国的承认与执行，这实际上对于保护当事人是不利的。而且，在现代条件下，侵权法与合同法一样，服务于调整经济的及其他利益的目的，日益成为分配性，而不是惩罚性的工具。[2]所以法院地法已经失去了其当初的立论根据。

3. 重叠适用侵权行为地法与法院地法

单纯采用侵权行为地法或法院地法时，如果侵权行为地法与法院地法对同一侵权行为作出不同的认定，就会导致两种法律之间的冲突。考虑到侵权行为与侵权行为地国和法院地国之间所存在的联系以及两个国家各自的利益，一些学者认为，一种行为合法与否，应适用行为地法判断，但为维护法院地的公共秩序，对依行为地法发生的侵权，必须是在法院地法承认的范围内，才能得到赔偿。因此，一种行为是否构成侵权行为，应受行为地法和法院地法的双重支配。

---

〔1〕 丁伟、陈治东：《冲突法论》，法律出版社1996年版，第203页。

〔2〕 《戴西和莫里斯论冲突法》，李双元等译，中国大百科全书出版社1998年版，第1373页。

英国的国际私法学者戴西和莫里斯极力推崇该项重叠适用。在各国立法中,侵权行为地法和法院地法重叠适用时其重心是不同的,有的国家是以侵权行为地法为主,以法院地法为辅;有的国家则以法院地法为主,以侵权行为地法为辅。例如依《日本法例》的规定,侵权行为之债适用原因事实发生地法,但发生在日本国外的侵权行为,如果依日本法不认为是侵权行为,则不适用前款的规定。该法还进一步规定,在外国发生的行为,尽管依照日本法的规定为不法,但如果被害人没有因日本法律所承认的损害赔偿和其他处分时,也不得提出相应的请求。英国法院在实践中也重叠适用侵权行为地法和法院地法,即采取"双重可诉原则"(rule of double actionability),但英国以法院地法为主,只参考行为地法。在菲利普斯诉艾尔一案(Philips v. Eyre)的审理中,威尔斯(Willes)法官指出:"作为一般规则,要在英国提起据称发生在国外的诉讼,必须符合两个条件:第一,侵权行为必须具有这样的性质,即该行为如果发生在英国,也是可以起诉的;第二,根据行为方式地法,该行为一定是不正当行为。"而且对于该类诉讼,英国法院常常适用法院地法判定侵权行为人的责任。德国、埃及、约旦、阿拉伯联合酋长国和泰国都采用了类似的规定,我国在《民法通则》中也参照了这种通行的做法。

(二) 涉外侵权法律适用制度的新发展

综上可知,在国际私法发展、演进的几百年里,侵权行为地法,无论是单独采用还是与法院地法重叠采用,一直都是各国用来确定涉外侵权行为准据法的普遍做法。即使是今天,它仍然是各国国际私法中一项重要的法律适用制度。不过,进入20世纪以来,由于科技的迅猛发展和社会实践剧烈而深刻的变化,侵权行为的法律适用也出现了新的发展。这一发展以50年代美国冲突法革命为标志,起始于侵权法领域,并波及其他法律领域。就侵权行为的法律适用来说,出现了如下新发展:

1. 侵权行为自体法与最密切联系原则的产生

侵权行为自体法首先由莫里斯1951年《哈佛法律评论》上的《论侵权行为

的自体法》中根据“合同自体法”的概念提出，即侵权行为适用与侵权案件有最密切联系的法律。莫里斯认为，尽管在许多场合下，法院并不需要到侵权行为地以外的地方去寻找准据法，但是仍应有一个足够广泛和灵活的冲突规范，既能适用于通常的情况，也能适用于例外的情况，而“侵权行为自体法”这一公式便可满足这种要求。它可以使法院在实践中把各种不同情况的侵权诉讼个别进行处理，并能使他们对个案所包含的各种社会因素做出充分的分析和考虑。

从本质上讲，侵权行为自体法可以说是最密切联系原则的延伸，是对侵权行为地法、法院地法、当事人本国法的一种糅合，它顾及到侵权行为地法之外的其他法律的可适用性，是对传统国际私法上侵权行为法律适用的改进。

侵权行为自体法学说提出后便在国际上得到了绝大多数学者的赞同，许多国家的立法和司法实践也采用了这一理论。在美国，对侵权行为传统的做法是适用侵权行为地法，但 1963 年纽约州法审理的“贝科克诉杰克逊”案却断然抛弃了传统的法律选择规则，而是根据“重力中心地”、“关系聚集地”等概念确定了该案应适用的法律。该案确立的“最密切联系原则”就是对侵权行为自体法理论的最有力论证。莫里斯的侵权行为自体法理论在《美国第二次冲突法重述》中也得到充分反映，它规定：“侵权之诉的双方当事人的权利和义务，应依与案件和当事人有最重要联系的州的实体法判定。”英国传统国际私法对侵权行为一直重叠适用侵权行为地法和法院地法，但从 1971 年“博伊斯诉查普林”(Boysv. Chaplin)案后也确立了最密切联系原则。另外，1978 年《奥地利联邦国际私法法规》、1982 年《土耳其国际私法和国际诉讼程序法》、1988 年《瑞士联邦国际私法法规》等法典对最密切联系原则和侵权行为自体法理论也有所反映。

最密切联系原则和侵权行为自体法理论的出现克服了传统法律选择规则呆板、僵化的缺陷，使得侵权行为法律选择规则更加灵活、合理。虽如此，我们还应注意到，该原则毕竟太过于灵活且缺乏必要的明确性，它给予了法官太大的自由裁量权。每个涉外侵权行为都不可避免地与侵权行为地法、法院地法、当事人属人法等多个法律发生联系，而最密切联系地的确定带有很大的随意性，适用该原则援引法律时，法官很可能会受到自己主观意志的影响，从而使得法律的选择再次陷入不公正、不合理的状态。因此，在肯定最密切联系原则和侵权行为自体法理论的同时，还应通过立法等方式对其进行必要的限制。

2. 意思自治原则的引入

值得注意的是，近年来涉外侵权领域引入了意思自治原则。意思自治原则最初确立于合同领域，是合同法律适用的首要原则。随着该原则的发展，其适用领域不断扩张。晚近许多国家的国际私法对意思自治的扩张都采取了较积极的态度。[1]1987年《瑞士联邦国际私法》第132条规定，侵权行为发生后，当事人可以随时协商选择适用法院地法律；第110条关于知识产权的侵权诉讼，也规定了相同的法律适用原则；第138条、139条也有类似规定。欧洲一些国家的司法判例也支持当事人有权选择法律来支配侵权行为责任问题。在荷兰的司法实践中，对于某些侵权案件，例如某些涉外交通事故以及跨国污染的案件，荷兰法院允许受害人选择他自己认为最有利的法律。[2]从中我们可以看出这些立法的最直接的出发点在于保护受害人、弱者的正当权益，但如果只是赋予受害人以选择权，这还仅停留在单方意思自治上。侵权行为的责任源于法律的规定，因此它带有"公法"的色彩，但以此来排除意思自治是不具说服力的，意思自治只是一种确定准据法的方法，而且从法律实用主义角度出发，法律的适用最终是要达到双方都较能接受的解决方案。康德认为："人最适合于服从他给自己规定的法律——或者是给他单独规定的，或者是给他与别人共同规定的法律。"[3]赋予当事人双方和议的权利，能回避主权者意志的直接冲突，尊重当事人的利益抉择。由当事人自己解决自己的事情，可调动双方的积极性，又可实现法律适用的可预见性、确定性的目标，有利于案件得到合理解决。当然赋予

---

〔1〕 吕岩峰：《论当事人意思自治原则之扩张》，载《法学评论》1997年第6期。

〔2〕 肖永平：《冲突法专论》，武汉大学出版社1999年版，第194页。

〔3〕 [德]康德：《法的形而上学原理》，沈叔平译，商务印书馆1991年版，第26页。

双方以选择权，并不意味着可以对意思自治进行滥用，过犹不及，进行合理的限制是必要的。立法时，应将意思自治限制在与侵权案件有联系的国家的法律的空间范围内，既体现对弱者的关怀，又实现了对侵权人合法权益的保护，实现法律控制平衡功能。

3. 区分不同种类侵权行为个别规定准据法

侵权行为的法律适用过去一般是不区别其种类和性质，只是笼统规定一个准据法。但是，新近的国际私法立法则出现了对侵权行为的法律适用，视其性质和种类的不同而个别规定准据法的新趋向。在这方面，首开先例的是1971年美国第二部《冲突法重述》。该重述不但规定了一般侵权行为的法律适用，而且，对人身损害、诽谤、隐私权、干涉婚姻关系、对有形物的损害、欺诈及虚假陈述、跨州诽谤、对隐私的跨州侵权和恶意控告及滥用法律程序等十种特殊的侵权行为个别规定了准据法。像这样区分不同侵权行为适用个别准据法的国家还有瑞士、奥地利和匈牙利等。经过国际社会的共同努力，在1971年和1973年海牙《公路交通事故法律适用公约》、《产品责任法律适用公约》，这两个公约对这两种特殊的侵权行为分别规定了详尽的准据法。

4. 有利于受害人法律适用的出现

有的国家的立法和判例从保护弱者的角度出发，采用利益分析或结果选择方法，规定侵权行为适用对受害人最为有利的法律。《南斯拉夫国际私法》第28条规定，对非合同的损害责任，如果对某些情况没有其他规定，则依行为实施地法律或后果实施地法律，选择该二法律中对受害人较为有利者而适用之。《匈牙利国际私法》第32条第2款规定，如果损害发生地法对受害者更为有利，此该法作为准据法。美国法院在德克尔诉福克斯河拖拉机公司案(Decker v. Fox River Tractor Co.)中适用“较好的规则”，事实上也就是能够使原告从被告那里获得赔偿的规则，可以说是保护受害人政策的贯彻。

5. 采用多种连结因素进行共同指引

1973年海牙《产品责任法律适用公约》就是这种做法的典型代表。该公约

第5条规定，关于涉外产品责任的准据法，首先应该适用直接遭受损害的人的惯常居所地国家的内国法，只要该国同时又是：(1)被请求承担责任的人的主营业地；或者(2)直接遭受损害的人取得产品的地方。公约第4条又规定，如果不存在公约第5条规定的情况，则应适用侵害地国家的内国法，只要该国同时又是直接遭受损害的人惯常居所地；或者该国同时又是被请求承担责任人的主营业地；或者该国同时又是直接遭受损害的人取得产品的地方。上述规定表明，必须同时采用两个连结因素才能决定产品责任的法律适用。公约之所以这样规定，是因为考虑到国际性产品责任问题的复杂性，既要着重保护消费者的利益，又要兼顾讼诉当事人双方权利义务的平等。

此外，美国学者还提出了政府利益分析、功能分析和比较损害等方法，并在实践中得到了不同程度的适用。前已述及，此处不再赘述。

三、特殊涉外侵权行为的法律适用

随着商品经济的发展和科学技术的进步，在某些侵权行为领域内，单纯沿用侵权行为地法这一法律适用标准，已很难适应实际发展的需要。因此在法律适用方面，陆续产生了一些新的标准和方式。

（一）公路交通中侵权行为的法律适用

冲突法中的陆上交通运输侵权行为以公路交通事故最为典型。为此，1968年召开第11届海牙国际私法会议对公路交通事故侵权行为的赔偿制定了统一的法律适用公约。《公路交通法律适用公约》于1971年签订，1975年6月生效，主要成员国是欧洲国家。对于参加公约的国家，在交通事故的范围内，公约的规定代替了它们国内冲突法的相应规范。

由于公约的内容较为完整，因此一些国家在制定本国冲突法时，就有关公路交通运输侵权行为直接规定适用该公约。如《瑞士联邦国际私法》规定："因公路交通事故而提起的损害赔偿之诉，适用1971年《公路交通法律适用公约》。"

公路交通事故适用的法律原则上为事故发生地的内国法律，这是公路交通事故法律适用的一般规则。但由于事故发生地常常带有偶然性,事故地与案件不一定有真实的、内在的联系,为保护受害人及肇事人的正当利益,公约也规定了一些例外:(1)只有一部车辆卷入事故,且它是在非事故发生地登记注册的,可适用车辆登记国法。有两部或两部以上车辆卷入事故且所有车辆均于同一国家登记的,适用该登记国的法律。发生事故地车外的一人或数人卷入事故并可能负有责任,且他们均于车辆登记国有惯常居所的,适用该登记国的法律,即使这些人同时也是事故受害人。(2)车辆没有登记或在几个国家登记的,以车辆的经常停放地法取代登记地法。同时,公约还规定,不管适用的法律是什么,在确定责任时,应考虑事故发生当时有效的交通规则和安全规则。交通事故的准据法支配以下事项:(1)责任的根据及其范围;(2)免除责任以及任何限制责任和划分责任的理由;(3)可能会导致赔偿的侵害或损害是否存在及其种类;(4)损害赔偿的方式及其范围;(5)损害赔偿请求权可否转让或继承;(6)遭到损害并能直接请求损害赔偿的人;(7)本人对其代理人的行为或雇主对其雇员的行为应承担的责任;(8)时效规则,包括时效期限开始、中断和中止的规则。

(二) 海上侵权行为的法律适用

发生在海上的侵权行为,大致可归结为三种情形:一是船舶相撞,或船舶与海上设施碰撞所发生的侵权行为;二是发生在船舶内部的侵权行为,诸如发生在旅客与海员之间或旅客之间的侵权行为;三是因海上事故致旅客死伤、货物毁损所发生的侵权行为。

1. 船舶相撞,或与海上设施碰撞发生的侵权行为的法律适用

对发生在领海上的船舶相撞,或损害其他海上设施,一般是将领海国视作侵权行为地,适用侵权行为地法,即领海国法。如果双方船舶具有同一国籍,可适用其共同本国法。如果在公海上发生船舶损害他国海上设施或海底电缆的,因公海自由,许多国家主张除考虑旗国法以外,还应适用法院地法。英美的做法便是如此。关于船舶碰撞的赔偿问题,国际海事法律委员会于 1977 年通过了《统一船舶碰撞中有关民事管辖权、法律选择、判决的承认和执行方面若干规

则的公约》，适用于因船舶的灭失或损害以及因船上财产的灭失或损害而提出的碰撞诉讼的管辖权、法律选择和判决的承认与执行。公约所指的"碰撞"是指两艘或更多艘船舶（其中至少一艘是远洋船舶）的接触和一些其他事故，包括这些船舶由于操纵或操纵失误，或由于未能遵守适用于航行的成文的或不成文的规则而引起的事故（即使并未发生实际的接触），但不适用于军船或专门拨作公共非商业性服务的政府船舶（渡船除外），以及基于合同而提出的请求。

关于法律选择问题，公约规定，除当事人另有协议外，如碰撞发生于一国内水或领海，适用该国法律；如碰撞发生在领海以外的水域，适用案件受理国法律；如有关的船舶都在同一国登记或由它出具证件，或都属于同一国家所有，则不管碰撞发生在何处，均应适用该国的法律；如船舶在不同国家登记或由它们出具证件，即使没有登记或出具证件，但属同一国家所有，则不管碰撞发生在何处，都适用该国的法律。如果船舶对公海定着物（如管道或电缆）造成损害，这些财产具有公共性质，不属任何国家的专属财产，这类侵权行为应适用法院地法处理。

2. 船舶内部发生的侵权行为的法律适用

发生在船舶内部的侵权行为，无论该船舶是处于公海或某国领海，多主张适用旗国法。其理由是船舶可视为船旗国的浮动领土。但是如果船舶处于他国领海之内，并且该侵权行为影响领海国的利益，有的国家如美国主张适用领海国法。英国则不加区别，对于处于他国领海内的船舶内部侵权行为，不论是否影响到领海国的利益，一律适用领海国法。

3. 海上事故致旅客死伤、货物毁损所发生的侵权行为的法律适用

海上运送中致旅客人身伤亡或行李毁损，因存在运送合同关系，所以有人主张依合同准据法解决运送人的责任问题。但旅客案件常受到许多国家强制性法律的保护，这种法律不得在合同中运用法律选择条款规避。为统一对这种责任的法律规定，国际社会1974年订立了《海上旅客及其行李运输的雅典公约》。

对于海上侵权行为的法律适用,我国《海商法》第 273 条规定:“船舶碰撞的损害赔偿,适用侵权行为地法律。船舶在公海上发生碰撞的损害赔偿,适用受理案件的法院所在地法律。同一国籍的船舶,不论碰撞发生于何地,碰撞船舶之间的损害赔偿适用船旗国法律。”该法第 274 规定:“共同海损理算,适用理算地法律。”第 275 条规定:“海事赔偿责任限制,适用受理案件的法院所在地法律。”对于其他类型的海上侵权行为的法律适用,我国《海商法》未做规定,应根据《民法通则》的有关规定处理。

(三) 国际空中侵权行为的法律适用

国际空中侵权行为的法律适用,可分为以下三种情形:

1. 航空器内部发生的侵权行为的法律适用

发生在航空器内部的侵权行为,是指旅客与乘务人员或旅客间发生的殴打、侮辱、诽谤等侵权行为。由于航空器飞行速度极快,不易确定侵权行为地,而且航空器在公空进行活动也没有侵权行为地法可循,因此多数国家主张适用航空器登记国法。

2. 航空器碰撞或航空器与其他物件碰撞所发生的侵权行为的法律适用

对于因航空器碰撞或航空器与其他物件碰撞所发生的侵权行为,各国出于保护受害方利益的考虑,一般主张适用被撞或受害方的航空器登记地法。如碰撞双方均有过错,也可适用法院地法。在同一国家登记的航空器相撞,则可适用它们共同的登记国法。

3. 航空器事故致旅客死伤或物品毁损的侵权行为的法律适用

因航空器事故造成旅客或物品的损害,包括旅客因在航空器内及上下航空器时所致的死亡、伤害而发生的损害,旅客托运的行李、货物在保管期于机场内、航空器内,以及在机场外降落之时任何地点因灭失、短少、变质、污染、损坏而发生的损害。对于此种责任的构成,有主张采过失原则的,也有提议采无过失原则的。例如,1922 年《美国统一航空州法》及各州判例认为,航空运送人并不是旅客安全的保险人,所以对于他们的伤亡,运送人如无过错,即不负赔偿责任。而1892年《德国航空交通法》、1948年《瑞士航空交通法》，则均采无过失责任原则。航空器事故致旅客死伤或物品毁损的侵权行为，主要是指旅客或托运人对航空运送人的损害赔偿请求权的问题。对该类侵权行为，目前主要适用有关的国际公约的规定。目前调整这一问题的国际公约主要有：

(1)《统一国际航空运输若干规则的公约》(简称1929年《华沙公约》)。该公约由德国、奥地利、比利时、巴西、丹麦、法国和波兰等23个国家于1924年在华沙签订。该公约自1933年生效以来，前后经过多次修改和补充，现有130多个国家参加。我国于1958年7月15日递交了加入通知书，自1958年10月18日起对我国生效。

(2)《修改1929年10月12日在华沙签订的统一国际航空运输若干规则公约的议定书》(简称1955年《海牙议定书》)。1955年在海牙签订，1963年开始生效。但主要空运大国美国和英国未参加。我国于1975年8月20日递交了加入通知书，1975年10月15日开始对我国生效。

(3)《统一非缔约承运人所办国际航空运输若干规则以补充华沙公约的公约》(简称《瓜达拉哈拉公约》)。1960年在墨西哥的瓜达拉哈拉城签订，1964年生效。我国未加入该公约。此外，还有1966年的《蒙特利尔协定》和1971年的《危地马拉议定书》。《华沙公约》、《海牙议定书》及《瓜达拉哈拉公约》在法律上是各自独立的，只约束其各自的缔约国，但它们在内容上又互有联系，因此在适用上往往形成交错的情况。其中《华沙公约》是最基本的公约，它适用于所有以航空器运送旅客、行李或货物而收取报酬的国际运输，也适用于航空运输企业以航空器办理的免费运输。“国际运输”是指当事人签订的运送合同所约定的起点和终点应分别在两个缔约国内，或起点和终点虽在同一缔约国内，但约定中途必须在另一缔约国或非缔约国的主权、宗主权、委任统治权或权力管辖下的领土内有经停地点。几个连续的航空承运人所办理的运输，如合同各方均认为是一个单一业务活动的，则不得因其中的一个或几个合同是在同一国的领土内丧失其国际性质。《华沙公约》明确规定不适用于以下空运：(1)根据国际邮政公约所办理的信件和包裹运输;(2)航空运输企业为了开设正式航线进行试航的国际航空运输;(3)超出正常航空运输业务以外在特殊情况下进行的运输,如为科学探险或紧急救助而做的运输。

《华沙公约》是第一个最主要的明确规定航空运送人权利义务的公约,它对运送人的责任制度,确立了三个基本原则,即过失责任原则、有限责任原则、禁止免责原则。此外,公约还基于国际航空运输的特点,就运送人对旅客赔偿责任的诉讼,规定了选择管辖原则。因航空器事故致旅客伤害,旅客对航空运送人提起的赔偿请求,航空运送人应承担什么责任等问题,在缔约国之间通常适用《华沙公约》。

对于国际空中侵权行为的法律适用,我国《民用航空法》仅仅规定了对地面第三人损害赔偿的法律适用问题。《民用航法》第189条规定:"民用航空器对地面第三人损害赔偿,适用侵权行为地法。民用航空器在公海上空对水面第三人损害赔偿,适用受理案件的法院所在地法律。"对于发生在航空器内部的侵权行为,以及因航空器事故致旅客死伤或行李物品毁损的侵权行为的法律适用问题,我国《民用航空法》未做明确规定。由于我国是《华沙公约》及《海牙议定书》的成员国,因此,对《华沙公约》和《海牙议定书》有规定的,我国应适用公约的规定,没有规定的,可遵照国际上的普遍实践,适用航空器的登记国法律。

(四) 产品责任引起的侵权行为的法律适用

产品责任是当前国际上正在形成的一个法律领域,在没有产品责任法之前,生产者对其所生产的产品责任大小是由买卖合同中的担保责任所制约的。1847年英国"温特博特诉赖特"案确定"无合同,无责任"的原则,为英美国家奉行近百年。第二次世界大战以后,随着工业的发展,保护消费者利益的要求日渐突出,发达国家,尤其是美国,在立法上给产品责任以高度重视,并产生了有关产品责任统一法、统一冲突法。为了协调国际性的产品责任纠纷,推动国际经济交流,促进各国经济的发展,在1972年第12次海牙国际私法会议上制定了《产品责任的法律适用公约》。该公约对产品的"范围"、"损害"的含义、因涉及产品责任而发生的损害应适用的法律做了比较全面的规定，在国际上产生了很大的影响，尤其是该公约所确立的法律适用规则已在国际实践中为各国所援用。关于法律适用，公约采取重叠适用规则，即适用于产品责任的法律必须同时符合其他一个或一个以上的条件：

(1)以损害发生地国家的法律为基本适用的法律，但该损害发生地又必须同时是直接遭受损害人员的惯常居所地，或者能承担责任人员的主营业地；或者直接遭受损害人员取得产品的地方。

(2)以直接受损害人的惯常居所地国法为基本适用的法律，但该国必须同时有被请求承担责任人员的主营业地，或者是直接受损害人员取得产品的地方。只有同时符合以上两个条件中的一个条件，才适用直接受损害人的惯常居所地法。一般地说，采用此种准据法时，大多在以上第一条规则无法适用时才予以适用。

(3)上述两条法律规定所指定的法律都无法适用，提出请求的人不是基于受损害地国家的法律提出的，适用被请求承担责任人的主营业地国家的国内法。

被请求承担责任的人证明他不能合理地预见产品或他自己的同类产品经由商业渠道在该国销售的，上述规定的侵害地国家和直接遭受损害的人惯常居所地法均不适用。

从上可以看出，因产品责任而发生的损害与因侵权行为发生的损害的法律适用很相似，但考虑到因产品责任而造成的损害，其损害发生地较一般民事侵权行为的损害发生地更带有偶然性，且所跨地域更广泛，更具有复杂性，所以，产品责任法律使用中的连结因素更具多重性，必须符合两个以上的条件才能进行法律适用，这是为了更好地协调受损害人和损害发生地国家的利益。

（五）欺诈或虚假陈述的法律适用

《美国第二次冲突法重述》第148条规定，在有关欺诈或虚假陈述诉讼中，第一，当原告因信赖被告的虚假陈述而遭受金钱损失，而且原告在该虚假陈述做出及收到地州根据这种陈述采取行动时，当事人的权利义务依该州的本地法;但在该特定问题上,按照第6条规定的法律选择原则,某另一州与该事件及当事人有更重要联系时除外;在后一种情况下,依该另一州的本地法。第二,当原告根据这种陈述在该虚假陈述地州以外的一州中采取全部或部分行动时,法院为决定在该特定问题上与该事件及当事人有最重要联系的州,将至少考虑下述可能的联系:(1)原告根据被告的陈述而采取行动的地方;(2)原告收到该陈述的地方;(3)被告作出该陈述的地方;(4)当事人的住所、居所、国籍、公司地和营业地;(5)作为当事人间交易标的有形物当时的所在地;(6)根据受被告引诱而签订的合同,原告将履行合同的地方。

(六) 诽谤的法律适用

1987年《瑞士联邦国际私法规定》第139条规定,因印刷品、无线电、电视或其他大众传播工具的诽谤而提出的索赔,适用受害人选择的下列法规:(1)受害人的惯常居所地国家的法律;(2)加害人营业机构所在地或惯常居所国家的法律;(3)损害结果发生地国家的法律。而《美国第二次冲突法重述》第149条和第150条规定,在有关诽谤的诉讼中,当事人的权利义务依出版地州的本地法,但在该特定问题上,按照第6条规定的法律选择原则,某另一州与该事件及当事人有更重要联系时除外,在后一种情况下,依该另一州的本地法。除此之外,在跨州诽谤诉讼中,(1)因书籍或报纸的任何一个版本,或电台或电视台的任何一个广播,电影的任何一次放映或类似的一次性传播中的诽谤性内容而引起的权利义务,依在该特定问题上,按照第6条规定的法律选择原则,与该事件或当事人有重要联系的州的本地法。(2)当一个自然人声称他受到一次性传播的诽谤时,如果被指控的内容在该人当时的住所地州出版,则该州通常为具有最重要联系的州。(3)当一个公司或其他法人声称其受到一次性传播的诽谤时,如果被指控的内容在该公司或其他法人当时的主要营业地州出版,则该州通常即为具有最重要联系的州。

(七) 侵犯隐私权的法律适用

《美国第二次冲突法重述》第152条规定,在有关侵犯隐私权的诉讼中,当事人的权利义务依侵犯行为发生地州的本地法；但在该特定问题上，按照第6条规定的法律选择原则，某另一州与该事件及当事人有重要联系时除外；在后一种情况下，依该另一州的本地法。第153条接着规定，在对隐私权跨州侵犯的诉讼中，因包含在书籍或报纸的任何一个版本，或电台或电视台的任何一次广播、电影的任何一次放映或类似的一次性传播中侵犯原告隐私权的内容而引起的权利义务，依在该特定问题上，按照第6条规定的法律选择原则，与该事件及当事人有最重要联系的州的本地法；如果被指控的内容在原告住所地州出版，该州通常即为最重要联系的州。

此外，国家航空航天侵权行为、跨国环境污染等特殊侵权行为的法律适用也日益受到各国重视。

四、我国关于侵权行为法律适用的规定

我国《涉外民事关系法律适用法》第44条规定，侵权责任，适用侵权行为地法律，但当事人有共同经常居所地的，适用共同经常居所地法律。侵权行为发生后，当事人协议选择适用法律的，按照其协议。

我国《民法通则》第146条对一般侵权行为的法律适用做了两款规定。其中第2款规定，中华人民共和国法律不认为在中华人民共和国领域外发生的行为是侵权行为，不作为侵权处理。

根据我国《涉外民事关系法律适用法》第51条〔1〕和我国《涉外民事关系法律适用法司法解释》第3条〔2〕规定，我国《民法通则》第146条第1款与《涉外

---

〔1〕 我国《涉外民事关系法律适用法》第51条规定，《中华人民共和国民法通则》第146条、第147条，《中华人民共和国继承法》第36条，与本法的规定不一致的，适用本法。

〔2〕 我国《涉外民事关系法律适用法司法解释》第3条第1款规定，涉外民事关系法律适用法与其他法律对同一涉外民事关系法律适用规定不一致的，适用涉外民事关系法律适用法的规定，但《中华人民共和国票据法》、《中华人民共和国海商法》、《中华人民共和国民用航空法》等商事领域法律的特别规定以及知识产权领域法律的特别规定除外。该条第2款规定，涉外民事关系法律适用法对涉外民事关系的法律适用没有规定而其他法律有规定的，适用其他法律的规定。

民事关系法律适用法》第 44 条的规定不一致,以后应当适用《涉外民事关系法律适用法》第 44 条,但《民法通则》第 146 条第 2 款的内容《涉外民事关系法律适用法》没有规定,因此以后应当继续适用。

总之,我国关于一般侵权行为的法律适用,有效的法律条款是我国《涉外民事关系法律适用法》第 44 条和《民法通则》第 146 条第 2 款。

我国《涉外民事关系法律适用法》第 44 条和《民法通则》第 146 条第 2 款规定,是我国侵权行为法律适用的核心内容,具有传统成规与现代新发展理论的特征。概括起来,我国关于涉外侵权行为法律适用的基本特征是:

1. 侵权责任首先适用侵权行为地法律

这是我国解决涉外侵权行为法律适用的一般原则,也是为各国普遍采用的一项原则。对于侵权行为地如何确定问题,我国《民法通则意见》第 187 条规定:"侵权行为地的法律包括侵权行为实施地法律和侵权结果发生地法律。如果两者不一致时,人民法院可选择适用。"我国关于侵权行为法律适用的上述规定,与国际上多数国家的有关侵权法律适用的立法保持一致,这给我国的法院最终选择应适用于侵权行为地法律以较多的灵活性,这种做法正是国际上许多国家正在采取的原则。然而,当侵权行为实施地法律和侵权结果发生地法律两者不一致时,人民法院如何确定与侵权案件有密切联系的法律就是一个问题,我国立法和司法解释未做出明确的规定与说明。根据我国《民法通则》的基本原则以及参照国际上的习惯做法,我们认为,当实施地和结果地的法律不同时,我国亦应以最有利受害人为原则,确定侵权行为地法,这符合我国宪法中保护弱者的精神,也符合当今的国际潮流。

2. 根据最密切联系原则确定的法律优先适用

当事人有共同经常居所地时,适用共同经常居所地法律。这时,共同经常居所地法律优先于侵权行为地法律适用。这是"侵权行为自体法"方法的具体运用,是最密切联系原则在我国侵权冲突法领域的具体立法表现。这个原则同美国贝科克诉杰克逊案件所适用的法律原则基本一致,充分体现了我国侵权行为法律适用制度的高度灵活性。

3. 将意思自治原则引入侵权领域

我国《涉外民事关系法律适用法》第44条规定，侵权行为发生后，当事人协议选择适用法律的，按照其协议。这是将意思自治原则引入了侵权领域，充分体现了私法自治的精神。值得赞同。

4. 采用侵权行为地法与法院地法重叠适用原则

凡在我国领域外发生的侵权行为案件由我国法院管辖时，该行为必须依我国法律也必须认定为侵权行为。换言之，对于在我国领域外发生的侵权行为在我国审判时，我国法律采取的是侵权行为地法和法院地法双重认定（双重限制）的做法。这是我国确定涉外侵权行为法律适用的保护原则。但是，该原则的适用条件与适用范围如何，比如它是否仅适用于对中国公民或法人提起的诉讼，是否也适用于我国人民法院对外国法院作出的侵权之诉的判决的承认与执行等，我国法律条文至今仍没有作出规定。如果从立法的实践来看我国涉外侵权行为的法律适用，该双重原则似乎只适用于以我国公民或法人为被告、向我国人民法院提出的、发生在我国领域外的侵权行为的诉讼，以及我国人民法院对外国法院做出的以我国公民或法人为被告的侵权之诉的判决的承认与执行。

此外，我国1983年《海洋环境保护法》规定，凡在我国内海、领海以及我国管辖的其他一切海域内发生的损害海洋环境及资源，破坏生态平衡的侵权行为都要按该法处理。在我国领域以外排放有害物质、倾倒废物，造成我国管辖的海域损害的，也应按该法处理。

同时，我国《涉外民事关系法律适用法》规定了产品责任和人格权侵权的法律适用。该法第45条规定，产品责任，适用被侵权人经常居所地法律；被侵权人选择适用侵权人主营业地法律、损害发生地法律的，或者侵权人在被侵权人经常居所地没有从事相关经营活动的，适用侵权人主营业地法律或者损害发生地法律。第46条规定，通过网络或者采用其他方式侵害姓名权、肖像权、名誉权、隐私权等人格权的，适用被侵权人经常居所地法律。另外，该法第15条规定，人格权的内容，适用权利人经常居所地法律。

第三节 不当得利与无因管理的法律适用

一、不当得利的法律适用

(一) 不当得利与涉外不当得利

不当得利(unjust enrichment)作为民法的基本法律制度，是债发生的一种原因。不当得利源自罗马法，但罗马法上并没有概括的不当得利概念。《十二表法》第7条规定，果实落在邻人的土地上，果树的所有人有权将其取回。[1]后来，大法官创立了"请求返还之诉"，以此来保护丢失东西而要求取回丢失物的权利人的利益，后世法学著作概括罗马法这一精神，称其为不当得利。

在我国，不当得利成为一项独立的债法制度，是由《民法通则》确立的。《民法通则》第92条规定，"没有合法根据，取得不当利益，造成他人损失的，应将取得的不当利益返还受损失的人。"据此，不当得利是指无法律上的原因而受益，致使他人受到损失的事实。

国际私法上的不当得利是具有涉外因素的不当得利，即不当得利法律关系的主体、客体或内容至少有一个要素含有外国因素，要涉及不同国家的法律。

(二) 涉外不当得利的法律冲突

各国对不当得利的地位和性质的认识是不一样的，对不当得利的法律规定也就不尽相同。有些国家(主要是大陆法系国家)在民法中以专门章节规定不当得利，使之成为一项独立的民法制度。如《德国民法典》第997条规定，遗失

[1] 周枏:《罗马法原论》，商务印书馆1994年版，第829页。

物的发现者如果在他占有遗失物1年之内仍无人认领,可以成为遗失物的所有人,但在此后3年之内,原所有人仍可以不当得利请求返还;另外一些大陆法系国家将不当得利规定在“准契约”中,将其与其他请求权并列,作为一种补充的救济手段。如法国民法典债编“准契约”的第1376条至1382条将不当得利规定为非债清偿。英美法系国家虽然没有专门的不当得利制度,但吸收了“损人而利己乃违反衡平”原则,对不当得利予以救济。正是基于以上原因,造成国际私法上不当得利的法律冲突,主要表现在以下几个方面:

1. 原因关系上的冲突

罗马法创制不当得利之诉讼,完全基于物权行为独立性的理论。德国继承了罗马法,创立了物权行为无因性理论,并以此为不当得利发生的原因。而英美法系不承认物权行为无因性理论,他们认为不当得利发生的基础是契约,将其视为契约的补救措施之一。正是由于以上对不当得利发生原因认识上的差异,造成各国在其应用范围上的冲突。

2. 应用范围上的冲突

法国不承认物权行为的无因性,认为物之所有权转移取决于当事人间契约的效力,契约不成立或无效的,受益人已受利益的所有权仍在给付人一方,此所谓所有权的复归。这里不需要不当得利制度,给付人可以直接凭所有权请求返还原物。而承认物权行为无因性的德国,则允许给付人以不当得利为基础请求保护。

3. 成立要件上的冲突

不当得利的成立以取得利益为要件之一。但英国法上的“受益”一般仅限于财产、金钱或劳务,而德国则主张包括知识产权和期待权。

对于因果关系要件,德国民法传统理论主张限于直接因果关系,使受到损失的人不能向取得利益的第三人请求返还其所得利益。我国台湾地区也是如此。而我国大陆则采纳非直接因果关系。

4. 受益人返还利益范围上的冲突

大陆法系区分受益人的善意和恶意,受益人不知没有法律上的原因而取得他人利益致他人受损的,为善意,其返还范围为原物以及由原物取得之其他利益,所受利益不存在的,免负返还义务,即只返还现存利益。反之,明知无法律上的原因而取得利益的受益人为恶意受益人,其取得利益,不论是否存在,应当全部返还。而英美法则没有这种区分,如在确定受益人的获益时,他们采取的是复杂的主观方法和客观方法,其中主观方法占重要地位,即认为此返还物品的价值要根据具体特定的情况而分别确定。

(三)不当得利的法律适用

由于各国对不当得利地位和性质认识的不同,导致对不当得利的法律规定也不尽相同,国际私法上不当得利的法律适用冲突也就不可避免。

各国立法和实践对涉外不当得利的法律适用,有如下几种不同的主张:

1. 不当得利地法

不当得利地法又称事实发生地法,即不当得利适用事实发生所在地国的法律。通常由于"事实发生地"可作多种理解,又可细分为以下几种情况:

(1)原因事实发生地法。《日本法例》第 11 条规定,"因无因管理,不当得利或不法行为而产生的债权成立及效力,依其原因事实发生地法"。意大利 1978 年民法典第 25 条第 2 款规定,"非合同之债,适用引起债的事实发生地法"。埃及 1948 年民法典第 21 条亦做如上规定。秘鲁民法典第 2098 条规定,"因法律的实施,无因管理,不当得利和不适当交付某物所产生之债,依已经或将要引起该债产生的原因事实发生地法"。《泰国国际私法》第 14 条也规定了不当得利依其原因事实发生地法。

(2)利益发生地法。《匈牙利国际私法》第 35 条规定:"不当得利及其法律上的后果,适用利益发生地法"。阿根廷 1974 年国际私法草案第 34 条规定,不当得利适用得利人财产增值地法。

(3)损害发生地法。这里主要是那些将不当得利请求权包括在损害赔偿请求权之内的国家。捷克1964年《国际私法及国际民事诉讼法》第15条规定，"损害赔偿请求权，除因违反契约及其他法律行为而规定的义务外，依损害发生地……法"。

(4)行为完成地法。土耳其1982年《国际私法和国际诉讼程序法》第26条规定，"因不当得利而产生的法律关系……适用不当得利完成地法律"。

(5)财产返还或给付地法。1966年《葡萄牙国际私法》第44条规定，"不当得利适用向财产所有人交还财产的地方的法律"。1928年《布斯塔曼特国际私法典》第221条也有类似规定。

事实发生地法原则源于场所地法主义，依据"场所支配行为"这一最古老也是最常用的原则。不当得利采用事实发生地法主要有以下几个原因：①不当得利的发生是基于法律的权威，而非当事人之意思作用，法律要求行为人应预见其行为的后果；②不当得利制度旨在保证每个人的权利衡平，而此种衡平之所以被打破，恰恰因为在行为地发生了此行为；③不当得利涉及不当得利发生地国的公共秩序，社会道德风尚和法律观念，因而与事实发生地的关系最为密切；④适用事实发生地法，也易于查明事实的性质和确定法律上的责任。因此，事实发生地法原则成为一项"基本原则"，为大部分国家所采用和吸收。[1]但事实发生地法原则也存在不少缺陷：①不当得利这一事实的发生往往是连续性的，可能发生于多个地点，这样选择准据法时就首先要将这一连续性事实加以人为分割，再从多个地点中选出一个作为事实发生地，这并不容易做到，也不尽合理；②不当得利强调利益的衡平，意在受益人将其不当受益之返还，所以以受损事实发生地法作为准据法显得本末倒置；③同前一个原因，不当得利制度的本质在于衡平，即利益的返还，因此利益返还地反而更具有最密切之联系；④给付不当得利的当事人有意思表示的成分时，这一原则也无法体现当事人的意愿。

---

[1] 李双元：《国际私法(冲突法篇)》，武汉大学出版社1987年版，第405页。

2. 属人法原则

属人法原则是以当事人的国籍、住所或惯常居所作为连结点的，具体又可分为四类：债务人住所地法，惯常居所地法，共同本国法，共同属人法。属人法法律适用实际上是属人法主义在债权制度上的延伸和扩张。1965 年《波兰国际私法》第 31 条规定："在当事人有同一国籍且在该国有住所时，适用他们的共同本国法"。采用属人法作为不当得利的准据法，主要依据是认为受益人对不当得利有返还的义务，而这一制度主要是为了保护受损人利益，因此，适用受损人一方或者两者共同的属人法。但是，以属人法作为准据法也有缺陷：①属人法一般用来解决人的身份、能力、亲属、继承等关系的民事法律冲突。不当得利是一种债或是准合同，与亲属、继承等具有人身关系的法律因素不同，它更多的是依当事人的行为而发生，因此与行为相关的因素比单纯的住所、惯常居所和国籍更有意义。②属人法作为准据法的理由是不当得利直接涉及得利人和受损人的利益，与居住地和本国有实质性的联系，但是不排除得利人获得利益、受损人损失利益可能都发生在本国或者住所地之外，这样属人法与事实之间就没有任何法律上的联系，缺乏存在的根基。③选择属人法的依据之一，是认为不当得利制度的法定条件和价值判断归根结底是由国内法规定的，所以要适用属人法。但应当看到，不当得利和婚姻、继承等法律关系不同，后者的成立是当事人依法定条件而为，而前者的成立有各种复杂的因素。④国籍可以变换，住所地的改变则更加容易，这使得属人法变得很不稳定。在立法实践中，即使有此规定的国家也将其作为"事实发生地法"的补充原则，在不当得利准据法中处于从属的地位。

3. 最密切联系原则

不当得利地法原则和属人法原则具有明确、简单的优点，但又显得僵化和呆板，仅用单个连结点的规范解决复杂的情形有很大的难度。晚近国际上逐渐出现了对这种传统冲突规范进行软化处理的潮流。"最密切联系"作为软化处理的一个灵活连结点，认为任何法律关系适用与其有最密切联系的国家的法律,是连结点的自然要求,该原则的广泛适用是国际私法发展的显著特色,代表了国际私法立法、理论与实践的发展趋势。最密切联系原则的适用从合同领域扩张到侵权甚至其他领域。更有甚者,将其作为决定所有涉外民商事法律关系和法律问题法律适用的指导原则。如 1979 年《奥地利联邦国际私法法规》第 1 条开门见山地规定:"(1)与外国有连接的事实,在私法上,应依与该事实有最密切联系的法律裁判。(2)本联邦法规(冲突法)所包括的适用法律的具体规则,应认为体现了这一原则。"按照这一原则,法院在审理某一涉外民事案件时,不能拘泥于某一个或几个客观因素来决定适用什么法律,而应从质和量两方面对与案件有关的主客观因素来进行权衡,选择法律关系的"重力中心地",该重力中心地所属国的法律即为准据法。最密切联系原则主张对与法律关系有关的多个连结点进行综合分析和考察,从而摆脱了僵化刻板和机械地着眼于某一个连结点确定准据法的传统模式。采用这一原则适用法律,适应了涉外民事法律关系复杂多变的需要,增强了法律适用的针对性、合理性。最密切联系原则在不当得利领域中也有体现。《美国第二次冲突法重述》中,在"恢复令状"的法律选择过程中引入了"最密切联系原则",弹性地选择法律。它在第 221 条规定:当事人在恢复原状诉讼中有关该特定问题的权利义务,依在该特定问题上,按照第 6 条规定的原则,与该事件及当事人有重要联系的那个州的本地法。该条第 2 项又列举了决定最密切联系地的参考因素,如当事人之间联系集中的地方,收受或给予利益地,行为完成地,住所,国籍,公司成立地或营业地,物之所在地等。在决定不当得利准据法的过程中,引入"最密切联系原则",综合考虑各种因素,依具体情况作出合适的选择,弥补了传统的法律适用方式固定、僵化、机械的不足。但是,最密切联系原则的灵活性也带来弹性过大的弊端,尤其是英美法系国家,容易造成法官的随意性,危害法律的确定性和明确性。多个连结点的选择使法官在考虑个案时,如果涉及本国当事人,出于对当事人利益的保护考虑,可能会援引与事实关系联系不密切但有利于该当事人的法律。英美等国"恢复令状"制度的目的是为了实现衡平主义的法律目标,在法律选择过程中掺杂法官个人和个案的因素，客观上增加了实现这一目标的障碍。同时，这种方法也增加了法官判断的难度，与考虑单个因素相比更带有随意性。法官选择准据法时要考虑、假设、推定各项因素，具有很大的不确定性。因此，不论是英美法系国家，还是大陆法系国家都在立法上对最密切联系原则加以一定的限制，制约法官的自由裁量权。

4. 意思自治原则

在国际私法领域，当事人意思自治原则经过几个世纪的发展，不仅十分完善，而且已经成为解决法律适用问题的一项重要原则。国际私法领域的当事人意思自治原则，是所谓“私法自治”原则在法律选择问题上的体现。许多国家的国际私法立法都对当事人意思自治原则的扩张适用表现出积极的态度。并且，越是晚近的国际私法立法，采用当事人意思自治原则的场合便越多。综观各国立法及判例，当事人意思自治原则已经在下列领域得到不同程度的应用：夫妻财产关系、继承、物权、侵权行为、不当得利、信托以及司法管辖、国际商事仲裁，等等。1988 年《瑞士联邦国际私法法典》是目前最有影响的一部国际私法典，而该法典对当事人意思自治原则的运用也最为广泛。而且，正是这部法典，受到了各国冲突法学界的普遍关注，并被誉为是包含了目前最优的确定法律选择的原则。意思自治原则何以在不当得利法律适用中得以运用呢？它是针对传统冲突规范，尤其是其连结点所存在的机械、僵化的弊端而采取的一种改进措施。国际民商事关系复杂多样，传统冲突规范针对不当得利法律关系只规定一个硬性的缺乏灵活性的连结点的做法，已无法适应解决现实的民商事法律冲突的需要，也不能适应国家处理涉外民商事关系的政策的需要。为了克服传统的冲突规范的这种弊端，人们提出了对僵化的传统冲突规范进行软化处理的主张，用灵活的开放性的连结点取代传统冲突规范中的僵固的封闭性的连结点。在发展和适用当事人意思自治原则之外，还在不当得利中适用当事人意思自治原则。同时，这一原则的适用也有助于实现国家保护弱者和受害者的政策取向。在某些国家，当事人意思自治原则的应用是为了增加适用法院地法的机会。不同国家对同一法律关系制定不同的冲突规范,在一定程度上反映了各国对同一问题的意志、态度和利益的分歧,在不当得利中采取当事人意思自治原则,由当事人选择他们认为最适合自己情况的法律,由当事人自己决定自己的事情,则既可以回避主权者意志的冲突,又可以调动民商事主体的积极性,也符合国际民商事交往的客观要求,并且有着不同于其他法律适用原则的特殊优点,因而对国际民商事法律冲突问题的解决有着独特的意义,展现出广阔的前景。

5. 适用基本法律关系法律适用的原则

上述法律适用原则虽然都有其合理的一面,但也不可避免地存在着一定的不合理因素,因为这些原则不能完全体现引起不当得利的法律关系的本质属性和重要性。有的国家在规定不当得利事实发生地法等原则的情况下,在新近制定的国际私法立法中补充规定了适用基本法律关系的准据法原则。1999 年《白俄罗斯共和国民法典》第 1131 条第 2 款规定:对于因被取消了获取财产或节约开支的法律基础而导致的不当得利,应适用支配该法律基础的法律来确定其准据法。1987 年《瑞士联邦国际私法》第 128 条规定:因不当得利而提起的求偿诉讼,如果不当得利起因于某一法律关系,则适用调整这种关系的法律。如果不存在这种法律关系,则适用不当得利行为发生地国家的法律,当事人也可以选择适用法院地法律。适用支配原法律义务或关系的法律原则,对于引起不当得利的法律关系的本质属性有了充分的体现,这种法律适用原则的立法将会更多。

总之,不当得利的法律适用问题,各国尚无一致的认识。

(四) 我国关于不当得利的规定

我国《民法通则》第 92 条规定:“没有合法根据,取得不当利益,造成他人损失的,应将取得的不当利益返还受损失的人。”《民法通则意见》第 131 条规定,返还的不当得利,应当包括原物和原物所生的孳息。利用不当得利所取得的其他利益,扣除劳务管理费用后,应当予以追缴。

我国《涉外民事关系法律适用法》第47条规定，不当得利，适用当事人协议选择适用的法律。当事人没有选择的，适用当事人共同经常居所地法律；没有共同经常居所地的，适用不当得利发生地法律。

二、无因管理的法律适用

（一）无因管理与涉外无因管理

无因管理又称为“无委托的事务管理”，是指既未受委托，又无法律上的义务而为他人管理财产或事务，因而支出的劳务或费用，依法有权请求他人支付。管理他人事务的一方为“管理人”，其事务接受无因管理的一方为“本人”，因本人在其事物受管理中得到利益，所以，他又被称为“受益人”。一般而言，无因管理的效力，就管理人来说，应完成管理的事务并继续到本人接受为止，在管理中并负普通的注意，否则应对其故意或过失而致本人的损失承担责任，管理结束时应将因管理事务所得到的一切权利转给本人并向本人做出结算。而就本人而言，应偿还管理人因管理事务而支出的合理费用并负责清偿管理人因管理事务所发生的债务。国际私法上的无因管理是具有涉外因素的无因管理，其主体、客体或内容至少有一个要素含有外国因素，要涉及不同国家的法律。

（二）无因管理的法律冲突

虽然无因管理制度为各国普遍承认，但各国规定却有所差异。大陆法系中的无因管理制度发端于罗马法，早在公元6世纪查士丁尼《民法大全》即规定有无因管理之诉，属准契约的一种，1804年《法国民法典》承袭了罗马法的衣钵，专设准契约一章，包括非债清偿与无因事务管理两种类型。除法国外，现代大陆法系国家均排除准契约的概念，而把合同、侵权、不当得利等并列，作为债的发生原因，不过，在如何处置无因管理的问题上，各国却存在重大差别。德国和瑞士两国民法理论认为，无因管理虽有独特性，但仍系建立在“默式合意”或“事实合意”的基础上，类似于委任合同，故应纳入广义合同之债的范畴。所以，德、瑞两国民法典，一方面专设条款调整无因管理；另一方面，在体例安排上，却将无因管理规定于合同之债内，紧随委任合同之后。其他大陆法系国家，如日本、意大利等，认为无因管理是与合同、侵权、不当得利并立的债之发生原因，故立法上单独制订无因管理的规则，使其在体例上具有完全的独立性。

与大陆法不同，英美法没有无因管理的概念与制度，"对英国法院而言，无因管理是一个很新鲜的名词。"〔1〕英美法之所以缺少无因管理制度，主要有两方面的缘故。其一，由于历史和地理原因，英国基本游离于罗马法的影响之外。因此，罗马法中的无因管理制度未能在英国得以传承。其二，英美法坚持个人主义原则，认为不能让一个人为他没有要求就得到的服务进行偿付，否则就是在鼓励多管闲事的行为，这不仅侵害他人权利，而且违反私法自治原则。可见，英美法不承认无因管理制度的深层次原因，是基于"干预不属于自己之事务乃系不法"的思维理念。〔2〕不过，现代英美法并非完全否定管理人请求偿付因管理他人事务而支出费用的权利。近几十年来，英美法理论开始将"返还请求权（restitution）"视为一种性质上独立的请求权，并建立起与合同法、侵权行为法鼎足而立的"返还请求权法"（Law of Restitution）。所谓"restitution"传统上只是一种救济方式，指恢复损害发生前或违约前的应有状态，可以是取回原物，也可为支付相应的等价物。到了20世纪后期"restitution"逐渐发展成一种独立的请求权基础，通常指受损人请求受益人返还不正当之利益。无因事务管理人为本人利益而有所花费，节省了本人应支出的必要费用，构成了消极的不当受益。因此，管理人要求本人返还因管理事务而支出费用的权利，被纳入到返还请求权中给予救济。正是由于以上认识上的差异，造成关于无因管理的诸多法律冲突，因此需确定其法律适用问题。

---

〔1〕 Peter North and J. J. Fawcett, *Cheshire and North's Private International Law*, thirteenth edition, Butterworths 1999, p. 675.

〔2〕 ［英］巴里·尼古拉斯：《罗马法概论》，黄风译，法律出版社2000年版，第240页。

（三）无因管理的法律适用

涉外无因管理因各国法律规定不同而产生冲突，所以需要根据一定的原则或规则解决法律冲突，确定法律适用。目前，各国就涉外无因管理的法律适用主要有以下几种主张：

1. 事务管理地（行为的发生地）法律

很多国家和地区将事务管理地法作为无因管理的系属，如法国、西班牙、日本、泰国和我国台湾地区等。这种立法的理由是除了受到“场所支配行为”原则的影响外，还基于以下考虑：首先，无因管理制度使管理人与本人之间产生一种债权债务关系，因此不宜适用当事人的属人法；其次，因为它是一种债务关系，但毕竟不是合同之债，因此不宜适用当事人意思自治原则；最后，无因管理是一种值得提倡和鼓励的行为，因此适用事实发生地法最为适宜。故有些学者认为：“无因管理之结果，当事人之一方，就已取得之权利，享有既得权，而当事人之他方，依管理地法而有所负担时，其负担不应较依其他法律所负担者为更多，为使双方利益，得有公平之保护起见，适用管理地法，最为允当”。[1]

此外，有些国家将不当得利与无因管理规定于非合同（契约）之债或非法律行为范畴中。由于以罗马法为基础的国家一般都将无因管理之债看作是因不当得利而引起的债，因此，不少国家把不当得利与无因管理归入同一条冲突规范。如《意大利民法典》第 25 条第 2 款规定：“非契约之债适用其事实发生地的法律”、《法国民法典》第 2313 条、《埃及民法典》第 20 条第 1 款、《约旦国际私法》第 22 条第 1 款、《也门人民民主共和国有关国际私法的规定》第 34 条第 1 项和《阿拉伯联合酋长国有关国际私法的规定》第 20 条第 1 款皆规定了非契约之债应适用引起该债的事实发生地法。我国台湾地区《涉外民事法律适用法》第 8 条也规定：“关于由无因管理，不当得利或其他法律事实而生之债，依事实发生地法”。另外《南斯拉夫法律冲突法》第 27 条第 2 款和《阿根廷国际私法

---

〔1〕 梅仲协：《国际私法新论》，台湾三民书局 1989 年版，第 244 页。

（草案）》第34条第2款规定，无因管理适用行为实施地法。《加蓬民法典》第22条规定，“支付不应给付之钱款及无因管理，依发生地法”。在条约方面，《布斯塔曼特法典》第220条规定：对他人事务的管理，依实行管理的法律调整，即无因管理适用无因管理行为地法律。由是观之，主张无因管理应适用原因事实发生地法或行为实施地法的立法是当前国际上大多数国家所普遍采用的，可谓主流立法。

虽然如此，该规则也并非尽善尽美。例如，在交通、通信技术高度发达的现代社会，管理客体位于一国而管理行为跨越数个不同法域的情况并不少见。因此，如何确定事务管理地有时就是一个难题。又如，管理财物期间财产所在地发生变更时，事实发生地也不容易确定。更为重要的是，随着涉外民商事法律关系的日益复杂，无因管理之债也呈现出多样化趋势。有时无因管理之债的当事人间，已经有某种法律关系，且正是该法律关系引起了无因管理之债。在此情况下，事务管理地法并不一定与无因管理有最为密切的联系。比如，一方无法律上义务而为另一方管理事务，但并非自始即无法律上义务，而是由于原有管理义务已经消灭，但管理人并未觉察而继续为之；或者是由于管理行为超过原有义务范围所致。这时，若仍坚持适用事务管理地法这一硬性规则，难免不妥。

2. 适用与无因管理有最密切联系的法律

目前，越来越多的国际私法立法开始将最密切联系原则运用到无因管理的法律适用中，根据对适用该原则的程度不同，存在以下三种代表性的做法：

（1）事务管理地法与最密切联系原则相结合。1979年《奥地利联邦国际私法》将最密切联系原则作为基本原则，其第1条就开宗明义地规定：“与外国有连结的事实，在私法上，应依与该事实有最强联系的法律裁判。”该法第47条规定：“无因管理依此种管理行为完成地之法律；但是，如与另一法律义务或关系有密切联系，则类推适用第45条的规定。”而第45条规定：：既存之义务而生者，依该义务所应适用之法律。”奥地利的这一规定考虑到了与无因管理有密切联系的其他法律关系，从而顾及到了无因管理与其他法律义务或关系的关联性。例如，曾有学者认为，如果原有委托关系存在，只是事务管理超出了委托合同的范围，这时也可适用原委托合同的准据法。

(2)自体法。如前所述，英美法在传统上并没有无因管理的概念与制度，晚近理论倾向于将管理人要求返还因管理他人事务而支出费用的权利，纳入到返还请求权中，因此，在冲突法上无因管理适用返还请求权的法律适用规则。英国关于返还请求权的法律适用，采用了自体法理论，具体体现在《戴西和莫里斯论冲突法》第200条规则。该条规定，(1)一方受益致他方受损害者，付返还之债。该债务由其自体法支配；(2)该债务的自体法如下确定：(a)若该债务的产生与合同有关，则其自体法为合同的准据法。(b)若该债务的产生与不动产(土地)的交易有关，则其自体法为不动产所在地法。(c)若该债务是在其他情况下产生的，则其自体法为利益产生地所在国的法律。”

(3)完全弹性准据法。《美国第二次冲突法重述》规定返还请求权的法律适用时，彻底抛弃传统法律适用规则，转而采用个案分析法。它赋予法官较大的自由裁量权，允许法官处理案件时根据每个案件的实际情况，综合考察有关连结点，选择与返还请求权有最密切联系的法律。其第211条规定如下：

①当事人在返还请求权诉讼中有关该特定问题的权利和义务，按照第6条规定的原则，由与案件的事实和当事人有最密切联系的那个州的法律调整。

②适用第6条的原则以决定对某问题应适用的法律时，应考虑下列联系：(a)当事人之间关系集中的地方，但利益之获取须与该关系有实质性联系，(b)获取利益的地方，(c)获取利益之起因行为发生地，(d)当事人的住所、居所、国籍、公司成立地及营业地，以及，(e)与获取之利益有实质性联系的有体物，如土地或动产，在利益获取时的所在地。这些联系应按其对特定问题的重要程度加以衡量。

以上三种模式的共同之处在于贯彻了最密切联系原则，不同的是适用该原则的程度从低渐高，有所区别。

3. 适用当事人属人法

有些大陆法学者提出属人法说，认为涉外法定之债（包括不当得利与无因管理）的当事人若有共同属人法，则其共同属人法应优先适用。该学说曾被一些大陆法国家的立法与司法实践所采纳。英美法国家也有类似主张，如《美国第二次冲突法重述》第221条将“当事人的住所、居所、国籍、公司成立地及营业地”列举为相关连结点。在当事人没有共同属人法时，学者们提出了不同的解决方法。有的学者认为无因管理制度既然是为保护本人的利益而设立的，因此认为适用本人的属人法才是最适宜的，还有的认为应对管理人和本人的义务分别适用他们的本国法，如德国的齐特尔曼。

但该原则存在明显缺陷：首先，属人法作为系属公式，一般用来解决人的身份、能力、亲属、继承等与人身有关的民事法律关系。而无因管理是法定之债，与人身毫无干系，如此援引，恐有不妥。其次，属人法历来有国籍国法和住所地法之争，其认定标准不一。再者，如果原、被告不止一人，其属人法亦有数个之可能；最后，采用属人法的主要理由是，管理人或本人属人法与无因管理之债有最密切的联系。但此见解，显然牵强附会：无因管理是因管理人实施管理行为而生之债，故在一般情况下，事务管理地应与之有最密切的联系。换言之，属人法与无因管理之债往往并无实质性联系，适用之有失公允。此外，即便不考虑属人法与无因管理之债缺乏密切联系这一点，在管理人与本人对无因管理之债的重要程度间，也难以分其轩轾。所以，认为在当事人没有共同属人法的情况下应适用某方之属人法的观点，仍有不妥。

4. 准用委任合同的法律适用

瑞士债务法将无因管理规定于第二编“各种合同”中，视其为类似于委任合同的一种合同。因此，无因管理在瑞士民法中并不是独立的债之发生原因。至少从法典的体例安排上看，立法者倾向于把无因管理看作是管理人与本人之间的一种事实上的委任合同关系。因此，《瑞士联邦国际私法》并没有规定无因管理的法律适用规则。一般认为，在《瑞士联邦国际私法》的立法体例下，涉外无因管理案件应当定性为委任合同案件,准用委任合同的法律适用。

不可否认,无因管理与委任合同确有不少相似特征,所以这一做法初看上去似乎并无不妥。但是,我们不能因表面特征而忽略两者在法律性质上的根本区别。委任合同,是当事人意思自治的产物,是合同,属约定之债;而无因管理是因事实行为而发生的法定之债,并没有当事人达成的合意,与合同截然有别。因此,无因管理准用委任合同的法律适用,与法理不同,与逻辑相悖,不宜提倡。事实上,就晚近国际私法立法来看,将无因管理视为独立的债之发生原因,并设专门规则进行调整已是大势所趋。典型的例证是,德国在早期国际私法立法中,没有制订专门适用无因管理的冲突规范,但在1999年民法实施法的修改中,已加入了调整无因管理的法律适用规则。

总之,在无因管理的法律适用问题上,各国尚无统一的认识。

(四) 我国关于无因管理法律适用的规定

我国《民法通则》第93条规定:“没有法定的或者约定的义务,为避免他人利益受损而进行管理或者服务的,有权要求受益人偿付由此而支付的必要费用。”

我国《涉外民事关系法律适用法》第47条规定,无因管理,适用当事人协议选择适用的法律。当事人没有选择的,适用当事人共同经常居所地法律;没有共同经常居所地的,适用无因管理发生地法律。可见,我国对不当得利和无因管理法律适用的规定完全相同。

第十章 婚姻家庭关系的法律适用

第一节　结婚的法律适用

结婚是男女双方根据法律规定的程序和条件结成夫妻的法律行为。结婚必须符合法律规定的实质要件和形式要件才能有效成立,但各国对结婚要件的规定不同,国际私法一般区分结婚实质要件和形式要件解决其中的法律适用问题。

一、结婚实质要件的法律适用

结婚的实质要件包括结婚必须具有备的条件和必须排除的条件。前者一般包括双方当事人必须达到的法定婚龄,双方当事人自愿结婚等。后者一般指双方当事人不在禁止结婚的血亲之内,没有不能结婚的疾病或生理缺陷,不存

在另外的婚姻关系等。其法律适用问题有以下几种做法:

1. 婚姻举行法

这是一条古老并仍然流行的原则。按照这一原则,如果结婚符合婚姻举行地法有关结婚实质要件的规定,该婚姻就是有效的婚姻,而且在任何地方都是有效婚姻;如果不符合婚姻举行地法有关结婚实质要件的规定,该婚姻就是无效的婚姻,而且在任何地方都是无效的婚姻。赞成这一原则的理由有:结婚也是一种契约关系或法律行为,受"场所支配行为"原则支配;而有的学者也认为婚姻成立的实质要件也应该视为一种既得权,根据"既得权保护说",这种婚姻也应该得到其他国际的承认和保护;同时,婚姻的有效成立与否关系到举行地国家的善良风俗和公共秩序,所以必须使用举行地法;结婚的实质要件使用婚姻举行地法简便易行。

采用此原则的国家有美国的许多州和大多数拉丁美洲国家,如阿根廷、巴拉圭、危地马拉、秘鲁、哥斯达黎加和墨西哥等。

2. 当事人的属人法

由于结婚与当事人的身份地位(如是否成年、是否神智健全、是否已婚等)密切相关,许多国家主张结婚的实质要件适用当事人的属人法。凡符合当事人属人法的婚姻即为有效婚姻,否则为无效婚姻。在采用当事人属人法的国家中,又分为采用本国法的国家和采用住所地法的国家。如果双方当事人的属人法相同,适用当事人属人法自然简便容易;但如果当事人的属人法不同,就要解决如何适用当事人属人法的问题。在这种情况下,主要有下列几种做法:(1)适用夫的属人法,目前这种做法落伍于时代,为许多国家所放弃;(2)分别适用双方当事人各自的属人法,按照这种做法,只要结婚分别符合双方当事人各自属人法规定的实质要件,该婚姻就是有效的婚姻。例如1898年《日本法例》第13条第1款规定,婚姻成立的实质要件适用夫妻双方各自的本国法,波兰、奥地利和秘鲁等国也采用此种做法;(3)重叠适用双方当事人的属人法。按照这种做法,婚姻只有在满足双方当事人的属人法所要求的实质要件时,才被认为是有效的婚姻。1979年《匈牙利国际私法》第37条第1款就是如此规定的。

3. 混合制

这种做法是指婚姻的实质要件，或以婚姻举行地法为主，但在一定条件下适用当事人的属人法；或以当事人的属人法为主，但在一定条件下适用婚姻举行地法。它避免了单纯适用当事人属人法和婚姻举行地法的不足，为越来越多的国家所采用。

二、结婚形式要件的法律适用

在结婚形式方面，目前主要存在民事登记婚姻方式、宗教婚姻方式、民事登记和宗教仪式结合的方式以及不要求任何形式等四种制度。

民事登记婚姻方式是指婚姻当事人必须到指定的婚姻登记机关履行登记手续，领取结婚证书。中国、日本、苏联、法国、保加利亚等国都采用这一方式。宗教婚姻方式是指信奉宗教的当事人必须按其信仰的宗教教规所要求的仪式举行婚礼，不同宗教的教规对宗教婚姻的方式有不同的要求。例如，西班牙、葡萄牙、希腊、塞浦路斯等国要求天主教徒之间必须按天主教规举行宗教仪式。不要求任何形式又称事实婚姻方式，即指只要双方当事人同意结婚，并且已实行同居，就构成了事实上的婚姻，成为法律上有效的婚姻。目前，冰岛、苏格兰、瑞士、奥地利等国以及美国21个州都承认这种结婚方式有效。

对于结婚形式要件的法律适用，主要有以下不同实践：

1. 婚姻举行地法

对结婚形式要件，长期以来一直适用“场所支配行为”原则，即适用婚姻举行地法。根据该原则，按婚姻举行地法规定的方式成立的婚姻，在其他国家也被认为有效。多数国家的国内立法和国际公约都采用这一原则。

2. 婚姻当事人本国法

有些国家（如希腊、西班牙、也门等）要求，本国公民或住所在本国的人即使在外国举行结婚，也必须遵守本国法规定的宗教方式，不承认本国公民或在本国有住所者在国外依其他方式成立的婚姻。而另一些国家的立法要求内国人的婚姻必须依民事登记方式,即使在国外举行亦然。如原捷克斯洛伐克法就规定,捷克公民非依民事登记方式结婚的,其婚姻无效。

3. 选择适用当事人本国法和婚姻举行地法

为了尽可能避免"跛脚婚姻"(limping marriage)现象,在确定结婚形式要件的准据法时,不能只采用一种法律。根据目前各国的最新立法,在结婚形式要件问题上已形成兼顾婚姻举行地法和当事人本国法的趋势。这种立法精神,也反映在近来的一些阿拉伯国家的法律中。如于1977年生效的《约旦民法典》第13条规定,外国人与外国人、外国人与约旦人之间的婚姻,如果在形式要件方面符合婚姻缔结地法,或者符合婚姻当事人各自的本国法,均应认为有效。

三、中国关于结婚法律适用的规定

(一)在中国境内的结婚

我国《涉外民事关系法律适用法》第21条规定,结婚条件,适用当事人共同经常居所地法律;没有共同经常居所地的,适用共同国籍国法律;没有共同国籍,在一方当事人经常居所地或者国籍国缔结婚姻的,适用婚姻缔结地法律。第22条规定,结婚手续,符合婚姻缔结地法律、一方当事人经常居所地法律或者国籍国法律的,均为有效。[1]这里的"结婚条件"是指结婚的实质要件,"结婚手续"是指结婚的形式要件。但在程序和手续上却区分不同情况做不同处理:

(1)中国公民与外国人、内地居民同香港特别行政区居民、澳门特别行政区居民、台湾地区居民及华侨结婚。过去,中国有关婚姻登记的规定过于分散,除针对内地居民之间的《婚姻登记管理条例》外,针对不同的婚姻登记主体都制定了不同的规定、办法。例如,1983年民政部《中国公民同外国人办理婚姻登记的

---

〔1〕 根据我国《涉外民事关系法律适用法》第51条的规定,我国《民法通则》第147条随着《涉外民事关系法律适用法》的施行同时失效。

几项规定》(已失效)、1983 年民政部《华侨同国内公民、港澳同胞同内地公民之间办理婚姻登记的几项规定》(已失效)和 1998 年民政部《大陆居民与台湾居民婚姻登记管理暂行办法》(已失效)等。2003 年《婚姻登记条例》对这些规定、办法进行了合并而成为在中国办理婚姻登记统一适用的法规。此外,民政部还分别于 2003 年、2004 年发布了《婚姻登记工作暂行规范》和《关于贯彻执行〈婚姻登记条例〉若干问题的意见》。

2003 年《婚姻登记条例》的有关内容包括:中国公民同外国人、内地居民同香港特别行政区居民(以下简称香港居民)、澳门特别行政区居民(以下简称澳门居民)、台湾地区居民(以下简称台湾居民)、华侨办理婚姻登记的机关是省、自治区、直辖市人民政府民政部门或者省、自治区、直辖市人民政府民政部门确定的机关。中国公民同外国人在中国内地结婚的,内地居民同香港居民、澳门居民、台湾居民、华侨在中国内地结婚的,男女双方应当共同到内地居民常住户口所在地的婚姻登记机关办理结婚登记。

办理结婚登记的内地居民应当出具下列证件和证明材料:本人的户口簿、身份证;本人无配偶以及与对方当事人没有血亲和三代以内旁系血亲关系的签字声明。办理结婚登记的香港居民、澳门居民、台湾居民应当出具下列证件和证明材料:本人的有效通行证、身份证;经居住地公证机构公证的本人无配偶以及与对方当事人没有直系血亲和三代以内旁系血亲关系的声明。办理结婚登记的华侨应当出具下列证件和证明材料:本人的有效护照;居住国公证机构或者有权机关出具的、经中华人民共和国驻该国使(领)馆认证的本人无配偶以及与对方当事人没有直系血亲和三代以内旁系血亲关系的证明,或者中华人民共和国驻该国使(领)馆出具的本人无配偶以及与对方当事人没有直系血亲和三代以内旁系血亲关系的证明。办理结婚登记的外国人应当出具下列证件和证明材料:本人的有效护照或者其他有效的国际旅行证件;所在国公证机构或者有权机关出具的、经中华人民共和国驻该国使(领)馆认证或者该国驻华使(领)馆认证的本人无配偶的证明,或者所在国驻华使(领)馆出具的本人无配偶的证明。

(2)双方均非内地居民在内地的结婚登记。2004 年《关于贯彻执行〈婚姻登记条例〉若干问题的意见》(民函〔2004〕76 号)第 8 条对双方均非内地居民在内地的结婚登记问题做了如下规定:

双方均为外国人,要求在内地办理结婚登记的,如果当事人能够出具《婚姻登记条例》规定的相应证件和证明材料以及当事人本国承认其居民在国外办理结婚登记效力的证明,当事人工作或生活所在地具有办理涉外婚姻登记权限的登记机关应予受理。

一方为外国人、另一方为港澳台居民或华侨,或者双方均为港澳台居民或华侨,要求在内地办理结婚登记的,如果当事人能够出具《婚姻登记条例》规定的相应证件和证明材料,当事人工作或生活所在地具有相应办理婚姻登记权限的登记机关应予受理。

一方为出国人员、另一方为外国人或港澳台居民,或双方均为出国人员,要求在内地办理结婚登记的,如果当事人能够出具《婚姻登记条例》规定的相应证件和证明材料,出国人员出国前户口所在地具有相应办理婚姻登记权限的登记机关应予受理。

此外,在条约或互惠基础上,中国也承认具有相同国籍的外国人双方在其本国驻华使领馆成立的婚姻为有效。

(3)在中国境内的复婚。2003 年《婚姻登记条例》第 14 条规定,离婚的男女双方自愿恢复夫妻关系的,应当到婚姻登记机关办理复婚登记。复婚登记适用本条例结婚登记的规定。

因特殊历史原因,去台人员与祖国大陆原配偶以及来祖国大陆人员与台湾原配偶之间的婚姻关系问题颇为复杂,根据 1988 年民政部、司法部《关于去台人员与其留在大陆的配偶之间婚姻关系问题处理意见的通知》,在发生这类婚姻纠纷,当事人要求人民政府解决时,要根据《中华人民共和国婚姻法》规定的原则,结合实际情况,按照下列精神酌情调解解决或依法处理:其一,双方分离后,未办离婚,且均未再婚的,承认其婚姻关系存续。其二,双方分离后,留在大陆的一方依据法律与去台一方解除了婚姻关系,但双方均未再婚,现双方自愿恢复婚姻关系的,按复婚的有关规定处理。其三,双方分离后,去台一方依照台湾有关法律与留在大陆的一方解除了婚姻关系,但双方均未再婚,现双方自愿恢复婚姻关系的,可承认其婚姻关系存续。其四,双方分离后,一方或双方再婚后的配偶已离异或死亡,现双方自愿恢复婚姻关系的,应重新办理结婚登记。其五,双方分离后,一方或双方再婚后的配偶健在,现双方自愿恢复与原配偶的婚姻关系,应按照一夫一妻制原则,先与再婚配偶解除婚姻关系,再按结婚的有关规定办理。

此外,在实践中,对于去台人员与其留在祖国大陆的配偶一方已再婚或双方均已再婚,但未通过法定程序解除婚姻,如在事实上形成“一夫二妻”或“一妻二夫”的情况,不宜视为重婚,应采取不告不理的态度,法院不主动干涉这种婚姻关系;如其中一方起诉要求解除婚姻关系,则按离婚诉讼受理。

(二)在中国境外的结婚

这包括中国公民之间或中国公民与外国人之间(当然主要是华侨之间或华侨与外国人之间)在国外结婚,以及外国人之间在外国结婚而要求在中国境内承认其效力的各种情况。

对于中国公民之间或者中国公民与外国人之间在外国主管机构申请结婚,双方是否具备结婚的实质和形式要件应当由外国主管机关依据该国的冲突规范指引的准据法处理。如果上述婚姻欲在中国发生效力,只要该婚姻符合婚姻举行地法律,并且不违反中国的公共秩序,中国就可承认其效力。

2003年《婚姻登记条例》第14条规定:“中华人民共和国驻外使(领)馆可以依照本条例的有关规定,为男女双方均居住于驻在国的中国公民办理婚姻登记。”中国外交部、最高人民法院、民政部、司法部、国务院侨务办公室在1983年《关于驻外使领馆处理华侨婚姻问题的若干规定》中已对该问题做了规定。依该《规定》,我驻外使领馆在“受理这类案件时,严格按照《中华人民共和国婚姻

法》的基本精神,并照顾到他们居住在国外的实际情况,加以妥善处理”。其主要内容有:

(1)为了方便华侨(指双方均为华侨)在居住国结婚,应该鼓励他们按居住国法律在当地办理结婚登记或举行结婚仪式。如当地有关当局为此征求我驻外使领馆的意见,则应分别不同情况作如下处理:其一,如该婚姻符合中国婚姻法的规定,可应其要求,以口头或书面证明其婚姻符合《中华人民共和国婚姻法》关于结婚的规定;其二,如该婚姻除年龄和禁止近亲通婚的规定外,其他符合中国婚姻法的规定,可以口头或书面证明:“鉴于×××与×××已在××国定居,如××国有关当局依照当地法律准许他们结婚,我们不表示异议”;其三,如该婚姻违反中国婚姻法关于禁止干涉婚姻自由和禁止重婚的规定,中国当不能承认该婚姻为有效,也不能为其出具任何证明。

(2)凡双方均为华侨,且符合中国婚姻法的规定,要求在驻在国的中国使馆结婚的,只要驻在国法律允许,中国使馆可为他们办理结婚登记,颁发结婚证书。如驻在国有关当局要求,我使馆也可为此种证书出具译文,并证明其与原本相符,但不得受理华侨与外国人(包括外籍华人)结婚登记的申请。此外,凡驻在国法律不承认外国使馆办理的结婚登记为有效,以及该婚姻不符合中国婚姻法关于结婚的规定的,中国使馆均不宜受理此类申请。

第二节　夫妻关系的法律适用

夫妻关系是合法有效的婚姻产生的特定男女之间的法律关系,包括夫妻人身关系和夫妻财产关系。各国国际私法一般区分夫妻人身关系和夫妻财产关系,分别确定去准据法。

一、夫妻人身关系的法律适用

夫妻人身关系包括姓氏权、同居义务、忠贞及扶助义务、住所决定权、从事职业和社会活动的权利、夫妻之间的代理权等内容。由于各国政治、经济、社会风俗、历史传统和宗教信仰的不同,它们对这些问题的规定多有差异。解决其法律适用问题的做法主要有:

(1)当事人的属人法。由于这主要涉及身份问题,适用当事人的属人法当然是选择。目前,适用夫妻双方共同属人法的趋势有所加强。

(2)属人法和行为地法。由于夫妻人身关系有时关系到行为地的公共秩序和善良风俗,有的国家主张适用行为地法。1905 年海牙《婚姻对夫妻身份和财产关系的效力的法律冲突公约》第 1 条规定,有关夫妻身份上的权利义务,依据双方本国法,但是前项权利义务的形式,非依行为地法认可的方式,不得为之。

二、夫妻财产关系的法律适用

夫妻财产关系又称为夫妻财产制,是指具有合法婚姻关系的男女双方对家庭财产的权利义务,主要包括婚姻对双方当事人婚前财产发生什么效力,婚姻存续期间的财产归属,以及夫妻对财产的管理、处分和债务承担等方面的制度。解决夫妻财产关系的法律冲突主要有两个原则:

(1)意思自治原则。有的国家把夫妻关系看成一种特殊的契约关系,因而在夫妻财产关系的法律适用问题上,主张适用意思自治原则。1978 年海牙《夫妻财产制法律适用公约》就用了意思自治原则。

(2)属人法原则。有的国家在夫妻财产关系的法律适用方面排除意思自治原则的适用,直接规定夫妻财产关系应适用属人法。

三、中国关于夫妻关系法律适用的规定

我国《涉外民事关系法律适用法》第 23 条规定:"夫妻人身关系,适用共同经常居所地法律;没有共同经常居所地的,适用共同国籍国法律。"第 24 条规定:"夫妻财产关系,当事人可以协议选择适用一方当事人经常居所地法律、国

籍国法律或者主要财产所在地法律。当事人没有选择的，适用共同经常居所地法律；没有共同经常居所地的，适用共同国籍国法律。”

第三节　离婚的法律适用

离婚是配偶双方于生存期间解除婚姻关系的法律手段。离婚制度在历史上经历了一个长期、曲折的发展过程。在古代社会，离婚并不是自由的，甚至是被禁止的。早期基督教宣布婚姻是圣典礼，因此，除非当事人死亡，婚姻不可离异。受这种思想影响，早先许多国家都不承认以离婚作为婚姻关系解除的方式。资产阶级在反封建的过程中，提出天赋人权的思想，宣称离婚是婚姻当事人享有的一项民主权利，从而逐步摆脱了婚姻不可离异的封建传统。目前，除极少数国家外，各国大都对离婚持自由主义态度。

一、离婚的管辖权

离婚案件或被认为涉及内国的公共秩序，或被认为直接关系到内国公民及其家庭的利益，所以一些国家主张对住所设在内国的当事人的离婚行使管辖权，而另一些国家则主张对凡具有内国国籍的当事人的离婚行使管辖权，并且大都坚持，凡由不符合内国法所承认的管辖权标准而由外国法院作出的离婚判决，均不能得到内国的承认和执行。

在依住所确定离婚诉讼管辖权的国家中，最典型的可以英、美为例。英国1973年《住所及婚姻诉讼法》规定，只要配偶一方于离婚诉讼提起之日在英国有住所，或于此前在英国设有一年以上的惯常居所，英国法院即享有管辖权。

美国也是把离婚案件的管辖权赋予原告提起诉讼时设有住所的州，而且只要原告一方在该州有住所即可，即使结婚并未在该州举行，且夫妻双方从未以夫妻身份生活在该州，作为离婚的原因也不是发生在该州，配偶他方也未出庭应诉,该州也不具有对配偶他方行使对人管辖权的根据,但必须已采取合法方式给配偶他方送达了传票并提供了出庭应诉的充分机会。

采用国籍作离婚诉讼管辖权根据的国家,如匈牙利和原捷克斯洛伐克。1964 年《捷克斯洛伐克国际私法及国际民事诉讼法》第 38 条规定,它的法院要对夫妇中一方为捷克斯洛伐克公民的离婚案件行使管辖权。

但是,从目前的发展趋势看,单采住所标准或国籍标准,不利于离婚诉讼的进行,不利于避免“跛脚婚姻”现象的发生,所以现在许多国家的立法都趋向灵活了。如德国过去主要以国籍为标准,而 1986 年修改其民事诉讼法的有关条文(1999 年最后一次修改的《民事诉讼法》第 606 条之一)规定,夫妻双方或一方的德国国籍或德国的惯常居所都可以成为德国法院受理有关当事人之间离婚诉讼的根据,并且申明:“这种管辖权不是专属管辖权。”

这种在管辖权上灵活的做法,较集中地反映在 1970 年缔结的海牙《关于承认离婚与司法别居公约》之中。依该《公约》规定,凡符合下述条件的缔约国法院作出的此种判决,均应得到其他缔约国的承认,这些条件就是:在提起诉讼之日,(1)被告在该国有惯常居所;(2)原告在该国有惯常居所,且该居所于诉讼提起前已持续一年以上,或配偶双方的最后惯常居所在该国;(3)配偶双方为该国国民,或原告为该国国民,且有惯常居所在该国,或他(她)的惯常居所于该国已持续一年以上且于诉讼开始时至少已有部分时间进入了第二个年头;(4)原告是该国国民,且他(她)于诉讼提起时正在该国而配偶双方的最后惯常居所地国于诉讼提起时的法律不允许离婚。

二、离婚的法律适用

离婚,同结婚一样,受到各国历史、民族、文化传统、风俗习惯和宗教信仰的影响。关于离婚的立法,各国存在着深刻的分歧。目前,绝大多数国家都规定了有限制的离婚制度,但仍有极少数国家仍禁止离婚,当事人只能请求别居(judicial separation)。此外,一些国家的穆斯林教徒和非洲某些地区还保留时代留下的传统,实行休妻制度。从各国的立法内容来看,离婚的条件也有实质要件和形式要件之分,由于各国的具体要求不尽一致,势必产生法律冲突,从而需要解决法律适用问题。关于离婚的法律适用,大致有以下几种不同的主张与实践:

1. 法院地法

此说最早为萨维尼倡导,在《德国民法施行法》颁布以前,德国常有此类判例。到20世纪初,这种主张仍为大陆法系的许多国家的学者所支持。其理由是,离婚涉及一国的公共秩序和善良风俗,因而关于离婚的法律也多为强行法。例如中国《涉外民事关系法律适用法》第27条规定,诉讼离婚,适用法院地法律。

采法院地法的还有英、美等国,不过它们的法律不是直接以法院地法出现的,而是以住所地法或惯常居所地法出现的。如英国1973年《住所及婚姻诉讼法》规定英国法院对当事人一方在英国有住所或惯常居所一年以上的离婚诉讼享有管辖权的同时,进一步规定:"在英国法院享有管辖权的任何(离婚)案件中,它们都只适用英国内国法。"由于英国法院对离婚案件的法律适用是以司法管辖权的行使为前提的,而它的司法管辖权的行使又是以在英国的住所或惯常居所为条件,所以严格地说,这种法院地法实际上也就是住所地法。

根据《美国第二次冲突法重述》第285条,其离婚诉讼的管辖权也建立在住所基础上,而"受理诉讼的当事人的住所地州,得适用本地法确定离婚权"。

2. 属人法

此说认为,离婚消灭既存婚姻关系,它的准据法自然不应与婚姻的成立及效力的准据法有所不同,而对婚姻的成立和效力,在许多国家却是适用当事人属人法的。例如,1995年《意大利国际私法制度改革法》第31条规定首先当适用夫妻共同本国法,在无此共同本国法时适用婚姻生活主要所在地国家的法律;而在上述外国准据法无离婚和别居的规定时,适用意大利法。2005年《阿尔及利亚民法典》第12条第2款规定,离婚以及分居,依提起诉讼时丈夫的本国法。

3. 选择或重叠适用当事人属人法和法院地法

这一学说既对完全依法院地法抱否定态度，也对完全依当事人属人法抱否定态度。它指出，完全依当事人属人法，如当事人本国法所允许的离婚原因违反法院国公共秩序，或依当事人本国法不允许离婚而依法院国法却允许离婚，这时当事人的属人法就很难为法院地法所承认和适用。而且过去在适用当事人属人法时，多用丈夫的本国法，这种做法已不符合男女平等的时代要求。后来虽有主张用当事人共同本国法或共同住所地法的，则又常有当事人双方异其国籍或住所的情况，给法院适用法律造成障碍。从而，或提出对离婚的准据法应允许就当事人属人法或法院地法选择适用其中之一，或提出应重叠适用当事人属人法和法院地法（如 1902 年《海牙离婚及别居法律冲突与管辖权冲突公约》第 2 条规定："夫妻非依其本国法及起诉地法均有离婚的理由的，不得提出此种诉讼"）。持前一观点的理由是，如果允许选择，实现离婚比较容易；持后一观点的理由是，如果要求重叠适用上述两个法律，可以避免"跛脚婚姻"现象发生。

在采选择适用当事人属人法或法院地法的各国，近来多首先要求选择双方当事人的共同本国法，而在当事人无此共同本国法时，其解决办法又各有不同。如 1965 年《波兰国际私法》要求遇有这种困难时，首先改用双方共同住所地法，在无共同住所地法时，才允许选择作为法院地法的波兰法。

4. 有利于实现离婚的法律

这是欧洲许多新立法中出现的趋势，1978 年《奥地利联邦国际私法法规》第 20 条，其规定为：离婚的要件和效力，依离婚时支配婚姻人身效力的法律，如依该法婚姻不能根据所举事实解除，或适用于婚姻人身法律效力的准据法无一存在时（注：包括共同属人法、最后共同属人法、共同惯常居所地法、最后共同惯常居所地法、奥地利法或与配偶有最密切联系的法律），则适用离婚时原告的属人法。1992 年《罗马尼亚国际私法》第 22 条规定，离婚受本法第 20 条所确定的法律支配。若所确定的法律不允许离婚或对离婚施加特殊限制性条件，只要离婚诉讼提起时夫妻双方有一方为罗马尼亚公民则应适用罗马尼亚法律。

这种有利于离婚的准据法表述公式被称为 favor divortii。在谢尔（Kurt G. Sieher）的《欧洲家庭关系：欧洲和美国的同步发展》（*Domestic Relations in Europe: European Equivalents to American Evolution*）一文中曾指出，在法律选择方面着眼于有利于离婚，可以说已成为当前欧洲国家的普遍倾向，但是它的表现方式却有所不同。最普遍采用的方法是用法院地法作为辅助的应适用的离婚准据法。他认为这种方法可以解释为一种公共秩序特别条款。

5. 开始引进当事人意思自治

2004 年《比利时国际私法》第 55 条规定：（1）离婚和别居受下列法律支配……（2）但是，配偶双方可以选择适用于离婚或别居的法律。配偶双方只能选择下列法律之一：（a）诉讼提起时配偶双方具有相同国籍的国家的法律；（b）比利时法。法律选择必须在首次出庭时予以表明。

三、中国有关涉外离婚的法律规定

（一）离婚的管辖权

1. 协议离婚

根据中国《婚姻登记条例》的规定，中国公民同外国人在中国内地自愿离婚的，内地居民同香港地区居民、澳门地区居民、台湾地区居民及华侨在中国内地自愿离婚的，男女双方应当共同到内地居民常住户口所在地的婚姻登记机关办理离婚登记。

内地居民应当出具下列证件和证明材料：（1）本人的户口簿、身份证；（2）本人的结婚证；（3）双方当事人共同签署的离婚协议书。香港地区居民、澳门地区居民、台湾地区居民、华侨、外国人除应当出具前款第（2）项、第（3）项规定的证件、证明材料外，香港地区居民、澳门地区居民、台湾地区居民还应当出具本人的有效通行证、身份证，华侨、外国人还应当出具本人的有效护照或者其他有效国际旅行证件。

2. 诉讼离婚

根据我国《民事诉讼法》第 22 条、第 23 条第 1 款的规定，中国法院在受理涉外离婚案件时，采取原告就被告的原则，只要被告在中国有住所或居所，中国法院就有管辖权。同时，对于被告不在中国境内居住的离婚案件，如原告在中国境内有住所或居所，则原告住所地或居所地法院也有管辖权。

另外，根据最高人民法院《关于适用〈中华人民共和国民事诉讼法〉若干问题的意见》第 13、14、15、16 条的规定，中国法院在以下情况下也具有管辖权：(1) 在国内结婚并定居国外的华侨，如定居国法院以离婚诉讼须由婚姻缔结地法院管辖为由不予受理，当事人向人民法院提出离婚诉讼的，由婚姻缔结地或一方在国内的最后住所地人民法院管辖。(2) 在国外结婚并定居国外的华侨，如定居国法院以离婚诉讼须由国籍所属国法院管辖为由不予受理时，当事人向人民法院提出诉讼的，由一方原住所地或在国内的最后住所地人民法院管辖。(3) 中国公民一方居住国外，一方居住在国内，不论哪一方向人民法院提起离婚诉讼，国内一方住所地人民法院都有管辖权。如国外一方在居住国法院起诉，国内一方向人民法院起诉的，受诉人民法院有管辖权。(4) 中国公民双方在国外但未定居，一方向人民法院起诉离婚的，应由原告或者被告原住所地人民法院管辖。

1983 年外交部、最高人民法院、民政部、司法部、国务院侨务办公室《关于驻外使领馆处理华侨婚姻问题的若干规定》第 1 条规定，鉴于离婚案件比较复杂，我驻外使领馆原则上不受理华侨申请离婚的案件。其第 5 条规定，夫妻双方现均系外籍华人，或一方系华侨另一方现系外籍华人，要求离婚，应向居住国有关机关申请办理离婚手续。我驻外使领馆一般不予受理。如他们原先是在中国或我驻外使领馆办理结婚登记的，现因某种原因，居住国有关机关不受理时，我驻外使领馆可参照处理华侨离婚案件的规定精神予以受理。根据 1984 年最高人民法院《关于原在内地登记结婚后双方均居住香港，现内地人民法院可否受理他们离婚诉讼的批复》,对于原在内地登记结婚的、夫妻双方均居住在港澳的同胞,在港澳进行离婚诉讼确有实际困难的,如果他们向内地人民法院请求,内地原结婚登记地或原户籍地人民法院可以受理。

对于在外留学人员离婚案件的管辖权问题,根据最高人民法院 1985 年 12 月 31 日发布的《对我国留学生夫妻双方要求离婚如何办理离婚手续的通知》的规定,如果留学生夫妻双方"对离婚及财产分割、子女抚养等问题没有任何争议,可以回国向原结婚登记机关申请办理离婚手续;如果对以上问题存有争议,则需回国向原结婚登记地人民法院提起离婚诉讼"。

(二) 离婚的法律适用

我国《涉外民事关系法律适用法》第 26 条规定,协议离婚,当事人可以协议选择适用一方当事人经常居所地法律或者国籍国法律。当事人没有选择的,适用共同经常居所地法律;没有共同经常居所地的,适用共同国籍国法律;没有共同国籍的,适用办理离婚手续机构所在地法律。该法第 27 条规定,诉讼离婚,适用法院地法律。

同时,根据我国《涉外民事关系法律适用法》第 51 条的规定,我国《民法通则》第 147 条随着《涉外民事关系法律适用法》的施行同时失效。

第四节　父母子女关系的法律适用

一、概述

父母子女关系的性质和内容有一个历史演变过程。在早期罗马法中,父权(亦称家长权、家父权)是父母子女关系的核心,它表现为家长对家属的绝对而毫无限制的权力,子女完全处于从属的地位。随着经济的发展,社会的进步,家长权逐渐演变为以保护子女利益为目的的一种权利和义务的统一体。如 1896

年通过、1998 年最近一次修改的《德国民法典》第 1626 条规定："父母有照顾未成年子女的权利和义务。"1896 年通过、1999 年最近一次修改的《日本民法典》第 820 条也规定："行使亲权人有监护、教育子女的权利及义务。"亲权的内容包括两个方面：一是父母对未成年子女人身方面的权利和义务；二是父母对子女财产方面的权利和义务。人身方面的权利、义务，主要是保护教育权、居所指定权、职业许可权、惩戒权、交还子女请求权（即对不依法扣留子女的人的一种请求权）、法定代理权等。父母对未成年子女的财产方面的权利、义务，主要涉及父母对其财产的管理、取得、收益及处分的权利和义务。

各国有关父母子女关系的立法大致都有上述内容，但在具体规定上仍有差异。有的国家的法律明确规定，父母对子女有惩戒权（如上述《日本民法典》第 882 条第 1 款、《德国民法典》第 1631 条第 2 款对此均有规定，但也规定惩戒须有限制，或经法院许可才得实行）；有的国家的法律则无规定。有的国家规定了父母对未成年子女的财产有使用、收益权（如上述《法国民法典》第 382 条、上述《德国民法典》第 1649 条、1907 年《瑞士民法典》（1996 年版本）第 319 条、上述《日本民法典》第 828 条等）；有的国家则无规定。上述《瑞士民法典》第 321 条规定："子女财产中被指定为以生息为目的或以储蓄为目的的赠与，父母不得动用。"上述《法国民法典》第 387 条规定，父母的用益权不得扩张至子女因劳动所取得的财产，而上述《德国民法典》第 1649 条却规定可以使用。

二、父母子女关系的法律适用

对于此种关系应适用的法律，有的国家采取笼统的规定方式，如 1966 年《波兰国际私法》第 19 条。采这种规定方式的国家对亲子关系不再区分婚生子、非婚生子、被收养子女和养父母之间的关系，只要任何一种亲子关系成立，亲子间的权利和义务关系应适用的准据法便是同一的。但也有国家区别几种不同亲子关系的内容而分别规定不同的准据法。最典型的可算 1946 年《希腊民法典》。如它的第 18 条规定："父母和子女的关系适用子女出生时父的本国法；父亡则适用母与子女的共同本国法；如无共同本国法，则适用父亡时母的本国法。”在第19条和第20条中又分别规定非婚生子女与母的关系适用他们的共同本国法或母的本国法，而非婚生子女与生父的关系适用出生时父亲的本国法。

总的来看，对于亲子关系的法律适用，主要有以下几种做法：

(1)双亲的属人法。例如德国、法国等。采这种观点的国家大都认为在家庭关系中，父和母是居于主导地位的。

(2)子女的属人法。采此主张显然侧重于保护子女的利益。1987年《瑞士联邦国际私法法规》第82条第1款规定：“父母与子女的关系适用子女惯常居所地国家的法律。”不过该条第2款但书又规定：“如果父母任何一方都不在子女之惯常居所地国家有住所，而且如果父母与子女有相同国籍，则适用他们的国籍国法。”1995年《意大利国际私法制度改革法》第36条规定：“父母子女间的人身关系和财产关系，包括亲权在内，适用子女本国法。”

(3)亲子双方共同属人法。例如，1998年修订的《俄罗斯联邦家庭法典》第163条规定，父母与子女之间的权利和义务，包括父母抚养子女的义务，由他们共同居住地所在国的法律规定。在父母和子女无共同居住地时，他们之间的权利和义务由儿童所属国的法律规定。根据原告的请求，抚养之债和父母与子女之间的其他关系，可以适用儿童经常居住地所在国的法律。在亲子关系中，如对子女的监护、教育，并不能完全理解为谋求亲的利益，因此，借维护子女的利益而完全排斥双亲的属人法的适用也不见得完全妥当。故这种主张似更起兼顾作用。

英国法与上述国家的主张不大相同，规定：住所在国外的父(或母)对其未成年子女的亲子责任(包括人身和财产两个方面)，概不受当事人各方国籍国法或住所地的影响，而只适用英国法。据说，这是从把子女的幸福作为应首要考虑的问题出发的，并且认为这一原则属于英国的公共政策，是必须加以适用的。住所在外国的父(或母)对属于未成年子女的位于英国的动产的权利，是由父

(或母)的住所地法决定的(法院也有自由裁量权)。但上述制度不适用于在英国的不动产(对这种不动产只适用英国法)。

三、我国关于父母子女关系的法律适用

我国《涉外民事关系法律适用法》第25条规定,父母子女人身、财产关系,适用共同经常居所地法律;没有共同经常居所地的,适用一方当事人经常居所地法律或者国籍国法律中有利于保护弱者权益的法律。

第五节 收养的法律适用

收养是一种在收养人和他人子女(被收养人)之间建立起父母子女关系(即人为的、法律拟制的亲子关系)的法律行为。除某些伊斯兰国家认为收养是不合法和无效的外,世界上绝大多数国家都承认收养制度,但各国法律有关收养的规定却很不相同。如各国规定的收养人与被收养人的年龄差距便常有不同(1999年修订的《法国民法典》第344条规定为15岁,但如被收养人系其配偶的子女,差10岁即可;《罗马尼亚家庭法典》第68条则要求相差18岁);个别国家还禁止天主教神父收养子女。在收养的效力上,有的国家只规定了"完全收养"即被收养人与亲生父母的关系即行终止,而另一些国家除此之外,还允许"简单收养",即被收养人与亲生父母的关系仍可保留。同时,在收养的形式要件上也往往各有差异。此外,有些国家还规定,收养人在收养子女前,还须对该被收养人已实际抚育了一定时期(如1998年修改的《德国民法典》第1744条、1999年修订的《法国民法典》第345条、1907年《瑞士民法典》(1996年版本)第264条的规定)。

一、收养案件的管辖权

英美法系国家一般以住所为行使管辖权的依据。根据1976年《英国收养

法》第14、15、62条的规定，如果至少申请人之一的住所在联合王国的一个组成部分，并且儿童于申请提出时在英格兰，则英格兰法院有作出收养令的管辖权。1971年《美国第二次冲突法重述》第78条规定，凡收养人或被收养人的住所在该州，以及收养人和被收养人或对被收养儿童有合法保护权的人愿意服从该州的对人管辖，该州便可行使此种管辖权。

大陆法系国家一般以国籍或住所为行使管辖权的依据。1987年《瑞士联邦国际私法法规》第75条规定，如果收养人或收养人夫妻双方住所在瑞士，瑞士法院对宣告收养有管辖权。如果收养人或收养人夫妻双方在瑞士没有住所，其中一方为瑞士人，并且他们在外国住所地不可能进行收养或不能合理地要求依当地收养程序收养时，有瑞士国籍的一方收养人所属地法院或主管机关对宣告收养有管辖权。但在新近一些立法中，惯常居所这一连结点也受到了重视。

1965年海牙《收养管辖权、法律适用和判决承认公约》第3条规定，收养人惯常居所地国，或于夫妻共同收养时他们的惯常居所地国，或收养人国籍国，或于夫妻共同收养时他们的共同国籍国的主管机关均有审批收养的管辖权。

二、涉外收养的法律适用

关于收养的法律适用，有的国家只笼统地规定了收养应适用的法律，如瑞士、波兰、委内瑞拉和俄罗斯联邦等。有的则区分收养的成立、效力和解除或终止等几个方面，分别规定每一方面应适用的法律，如日本、奥地利、意大利、罗马尼亚、列支敦士登和匈牙利等。但在作这种区分的国家中，有的仅对收养的成立和效力的法律适用作了区分，如土耳其和突尼斯，有的国家如日本则仅区分了收养的成立和收养的终止，并规定两者适用相同的准据法。

1. 收养成立的法律适用

在国际私法上，对涉外收养成立的形式要件，诸如是否须经当事人申请，是否须经公证或登记，大都只主张适用收养成立地法。但对涉外收养实质要件的法律适用主要有以下几种立法与实践：

(1)法院地法或有管辖权的主管机关所属国法。在英国，法院注重的是管辖权，只要英国法院对涉外收养有管辖权，便也只适用英国国内法来判定此一收养的实质要件是否具备。在美国，收养通常都要经过法院程序才能生效，因而美国跟英国一样首先注重的是收养的管辖权问题，并且一旦确定了有管辖权，法院也只适用法院地法。在国际立法方面，1965 年海牙《收养管辖权、法律适用及判决承认公约》也采类似主张(适用有管辖权的主管机关所属国法)。

(2)收养人属人法。此说认为收养人是成立收养关系的主动的一方，为了保护收养人的权利，故宜采用收养人的属人法。1986 年《德国民法施行法》第 22 条就规定，子女收养依收养人为收养时所属国家的法律。而 1995 年《意大利国际私法制度改革法》第 38 条规定，收养的条件、成立和撤销可依次选择适用收养人本国法以及在夫妻为收养时夫妻双方共同本国法、共同居住地国法、夫妻婚姻生活主要所在地国法。只是该法指出，如收养是向意大利法院提出并且认为这种给予未成年人以婚生子女地位是适当的，则应适用意大利法。

(3)分别适用收养人和被收养人本国法或适用其共同本国法。1938 年《泰国国际私法》第 35 条规定，养亲和养子女为同一国籍时，则收养的能力依双方国籍国法；为不同国籍时，收养的能力及要件依各自本国法(但收养的效力，却得依养父母本国法)。这种立法的理由是基于属人法应支配有关个人身份的问题，而收养不仅涉及收养人而且也影响到被收养人的身份地位，对二者的权利义务都会发生影响，因此宜分别适用收养人和被收养人的本国法。此外，这种立法还考虑到了有利于收养在国外得到承认这一问题。

(4)被收养人的属人法。持此种主张的出发点是，收养制度的主要目的是为了给孤儿、弃儿或其他境遇较差的儿童一个新的家庭，提供一种较好的生活环境和教养，因此，只有适用被收养人的属人法才能给予被收养人完善的保护，他的幸福才能得到保障。1979 年《苏联和各加盟共和国婚姻家庭立法纲要》便是此种立法例的典型，其第 35 条规定，收养作为苏联公民住在苏联境外的子女，得在苏联领事机关办理。如收养人不是苏联公民，则必须得到主管的加盟共和国机关许可才能收养。如事先得到主管的加盟共和国机关许可，则由作为苏联公民的子女居住地国家的机关办理的对该子女的收养，也被承认有效。外国公民在苏联收养作为苏联公民的子女，以及收养作为外国公民的子女，应按苏联立法办理。法国国际私法虽无明文规定，但在实践上及一般学者大多认为涉外收养关系是否成立，应该以被收养人的本国法为准，不过，如果收养人系法国公民而被收养人是外国公民，则应适用法国法。

2. 收养效力的法律适用

收养的效力涉及收养对养子女与养父母的法律效力和收养对子女与生父母的法律效力。关于收养的效力，各国法律有不同的规定。例如，在养子女和生父母的关系问题上，法国、日本和瑞士等国的民法允许养子女保有双重亲属关系，子女被收养后，除发生姓氏上的变化，亲权与财产管理权移转给养父母外，与生父母的亲属关系仍然保持，继承和抚养问题一般也不受收养的影响。而另一些国家则规定，收养关系一经成立，养子女与生父母的权利义务关系即行解除。

对于有关收养效力的法律冲突的解决，各国主要采取如下几种做法：

(1)收养人的属人法。1995 年《意大利国际私法制度改革法》第 39 条规定，被收养人与收养人或收养人夫妻双方以及收养人亲属之间的人身和财产关系受收养人本国法或者收养人夫妻双方共同本国法支配；如果收养人夫妻双方无共同国籍，则由双方共同居住地法或者夫妻双方婚姻生活主要所在地法支配。1996 年《列支敦士登国际私法》第 27 条第 2 款规定，收养子女的效力适用收养人惯常居所地国法律；夫妻双方收养子女适用支配婚姻对个人法律效力的法律，如果夫妻一方死亡则适用另一方惯常居所地国法律。

(2)根据不同情况，分别适用收养人和被收养人的属人法。1928 年《布斯塔曼特法典》第 74 条规定，收养的效力，就收养人的遗产而言，由收养人的属人法调整，但关于姓氏及被收养人对其原来家庭所保留的权利义务，以及收养人对其遗产的关系，依被收养人的属人法调整。

（3）原则上适用收养人和被收养人共同的本国法或共同住所地法，以其他法律作为补充。

1982 年《南斯拉夫国际冲突法》第 45 条第 1－3 款规定，收养的效力，适用收养人和被收养人在实行收养时的本国法。收养人和被收养人国籍不同的，适用他们共同住所所在国法律。收养人和被收养人国籍不同，而住所也不在同一国家，他们中一人为南斯拉夫社会主义联邦共和国的公民的，适用南斯拉夫社会主义联邦共和国法律。收养人和被收养人国籍不同，而住所也不在同一国家且都不是南斯拉夫社会主义联邦共和国公民的，适用被收养人之本国法律。

（4）被收养人的本国法。1998 年《哈萨克斯坦共和国家庭法典》第 209 条第 1 款规定，外国人在哈萨克斯坦共和国境内收养具有哈萨克斯坦国籍的儿童，在遵守本法典第 76 条至第 78 条、第 82 条至第 84 条和第 96 条规定的前提下，依哈萨克斯坦法律。

3. 收养解除的法律适用

除收养人或被收养人死亡外，收养关系可以依法解除。收养的解除一般既可依双方当事人的协议而解除，也可依当事人一方的要求解除。但各国的具体规定不同，收养关系解除后，收养人与被收养人之间的权利与义务即告终止，与此同时，被收养人与生父母及其亲属之间的权利与义务随之恢复。

关于收养解除的法律适用问题，各国主要有两种做法：一种是采取与收养成立相同的准据法，如奥地利、南斯拉夫和意大利；另一种是采取与收养效力相同的准据法，如罗马尼亚和匈牙利。1992 年《罗马尼亚国际私法》第 31 条规定，收养的效力及收养人与被收养人之间的法律关系受收养人本国法支配。夫妻双方协商一致的收养适用依第 20 条所确定的法律。收养的解除也受同一法律支配。

三、《跨国收养方面保护儿童及合作公约》

由于对收养活动没有统一的法律文件来调整各国之间的法律差异,1965 年海牙国际私法会议通过了《收养管辖权、法律适用及判决承认公约》。1993 年,海牙国际私法会议又通过了《跨国收养方面保护儿童及合作公约》(以下简称《公约》),该《公约》主张加强各国的合作机制,防止诱拐、出售及非法贩卖儿童,最大限度地便利跨国收养程序,为儿童利益提供最佳保护。该《公约》已于 1995 年 5 月 1 日生效,截至 2010 年 11 月,已有 83 个成员,中国已于 2005 年 4 月批准《公约》,《公约》于 2006 年 1 月 1 日起对中国生效。《公约》共分 7 章 48 条,主要内容如下:

1.《公约》的适用范围

《公约》规定只适用于产生永久性父母子女关系的收养,从而排除了类似简单收养的其他形式的收养。被收养儿童的年龄应在 18 岁以下,收养人可为夫妻或个人。

2. 跨国收养的实质要件

《公约》规定收养进行的条件为:原住国的主管机关必须:(1)确认该儿童适合于收养。(2)对在原住国内安置该儿童的可能性做了应有的考虑后,确认跨国收养符合儿童的最佳利益。(3)已经向收养必须经其同意的个人、机构和当局进行必要的商议,并适时地告知了其同意的效果,特别是告知收养是否会导致儿童与其出生家庭之间的法律关系的消灭;这些个人、机构和当局已经按法律所要求的形式自由地用书面形式表示或者证明其同意;这种同意不是用支付报酬和任何形式的补偿引诱而作出的,并且未被撤销;如要求得到母亲同意,则只有在儿童出生之后作出。(4)根据儿童的年龄及成熟程度,已确信与该儿童进行有关的商议,并已适时地通知他或她被收养的后果以及他或她同意被收养的后果(如果有必要征得其同意);已考虑儿童的愿望和意见,以及在需要得到儿童的同意时,儿童已经按法律所要求的形式自由地用书面形式表示或者证明其同意；不是用支付报酬和任何形式的补偿引诱其作出这种同意的。同时，接受国的主管机关必须：确认预期养父母条件合格并适合于收养儿童；确信预期养父母已得到必要的商议；确认该儿童已经或将被批准进入并长期居住在该国。

3. 中央机关和委任机构

《公约》规定了中央机关制度，以保证各国间的合作机制。中央机关的职能可通过三种方式来实现：(1)中央机关之间直接进行合作；(2)通过由政府直接控制的公共机构进行合作；(3)通过由政府批准委任的民间机构进行合作。《公约》还规定了中央机关和委任机构的工作范围。

4. 跨国收养的程序要件

《公约》规定，跨国收养应通过中央机关进行，首先由预期养父母按规定向其惯常居住国的中央机关提出申请，然后由接受国的中央机关向原住国的中央机关转交该申请。原住国的中央机关在收到申请后，应准备一份报告，报告对儿童的成长、其种族、宗教及文化背景给予适当考虑；根据有关儿童和预期养父母的情况以确认所面临的安置是否符合该儿童的最佳利益等。此外，《公约》还对儿童的交付移送、再收养的程序做了规定。

5. 收养的承认及效力

《公约》规定，对收养的承认即确认儿童和其养父母之间的父母子女关系，同时儿童和其亲生父母之间的关系即告终止。收养成立后，养父母对儿童负有父母责任，养子女即享有与该国其他被收养人同等的权利，而没有类比亲生子女的权利，这主要是因为一些收养国从自身利益出发，不愿给予养子女和亲子女同等的权利。《公约》还规定了拒绝承认收养的条件，即当对收养的承认明显违反缔约国的公共政策和儿童的最佳利益时，可予拒绝。

6. 一般规定

《公约》的一般规定部分主要包括下列内容：收养未成立之前有关方面之间的接触；有关儿童背景资料的保存，以及跨国收养费用等。

四、中国关于涉外收养的立法

中国1991年通过、1998年修改的《收养法》只在第21条中对涉外收养做了粗线条规定：外国人依照本法可以在中华人民共和国收养子女。外国人在中华人民共和国收养子女，应该经其所在国主管机关依照该国法律审查同意。收养人应当提供由其所在国有权机构出具的有关收养人的年龄、婚姻、职业、财产、健康、有无受过刑事处罚等状况的证明材料，该证明材料应当经其所在国外交机关或者外交机关授权的机构认证，并经中华人民共和国驻该国使领馆认证。该收养人应当与送养人订立书面协议，亲自向省级人民政府民政部门登记。收养关系当事人各方或一方要求办理收养公证的，应当到国务院司法行政部门认定的具有办理涉外公证资格的公证机构办理收养公证。

此外，民政部根据《收养法》于1999年发布了《外国人在中华人民共和国收养子女登记办法》。对于涉外收养的法律适用，该《登记办法》第3条规定："外国人在华收养子女，应当符合中国有关收养法律的规定，并应当符合收养人所在国有关收养的法律的规定；因收养人所在国有关收养的法律的规定与中国法律的规定不一致而产生的问题，由两国政府有关部门协商处理。"由此可见，这是一条重叠性冲突规范，即在中国境内进行的涉外收养，必须同时符合中国有关收养的法律和收养人所在国的法律。

我国《涉外民事关系法律适用法》第28条规定，收养的条件和手续，适用收养人和被收养人经常居所地法律。收养的效力，适用收养时收养人经常居所地法律。收养关系的解除，适用收养时被收养人经常居所地法律或者法院地法律。

此外，中国于2005年批准加入了1993年海牙《跨国收养方面保护儿童及合作公约》，同时声明：(1)中国民政部为中国履行《公约》赋予职责的中央机关。(2)《公约》第15条至第21条规定的中央机关职能由中国政府委托的收养组织——中国收养中心履行；只有在收养国政府或政府委托的组织履行有关中央机关职能的情况下，该国公民才能收养惯常居住在中国的中国儿童。(3)中国涉外收养证明的出具机关为被收养人常住户口所在地的省、自治区、直辖市人民政府民政部门，其出具的收养登记证为收养证明。(4)中国没有义务承认根据《公约》第39条第2款所达成的协议而进行的收养。

第六节　监护的法律适用

监护是无行为能力和限制行为能力人在无父母或父母不能行使亲权时，为保护其人身和财产利益而设置的法律制度。该制度源起于罗马法，现为各国采用，但内容或有不同。有的国家只有监护一种制度，而有的除监护外尚有“保佐”，即监护针对无行为能力人，保佐针对限制行为能力人；监护是监护人对被监护人的财产、人身负全面保护的责任，而保佐则主要是保佐人协助被保佐人进行财产管理，一般不对被保佐人的人身负保护责任。有的国家只允许亲属任监护人；多数国家规定监护人只能是一人，而有的却允许数人任监护人，各有不同权限分工。

一、监护案件的管辖权

对于监护案件，各国一般以住所、居所或国籍为依据行使管辖权。例如，在英国，如果儿童是英格兰国民或者出现在法院的管辖区内，英格兰法院有权作出除了有关照顾、教育和交往事项以外的监护和保佐令。在婚姻诉讼中，如果儿童惯常居住在英格兰或者本人在英格兰并且不惯常居住在苏格兰和北爱尔兰，法院可以为交往、居所或者特定问题作出命令(即交往令、居所令或者特定问题令)。1996年海牙《关于父母责任和保护儿童措施的管辖权、法律适用、承认、执行和合作公约》确定了儿童惯常居所地国行使采取保护儿童措施的管辖权的基本原则，同时允许儿童或儿童财产所在地的缔约国、有权受理父母离婚请求的法院所属的缔约国的并存管辖权和儿童的国籍国以及其他与儿童有实质联系的国家的补充管辖权。

二、监护的法律适用

1. 被监护人的属人法

监护制度是为保护被监护人的利益而设置的，从此目的出发，大多数国家以被监护人的属人法作为有关监护问题的准据法。1995 年《意大利国际私法制度改革法》第 43 条规定，针对无行为能力的成年人的保护措施的条件和效力，以及无行为能力人与其监护人之间的关系，适用无行为能力人的本国法。泰国、土耳其等国不仅规定了监护应适用被监护人的属人法，而且对在内国有住所或居所的外国人或无国籍人，或在内国有财产的外国人的监护问题做了规定。如 2007 年《土耳其国际私法和国际民事诉讼程序法》第 10 条第 1—2 款规定，设立或撤销监护、禁治产的理由，依为之请求设立或撤销监护、禁治产者的本国法。外国人根据其本国法不得被设立监护或被禁治产的，如果该外国人的惯常居所在土耳其境内，则依土耳其有关设立或撤销监护、禁治产的法律作出决定。在当事人被迫居留于土耳其的情况下，也适用土耳其法律。

2. 法院地法

这可以英国为例。英国在监护问题上仍是首先从管辖权入手的。一般，如果英国法院对某一涉及监护的案件有管辖权，它便只适用英国法。此外，英国法中有一条重要原则经常被适用于决定有关监护人问题，即首先和首要考虑子女利益的原则。此外，1995 年《意大利国际私法制度改革法》第 43 条还补充规定，为了临时和在紧急情况下保护无行为能力人的人身和财产，意大利法官可采取意大利法律所规定的措施。2007 年《土耳其国际私法和国际民事诉讼程序法》第 10 条第 3 款规定，涉及禁治产、监护以及照管的所有事件，依土耳其法律，但有关设立或撤销监护、禁治产的理由除外。上述 1996 年海牙公约规定，对儿童采取保护措施有管辖权的法院一般适用本国法律，对于父母责任则适用儿童惯常居所地法。

另外,目前一些新冲突法在某些涉及监护人的利益方面(如是否可以拒绝接受担任监护),也允许适用监护人的本国法。

三、中国关于涉外监护法律适用的规定

我国《涉外民事关系法律适用法》第30条规定,监护,适用一方当事人经常居所地法律或者国籍国法律中有利于保护被监护人权益的法律。

第七节 扶养的法律适用

扶养是指根据身份关系,在一定的亲属间,有经济能力的人对于无力生活的人应给予扶助以维持其生活的一种法律制度。在扶养关系中,有扶养义务的人称为扶养义务人(或扶养人),有受扶养权利的人称为扶养权利人(或被扶养人)。

一、扶养案件的管辖权

英美法系国家一般以住所为行使管辖权的依据。根据经修改的英国1973年《婚姻诉因法》第27条,如果在提出申请之日,当事人任何一方的住所在英格兰;或者到上述日期为止,当事人任何一方已在英格兰惯常居住有一年;或者在提出申请之日,被告本人在英格兰,英格兰法院有权以未提供合理扶养费为由而发出关于扶助(financial provision)的命令。根据该法第35条,如果当事人任何一方的住所或居所在英格兰,英格兰法院可以改变扶助或扶养(maintenance)命令。此外,如果被告的居所在英格兰,或者在1920年《扶养令(执行便利)法》扩大适用的外国国家,或者被告的居所在1972年《扶养令(相互执行)法》第一部分或者第二部分扩大适用的外国国家,治安法院有权发布扶养令。1971年

《美国第二次冲突法重述》第 77 条规定，如果一州对配偶另一方有管辖权，该州即有权行使司法管辖权，规定配偶一方由该另一方扶养，或者如果该州对配偶另一方的财产有管辖权，则它在该财产数额内也可以行使这种管辖权。在对配偶另一方不享有管辖权时，一州不能行使司法管辖权以免除配偶一方对该另一方可能负有的扶养义务。而根据该《重述》第 27、70、71 条的规定，配偶双方或一方住所或居所所在地州的法院对配偶有管辖权。

大陆法系国家一般以国籍或住所为行使管辖权的依据。根据 1987 年《瑞士联邦国际私法法规》第 75 条规定，子女的惯常居所地或作为被告一方的父或母的住所地或惯常居所地的瑞士法院，或者子女或作为被告一方的父母在瑞士既没有住所，又没有惯常居所，但只要其中一方具有瑞士国籍的，其国籍所在地的瑞士法院，有权受理请求支付扶养费的诉讼和由母亲提出的请求支付生育子女和扶养子女的补偿费的诉讼。

二、扶养关系的法律适用

扶养有配偶之间的扶养、亲子之间的扶养以及其他亲属之间的扶养，故在国际私法上，有的国家对上述三类扶养分别规定准据法，如依 1979 年《匈牙利国际私法》第 39 条规定，夫妻之间的扶养，应适用起诉时夫妻共同的属人法；如无，则适用其最后的共同属人法；如没有最后的共同属人法，则适用夫妻最后的共同住所地法；如夫妻没有共同住所，适用法院地或其他机构地法。该法第 45 条规定，父母对子女的扶养适用子女属人法，而子女对父母的赡养则除外；此外，亲属之间的扶养的义务、条件、程序与方法，得依扶养权利人的属人法确定。但有不少国家只对其中的一两种扶养规定准据法。

概观各国有关扶养法律适用的立法，可以作如下归纳，即大多数国家规定应适用被扶养人的属人法（如 1986 年《德国民法施行法》第 18 条、1938 年《泰国国际私法》第 36 条、2007 年《土耳其国际私法和国际民事诉讼程序法》第 19 条和 2007 年海牙《扶养义务法律适用议定书》第 2 条），亦有国家规定应适用扶养义务人的属人法(如1982年《土耳其国际私法和国际民事诉讼程序法》第21条)。在特定情况下,也规定可适用双方的共同属人法。如1986年《德国民法施行法》第18条尽管原则上规定扶养义务适用被扶养人惯常居所地的法律,但该法同时补充规定:“如果被扶养人依照该法无法得到扶养,则应适用扶养人与被扶养人的共同本国法。”目前由于运用“利益导向”方法,也出现有要求适用对被扶养人最为有利的法律的。如1998年《突尼斯国际私法》第51条规定:“扶养义务由权利人的本国法或住所地法支配,或由义务人的本国法或住所地法支配。法官应适用对权利人最有利的法律。”2007年海牙《扶养义务法律适用议定书》第8条还允许当事人选择适用于扶养关系的法律:扶养权利人和义务人可以随时指定以下法律作为扶养义务的准据法:(1)指定时任何一方为一国国民的国家的法律;(2)指明时任何一方惯常居所地国家的法律;(3)当事方指定适用于或实际上适用于他们财产制的法律;(4)当事方指定适用于或实际上适用于他们离婚或合法分居的法律。

此外,有些国家是1973年订于海牙的《扶养义务法律适用公约》的成员国,它们的国际私法干脆规定扶养义务适用或类推适用该《公约》,如1987年《瑞士联邦国际私法法规》第83条规定,父母子女之间的扶养义务,适用1973年10月2日海牙《扶养义务法律适用公约》。1995年《意大利国际私法制度改革法》第45条也作了类似的规定。

三、中国关于扶养法律适用的规定

我国《涉外民事关系法律适用法》第29条规定,扶养,适用一方当事人经常居所地法律、国籍国法律或者主要财产所在地法律中有利于保护被扶养人权益的法律。对该条的适用范围,中国学者的意见和最高人民法院的司法解释都认为,“扶养”一词应作广义解释,不同于中国《婚姻法》第4条中的扶养仅是指夫妻之间的扶养,而是包括父母子女相互之间的扶养、夫妻相互之间的扶养以及其他有扶养关系的人之间的扶养。

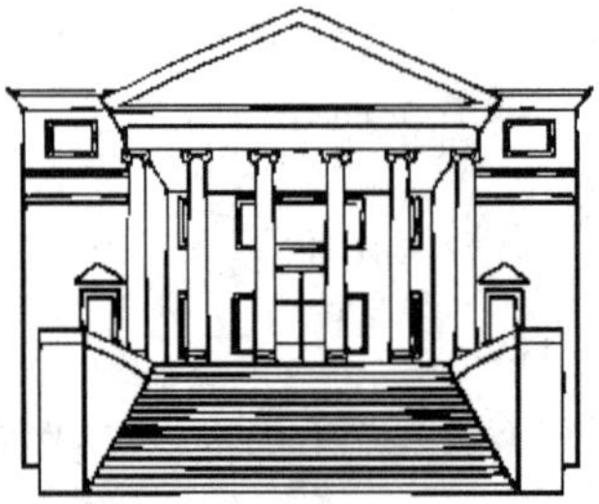

第十一章

继承的法律适用

继承是指财产所有者死亡或宣告死亡后，依法将其遗产或与此有关的权利、义务转移给继承人所有的一种法律制度。国际私法中的跨国继承是指含有外国因素的继承，即继承法律关系的主体（继承人或被继承人）、客体（遗产）和法律事实（死亡）等要素中，有一个或一个以上的外国因素。随着国际民事交往的发展，跨国继承关系与其他跨国民事关系一样，会不可避免地发生。而各国继承法律制度存在各种差异，都在跨国继承方面就难免会产生法律冲突现象。研究和解决跨国继承关系的法律冲突和法律适用，是国际私法的重要内容之一。

第一节　法定继承的法律适用

一、法定继承和跨国法定继承

法定继承又称无遗嘱继承，是指必须根据法律规定的继承人范围、继承顺序和遗产分配原则所进行的继承。法定继承是以一定的人身关系为前提的，即依继承人和被继承人之间的婚姻、血缘关系而确定。在法定继承中，对继承人的范围、继承顺序、遗产分配等问题，各国都以强制性的法律规范来调整，除了被继承人依法用遗嘱方式加以变更外，其他任何人都无权变更。

跨国法定继承是指含有外国因素的法定继承，即继承法律关系的主体（继承人或被继承人）、客体（遗产）和法律事实（死亡）等要素中，有一个或一个以上的外国因素。

二、跨国法定继承的法律冲突

各国立法受政治制度、经济状况、社会文化、宗教信仰、风俗习惯等的影响，对法定继承的规定存在较大差异，因此，当跨国法定继承发生时，就可能产生法律冲突。跨国法定继承的法律冲突主要表现在以下几个方面：

1. 法定继承人的范围

各国法律对继承人范围的规定不尽相同。中国 1985 年颁布的《中华人民共和国继承法》（以下简称 1985 年《继承法》）主要根据婚姻关系、血缘关系以及抚养关系来确定继承人的范围，继承人的范围包括配偶、子女、父母、兄弟姐妹、祖父母、外祖父母、其他对死者尽了生养死葬义务的人，以及被继承人生前抚养的缺乏劳动能力而又没有生活来源的人。西方国家法律从保护私有财产的角度出发，一般把继承人范围规定得较宽，以防止被继承人的财产因其死亡而流失。如《德国民法典》规定，死者的亲属分成五个继承人顺序继承财产，甚至包括死者的曾祖父母及其后裔，以及死者较远的后裔及其后裔，几乎死者的所有亲属都有资格继承其遗产；意大利法律规定十亲等以内的亲属都有继承权；《法国民法典》规定，十二亲等以内的亲属均有继承权，母系的尊血亲与父系的尊血亲有同等的继承权。荷兰法律规定六亲等以内的亲属享有继承权。

2. 法定继承人的顺序

对于法定继承人的顺序，各国法律的规定有较大差异。中国1985年《继承法》根据血统和生活上相互依赖程度，将法定继承人分为两个顺序：第一顺序是配偶、子女、父母，第二顺序是兄弟姐妹、祖父母、外祖父母。同一顺序的继承人之间没有先后次序之分。《法国民法典》则规定了四个继承顺序，即死者的子女，子女的直系卑血亲，直系尊血亲，其他旁系血亲。《德国民法典》规定了五个顺序，即死者的后裔，死者的父母及其后裔，死者的祖父母和外祖父母及其后裔，死者的曾祖父母及其后裔，死者较远的后裔及其后裔。日本民法规定了四个顺序，即直系卑亲属，直系尊亲属，兄弟姐妹，兄弟姐妹的直系卑亲属。

3. 继承遗产的分配份额

各国立法大体上都规定，根据亲等的远近来确定分配的遗产份额，但具体规定内容又有许多不同之处。中国1985年《继承法》第13条规定，同一顺序继承人继承遗产的份额一般应均等；对生活有特殊困难的缺乏劳动能力的继承人，分配遗产时，应予以照顾；对被继承人尽了主要扶养义务或者与被继承人共同生活的继承人，分配遗产时，可以多分；对有扶养能力和扶养条件的继承人，不尽扶养义务的，分配遗产时，应当不分或者少分。日本民法对继承人应继承的份额作了固定的规定，如直系卑亲属和配偶是继承人时，直系卑亲属应继承遗产的2/3，配偶应继承遗产的1/3；直系尊亲属和配偶是继承人时，直系尊亲属和配偶各继承遗产的1/2；配偶和兄弟姐妹是继承人时，配偶份额为遗产的

2/3，兄弟姐妹为1/3；直系卑血亲、直系尊血亲或兄弟姐妹有数人时，各自继承的份额应相等。《法国民法典》对不同顺序的继承人取得遗产的份额所做的规定不同，但对同一顺序的继承人则采取平均分配的原则。

三、跨国法定继承的法律适用

继承制度直接关系到有关国家及其公民的切身利益，各国从维护其自身利益的角度出发，在这一问题上一直难以达成一致性协议，因而迄今为止，国际上尚没有直接调整跨国继承当事人权利与义务的统一实体规范，各国国内专门调整跨国继承关系的实体规范也不多，大多数国家都是通过援引国际条约或国内法中的冲突规范来解决跨国继承问题。目前，国际上有3个涉及跨国继承关系的海牙公约：1961年《遗嘱处分方式法律适用公约》、1973年《死者遗产国际管理公约》和1989年《死者遗产继承法律适用公约》。这三个公约是各缔约国解决跨国继承法律适用问题的重要依据。

关于调整跨国继承关系的国内冲突规范，各国规定差异很大。就跨国法定继承来说，各国一般采取分割制和单一制两种做法。

1. 分割制

分割制又称区别制，是指将被继承人的遗产区分为动产与不动产，对不同的遗产继承分别适用不同的准据法的制度。一般主张动产适用被继承人的属人法，不动产适用物之所在地法。

分割制深受法则区别说的影响并得到16世纪法国学者杜摩兰的推崇，在19世纪成为占主导地位的原则。目前，英国、美国、法国、泰国、比利时、卢森堡、匈牙利、保加利亚、智利、玻利维亚等国仍然采用这一制度，中国也是采用分割制的国家。

在采用分割制的国家中，对不动产继承几乎全都适用物之所在地法，但在动产继承方面，各国的做法又不相同：有的国家如英国主张适用被继承人的最后住所地法；而有的国家如法国则主张适用被继承人的本国法，泰国主张适用被继承人死亡时的住所地法。

采用分割制可以避免遗产分配执行困难的缺点，尤其对不动产来说更是如此，因为物之所在地是不动产的最密切联系地，适用物之所在地法来解决不动产继承问题最为合理。但分割制也有弊端，它将一个人的遗产，有些甚至分散在几个国家，分为动产和不动产，分别受几个不同的法律支配，这会导致法律适用上的不统一。

2. 单一制

单一制又称同一制，是指在处理跨国法定继承时，对遗产不区分动产与不动产，适用同一准据法的制度。单一制比分割制具有更古老的历史渊源，它是从古罗马法的“普遍继承”制度发展而来的。依古罗马法的观点，继承就是继承人在法律上取得被继承人的地位，其意义在于使死者的人格得到延续，而不仅仅是某项权利的延续，故应当用统一适用当事人的属人法来解决继承问题。单一制在19世纪中叶以后，得到越来越多国家的承认和采纳。

在实行单一制的国家中，具体做法又有不同，主要有如下几种：(1)适用遗产所在地法。对于跨国法定继承，不分动产与不动产，一律适用遗产所在地法是较早采用的冲突规范，不过，目前除了拉丁美洲少数国家如巴拉圭、乌拉圭等国仍采用这一原则外，其他国家基本不用了。(2)适用被继承人死亡时的住所地法。德国学者萨维尼根据罗马法对继承的理解认为，既然继承是人格总体的继承，继承的法律关系就应适用一个统一的法律，而这个统一的法律应是被继承人最后的住所地法，因为被继承人的最后住所地与被继承人的关系最为密切。目前采用这一原则的国家主要有瑞士、丹麦、挪威、巴西、哥伦比亚、危地马拉等国。(3)适用被继承人死亡时的本国法。采取这种做法的国家有：德国、日本、奥地利、意大利、荷兰、西班牙、葡萄牙、波兰等。

单一制在一些国际条约中也有体现，如1928年《布斯塔曼特法典》、1989年《死者遗产继承法律适用公约》都采用了单一制。

四、中国关于跨国法定继承法律适用的规定

随着中国改革开放的深入和全球化趋势的进一步展开，中国与其他国家的各种民事交往日益频繁，中国公民与外国公民间的民事法律关系包括继承关系逐渐增多，跨国继承问题也越来越多地出现在人们的日常生活中。目前，中国调整跨国继承关系的法律主要有1985年《继承法》、1986年《民法通则》，特别是2010年《涉外民事关系法律适用法》设有专章，对跨国继承关系专门做了规定，它将成为中国调整跨国继承关系的主要法律依据。

根据以上法律，中国在解决跨国法定继承法律冲突时，采用动产和不动产遗产分别规定法律适用的分割制原则，动产适用属人法，不动产适用物之所在地法。

《涉外民事关系法律适用法》第31条规定："法定继承，适用被继承人死亡时经常居所地法律，但不动产法定继承，适用不动产所在地法律。"根据《涉外民事关系法律适用法》第51条的规定，《继承法》第36条同时失效。

第二节　遗嘱继承的法律适用

一、遗嘱继承和跨国遗嘱继承

遗嘱是立遗嘱人生前对其遗产所做的处分或对其死后事务所做的安排，并在死亡时发生效力的行为。遗嘱继承，是指继承人按照被继承人的遗嘱，继承被继承人遗产的行为。立遗嘱的被继承人称为遗嘱人，遗嘱指定的继承人称为遗嘱继承人。在一般情况下，遗嘱继承优先于法定继承。遗嘱继承主要涉及遗嘱人的遗嘱能力、遗嘱方式、遗嘱内容和效力以及遗嘱的撤销等问题。

跨国遗嘱继承是指含有外国因素的遗嘱继承，也就是在遗嘱继承关系的主

体、客体以及法律事实等要素中,有一个或一个以上的外国因素。

二、跨国遗嘱继承的法律冲突

(一) 遗嘱实质要件的法律冲突

这方面的法律冲突包括遗嘱能力和遗嘱内容的冲突。

1. 遗嘱能力方面

设立遗嘱是一种法律行为,各国立法都规定公民必须达到一定的年龄才能设立遗嘱,但具体年龄界限不同。有的国家规定有行为能力的成年人才能设立遗嘱;有的国家则规定,达到一定年龄的未成年人也具有遗嘱能力。在中国,具有完全民事行为能力人才能设立遗嘱。1985 年《继承法》第 22 条规定,无行为能力人或者限制行为能力人所立的遗嘱无效。日本民法则规定,已满 15 岁的未成年人可以设立遗嘱。瑞士法律规定,设立遗嘱的人必须是成年人。德国民法规定,年满 16 岁的人可以设立遗嘱。

2. 遗嘱内容方面

遗嘱内容实质上是指遗嘱自由的范围,也就是遗嘱人通过立遗嘱在多大范围内可以处分个人财产。各国立法普遍要求遗嘱内容不得违反法律规定,但对遗嘱自由的限制程度有不同规定。中国 1985 年《继承法》第 16 条规定,公民可以立遗嘱将个人财产指定由法定继承人的一人或者数人继承。第 19 条规定,遗嘱应当对缺乏劳动能力又无生活来源的继承人保留必要的份额。英国法律对遗嘱人的遗嘱自由做了若干限制,比如,遗嘱应当对未亡的配偶、未成年或无劳动能力的儿子、未成年或未出嫁的女儿保留必要的数额。法国也把被继承人的财产分为自由处分和不能任意处分两部分。

(二) 遗嘱形式要件的法律冲突

遗嘱的形式涉及遗嘱的有效性,各国法律对立遗嘱的方式都做了不同规定。中国《继承法》第 17 条规定,公证遗嘱由遗嘱人经公证机关办理;自书遗嘱应由遗嘱人亲笔书写，签名并注明日期；代书遗嘱、录音遗嘱和口头遗嘱的设立也必须符合法律规定。英国法律规定，不论是自书遗嘱还是公证遗嘱，只要有立遗嘱人签字，并且该签字有两人证明，即为合法有效。根据日本民法的规定，遗嘱方式可分为普通方式和特殊方式两大类，普通方式有三种：自书证书遗嘱、公证证书遗嘱和密封证书遗嘱。特殊方式有四种：生命危急者的遗嘱，因传染病流行而被隔离者的遗嘱，船上人的遗嘱和船舶遇难人的遗嘱。每一种遗嘱都要求有一定的形式，如自书证书遗嘱要求由遗嘱人亲笔书写遗嘱全文、日期，签名盖章。

三、跨国遗嘱继承的法律适用

（一）遗嘱能力的法律适用

1. 遗嘱人立遗嘱时的属人法

在采用这个原则的国家中，日本、波兰、南斯拉夫、捷克等国主张适用遗嘱人立遗嘱时的本国法。如1989年修订的《日本法例》第27条规定："遗嘱的成立及效力，依立遗嘱时遗嘱人本国法。"1966年《波兰国际私法》第35条规定："遗嘱及其他因死亡而成立之行为，其成立依为法律行为时死者本国法。"而德国等国家主张适用遗嘱人立遗嘱时的住所地或习惯居所地法。

2. 遗嘱人死亡时的属人法

1979年《匈牙利国际私法》第36条规定："遗嘱依遗嘱人死亡时的属人法。"

3. 适用遗嘱人立遗嘱时或死亡时的本国法

《奥地利联邦国际私法法规》规定，立遗嘱的能力依死者为该法律行为时的属人法；如该法不认为有效，而死者死亡时的属人法认为有效的，以后者为准。

4. 采用分割制

英国、美国、法国和比利时等国在解决遗嘱能力法律冲突问题上采用分割制原则，即涉及不动产的遗嘱能力依物之所在地法，涉及动产的遗嘱能力依遗嘱人的住所地法。但究竟是指遗嘱人立遗嘱时还是死亡时的住所地法,各国规定不同。

（二）遗嘱方式的法律适用

1. 采用单一制,即不分动产和不动产,遗嘱方式只要符合遗嘱人的本国法或立遗嘱地法,均为有效。如1939年《泰国国际私法》第40条规定:“遗嘱方式,依遗嘱人本国法,或依遗嘱地法。”

2. 采用分割制,即区分动产与不动产,分别适用不同的法律。英国、美国、日本、匈牙利等国采用这一做法。这些国家对于不动产遗嘱方式都适用不动产所在地法,而对动产遗嘱方式适用的法律则比较灵活,如日本1964年《关于遗嘱方式准据法的法令》第2条规定:动产遗嘱方式只要符合以下法律均为有效:立遗嘱地法,遗嘱人立遗嘱时或死亡时的住所地法,遗嘱人立遗嘱时或死亡时的本国法,遗嘱人立遗嘱时或死亡时的惯常居所地法。1961年海牙《遗嘱处分方式法律适用公约》也采纳了这一做法。

（三）遗嘱内容和效力的法律适用

1. 遗嘱人立遗嘱时或死亡时的本国法

德国、奥地利、波兰、匈牙利、日本等国采用这一原则。这些国家认为,遗嘱的内容和效力与遗嘱人的本国有密切联系,因此主张适用遗嘱人的本国法。然而,在跨国遗嘱继承中,一个人立遗嘱后由于种种原因改变了国籍,其死亡时的国籍和立遗嘱时的国籍不一致,那么,究竟应适用哪一国法呢？各国对此做法不一。有的国家主张适用遗嘱人立遗嘱时的本国法,如1989年修订的《日本法例》第27条第1款规定:“遗嘱的成立及效力,依其立遗嘱时遗嘱人本国法。”有的国家规定适用遗嘱人死亡时的本国法,如波兰主张适用死者死亡时的本国法。1978年《奥地利联邦国际私法法规》第30条规定,适用遗嘱人立遗嘱时本国法或其死亡时本国法均可,但以先适用遗嘱人立遗嘱时本国法为条件。

2. 遗嘱人立遗嘱时或死亡时的住所地法

有些国家认为,继承及继承的财产与死者的住所有密切联系,因此遗嘱的内容和效力依立遗嘱人的住所地法。其中,有的国家主张适用遗嘱人死亡时的住所地法,有的国家则主张适用遗嘱人立遗嘱时的住所地法。

3. 采用分割制

就像对待遗嘱能力和遗嘱方式问题一样,英国、美国、法国等国家对于遗嘱继承的效力问题同样也采用分割制,将遗产区分为动产与不动产,对不动产的遗嘱效力适用物之所在地法,对动产的遗嘱效力适用被继承人住所地法。但在司法实践中,如果被继承人立遗嘱时和死亡时的住所地不一致,各国的做法又不尽相同,大多数国家主张适用被继承人死亡时的住所地法,而法国认为,如当事人住所发生变更,允许遗嘱人变更遗嘱内容,使其符合新的住所地法的规定。

(四) 遗嘱撤销的法律适用

遗嘱的撤销主要涉及撤销人撤销遗嘱的能力和撤销的方式两个问题。有些国家如日本、奥地利、捷克等国规定,遗嘱撤销的能力应适用与遗嘱能力相同的准据法,遗嘱撤销的方式应适用与遗嘱方式相同的准据法。但是,另一些国家对遗嘱撤销的法律适用单独加以规定,如1939年《泰国国际私法》第42条规定:"撤销全部或部分遗嘱,依撤销时遗嘱人住所地法。"一些国际条约也采取了这一做法,如1928年《布斯塔曼特法典》第151条规定:"关于撤销遗嘱的程序、条件和效力,依遗嘱人的属人法,但撤销的推定决定于当地法。"

四、中国关于跨国遗嘱继承法律适用的规定

中国1985年《继承法》和1986年《民法通则》都没有关于跨国遗嘱继承法律适用的明确规定。在总结中国多年司法实践的经验,并参考国际上大多数国家的普遍做法和发展趋势的基础上,《涉外民事关系法律适用法》对跨国遗嘱继承的遗嘱能力、遗嘱方式、遗嘱效力、遗产管理等方面都做了比较详细、明确的规定,解读这些规定可以发现,中国对于跨国遗嘱继承的法律适用问题,采用多元连结因素的原则和更加灵活的方式。

1. 立遗嘱能力

在以往的司法实践中，中国对于遗嘱人立遗嘱能力一般适用立遗嘱行为地法，比如外国人在中国境内设立遗嘱，无论其处分的财产在中国境内或境外，都必须是完全民事行为能力人；外国人在外国设立遗嘱处分其在中国境内的遗产，应符合其本国法或其住所地法；中国人在外国设立遗嘱，不论其处分的财产在何国，必须符合其定居国法律。《涉外民事关系法律适用法》第 12 条规定："自然人的民事行为能力，适用经常居所地法律。自然人从事民事活动，依照经常居所地法律为无民事行为能力，依照行为地法律为有民事行为能力的，适用行为地法律，但涉及婚姻家庭、继承的除外。"据此，对于遗嘱人的立遗嘱能力问题，目前法律采用遗嘱人立遗嘱时的属人法，且连结点为经常居所地。

2. 遗嘱方式

对于遗嘱方式，目前世界上大多数国家都采用多种准据法，一些国际条约也是如此。中国借鉴了这一做法。

《涉外民事关系法律适用法》第 32 条规定："遗嘱方式，符合遗嘱人立遗嘱时或者死亡时经常居所地法律、国籍国法律或者遗嘱行为地法律的，遗嘱均为成立。"

3. 遗嘱效力

《涉外民事关系法律适用法》第 33 条规定："遗嘱效力，适用遗嘱人立遗嘱时或者死亡时经常居所地法律或者国籍国法律。"

第三节　无人继承财产的法律适用

一、无人继承财产和跨国无人继承财产

无人继承财产，在国内法上又称为绝产，是指没有合法继承人或合法继承人都放弃继承权的遗产。根据各国的立法理论与实践，出现无人继承财产的情

形有:(1)没有法定继承人,又没有立遗嘱指定继承人;(2)所有的继承人都放弃继承权;(3)被继承人以遗嘱剥夺一切继承人的继承权而又没有指定受遗赠人;(4)有无继承人情况不明,经有权机关发布公告,期满后仍无人主张继承权。

国际私法上的跨国无人继承财产,是指含有外国因素的无人继承财产,一般来说,是指一国公民在另一国死亡后留下的无人继承财产。从一国的角度来看,是指本国公民死亡后留在外国的无人继承财产和外国公民死亡后留在本国的无人继承财产。

二、跨国无人继承财产的法律冲突和法律适用

(一)跨国无人继承财产的法律冲突

目前几乎所有国家都规定,无人继承财产收归国有,但国家以什么资格取得无人继承财产,则有不同的解说。

一种主张认为,国家是以特殊的继承人的资格取得无人继承财产,这种方法叫作继承取得,因此,无人继承财产应由被继承人国籍所属的国家取得。德国、意大利、瑞士、西班牙等国采取这一做法。如德国民法规定:继承开始时,被继承人既无血亲又无配偶,以被继承人死亡时所属邦之国库为法定继承人。被继承人如果是不属于任何邦的德国公民,则以德国国库为其法定继承人。

另一种主张认为,国家是以无主物先占者的资格取得无人继承财产,这种方法叫作先占取得,因此,无人继承财产应由遗产所在地国家取得。英国、美国、法国、奥地利、土耳其等国采取这一做法。如《法国民法典》规定,一切无主或无继承人的财产,或继承人放弃继承的财产,均归国家所有。1971 年《美国第二次冲突法重述》第 266 条规定,在依法确定无人有权继承无遗嘱财产时,该项动产归管理州或国所有。

由于各国对无人继承财产由国家取得有不同的法律规定,当无人继承财产涉及外国因素时,自然会产生法律冲突,因此,解决跨国无人继承财产归属问题也是国际私法的任务之一。

（二）跨国无人继承财产的法律适用

一般而言，关于无人继承财产的法律适用，主要包括两方面内容：一是以何国法确定无人继承财产的范围；二是以何国法决定无人继承财产的归属问题。

以何国法确定什么财产是无人继承财产问题，各国一般主张依继承关系本身的准据法来确定。然而，由于各国关于继承关系的准据法规定不一，因此，确定什么财产是无人继承财产的准据法也不一致，可能是被继承人的本国法，也可能是被继承人的住所地法，或者是遗产所在地法。

对于以何国法决定无人继承财产的归属问题，各国的立法和司法实践采取的做法有以下几种：

1. 适用继承关系本身的准据法

德国采用被继承人的本国法来解决在德国的无人继承财产的归属，被继承人本国法把国家对无人继承财产的权利视为继承权的，则德国就把财产交给被继承人国籍所属的国家。如果被继承人本国法把国家对无人继承财产的权利视为对无主财产的先占权，则德国就以无主物先占者的资格把该项财产收归德国国库。

2. 适用遗产所在地法

1978 年《奥地利联邦国际私法法规》第 29 条规定，如果依死亡继承的准据法，即死者死亡时的属人法，遗产为无人继承财产或将归于作为法定继承人的领土当局，应以死者的财产于其死亡时所在地国家的法律取代死者死亡时的属人法。也就是说，无人继承财产应适用该财产所在地国家的法律。

3. 采用区别制

一些国家将无人继承财产分为动产与不动产分别处理，即无人继承财产中动产的处理依被继承人死亡时国籍所属国法，而不动产的处理依不动产所在地法。

三、中国关于跨国无人继承财产的法律适用

关于跨国无人继承财产的问题，我国《民法通则》和《继承法》均无明确规

定，但是，我国《民法通则意见》第191条规定："在我国境内死亡的外国人，遗留在我国境内的财产如果无人继承又无人受遗赠的，依照我国法律处理，两国缔结或者参加的国际条约另有规定的除外。"可见，对于跨国无人继承财产，凡与中国订立条约有规定的，按照条约规定处理；没有条约的，按照中国法律即遗产所在地法处理。在司法实践中，位于中国境内的跨国无人继承财产中的不动产，一般收归中国国库；跨国无人继承财产中的动产，一般在互惠基础上交给被继承人的国籍所属国处理。

我国《涉外民事关系法律适用法》第35条规定："无人继承遗产的归属，适用被继承人死亡时遗产所在地法律。"该规定吸收了1988年《民法通则意见》中的规定精神，适用遗产所在地法原则，并进一步明确是死者死亡时的遗产所在地法。但是，对于什么财产属于无人继承财产，该法没有明确规定。

第四节 有关继承的国际条约

一、1961年海牙《遗嘱处分方式法律冲突公约》

《遗嘱处分方式法律冲突公约》（以下简称《遗嘱公约》）于1961年10月5日制订，于1964年1月5日生效。《遗嘱公约》第1条明确规定：不动产遗嘱方式，依财产所在地法；动产遗嘱方式，可依下列任一法律：（1）立嘱人立遗嘱地法；（2）立嘱人立遗嘱时或死亡时的国籍国法；（3）立嘱人立遗嘱时或死亡时的住所地法；（4）立嘱人立遗嘱时或死亡时的惯常居所地法。上述《公约》第1条规定的遗嘱方式的准据法，同样亦适用于同一遗嘱的撤销（方式）。在适用本《遗嘱公约》时，任何以立嘱人的年龄、国籍或其他个人条件来限制被许可的遗嘱处分方式的条款，均应视为属于方式问题（包括遗嘱处分的有效性所要求的证人必须具有的资格问题）。

由此可见,《遗嘱公约》关于遗嘱方式准据法所持的态度和做法,是十分宽松的,且相当全面地反映了当今世界各国遗嘱方式法律适用制度的发展趋势反映了对私有财产所有权的更充分的尊重和保护。至2010年10月,《遗嘱公约》已有英国等39个成员,从1997年7月1日起,《遗嘱公约》适用于中国香港地区。

二、1989年海牙《死者遗产继承法律适用公约》

《死者遗产继承法律适用公约》(以下简称《遗产继承公约》)于1989年8月1日订于海牙,尚未生效,截至2010年10月,仅有阿根廷、荷兰、瑞士、卢森堡4国签署,其中荷兰批准了《遗产继承公约》,尚未生效。中国对制订该《遗产继承公约》表示了极大的关注,派代表团参加了有关的全部会议,并就涉外继承法律适用等方面的事项阐明了中国法律的规定情况及我方的观点,对《公约》的最后通过做出了重要贡献。《遗产继承公约》共有5章31条。主要内容如下:

1.《遗产继承公约》的适用范围

继承的准据法得依该《遗产继承公约》确定。《遗产继承公约》不适用于遗嘱的方式、立嘱人的能力、夫妻财产制以及非依继承方式获得的财产权益等。即使准据法为非缔约国法律,《遗产继承公约》也应适用。

2.《遗产继承公约》明确规定采用“同一制”,但附加了条件

《遗产继承公约》第3条第1款首先规定继承得适用被继承人死亡时惯常居所地国家的法律,但被继承人得具有该国国籍。其次,《遗产继承公约》第3条第2款规定,继承也可适用被继承人死亡时惯常居所地国家的法律,如果被继承人在临死前在该国居住过至少不低于5年的期限。但是在特殊情况下,如果被继承人在死亡时,与其本国有更密切的联系,则适用其本国的法律。最后,《遗产继承公约》第3条第3款规定,在其他情况下,继承适用被继承人死亡时具有该国国籍的国家的法律。但如果被继承人在死亡时与其他国家有更密切

联系的,得适用与其有更密切联系的国家的法律。

由此可见,《遗产继承公约》规定了四个可适用的准据法(被继承人死亡时惯常居所地国家的法律、被继承人本国法、被继承人死亡时的本国法和被继承人死亡时与其有更密切联系的其他国家的法律)。目的似是为了协调各国国际私法在属人法问题上的分歧。

3. 遗产继承中的意思自治原则

《遗产继承公约》在第5条第1款中进一步规定:当事人一方可以指定有关国家的法律作为调整继承"整体问题"的准据法,但是,这种指定法律的行为只有在该当事人在指定法律时或死亡时具有该有关国家的国籍或在该国拥有惯常居所时方为有效。

4. 在一定情况下也可以对其遗产中的部分财产采分割制

但这只限于两种情况,即一是它的第6条允许当事人可以指定一国或数国的法律调整其全部财产中的某些财产的继承问题(但这种指定不得违背依《遗产继承公约》上述第3条或第5条第1款确定的法律中的"强制性"规范);二是它的第15条规定:"本《公约》所规定的准据法,并不妨碍某一国家鉴于经济、家庭和社会原因在继承制度中规定某些不动产、企业或某类特殊财产的继承适用物之所在地法。"

5. 准据法的适用范围

依该《遗产继承公约》确定的准据法适用于解决继承中的以下问题:(1)继承人和受遗赠人的权利及其继承份额和应承担的义务,以及因死亡而产生的其他继承权利(如司法或其他机关为被继承人的亲属保留的财产);(2)取消继承权,丧失继承资格;(3)计算继承份额时的比例及数额;(4)应继份、保留份和遗嘱中的其他限制;(5)遗嘱内容的实质效力。但是,《遗产继承公约》第7条第3款又补充规定:"本条第2款的规定并不限制适用本《公约》所确定的准据法,去调整缔约国法律所规定的有关继承的其他事项。"

6.《遗产继承公约》规定了“继承协议”的有关问题

《遗产继承公约》规定的继承协议是指当事人各方商定的,用于设立、变更和取消一方或数方协议当事人在未来继承中的权利的书面协议。也就是说,《遗产继承公约》允许在西方久已有之的、当事人通过“继承协议”来处理遗产继承问题的方式。此外,《遗产继承公约》接受转致。

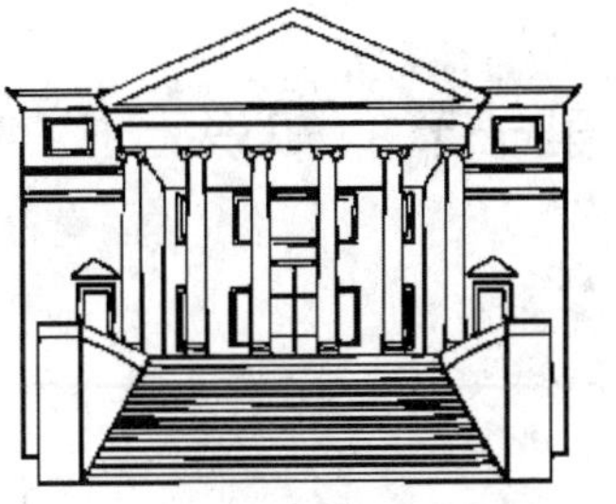

第十二章

知识产权的法律适用

知识产权是19世纪以来伴随科技迅猛发展而逐渐形成的一种无形财产权。在国际民商事交往日益繁多的当代社会,知识产权不仅成为各国民商法的研究新领域,也成为国际私法的重要研究对象。知识产权的法律适用问题,经历了一个完全由国内的专利立法、商标立法、著作权立法进行调整到以国内立法和国际条约相结合来进行调整的历程。目前,越来越多的国家通过制定相应的国内实体法和冲突法来保护国际知识产权,与此同时,世界上不少与调整国际知识产权关系有关的国际条约也应运而生。

第一节　知识产权的法律适用

一、知识产权的法律冲突

所谓知识产权(intellectual property),是指人们对通过脑力劳动创造出来的智力成果依法享有的专有权利,主要包括专利权、商标权和著作权。其中专利权和商标权又可合称为工业产权。

在早期,知识产权的严格属地性决定了根据一国法律取得的知识产权只能在该国有效,原则上不具有域外效力。但是,随着国际技术交流的大规模发展,知识产权逐步突破了传统的地域性。这主要表现在以下三个方面:第一,在一国产生的权利人的智力成果的专有权,迫切需要各国像对待在自己领域以外依他国法律取得的债权和物权那样,加以承认和保护;第二,产生了诸如欧洲专利等跨地域性的知识产权;第三,各种保护知识产权的国际条约和国内法不断完善,趋同化的趋势明显加强。但这未能消除知识产权领域的法律冲突。

知识产权法律冲突产生的主要原因有:(1)各国有关知识产权的法律对各种知识产权在取得、行使、保护范围和保护期限等方面的不同的立法规定依然存在。如在专利申请程序方面,一些国家以“发明时间为准”,一些国家则以“登记时间为准”。在对版权的保护期限方面,一些国家规定为自作品完成时起至作者死后25年,而一些国家则规定为50年。强制许可与合理利用方面的规定也有不同。(2)即使是受国际知识产权条约约束的国家,相互给予对方公民或法人的也都是“国民待遇”,因而在权利的原始取得国法律与被请求给予保护的国家的法律之间,除受有关国际条约的硬性规定约束以外,各自实行的都是“独立保护原则”,因而具体的制度尚有赖于各国国内法的规定。(3)即使在国际条约之间，也并非没有冲突存在。例如，对于商标在原始注册国的撤销是否导致国际注册撤销的问题，《商标国际注册马德里协定》和《商标注册条约》就做了截然相反的规定。这样一来，就产生了法律冲突。

二、知识产权的法律适用

1. 知识产权创立、内容、效力和保护的法律适用

由于知识产权在法律上的特殊性质，冲突法在这一领域的发展，到目前为止是非常有限的，已有这种立法的国家还不是很多。

在知识产权的法律适用上，主要有以下几种不同的理论与实践：

(1)权利原始取得国法律。1928 年《布斯塔曼特法典》第 115 条规定："著作权和工业产权应受现行有效的或将来缔结的特别国际公约的规定支配。如无上述国际公约，则此项权利的取得、登记和享有均应依授予此项权利的当地法。"可见对于知识产权，该法典是主张适用其原始取得国法即注册地法的。2005 年《保加利亚国际私法》第 71 条规定，著作权以及与著作权相关的权利的产生、内容、转让和终止，依授予著作权保护的国家的法律。知识产权标的物上的权利的产生、内容、转让和终止，依授予专利权或者注册地或者提出授予专利权或注册的申报所在地国家的法律。

但是，许多国家特别是输入知识产权较多的国家在知识产权的法律适用上，一般都不情愿放弃"属地主义"原则，如果不受某种国际条约的约束，无疑是不愿意去适用权利原始取得国法律的。

(2)被请求保护国法律。不少国家的立法以及《保护文学艺术作品伯尔尼公约》和《世界版权公约》均采用或倾向采用这一原则，如 1987 年《瑞士联邦国际私法法规》第 110 条规定："知识产权由在那里请求保护知识产权的国家的法律支配。"它还规定，侵犯知识产权的请求，可适用意思自治原则，但只限于选择法院地法。《保护文学艺术作品伯尔尼公约》及《世界版权公约》采用"国民待遇"原则亦体现了对适用被请求保护国法律的倾向。再如，2004 年《比利时国

际私法》第93规定,知识产权适用被请求保护地国家的法律,但是工业产权原始所有人的确定适用与该智力活动有最密切联系的国家的法律。如果该项智力活动是基于合同关系而发生的,除非有相反证据,合同关系准据法所属国视为与该智力活动有最密切联系的国家。2007年《土耳其国际私法和国际民事诉讼程序法》第23条也规定,知识产权,依照据以提出保护请求的国家的法律。在侵权事件发生后,当事人各方可协议选择将法院地法适用于因侵害知识产权而提出的请求权。这是由于著作权的取得在许多国家均采取"无手续主义",即不在取得程序上作出烦琐的规定,因而适用被请求保护国的法律比较可行,而且有利于被保护国国家和社会的利益。

(3)行为地法律。采取这一做法的有1978年《奥地利联邦国际私法法规》。它的第34条规定:"无形财产权的创立、内容和消灭,依使用行为或侵权行为发生地国家的法律。"1967年以前的法国也是以商标使用行为地国的法律支配商标权的。不过行为地法律与上述被请求保护国法律在实际生活中往往重叠,尤其在知识产权侵权案件中会如此。

(4)综合适用两个或两个以上的法律。这是比较普遍的做法。1984年《秘鲁民法典》第10编第2039条规定,对知识产权的存在和效力,若不能适用国际条约或特别法的规定时,应适用权利登记地法律;对承认和实施这些权利的条件,由当地法确定。而"当地法"既可能是被请求保护国的法律,也可能是使用行为或侵权行为地的法律。在国际立法方面,1939年于蒙得维的亚签订的《关于知识产权的条约》则规定,为了保护著作权目的而成立的实体,经利害关系人授权,可在其他成员国分别为其提起诉讼,但起诉应遵守当地的法律;任何国家赋予著作权的保护期限如超过内国所规定的期限,无必须服从的义务,但如原始国规定的期限为短,则得以原始国规定的期限为准;对著作权的侵权应负责任,应由不法行为发生地国法院依其法律定之,但如侵权行为在成员国内发生,则依在其领土内将受此行为后果之影响的国家的法院依其法律判定。这实际上也就是采取"分割法"来解决知识产权中各种具体法律关系的法律适用问题。

2. 知识产权转让的法律适用

对于知识产权的转让，则因其系通过合同来实现的，它除了要受到有关国家强行性法律的制约外，一般应适用合同准据法的选择规则，首先适用当事人双方选择的法律，如瑞士、列支敦士登、突尼斯、匈牙利和白俄罗斯等国的立法。在当事人未选择法律和相关国家不加限制的情况下，很多国家规定直接适用转让方或受让方所属国的法律。如根据 1987 年《瑞士联邦国际私法法规》第 122 条和 1998 年《突尼斯国际私法》第 69 条的规定，在当事人没有选择法律时，有关知识产权的合同，由转让或者同意转让知识产权的一方的惯常居所地法律支配。根据 1996 年《列支敦士登国际私法》第 47 条的规定，当事人没有选择法律时，对于无形财产权合同，适用无形财产被转让或给予的国家的法律；如果该合同涉及多个国家，则适用取得者（许可证持有人）惯常居所所在地国法律。

但是有些国家特别是技术引进国，则常常采取种种措施限制或禁止当事人的法律选择。主要表现为：规定技术引进合同只能适用内国法（如墨西哥）；要求当事人在合同中订立选择内国法的条款（如哥伦比亚）；禁止当事人选择外国法（如阿根廷）；通过审查批准程序达到适用内国法的目的，如对选择适用外国法的合同不予批准；等等。

3. 我国关于知识产权的冲突规范

我国《涉外民事关系法律适用法》第 48 条规定，知识产权的归属和内容，适用被请求保护地法律。第 49 条规定，当事人可以协议选择知识产权转让和许可使用适用的法律。当事人没有选择的，适用本法对合同的有关规定。第 50 条规定，知识产权的侵权责任，适用被请求保护地法律，当事人也可以在侵权行为发生后协议选择适用法院地法律。

第二节 知识产权的国际保护

一、保护知识产权的国际公约

知识产权的国际保护，目前主要是通过缔结各种实体法公约的途径来实现的。迄今为止，就已缔结的保护知识产权的国际公约而言，最主要的全球性多边条约有1883年《保护工业产权巴黎公约》、1886年《保护文学艺术作品伯尔尼公约》、1891年《商标国际注册马德里协定》及其议定书、1952年《世界版权公约》、1970年《专利合作条约》、1994年《商标法条约》、1994年《与贸易有关的知识产权协定》、1996年《世界知识产权组织版权条约》、1996年《世界知识产权组织表演与录音制品条约》和2000年《专利法条约》、1891年《制裁商品来源的虚假或欺骗性标志马德里协定》、1958年《保护原产地名称及其国际注册里斯本协定》、1925年《工业品外观设计国际保存海牙协定》、1981年《保护奥林匹克会徽内罗毕条约》、1971年《国际专利分类斯特拉斯堡协定》、1977年《国际承认用于专利申请程序的微生物保藏布达佩斯条约》、1957年《商标注册商品和服务的国际分类尼斯协定》、1973年《建立商品图形要素国际分类维也纳协定》、1968年《建立工业品外观设计国际分类卢迦洛协定》、1961年《保护表演者、录音制品制作者和广播组织的国际公约》、1971年《保护录音制品制作者禁止未经许可复制其录音制品公约》、1974年《关于播送由人造卫星传播的载有节目的信号的公约》、1989年《视听作品国际登记条约》、1989年《关于集成电路的知识产权条约》和2006年《商标法新加坡条约》，等等。最主要的区域性多边国际条约则有1973年《欧洲专利公约》、1975年《欧洲共同体专利公约》、1977年非洲国家签订的《班吉协定》等。

二、保护知识产权的国际组织

19 世纪末以来，在一些全球性和区域性的保护知识产权的国际公约缔结的同时，依据这些公约，还相伴产生了保护知识产权的联盟或组织。

1. 世界知识产权组织（WIPO）

1967 年 7 月 14 日在斯德哥尔摩外交会议上缔结了《成立世界知识产权组织公约》，于 1970 年 4 月 26 日生效，并经 1979 年 10 月 2 日修正。根据该《公约》成立了世界知识产权组织，其常务机构世界知识产权组织国际局设在日内瓦。1974 年，它正式成为联合国的专门机构之一。截至 2011 年 5 月，已有 184 个国家参加了世界知识产权组织，《公约》于 1980 年 6 月 3 日对中国生效。

世界知识产权组织是当今国际上最重要的世界性保护知识产权组织。世界知识产权组织的宗旨是通过国与国之间的合作，并与其他国际组织合作，促进世界范围内对知识产权的尊重、保护和使用，以及保证知识产权联盟各国间的行政合作。该组织的具体任务是：鼓励缔结新的国际条约，协调各国立法，给发展中国家以法律、技术援助，收集情报和传播情报，以及办理国际注册或成员国之间的其他行政合作事宜等。

2. 世界贸易组织

世界贸易组织是在关税及贸易总协定（简称“关贸总协定”）的基础上建立的。它于 1995 年 1 月成立，截至 2011 年 1 月，共有 153 个成员。关贸总协定在第 8 轮“乌拉圭回合”谈判中将知识产权保护列入三项新议题之中。经过各方的努力，1994 年终于达成了《与贸易有关的知识产权协定》（简称《TRIPS 协定》），并载入《乌拉圭回合多边贸易谈判结果最后文件》。中国已加入世界贸易组织，世界贸易组织管辖的一系列多边协议（包括《TRIPS 协定》）已于 2001 年 12 月 11 日起对中国生效。随着新技术革命，无形的知识产权贸易以及有形商品贸易中的知识产权问题越来越受到国际社会的重视，知识产权的国际保护也已成为世界贸易组织的一项重要议程。

第三节 中国有关知识产权国际保护的法律制度

一、国际法源

中国已先后加入了几个重要的知识产权保护国际公约:1980 年加入《成立世界知识产权组织公约》;1984 年加入《保护工业产权巴黎公约》(适用 1967 年斯德哥尔摩文本);1989 年加入《商标国际注册马德里协定》,并已加入其议定书;1992 年加入《保护文学艺术作品伯尔尼公约》(适用 1971 年巴黎文本)、《保护录音制品制作者禁止未经许可复制其录音制品公约》和《世界版权公约》;1993 年加入《专利合作条约》;2001 年加入《与贸易有关的知识产权协定》;2006 年加入《世界知识产权组织版权条约》和《世界知识产权组织表演和录音制品条约》等。此外,中国还与许多国家签订了涉及知识产权内容的双边协定。

二、国内法源

1. 专利权方面

在专利权方面,对外国人实行国民待遇,是国际社会的普遍做法。中国现行《专利法》采取的是有条件的国民待遇制度。中国 1984 年通过、2008 年第三次修正的《专利法》第 18 条规定,在中国没有经常居所或者营业所的外国人、外国企业或者外国其他组织在中国申请专利的,依照其所属国同中国签订的协议或者共同参加的国际条约,或者依照互惠原则,根据本法办理。其第 19 条第 1 款又规定,这类外国人在中国申请专利和办理其他专利事务的,应当委托国务院专利行政部门指定的专利代理机构办理。

对于中国单位或个人将其在国内完成的发明或实用新型向外国申请专利的,《专利法》第 20 条规定,应当事先报经国务院专利行政部门进行保密审查。

中国单位或个人可以根据中国参加的有关国际条约提出专利国际申请。2010年1月修订的《专利法实施细则》第10章专门对专利国际申请做了特别规定。

《专利法》第29条还对优先权做了规定，申请人自发明或者实用新型在外国第一次提出专利申请之日起12个月内，或者自外观设计在外国第一次提出专利申请之日起6个月内，又在中国就相同主题提出专利申请的，依照该外国同中国签订的协议或者共同参加的国际条约，或者依照相互承认优先权的原则，可以享有优先权。应当指出的是，《专利法》还规定了本国优先权，其第29条第2款规定，申请人自发明或者实用新型在中国第一次提出专利申请之日起12个月内，又向国务院专利行政部门就相同主题提出专利申请的，可以享有优先权。

此外，中国专利局于1993年还发布了《关于实施〈专利合作条约〉的规定》。

2. 商标权方面

中国在商标权方面也是采取有条件的国民待遇原则，其条件跟《专利法》中的规定相同。外国人或者外国企业在中国申请商标注册的，应当按其所属国和中华人民共和国签订的协议或者共同参加的国际条约办理，或者按对等原则办理。

2002年公布的《商标法实施条例》第7条中规定，当事人委托商标代理组织申请商标注册或者办理其他商标事宜，应当提交代理委托书。外国人或者外国企业的代理委托书及与其有关的证明文件的公证、认证手续，按照对等原则办理。《商标法》第18条所称外国人或者外国企业，是指在中国没有经常居所或者营业所的外国人或者外国企业。《条例》第8条规定："申请商标注册或者办理其他商标事宜，应当使用中文。依照商标法和本条例规定提交的各种证件、证明文件和证据材料是外文的，应当附送中文译文；未附送的，视为未提交该证件、证明文件或者证据材料。"《条例》第12条规定，商标国际注册依照中国加入的有关国际条约办理。为此，国家工商行政管理总局于2003年发布了《马德里商标国际注册实施办法》。

中国《商标法》第24条和第25条对优先权做了规定，商标注册申请人自在外国第一次提出商标注册申请之日起6个月内，又在中国就相同商品以同一商标提出商标注册申请的，依照该外国同中国签订的协议或者共同参加的国际条约，或者依照相互承认优先权的原则，可以享有优先权。商标在中国政府主办的或者承认的国际展览会展出的商品上首次使用的，自商品展出之日起6个月内，该商品的注册申请人可以享有优先权。

3. 著作权方面

(1)《著作权法》。中国1990年颁布、2010年修正的《著作权法》第2条第2—4款明确规定："外国人、无国籍人的作品根据其作者所属国或者经常居住地国同中国签订的协议或者共同参加的国际条约享有的著作权，受本法保护。""外国人、无国籍人的作品首先在中国境内出版的，依照本法享有著作权。""未与中国签订协议或者共同参加国际条约的国家的作者及无国籍人的作品首次在中国参加的国际条约的成员国出版的，或者在成员国和非成员国同时出版的，受本法保护。"此外，国家版权局还于2002年发布了《著作权法实施条例》(经2010年修正)。

(2)《计算机软件保护条例》。2001年《计算机软件保护条例》(2010年修正)第5条规定，外国人、无国籍人的软件首先在中国境内发行的，依照该条例享有著作权。外国人、无国籍人的软件，依照其开发者所属国或者经常居住地国同中国签订的协议或者依照中国参加的国际条约享有的著作权，受该《条例》保护。

(3)《集成电路布图设计保护条例》。2001年《集成电路布图设计保护条例》第3条规定，外国人创作的布图设计首先在中国境内投入商业利用的，依照该条例享有布图设计专有权。外国人创作的布图设计，其创作者所属国同中国签订有关布图设计保护协议或者与中国共同参加有关布图设计保护国际条约的，依照该《条例》享有布图设计专有权。此外，2001年中国还发布了《集成电路布图设计保护条例实施细则》。

(4)1992 年《实施国际著作权条约的规定》。这一实施规定所称的国际著作权条约,是指中国已经参加的《伯尔尼公约》和与外国签订的有关著作权的双边协定,不包括《世界版权公约》和其他著作权国际条约。该实施规定第 2 条规定:“对外国作品的保护,适用《中华人民共和国著作权法》、《中华人民共和国著作权法实施条例》、《中华人民共和国计算机软件保护条例》和本规定。”这一规定所保护的外国作品范围包括:其一,作者或作者之一,其他著作权人或者著作权人之一是国际著作权条约成员国的国民或者在该条约的成员国有经常居所的居民的作品;其二,作者不是国际著作权条约成员国的国民或者在该条约的成员国没有经常居所的居民,但是在该条约的成员国首次或同时发表的作品;其三,中外合资经营企业、中外合作经营企业和外资企业按照合同约定是著作权人或者著作权人之一的,其委托他人创作的作品。

此外,国务院于 2002 年 1 月通过的《奥林匹克标志保护条例》对奥林匹克标志的保护做了具体的规定。

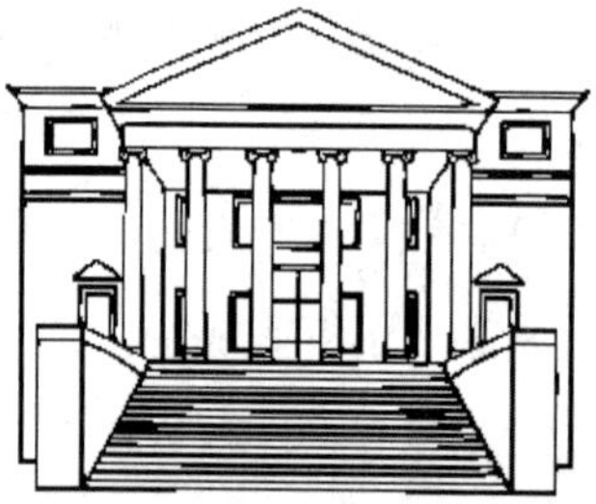

第十三章

商事关系的法律适用

第一节　票据的法律适用

一、票据的法律冲突

票据是指某些可以代替现金流通的有价证券。票据的根本作用在于结算，票据具有要式性、文义性、无因性和流通性。各国关于票据的立法不尽相同，就会在票据的国际流通中以及支付过程中发生各种法律冲突。

1. 票据的种类

德国、法国的票据法仅将汇票和本票称为票据，而不包括支票。而英美法系的票据法则认为票据应包括汇票、支票和本票。汇票是出票人向受票人开出的，要求该受票人在见票时或在一定时间内，对某人或其指定的人或持票人支付一定金额的无条件的书面支付命令。本票是出票人自己签发的，到指定日期,由本人无条件地支付给收款人或持票人一定金额的票据。支票是由出票人签发一定金额,委托银行见票时无条件地支付给收款人或持票人的票据。

2. 票据的形式要件

以德国为代表的一些国家多采用严格的形式定义,规定了多种票据的形式要件,而以英国为首的一些国家对票据的形式要求比较宽松。

3. 票据关系与其发生原因之间的关系

有些国家的法律认为两者彼此独立,有些国家的法律却认为两者彼此关联。采取独立主义的德国认为票据是不要因证券,而采取关联主义的法国认为票据是要因证券。

另外,关于票据的当事人的行为能力、票据行为的方式等许多问题,各国的立法也有不同。

二、票据法律适用的一般规定

随着票据在国际经济贸易领域的广泛使用,各国关于票据的法律适用已形成一些较为统一的原则。

1. 票据行为能力的法律适用

票据行为能力的法律冲突,国际上一般通过当事人的属人法解决。大陆法系各国一般主张票据当事人的行为能力由其本国法来决定。而英美法系国家则主张票据当事人的行为能力依其住所地法或行为地法。1930 年日内瓦《解决汇票、本票法律冲突公约》第 2 条在规定票据当事人的行为能力依其本国法决定的同时,采取了一种较为折中的方式,即肯定行为地法的适用。当事人承担票据义务的能力,原则上由其本国法决定,但依其本国法无行为能力或仅有限制行为能力而依行为地法有完全行为能力者,则适用行为地法。此外,该公约还允许反致,即票据当事人的行为能力依其本国法应包括其国际私法,故依当事人本国国际私法的规定,关于票据行为能力应适用内国法或其他国家的法律时，法院地国应以内国法或他国法代替当事人本国法之适用。

2. 票据行为方式的法律适用

票据的行为方式适用行为地法。这项原则源于“场所支配行为”法则，票据的出票、背书、承兑等行为在方式上的有效与否完全取决于是不是遵守了行为地法。无论是日内瓦统一法公约还是英美法系国家的票据法，均有相同的或类似的规定，只是对“行为地”理解不同：日内瓦公约认为“契约的签名地”为“行为地”，而英国则认为“支付地”为“行为地”。

3. 票据债务的法律适用

票据一经开出，即在当事人之间产生一种债权债务关系。其中出票人、受票人和受款人之间的债务为主债，而背书人、参加承兑人与持票人之间的债务为从债务，它主要是因为主债务人未能履行付款义务而产生。关于票据主债务的准据法，按照1930年日内瓦《解决汇票、本票法律冲突公约》的规定，应依付款地法律。关于票据从债务的准据法，按照上述公约的规定，应依签字地的法律。

4. 票据追索权行使期限的法律适用

追索权是指票据不获承兑或者不获付款时，持票人对其前手请求偿还的权利。行使追索权必须具备三个前提条件：(1)必须在规定的期限内向付款人为承兑或付款的提示；(2)必须在规定的期限内向出票人和所有的背书人发出退票的通知；(3)必须在规定的期限内做成拒绝证书。持票人不在规定的期限行使或者保全票据权利的，通常丧失对其前手的追索权。日内瓦统一法公约关于追索权期限的法律适用规定，适用票据成立地法或出票地法。

5. 票据权利保全与行使的法律适用

有关票据权利的保全与行使等行为，例如，票据的提示、付款、拒绝证书的做成及拒绝通知等细节问题，应依票据付款地法的规定。这主要是因为付款地单一，容易确定；适用法律简便；再有，付款是票据关系的重心，为各当事人所重视，不论各该行为的种类有何不同，均应适用付款地法。

三、我国关于票据法律适用的规定

我国《票据法》第五章对涉外票据的法律适用作出了较全面的规定，其主要规定如下：

(1)票据债务人的民事行为能力，适用其本国法律。票据债务人的民事行为能力，依照其本国法律为无民事行为能力或者为限制民事行为能力而依照行为地法律为完全民事行为能力的，适用行为地法律。

(2)汇票、本票出票时的记载事项，适用出票地法律。支票出票时的记载事项，适用出票地法律，经当事人协议，也可以适用付款地法律。

(3)票据的背书、承兑、付款和保证行为，适用行为地法律。

(4)票据追索权的行使期限，适用出票地法律。

(5)票据的提示期限、有关拒绝证明的方式、出具拒绝证明的期限，适用付款地法律。

(6)据丧失时，失票人请求保全票据权利的程序，适用付款地法律。

第二节　破产的法律适用

破产是指债务人的全部财产不能清偿债务，法院依债务人本人或其债权人的申请宣告债务人破产。国际私法中的涉外破产是指含有涉外因素的破产，如债权人与债务人具有不同的国籍或分处于不同国家的境内、破产债务人的财产位于不同国家等情况。由于破产案件本身的复杂性，它其中既包含程序问题，又包含实体问题。而且各国立法中对于破产的条件、程序、破产的法律适用以及破产宣告的效力的规定各不相同，因此在涉外破产案件中就产生了一系列的法律问题，其中主要是涉外破产案件的管辖权、破产法律适用以及破产宣告的效力问题。

一、涉外破产案件的管辖权

涉外破产案件面临的第一个问题就是应由哪一国法院管辖该案的问题。对此各国理论上和实践中存在着不同的主张,比较有代表性的有:

1. 破产债务人住所地国家的法院

德国学者萨维尼即主张破产债务人的住所地法院具有绝对管辖权。在19世纪形成了欧洲多数国家法院在破产案件受理方面实行相互协作的制度,根据这种制度,由破产债务人的住所地法院委任的有关破产案的资产管理人,有权要求有关本案资产所在的其他国家法院或者委任的管理人,给予司法协助。[1]《布斯塔曼特法典》中规定了破产由债务人的住所地法院管辖,该法典第414条规定,如破产案件的债务人只有一个民事或商事住所,则对其在缔约各国内一切资产和债务,只可以有一次破产和解程序、一次停止支付和一个接受赔偿的和解契约;第415条规定,同一人或同一合伙组织如在几个缔约国内有经济上完全分立的营业所,或有若干营业所,即可以有若干破产和解程序的案件。1940年3月19日订于蒙得维的亚的《国际民法公约》也规定,有关商人或商业合伙企业住所地法院对破产有管辖权。

2. 破产债务人管理中心所在地国家的法院

债务人管理中心所在地国家对案件享有专属管辖权,是双边破产条约中经常采用的原则,如欧洲理事会《关于特定国际性破产的欧洲公约》中即采纳了该标准,依该公约的规定,管理中心是指债务人通常管理自己权益的所在地,除非有相反的证明,对于企业、公司或法人而言,该地推定为其登记地。[2]

3. 财产所在地国家的法院

以财产所在地作为确立管辖权的标准,仅适用于大陆法系的一些国家和极

〔1〕 参见姚玉如:《国际私法与国际经贸》,新华出版社1999年版,第258页。

〔2〕 参见张茂:《国际破产法统一化运动评述》,载《当代国际私法问题》,武汉大学出版社1997年版,第248页。

少数的英美法系国家。大陆法系国家只把财产所在地作为确定法院管辖权的补充原则，即在债务人或破产人无营业所或住所时，其破产才由其主要财产所在地的地方法院管辖。[1]

二、涉外破产的法律适用

一般地说，破产案件法律冲突主要表现在四个方面：破产程序、破产债权、破产财产和破产管理。

1. 破产程序的法律适用

由于破产程序也属于诉讼程序，根据程序应适用法院地法的一般原则，破产程序也应该适用法院地法，即破产开始地法。

2. 破产债权的法律适用

一般主张破产债权依破产宣告国法，但是如果权利是依据合同取得的，则应适用合同的准据法解决。

3. 破产财产的法律适用

破产财产，也称破产财团，是指在破产程序中，为清偿债权人的需要由破产管理人组织起来的破产人的全部财产，其中涉及的破产财产的范围问题，一般适用法院地法；不动产的问题，适用不动产所在地法；破产债权的抵销权应按与债权相应的准据法办理。对于有关债权人对破产财产的物权，如取回权、别除权，各国一般都规定适用物之所地法。

4. 破产管理的法律适用

破产管理主要包括破产管理人的任命，对破产的清查、估价、变卖等问题。一般认为，破产管理应适用管理地法，即法院地法。

三、破产宣告的效力问题

由于涉外破产案件常常会遇到破产财产分处于几国境内的情况，所以由一

---

[1] 李双元等编：《中国国际私法通论》，法律出版社1996年版，第418页。

国法院所作的破产宣告,是否在其他国家境内有效,就成为涉外破产中面临的一个非常重要问题,也是一个十分棘手的问题。对此在国际私法的理论和实践中存在两种对立的主张。

1. 破产属地主义

破产属地主义,即内国所做的破产宣告只在国内有效,不产生域外效力。持这种主张的国家允许当事人在国际上数处破产,《阿根廷国际私法法规草案》规定:国外的破产宣告不是在阿根廷开始破产程序的原因,不得援引国外的破产对抗其债权必须在阿根廷清偿的债权人,以对他们在阿根廷领土的财产的权利提出异议;也不得使其与破产当事人做的交易无效。持这种主张的还有美国、日本等。

2. 破产普遍主义

主张破产宣告在他国具有效力,即破产普遍主义。这种主张认为,破产人在他国的财产与在宣告国的其他财产为统一的整体,因而只允许当事人在国际上一处破产。如 1987 年《瑞士联邦国际私法法规》第 166 条规定:外国作出的破产宣告,符合瑞士法律规定的承认和执行外国判决的条件的,或由外国破产财团或债权人提出申请的,瑞士予以承认。《布斯塔曼特法典》则是采取普遍主义的典型,该法典第 416 条规定,确定破产人能力的宣告在各缔约国内有域外效力,但以预先遵行各国立法所要求的登记或公告手续为条件;第 419 条规定,关于破产宣告的溯及效力以及由于此项判决而对某些文件宣告撤销,均依适用于各该项程序的法律予以确定,并得在所有其他缔约国领土内生效。

四、我国关于涉外破产的规定

2006 年以前,我国规定破产问题的法律主要有 1986 年《中华人民共和国企业破产法(试行)》(已废止),1991 年《中华人民共和国民事诉讼法》,2005 年《中华人民共和国公司法》第十章。此外,最高人民法院还就破产问题作出了一系列司法解释。但这些规定都主要是针对国内破产,很少涉及国际破产问题。

关于涉外破产的管辖权问题,2006 年《中华人民共和国企业破产法》(以下简称《破产法》)第 3 条规定,破产案件由债务人住所地人民法院管辖。可以认为,在现阶段,上述规定也同样可适用于国际破产案件。但考虑到国际破产的特殊性,未来立法中有必要就国际破产的管辖权作出专门的规定。中国国际私法学会起草的示范法中对国际破产管辖权问题提出了以下立法建议:对因破产提起的诉讼,如破产人主要办事机构所在地或可供破产清算的财产所在地位于中华人民共和国境内,中华人民共和国享有管辖权。

关于涉外破产的法律适用,我国目前没有法律进行规定。示范法建议,破产,适用破产人主要办事机构所在地法或者破产人财产所在地法。破产人财产价值的评估,适用财产所在地法。破产清算,适用法院地法。

关于涉外破产宣告的效力问题,《破产法》对国际破产的域外效力问题作出了明确规定,该法第 5 条规定:依照本法开始的破产程序,对债务人在中华人民共和国领域外的财产发生效力。对外国法院作出的发生法律效力的破产案件的判决、裁定,涉及债务人在中华人民共和国领域内的财产,申请或者请求人民法院承认和执行的,人民法院依照中华人民共和国缔结或者参加的国际条约,或者按照互惠原则进行审查,认为不违反中华人民共和国法律的基本原则,不损害国家主权、安全和社会公共利益,不损害中华人民共和国领域内债权人的合法权益的,裁定承认和执行。由此可以看出,中国在对待破产域外效力问题上,采取了互惠、有条件的普遍主义立场,从长远看,随着我国对外交往的不断扩大和对外投资的增长,这样的规定是符合我国国情的。

第三节　海事的法律适用

海事关系是指海商法确认和调整的具有民事权利义务内容的海上运输关

系和船舶关系。海上运输关系包括各种合同关系、侵权关系及因海上特殊风险而导致的其他法律关系。海事合同包括海上货物运输合同,海上旅客运输合同,船舶的制造、买卖、修理和拆解合同,以船舶作抵押的借贷合同,租船合同,海上保险合同,救助合同,海上拖航合同等。海事侵权关系主要有船舶上人员之间发生的侵权行为、船舶碰撞、船舶运输过程中发生的海难事故、船舶对港口内工程、航道造成损害或对海上有关设施发生的侵权行为以及船舶排出的油污损害等。因海上特殊风险而导致的法律关系主要有共同海损和海事赔偿责任限制。船舶物权通常包括船舶所有权、船舶抵押权和船舶优先权。

一、海事法律适用中常见的系属公式

1. 船旗国法

船旗国法是指旗帜所属国的法律。在海事立法中船舶的最大特点便是船舶拟人化和船舶营运中的流动性,船舶拟人化和频繁的流动性使得海事立法通常赋予船舶以属人的地位,船旗国被视为船舶的国籍国,船旗国法便是船舶的属人法。在许多情况下,船旗国法被认为是基本的海事法律选择原则。在公海上,原则上只有船旗国才可以对船舶行使权利。依船旗国法是各国对船舶运输业进行制约和监督的主要法律选择规范。把船旗国法作为与法律选择规范相关的法律有以下两点好处:(1)在许多情况下,船舶悬挂哪一个国家的旗帜易于识别,便于确定相应的船旗国法。(2)适用船旗国法还能使对有关问题的处理获得一致的结果。

在其他法律关系中属人法通常用来确定人的身份、权利能力和行为能力等方面的法律适用,在海事法律关系中,船舶物权,例如,船舶所有权的取得、转让和消灭,船舶的抵押权等,通常适用船舶的属人法即船旗国法。

2. 物之所在地法

物之所在地法是民事法律关系的客体物所在地的国家的法律,它常用来解决物权关系,特别是不动产物权关系的法律冲突问题。在海事法律关系中,有关港口不动产权利的取得与保护，适用物之所在地法，也就是港口地法。

3. 行为地法

法律行为发生所在国家的法律。该系属公式起源于“场所支配行为”的法律原则。由于法律行为的多样性，行为地可以划分为合同缔结地、合同履行地和侵权行为地等。在海事法律关系中，行为地法主要用来解决侵权行为损害赔偿的法律适用和部分海运合同的法律适用。

4. 法院地法

法院地法是审理涉外案件的法院所在地国的法律，通常用来解决诉讼程序的法律冲突，但并不限于解决诉讼程序方面的法律冲突。在海事法律关系中，船舶优先权和海事赔偿责任限制具有较明显的诉讼程序的特点，例如，船舶优先权必须通过扣押或拍卖当事船舶行使，海事赔偿的债务人向受理海事纠纷的法院提出申请并设立责任限制基金，是其享受海事赔偿责任限制的程序要件，所以，船舶优先权和海事赔偿责任限制适用受理案件的法院地法。

5. 当事人合意选择的法律

当事人双方可自由选择适用于他们之间合同关系的法律。当事人一般应在与合同有密切联系的法律中选择，例如，在当事人本国法或住所地法、物之所在地法、行为地法、法院地法等中间选择。在海事法律关系中，该系属公式常用来确定海事合同的法律适用。

6. 最密切联系的国家的法律

最密切联系国家的法律是指与某一海事关系有最密切联系的国家的法律。通常是在海事合同纠纷中，当事人如果没有选择应适用的法律，法院应适用与合同有最密切联系的国家的法律。

7. 理算地法

理算地法是指进行共同海损理算地国家的法律。共同海损理算是海事法律关系中一种比较特殊的制度，其法律适用问题不同于一般的海事法律关系的法律适用，一般应适用理算地国家的法律。

二、海事法律适用的一般规定

对于前已述及的内容,此处不再赘述。

(一) 海上合同的法律适用

1. 海上旅客运输合同

海上旅客运输合同的法律适用,多数国家采用承运人属人法或船旗国法。德国规定适用承运人住所地法。《美国第二次冲突法重述》规定适用乘客启程地法。

2. 海上拖航合同

海上拖航合同是指承拖方用拖轮将被拖物经海路从一地拖至另一地,由被拖方支付拖船费的合同。拖航合同,多适用承拖方属人法或船旗国法。拖轮所有人是拖带其所有的或经营的驳船载运货物,经海路由一港口运至另一港口的,视为海上货物运输。此种情况下合同的法律适用就成为海上货运合同的法律适用。

(二) 海上物权的法律适用

1. 船舶所有权和抵押权的法律适用

物权法律适用最广泛的原则就是“物之所在地法”原则。该原则是 14 世纪意大利法则区别说首先提出来的,当时只适用于不动产。而到了现代,无论是立法上还是实践中,几乎都把动产和不动产一并置于物之所在地法支配之下。但船舶的“物之所在地”应如何确定? 船舶经常移动,不易确定其所在地,或常处于公海之上,无法律可循。鉴于此,世界各国都设置了船舶登记制度,船舶在哪国登记,就属于哪国,就应悬挂这个国家的国旗,也就是说船舶的船旗国易于确定,船舶的所在地也就确定了。目前,船舶的所有权和抵押权适用船旗国法已得到了各国的普遍认可。

2. 船舶优先权的法律适用

船舶优先权是指海事请求人依法向船舶所有人、光船承租人、船舶经营人提出海事请求,对产生该海事请求的船舶具有优先受偿的权利。船舶优先权是一种法定的担保物权,它所担保的是法律规定的某些海事请求权,海事请求权是多种多样的,有些是基于合同而产生的海事请求,有些是因为侵权行为而产生。前者有船员工资的请求权,救助报酬的请求权等;后者有船舶碰撞损害赔偿的请求权,人身伤亡的损害赔偿请求权等。船舶优先权设定于特定的海上财产,从海事请求产生之时起就根据法律规定,自动地设定于该特定的海上财产,并无条件地始终依附于该海上财产。船舶优先权应通过一定的法律手段强制执行,一般都是通过法院扣押产生优先权的船舶行使。关于船舶优先权的法律适用,各国学者、各国的立法和实践都有不同的主张:

(1)同于主债权的法律适用。船舶优先权的法律适用同于被担保债权(也称为原因行为)。该主张认为船舶优先权制度是为了保护债权人而设立,因此主债权适用哪国法律,优先权就应适用哪国法律,这样才能达到保护债权人的目的。在美国和荷兰的判例中出现过此种主张。

(2)船舶所在地法。该主张认为关于动产的物权,为保护标的物所在地的公益起见,不论动产所有人的国籍如何,原则上应适用其所在地法,船舶为动产,基于物权法的属地性,关于船舶优先权的法律适用也应依债权发生时船舶所在地法。此种主张曾出现在美国、德国、法国及比利时的判例中,此种主张中船舶所在地如何确定值得探讨。

(3)船旗国法。该主张认为船舶优先权是依附于船舶之上,不论船舶走到哪里,均应适用船舶的国籍国法即船旗国法。美国、法国、意大利的判例中有此主张。《葡萄牙商法典》、中国台湾地区“涉外民事法律适用法”都采取此种主张。

(4)法院地法。该主张认为船舶优先权是一种法定担保物权,其权利具有属地性质,而且船舶优先权具有法律强制性,一般都是通过法院扣押产生优先权的船舶来行使。此种主张多见于英国、美国、法国、德国等各国的判例和立法中。

(5)以最密切联系原则确定。主要体现在《美国第二次冲突法重述》中。我国台湾地区学者赖来焜教授在其博士学位论文《海事国际私法中船舶优先权之研究》中即持此种观点。

(三) 共同海损的法律适用

共同海损是指在船舶和船上载运的货物和其他财产遭遇共同危险时，为了共同安全，有意地采取合理的措施而人为造成的特殊牺牲和特殊费用。共同海损的损失可以分为共同海损牺牲和共同海损费用。共同海损牺牲是指因共同海损行为直接造成的物质损失，主要有船舶牺牲、货物牺牲和运费牺牲。共同海损费用是指为了船舶、货物和其他财产的共同安全，有意而合理支付的额外费用，通常包括在避难港等地发生的额外费用、代替费用和救助费用等。船舶发生共同海损事故后，因共同海损措施所引起的共同海损牺牲和费用，应由全部受益方根据抵达目的港或航程终止港时获救的财产价值按比例分摊。

共同海损的法律适用，一般也准许当事人按照意思自治原则在运输合同、提单中指定特定国家的法律或采用《约克·安特卫普规则》作为准据法。共同海损是海商法中一项特有的制度，其法律适用问题不同于一般民事关系的法律适用。比如，关于共同海损的理算，有的国家主张适用理算地法；也有的国家主张适用法院地法，如意大利；还有的国家认为共同海损属于不当得利，应依事实发生地法，即共同海损发生地法：海损处分如发生在一国领水内者，依领水所属国法；如果发生在公海上，则依终航地法或船旗国法。

(四) 海事赔偿责任限制的法律适用

海事赔偿责任限制是海商法中的特殊法律制度，是指在发生重大海损事故时，作为责任人的船舶所有人、经营人和承租人等，可以根据法律的规定，将其赔偿责任限制在一定范围内的法律制度。它不同于民法的损害赔偿制度，在民法中无论是侵权还是违约，责任人均按规定对受损方承担全部损害赔偿责任。但是，海商法却不然，由于海上运输总有特殊风险相随，损害随时发生，如果是全部赔偿,赔偿额常常会超过肇事船舶的总价值,无疑会影响航海事业的发展,因此,允许船舶所有人等责任人依法将自己对受损方的损害赔偿责任限制在规定的范围内,超出这个范围的,对其免除进一步的赔偿责任。

海事赔偿责任限制的法律适用,一般适用受理案件的法院所在地法律。

三、我国关于海事法律适用的规定

我国《海商法》第十四章第268条至第276条对海事关系的法律适用做了明确的规定,归纳起来主要有:

(1)海事合同,适用意思自治原则来确定;当事人未作选择的,适用最密切联系原则确定。

(2)船舶所有权的取得、转让和消灭,适用船旗国法。

(3)船舶抵押权,适用船旗国法。

(4)船舶优先权,适用受理案件的法院所在地法。

(5)船舶碰撞适用侵权行为地法。发生在公海上的船舶碰撞,适用法院地法;同一国籍的船舶,不论碰撞发生于何地,碰撞船舶间的损害赔偿适用船旗国法。

(6)共同海损理算适用理算地法。

(7)海事赔偿责任限制适用受理案件的法院所在地法。

第四节　民用航空的法律适用

由于各国关于民用航空关系的法律规定不同,民用航空关系的法律冲突也在所难免。

一、条约优先和惯例补缺适用原则

民用航空领域重要的国际组织是国际民用航空组织(International Civil Aviation Organization,ICAO)。重要的条约有《华沙公约》、《芝加哥公约》和《蒙特利尔公约》。

我国《民用航空法》第184条第1款规定:“中华人民共和国缔结或者参加的国际条约同本法有不同规定的,适用国际条约的规定;但是,中华人民共和国声明保留的条款除外。”第184条第2款规定:“中华人民共和国法律和中华人民共和国缔结或者参加的国际条约没有规定的,可以适用国际惯例。”

二、航空器国籍国法原则

航空器是交通工具,其物权关系的法律适用属于物之所在地法的例外情形。航空器物权关系法律适用的国际通行做法是适用国籍国法。

我国《民用航空法》第185条规定:“民用航空器所有权的取得、转让和消灭,适用民用航空器国籍登记国法律。”第186条规定:“民用航空器抵押权适用民用航空器国籍登记国法律。”

三、法院地法原则

我国《民用航空法》第187条规定:“民用航空器优先权适用受理案件的法院所在地法律。”第189条第2款规定:“民用航空器在公海上空对水面第三人的损害赔偿,适用受理案件的法院所在地法律。”

四、意思自治和最密切联系原则

在国际民用航空活动中,航空业及其使用者之间就是合同法律关系,因此合同法律适用中的两大原则意思自治原则和最密切联系原则也可适用到国际民用航空运输领域。

我国《民用航空法》第 188 条规定："民用航空运输合同当事人可以选择合同适用的法律，但是法律另有规定的除外；合同当事人没有选择的，适用与合同有最密切联系的国家的法律。"

五、侵权行为地法原则

我国《民用航空法》第 189 条第 1 款规定："民用航空器对地面第三人的损害赔偿，适用侵权行为地法律。"

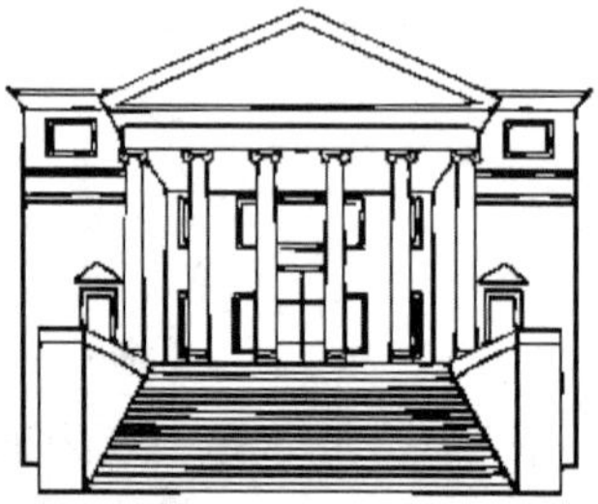

第十四章

国际民事诉讼法

第一节　国际民事诉讼法概述

一、国际民事诉讼法的概念

国际民事诉讼(也称涉外民事诉讼,international civil procedure),是指含有国际因素的民事诉讼(从某一国来说,就是含有涉外因素的民事诉讼),该项民事诉讼含有两个或者两个以上国家的人或物,或与两个或者两个以上的国家存在联系。国际民事诉讼法就是指规定国际民事诉讼程序的各种法律规范的总称。

国际私法调整的是涉外民事关系,即民事关系的三要素中至少有一项含有涉外因素,而民事诉讼涉外的原因更广:(1)有关民事诉讼关系中的主体居住在国外或者为外国国籍的自然人、法人或者其他组织;(2)有关民事诉讼关系中的客体为发生在国外的民事法律行为，或者诉讼标的物位于国外；(3)有关民事诉讼的某一环节需要在国外进行，如文书送达、调查取证、判决的承认与执行等；(4)在有关民事诉讼中需要考虑外国民事诉讼法的规定，如外国民事诉讼法有关管辖权的规定，来提高判决在国外得到承认与执行的概率，或者是有关外国人民事诉讼地位的规定。

因此，国际民事诉讼的涉外原因不仅仅是该民事法律关系含有涉外因素，诉讼程序的涉外性也可以构成涉外诉讼，其比冲突法上的涉外因素更多。对于这些涉外因素，各国民事诉讼法多做出了与国内民事诉讼程序不同的规定，这些特殊规定构成了国际民事诉讼法。

二、国际民事诉讼法的内容

国际民事诉讼法规定了国际民事诉讼程序，任何国际民事诉讼都必须严格按照国际民事诉讼法规定的程序进行，基于这种程序所作出的法院判决才有可能得到有关国家的法院的承认与执行，国际民事争议才能最终得到解决。

国际民事诉讼法的内容主要包括如下三个方面：(1)规定国际民事诉讼程序中的外国当事人，包括外国自然人、法人、外国国家和国际组织的民事诉讼地位的法律规范；(2)规定国际民事案件中法院管辖权的法律规范；(3)规定国际民事诉讼程序：诉讼和非诉讼文书的域外送达、域外取证、国际民事诉讼期间、诉讼保全以及法院判决的承认与执行等的法律规范。其中第三项内容一般统称为司法协助，但也有人将其中的"外国判决的承认与执行"作为独立问题加以论述。

第二节　外国人的诉讼地位

外国人的民事诉讼地位，是指外国人（包括外国自然人和外国法人、其他组织以及无国籍人）在内国境内享有什么样的民事诉讼权利、承担什么样的民事诉讼义务,并能在多大程度上通过自身的行为行使民事诉讼权利和承担民事诉讼义务的实际状况。即具有什么样的诉讼权利能力和诉讼行为能力。外国人在一国境内具有一定的民事诉讼地位是开始进行民事诉讼程序的前提。规范外国人的民事诉讼地位问题是国际民事诉讼法的主要内容之一。在有关的国际诉讼立法中,世界各国一般都基于一定的条件而给予外国人一定的民事诉讼地位。

一、外国人民事诉讼地位上的国民待遇原则

当今各国民事诉讼立法和有关条约在规范外国人民事诉讼地位时,都原则上赋予外国人以国民待遇,即规定外国人享有与内国国民同等的民事诉讼权利,承担同等的民事诉讼义务。

赋予外国人在民事诉讼地位上以国民待遇,保证了在内国的内外国人之间在民事诉讼地位上的平等。但是,为了保证本国国民在外国也能得到所在国的国民待遇,各国在规定外国人享有国民待遇的同时,往往附有对等或互惠条件,即如果证实某一外国国家对内国在该国的国民的民事诉讼地位加以限制,则根据对等原则,也有权对对方国家的国民在内国的民事诉讼地位加以限制。我国《民事诉讼法》第5条规定:“外国人、无国籍人、外国企业和组织在人民法院起诉、应诉,同中华人民共和国公民、法人和其他组织有同等的诉讼权利义务。外国法院对中华人民共和国公民、法人和其他组织的民事诉讼权利加以限制的,中华人民共和国人民法院对该国公民、企业和组织的民事诉讼权利,实行对等原则。”

二、外国人的诉讼能力

外国人的诉讼能力是外国人民事诉讼的重要内容,其是外国人在内国展开各项国际民事诉讼事务的基础,其包括外国人的诉讼权利能力和诉讼行为能力。

1. 外国人的诉讼权利能力

外国人的诉讼权利能力是指外国人在内国依法行使民事诉讼权利和承担民事诉讼义务的身份或资格。其是外国人实体权利在诉讼领域的延伸，保障实体权利得以实现。对于外国人诉讼权利能力的确定，大多数国家采用属人法原则，即外国人在内国是否具有诉讼权利能力，依其本国法确定。若依其本国法不具有诉讼权利能力，则其不能依国民待遇原则在内国享有诉讼权利能力。

2. 外国人的诉讼行为能力

外国人的诉讼行为能力，是指外国人以自己的行为行使民事诉讼权利和承担民事诉讼义务的能力。

诉讼能力是一个人是否拥有诉讼地位的重要决定因素，影响诉讼权利的行使，各国诉讼立法都做了明确的规定，且普遍承认外国人的诉讼行为能力依其属人法。如大陆法系的德国、日本的民事诉讼法规定外国人的民事诉讼行为能力依据其本国法，而英美普通法系国家原则上依据住所地法来决定外国人的民事诉讼行为能力。

为了稳定民商事法律关系，保护善意的交易当事人，特别是本国国民的合法利益，各国在规定以依据属人法来确定外国人的民事诉讼行为能力为原则的同时，补充规定了如果依据法院地法外国人具有民事诉讼行为能力，即视为有能力。如《日本民事诉讼法》第 51 条规定："外国人依据其本国法律虽然没有诉讼能力，但如果依据日本法律有诉讼行为能力的，视为有诉讼行为能力的人。"

三、诉讼费用担保

诉讼费用担保（warranty for expense of proceedings）是指外国人或在内国未设有住所的人在内国法院提起民事诉讼时，应被告的请求或依内国法律的规定，由内国法院责令原告提供的担保。其目的是防止原告滥用其诉讼权利，或防止其败诉后不支付诉讼费用。因此，诉讼费用担保实质上就是为了防止一方当事人滥用诉权，给内国法院及被告造成不必要损失，而对作为原告的外国人或在内国没有住所的人的诉权加以限制的一种特殊制度。需要明确的是,这里的诉讼费用不包括案件受理费,只包括当事人、证人、鉴定人、翻译人员的差旅费、出庭费以及其他的诉讼费用。

对于应否确立或保留诉讼费用担保制度、具体如何运作,各国的立法和实践并不一致。为便利外国人参与国际民事诉讼,减少或消除对外国人的不合理限制甚至歧视,一些国家开始寻求在互惠或条约的基础上免除诉讼费用担保,以真正贯彻和实现外国人民事诉讼地位上的国民待遇原则。例如 1954 年订于海牙的《民事诉讼程序公约》第 17 条规定:"对在其中一国有住所的缔约国国民在另一国法院作为原告或诉讼参加人时,不得以他们是外国人或者在境内没有住所或居所,命令他们提供任何(不管以何种名称)的担保或保证金。"

我国经历了从要求外国人提供担保到实行在互惠前提下互免担保的变迁过程。最高人民法院于 1984 年发布的《民事诉讼收费办法(试行)》第 14 条第 2 款特别规定:"外国人、无国籍人、外国企业和组织在人民法院进行诉讼,应当对诉讼费用提供担保。"随着中国对外开放的全方位展开,中国已经改为实行在互惠、对等条件下的国民待遇原则。虽然《民事诉讼法》对诉讼费用担保制度未作明确规定,但由最高人民法院颁布的自 2007 年 4 月 1 日起施行的《人民法院诉讼费用交纳办法》第 5 条对此做了规定:"外国人、无国籍人、外国企业或者组织在人民法院进行诉讼,适用本办法。外国法院对中华人民共和国公民、法人或者其他组织,与其本国公民、法人或者其他组织在诉讼费用交纳上实行差别对待的,按照对等原则处理。"

我国还与四十多个国家签署了双边司法协助协定,一般都含有相互免除诉讼费用保证金的调条款。例如,1987 年《中华人民共和国和法兰西共和国关于民事、商事司法协助的协定》第 1 条就明确规定:"缔约一方的法院对于缔约另一方国民,不得因为他们是外国人而令其提供诉讼费用保证金",此项规定也"适用于根据缔约任何一方的法律、法规组成的或者准许存在的法人"。

四、诉讼费用减免和司法救助

在各国,为了防止滥诉,民事诉讼一般都不是免费的。然而,作为一种政策却也不能使诉讼行为成为富人独有的特权,不应该使诉讼费用成为贫困当事人参加诉讼的一种不堪承受的负担。诉讼费用减免,是指对于当事人为维护自己的合法权益而向法院提起诉讼,但没有能力支付诉讼费用的,法院减少或免除当事人的诉讼费用的制度。

司法救助除了包括诉讼费用的减免之外,还包括其他费用如执行费用、律师费用等,根据1980年海牙《国际司法救助公约》第2条规定,司法救助的范围还包括法律咨询。

一般来说,给外国人上述减免或救助应符合以下条件:(1)当事人确实没有支付诉讼费用的能力;(2)诉讼并非显然无胜诉希望;(3)当事人提出了诉讼费用减免的申请;(4)外国当事人国籍国跟内国存有条约关系或互惠关系。

《民事诉讼法》第118条第2款规定:"当事人交纳诉讼费用确有困难的,可以按照规定向人民法院申请缓交、减交或者免交。"《人民法院诉讼费用交纳办法》第44条规定:"当事人交纳诉讼费用确有困难的,可以依照本《办法》向人民法院申请缓交、减交或者免交诉讼费用的司法救助。"

我国《民事诉讼法》第5条规定了中国对外国当事人实行的是互惠的国民待遇原则,为此,外国当事人交纳诉讼费用确有困难的,同样可以向中国人民法院申请缓交、减交或者免交。此外,中国跟外国缔结的司法协助条约或协定对诉讼费用的减免一般均做了专门规定。例如,1989年《中华人民共和国和蒙古人民共和国关于民事和刑事司法协助的条约》第12条就规定:"关于在缔约一方境内参加诉讼活动的缔约另一方国民在与该缔约一方国民同等的条件下和范围内减免与案件审理有关的诉讼费用问题,应根据其申请,由受理该申请的缔约一方法院依其本国法规决定。"1991年《中华人民共和国和意大利共和国关于民事司法协助的条约》第4条既规定了税费及诉讼费用的免除,又规定了司法救助。同时,对于申请减免诉讼费用或获得司法救助的程序,中国与外国缔结的司法协助条约或协定一般也做了规定。

五、诉讼代理制度

诉讼代理(procedure deputy)是指诉讼代理人基于诉讼当事人或其法定代理人的授权,以当事人的名义代为实施诉讼行为的一种制度。在国际民事诉讼中,由于国际民商事法律关系十分复杂,以及外国当事人对法院地国家法律的不了解,外国当事人一般都需要诉讼代理人代其参与诉讼活动。但是,对于外国当事人可以委托什么样的人作为代理人,以及代理人的权限如何等问题,各国的规定却不尽相同。

诉讼代理包括法定代理、指定代理与委托代理。在国际民事诉讼领域中,法定代理与指定代理多适用国民待遇原则,内外国人在该两种代理上并无太大差异,没有形成特殊的民事诉讼规定,所以,在国际民事诉讼领域中,主要涉及的是委托代理与领事代理。

领事代理制度是指一国领事根据本国的法律或者有关国际条约的规定,在其职权范围内,代表本国的国民或者法人参加驻在国有关法院的诉讼活动,以保护本国国民和法人的合法权益在驻在国不受到侵犯。该制度为1963年的《维也纳领事关系条约》明确肯定,并被多数国家的国内立法和双边条约所采纳。

我国《民事诉讼法》第263条规定:"外国人、无国籍人、外国企业和组织在人民法院起诉、应诉,需要委托律师代理诉讼的,必须委托中华人民共和国的律师。"同时,第264条规定:"中华人民共和国领域内没有住所的外国人、无国籍人、外国企业和组织委托中华人民共和国律师或者其他人代理诉讼,从中华人民共和国领域外寄交或者托交的授权委托书,应当经所在国公证机关证明,并经中华人民共和国驻该国使领馆认证,或者履行中华人民共和国与该所在国订立的有关条约中规定的证明手续后,才具有效力。"

《民事诉讼法意见》第308条还规定:"涉外民事诉讼中的外籍当事人,可以委托本国人为诉讼代理人，也可以委托本国律师以非律师身份担任诉讼代理人；外国驻华使、领馆官员，受本国公民的委托，可以以个人名义担任诉讼代理人，但在诉讼中不享有外交特权和豁免权。”第309条规定“涉外民事诉讼中，外国驻华使、领馆授权其本馆官员，在作为当事人的本国国民不在我国领域内的情况下，可以以外交代表身份为其本国国民在我国聘请中国律师或中国公民代理民事诉讼”。

第三节　国际民事诉讼管辖权

一、国际民事诉讼管辖权的概念

国际民事诉讼管辖权（international civil jurisdiction）是指一国法院根据本国缔结或参加的国际条约和国内法的规定，对特定的国际民事案件行使审判的权限。国际民事管辖权是国际民事诉讼法领域所特有的现象，它解决的是某一特定的涉外民事案件到底应由哪个国家法院管辖的问题。至于在案件确定了管辖国家以后，该案件应由该国哪一类法院，或者是由哪个地方的法院来审理的问题，则是一个国内管辖权问题，完全由该国的国内民事诉讼法规定，而不属于国际民事诉讼法的范畴。为了区分这两种管辖权，英国学者将国际民事诉讼法中的管辖权称为“国际管辖权”（international jurisdiction），而将国内民事诉讼法上的管辖权称为“国内管辖权”（local jurisdiction）。法国学者将前者称为“一般的管辖权”（competence generale）或者“国际管辖权”（competence international），将后者称为“特别的管辖权”（competence speciale）或“国内管辖权”（competence interne）。[1]

---

〔1〕 Martin Wolff, *Private International Law*, Oxford University Press 1945, p. 52.

确定本国法院的管辖权是一国主权范围内的事,但不得与其参加或缔结的条约相抵触。因此,国际民事管辖权的法律依据是国际条约和内国立法。这里说的国际条约即包括专门规定国家民事管辖权的双边或者多边的国际条约,也包括其他条约中有关国际民事管辖权的条款。各国国内法中也有涉外民事管辖权规范。

国际民事诉讼管辖权在国际民事诉讼法中具有重要意义:

(1)国际民事诉讼管辖权是一国审理有关涉外民事诉讼争议的前提。若一国法院对该争议没有管辖权,则无权受理此案件,其就不能有效的向国外的有关当事人送达法律文书,就不能得到外国法院的司法协助,特别是基于这种无国家管辖权而做出的判决就无法得到外国法院的承认与执行。

(2)国际民事诉讼管辖权的确定常常关系到准据法的确定,从而直接影响到有关案件的审判结果。这是因为各国的冲突规范极不统一,就是相同的冲突规范也可能在不同国家的法院存在不同的理解。而在司法实践中,各国法院无不先适用本国的冲突规范,根据本国的冲突规范指定去确定应当适用的实体规范,以对有关的法律争议做出实体处理。因此,不同的国家法院管辖就会适用不同的准据法,从而导致不同的审判结果。

(3)国际民事诉讼管辖权关系到国家主权的维护,同时也关系到本国公民、法人乃至国家的民事权益,以及国际民商事交往的健康发展,在国际私法领域中具有重要的意义。

二、国际民事诉讼管辖权的种类

从不同的角度、根据不同的标准,可将国际民事诉讼管辖权分为以下几类:

1. 对人诉讼管辖权和对物诉讼管辖权

以诉讼目的为标准国际民事诉讼管辖权可分为对人诉讼管辖权和对物诉讼管辖权。这是英美法系国家的分类。在英国,对人诉讼管辖权是指针对某人提起的诉讼,目的在于解决争执标的物的权益,以迫使他从事或不从事某种行为,前者如偿还债务,赔偿因违约或侵权造成的损失,或依约履行义务,后者如通过法院发出强制禁令迫使他不从事某种行为。法院判决的效力仅及于诉讼中的双方当事人,法院对这种诉讼的管辖权一般以有关诉讼的传票能否送达给被告为基础。而对物诉讼的目的则在于通过法院的判决确定某一特定财产的权利和当事人的权利,判决的效力不仅及于有关的双方当事人,且及于所有与当事人或该特定财产有法律关系的其他人。如有关房地产的诉讼,法院对这种诉讼的管辖权一般以有关标的物在法院国境内或有关当事人的住所或惯常居所在法院国境内为基础。

2. 属地管辖权和属人管辖权

该种分类是大陆法系国家基于其确定管辖权的侧重点不同而对国际民事诉讼管辖权所做的分类。属地管辖权侧重于法律事实或法律行为的地域性质或属地性质,强调一国法院对于其所属国领域内的一切人和物以及法律事件和行为都具有管辖权,其是基于被告在法院地国境内设有住所或惯常居所,或者物之所在地或法律事件和行为发生地位于该国领域内;属人管辖权则侧重于诉讼当事人的国籍,强调一国法院对于其本国国民参与的诉讼具有管辖权,管辖权的基础是诉讼当事人中有一方是法院地国的国民。

3. 专属管辖权和任意管辖权

专属管辖权是指有关国家对特定范围内的民事案件享有无条件的受理诉讼和做出裁决的权利,从而排除其他国家法院对该民事案件的管辖权。各国一般都将那些标的与国家的公共政策或重大的政治、经济问题联系紧密的法律关系无条件地划归内国法院专属管辖的范围,而排除任何其他国家法院的管辖权。[1]而对于那些与国家和社会重大政治、经济利益关系不大,对内国国民的重大利益影响不大的诉讼,规定既可由内国法院管辖,也可由外国法院管辖。在任意管辖的情况下,原告可依法选择管辖法院。

---

〔1〕 参见马丁·沃尔夫:《国际私法》,李浩培等译,法律出版社1988年版,第118—146页。

4. 强制管辖权和协议管辖权

以当事人在确定管辖权过程中的作用,基于案件的性质不同可将其区分为强制管辖权和协议管辖权。一国的立法机关基于某些案件的审理与国家社会、政治、经济的稳定与发展,与国家的重大利益密切相关这一考虑,规定由内国法院统一行使管辖权,不允许当事人双方协议或者任何一方的任意改变,该种管辖权称为强制管辖权;而后者则是指一国对于某些不影响国家重大政治、经济利益的案件允许当事人双方通过协议交由某国法院管辖。

5. 直接管辖权和间接管辖权

以其作用不同又可分为直接管辖权和间接管辖权。前者是指一国法院在受理国际民事案件时据以决定其本身是否有权审理这些案件的管辖权,后者是指一国法院在承认与执行外国法院判决时根据该国法据以决定外国法院是否有权审理该案的管辖权。[1]一国法律中规定的这两种管辖权,并不总是一致的,但它们之间存在着密切的联系:后者是前者的进一步引申,其精神实质也如出一辙。这两种管辖权的区分,在一些国家的法律中是明示的,在另一些国家的法律中则是默示的,有的国家甚至未做这种区分。

三、确定国际民事诉讼管辖权的一般原则

各国根据本国设立国际民事诉讼管辖权的目的,有关涉外民事案件与本国之间的关系,以及该涉外民事案件与本国及本国国民的利益联系程度,对国际民事诉讼管辖权做出了严格而又不同的规定,依据一定的原则来处理国际民事管辖权问题。纵观各国的国际民事诉讼法的立法与实践,无论是英美法系还是大陆法系,主要依据以下原则来处理涉外民事案件的管辖权问题。

1. 属地管辖原则

属地管辖原则,也称地域管辖,主张以涉外民事案件的当事人双方或者事

---

〔1〕 参见李浩培:《国际民事程序法概论》,法律出版社1996年版,第46页。

实与有关国家领土或地域之间所存在的实际联系为确定国际民事管辖权的标准,即除享有司法豁免权者外,只要涉外民事案件的当事人、诉讼标的物或被告的财产以及法律事实在一国境内,该国即对该案享有管辖权。如有关当事人的经常居住地、住所、所在地,有关标的物的所在地,财产所在地,有关法律事件和法律行为的发生地,如合同签订地、履行地等。属地管辖原则体现了国家主权原则,特别是国家领土主权原则在国际民事管辖权上的具体体现。世界上大多数国家都承认并采用这一原则,只是在具体运用上还存在一定的差异。英国、美国、德国、奥地利以及北欧等国家都是以该项原则作为确定国际管辖权的基本原则,只是在涉及当事人身份地位的某些案件中才会着重考虑当事人的国籍这一因素。

2. 属人管辖原则

属人管辖原则是以当事人的国籍作为确定涉外民商事案件管辖权的标准。即只要案件一方当事人为本国人,则无论其为原告还是被告,也无论其在本国境内还是境外,本国法院都对其所涉案件有管辖权。属人原则同样也是国家主权原则在国家管辖权问题上的具体体现。目的在于保护本国当事人及本国国家的利益。但由于该原则易置外国当事人于不利地位,导致判决显失公平,因而未能在国际社会得到普遍承认。像法国和其他仿效法国法的国家主要采取该种原则确定国际民事案件管辖权的基本原则。

3. 专属管辖原则

专属管辖原则,也称独占管辖或排他管辖原则,是指根据的是国际民事案件与有关国家的联系程度,强调一国法院对某些涉外民商事案件享有独占的或排他的管辖权。专属管辖权原则是国家主权原则在国际民事管辖权问题上的突出表现。它侧重于涉外民事案件与有关国家及其国民根本利益的联系程度,如涉及国家公共政策,或与国家政治或经济问题有密切联系的国际民事案件无条件享有管辖权。专属管辖是一种强制管辖,如果当事人不遵守一国关于专属管辖的规定而前往他国法院进行诉讼,他国法院作出的判决在该国通常不会得到承认和执行。各国都在一定范围内确立了对涉外民商事案件的专属管辖权。一般情况下,各国也都会对他国的专属管辖权予以尊重。

4. 协议管辖原则

协议管辖原则,亦称合意管辖原则,是指在法律允许的范围内,双方当事人通过协议将他们之间业已发生或可能会发生的涉外民商事争议,交付某国法院审理的管辖权制度。协议管辖原则是意思自治原则在国际民事管辖权问题上的具体体现,已为当今世界各国所普遍接受和采用。其强调有关涉外民事案件与有关国家以及其国民的根本利益联系不大,该案件由其他国家法院审理不会影响有关国家及其国民的根本利益情况下,允许当事人基于意思自治原则,选择管辖法院。由于该原则实质上赋予了有关当事人一种只有国家立法机关或者司法审判机关才能享有的权利,所以各国立法和司法实践都对这一原则的具体适用给予了一定的限制。由于该原则的特殊性和在各国国际民事诉讼规定中的重要性,本书将对该原则予以详述。

(1)协议管辖的优点。首先,双方当事人协议选择管辖法院,和平地解决了民事管辖权冲突,巧妙地避免了法律规定过于刻板、僵硬所造成的不公平现象。其次,双方当事人对选择法院的办案方式、效率等以及该法院地的语言、交通便利状况以及案件执行情况等因素进行了充分的了解与考虑,增加了案件的可预见性,有利于更加公正的保护当事人的权益。最后,采用协议管辖原则平衡了当事人的实体权利与诉讼权利,有效防止了一事两诉的现象,提高了纠纷解决的效率。

(2)协议管辖的限制。协议管辖的限制主要有个四方面:一是协议管辖作为对司法审判权的干涉,选择管辖的法院不得存在重大的不方便;二是协议管辖不得违反一国的公共秩序;三是协议管辖不应与弱者保护原则相抵触;四是当事人在所选定的法院必须能获得有效的救济。

(3)选择法院条款的独立性。1980 年《联合国货物销售合同公约》第 81 条第 1 款规定:宣告合同无效不影响合同中关于解决争端的任何规定。解决争端的任何规定是否包括选择法院条款？在主合同无效的前提下协议管辖条款是否有效？2005 年海牙《协议选择法院公约》第 3 条规定，构成合同一部分的排他性选择法院协议应被视为与合同其他条款独立的条款。排他性选择法院协议的有效性不能仅因合同无效而被异议。因此，选择法院管辖条款具有独立性，并不因为主合同的无效而无效。

(4)协议管辖的新发展。随着国际事务往来的逐步频繁，协议管辖原则在解决国际民事纠纷上的作用越来越突出，也呈现出一些新的发展趋势。其一，放宽了协议管辖原则的适用范围。一般情况下，各国法律均规定了涉外合同可以协议选择管辖法院，而对于合同以外的其他国际民事纠纷的协议管辖是否适用存在分歧。近些年，一些国家逐步放开了对协议管辖原则的适用范围，在婚姻、继承等涉及身份的领域适用该原则，提高纠纷解决效率。其二，放宽了管辖协议的形式要件。对于管辖协议的形式，多数法律要求以书面形式达成，目前许多国家对管辖协议的形式放宽了限制。2005 年海牙《协议选择法院公约》第 3 条第 3 项即集中反映了各国的这种普遍要求："排他选择法院协议必须以下列方式缔结或获得证明：(1)书面方式；或(2)通过其他任何能够提供可获取的供后来援用的信息的传送方式。"其三，不要求选择的法院与案件存在联系。对于当事人选择的法院是否应该与案件存在直接或者实质性联系存在两种观点。一种观点认为，不要求协议选择的法院于案件存在联系，将案件交由无任何联系的法院审理不会影响管辖协议的效力。该观点被英、美等国家所采纳。而另一种观点则认为，当事人选择的法院必须是与争议和案件有着直接联系或实质性联系的地点的法院，认为将案件交由与其毫无联系的法院处理，会加大案件处理的难度，不利于维护当事人的合法利益。而前一种观点更多的是考虑到双方当事人的意思自治，为其提供更多的便利与自由，且认为交由毫无联系的法院处理会更加中立，案件结果会更加公正。目前多数国家都采纳了英、美等国家的观点，漠视选择法院于案件的联系程度，既提高了解决案件的便利程度，判决的公正性也得以维护。

四、我国关于国际民事诉讼管辖权的有关规定

(一) 一般原则

我国《民事诉讼法》第四编对涉外民事诉讼程序做出了特别规定,其中第24章规定了国际民事诉讼管辖权。此外《民诉意见》也有涉及国际民事管辖权的规定。《民事诉讼法》第259条规定:“在中华人民共和国领域内进行涉外民事诉讼,适用本编规定。本编没有规定的,适用本法其他有关规定。”

(二) 具体规定

1. 普通管辖

与大多数国家一样,中国也是以被告住所地或惯常居所地为普通管辖的依据,即采原告就被告的做法。根据中国《民事诉讼法》第21条规定:“对公民提起的民事诉讼,由被告住所地人民法院管辖;被告住所地与经常居住地不一致的,由经常居住地人民法院管辖。对法人或者其他组织提起的民事诉讼,由被告住所地人民法院管辖。同一诉讼的几个被告住所地、经常居住地在两个以上人民法院辖区的,各该人民法院都有管辖权。”因此,凡涉外民事案件中的被告住所地在中国境内的,中国法院就有管辖权;被告的住所地与经常居住地不一致的,只要其经常居住地在中国境内,中国法院也有管辖权。以上所称被告包括自然人、法人或其他组织。

但在以下情况中,由原告住所地或者经常居住地的法院管辖。《民事诉讼法》第22条规定:“下列民事诉讼,由原告住所地人民法院管辖;原告住所地与经常居住地不一致的,由原告经常居住地人民法院管辖:(一)对不在中华人民共和国领域内居住的人提起的有关身份关系的诉讼;(二)对下落不明或者宣告失踪的人提起的有关身份关系的诉讼;(三)对被采取强制性教育措施的人提起的诉讼;(四)对被监禁的人提起的诉讼。”

上述规定既适用于国内案件也适用于涉外案件。在明确了中国法院具有管辖权以后,又进一步指明了中国的哪个法院管辖。

2. 特别管辖

有些案件既不采用“原告就被告原则”，也不采用《民事诉讼法》第22条确定的“原告住所地或者经常居住地原则”。而是采用其他连结点确定管辖权。在我国《民事诉讼法》中，其内容有：

(1)第23条规定：“因合同纠纷提起的诉讼，由被告住所地或者合同履行地人民法院管辖。”

(2)第24条规定：“因保险合同纠纷提起的诉讼，由被告住所地或者保险标的物所在地人民法院管辖。”

(3)第25条规定：“因票据纠纷提起的诉讼，由票据支付地或者被告住所地人民法院管辖。”

(4)第27条规定：“因铁路、公路、水上、航空运输和联合运输合同纠纷提起的诉讼，由运输始发地、目的地或者被告住所地人民法院管辖。”

(5)第28条规定：“因侵权行为提起的诉讼，由侵权行为地或者被告住所地人民法院管辖。”

(6)第29条规定：“因铁路、公路、水上和航空事故请求损害赔偿提起的诉讼，由事故发生地或者车辆、船舶最先到达地、航空器最先降落地或者被告住所地人民法院管辖。”

(7)第30条规定：“因船舶碰撞或者其他海事损害事故请求损害赔偿提起的诉讼，由碰撞发生地、碰撞船舶最先到达地、加害船舶被扣留地或者被告住所地人民法院管辖。”

(8)第31条规定：“因海难救助费用提起的诉讼，由救助地或者被救助船舶最先到达地人民法院管辖。”

(9)第32条规定：“因共同海损提起的诉讼，由船舶最先到达地、共同海损理算地或者航程终止地的人民法院管辖。”

上述规定同样也是既适用于国内案件，也适用于涉外案件。但若《民事诉讼法》对其有专门规定，则适用特别规定。我国《民事诉讼法》第265条规定：

“因合同纠纷或者其他财产权益纠纷，对在中华人民共和国领域内没有住所的被告提起的诉讼，如果合同在中华人民共和国领域内签订或者履行，或者诉讼标的物在中华人民共和国领域内，或者被告在中华人民共和国领域内有可供扣押的财产，或者被告在中华人民共和国领域内设有代表机构，可以由合同签订地、合同履行地、诉讼标的物所在地、可供扣押财产所在地、侵权行为地或者代表机构住所地人民法院管辖。”其规定了6种连结点，扩大了中国法院行使管辖权的依据。

3. 专属管辖

我国《民事诉讼法》只规定了两种专属管辖。《民事诉讼法》第33条规定：“下列案件，由本条规定的人民法院专属管辖：(一)因不动产纠纷提起的诉讼，由不动产所在地人民法院管辖；(二)因港口作业中发生纠纷提起的诉讼，由港口所在地人民法院管辖；(三)因继承遗产纠纷提起的诉讼，由被继承人死亡时住所地或者主要遗产所在地人民法院管辖。”第266条规定：“因在中华人民共和国履行中外合资经营企业合同、中外合作经营企业合同、中外合作勘探开发自然资源合同发生纠纷提起的诉讼，由中华人民共和国人民法院管辖。”

第33条既可以适用于涉外案件也可以适用于国内案件，而第266条则是对国际民事案件管辖权的专门规范，至于由中国的哪个具体法院审理，则根据《民事诉讼法》的条文来确定。

4. 协议管辖

我国《民事诉讼法》第34条规定：“合同或者其他财产权益纠纷的当事人可以书面协议选择被告住所地、合同履行地、合同签订地、原告住所地、标的物所在地等与争议有实际联系的地点的人民法院管辖，但不得违反本法对级别管辖和专属管辖的规定。”在协议管辖上，当事人可以自由选择管辖法院，但是选择范围受到了一定限制。我国《海事诉讼特别程序法》第8条规定：“海事纠纷的当事人都是外国人、无国籍人、外国企业或者组织，当事人书面协议选择中华人民共和国海事法院管辖的，即使与纠纷有实际联系的地点不在中华人民共和国领域内，中华人民共和国海事法院对该纠纷也有管辖权。”

五、国际条约中有关民事诉讼管辖权的规定

我国参加了许多国际民事诉讼案件管辖权问题的条约，应受到这些条约约束。如1929年和1999年《统一国际航空运输某些规则的公约》。1929年《公约》规定，承运人对旅客因死亡、受伤或身体上的任何其他损害而产生的损失，对于任何已登记的行李或货物因毁灭、遗失或损坏而产生的损失，以及对旅客、行李或货物在航空运输中因延误而造成的损失承担责任，因而一旦发生这些方面的追索损害赔偿的诉讼，原告有权在一个缔约国的领土内，向承运人住所地或其总管理机构所在地或签订合同的机构所在地法院提出，也可以向目的地法院提出。1999年《公约》在原有四个法院管辖权的基础上，第33条第2款增加了专适用于旅客伤亡的第五管辖权，即旅客住所地法院。

我国还加入了《国际铁路货物联运协定》。根据《协定》第29条规定，凡有权向铁路提出赔偿请求的人，即有权根据货物运输合同提起诉讼；这种诉讼只能由受理赔偿请求的铁路国的适当法院管辖。再如《国际油污损害民事责任公约》。该《公约》规定，国际油污损害如果在一个或若干个缔约国领土（包括领海）内发生，或在上述领土（或领海）内采取了防止或减轻油污损害的预防性措施的情况下，有关的赔偿诉讼便只能向上述一个或若干个缔约国法院提出；每一缔约国都应保证其法院具有处理上述赔偿诉讼的必要的管辖权。

随着国际社会的发展和各国间交往的增多，出现了统一国际私法运动。海牙国际私法会议、美洲国家组织、欧盟以及联合国等国际组织做了大量的工作，它们制定的公约中，大多含有协调国际管辖权冲突的内容。这些公约主要有：海牙国际私法会议制定的《国际有体动产买卖协议管辖权公约》（1958年）、《关于未成年人保护的管辖权和法律适用公约》（1961年）、《收养管辖权、法律适用和判决承认公约》（1965年）、《选择法院协议公约》（2005年）等；欧洲经济共同体于1968年制定的《民商事案件管辖权和判决执行的布鲁塞尔公约》（以下简

称《布鲁塞尔公约》)等,为国际民事管辖权的确定提供了更多依据。

六、国际民事诉讼管辖权的冲突及其解决

各国有关民事诉讼法的立法差异是涉外民事案件管辖权发生冲突的直接原因。在某一国际民事案件中,如果与案件相联系的国家对该案件都主张行使管辖权,则会引起管辖权的积极冲突,也可能出现另一种情况,即与案件相联系的国家都不主张行使管辖,则会引起管辖权的消极冲突。

各国为了保障相关当事人的利益,在解决冲突时一般遵循以下方法:

1. 允许当事人协议选择管辖法院的权利

国际民事管辖权的冲突可以通过当事人的协议得到解决。当事人可以在争议发生之前或之后,用协议的方式来确定他们之间的争议应由哪一国法院来管辖,这样就排除了与案件有关的其他国家的法院管辖权,从而解决了国际民事管辖权的冲突问题。

2. 采用一事不再理原则

在"一事两诉"情况下,若后一受诉法院能停止或暂停其诉讼,无疑将减少管辖权的冲突。一事不再理的原则也得到很多国家国内立法和国际公约的采用。

3. 不方便法院原则

不方便法院原则(inconvenience forum principle),是指原告的起诉符合法院国的法律或者是符合法院国参加的国际条约所规定的管辖权标准,则该法院有义务受理此案件,保障当事人的利益。但在有些情况下,法院虽有管辖权,当认为其不方便行使该管辖权或会对当事人不公平时,则其可以拒绝审理该案件,而由方便行使管辖权的法院审理。在实践中,这一原则多为英美国家所采用。这一原则有利于限制原告滥用诉权,符合当事人的利益和社会公共利益。我国《民事诉讼法司法解释》第532条规定:"涉外民事案件同时符合下列情形的,人民法院可以裁定驳回原告的起诉,告知其向更方便的外国法院提起诉讼:

(一)被告提出案件应由更方便外国法院管辖的请求,或者提出管辖异议;(二)当事人之间不存在选择中华人民共和国法院管辖的协议;(三)案件不属于中华人民共和国法院专属管辖;(四)案件不涉及中华人民共和国国家、公民、法人或者其他组织的利益;(五)案件争议的主要事实不是发生在中华人民共和国境内,且案件不适用中华人民共和国法律,人民法院审理案件在认定事实和适用法律方面存在重大困难;(六)外国法院对案件享有管辖权,且审理该案件更加方便。"

4. 对过度管辖权进行限制

当受诉法院与案件当事人、案件事实、诉讼标的之间不存在足够联系时,该法院行使的管辖权为过度管辖权。对过度管辖权的限制主要表现在:当一国法院就某一国际民事案件的判决或裁决需要委托某一外国法院承认和执行时,如果该受托法院根据有关条约的规定认为该委托法院行使管辖权是过度的,该受托法院即可拒绝承认和执行该判决。

第四节 国际民事诉讼中的诉讼期间、诉讼保全、诉讼时效和证据

一、国际民事诉讼中的诉讼期间

1. 概述

诉讼期间是指由法律规定或由法院依职权指定的,法院、当事人或其他诉讼参与人为一定诉讼行为的时间期限。分为法定期间和指定期间。前者有法律明确规定,不得变化。后者则是由法院依职权指定,视具体情况而定。

在国际民事诉讼中,由于存在涉外因素,往往存在某些环节需要在国外完成,因此各国对国际民事诉讼的诉讼期间比国内的要长。我国《民事诉讼法》第268条规定:"被告在中华人民共和国领域内没有住所的,人民法院应当将起诉

状副本送达被告,并通知被告在收到起诉状副本后三十日内提出答辩状。被告申请延期的,是否准许,由人民法院决定。”第 269 条规定:“在中华人民共和国领域内没有住所的当事人,不服第一审人民法院判决、裁定的,有权在判决书、裁定书送达之日起三十日内提起上诉。被上诉人在收到上诉状副本后,应当在三十日内提出答辩状。当事人不能在法定期间提起上诉或者提出答辩状,申请延期的,是否准许,由人民法院决定。”而第 270 条规定:“人民法院审理涉外民事案件的期间,不受本法第一百四十九条、第一百七十六条规定的限制。”

2. 诉讼时效的计算

国际民事诉讼中的诉讼期间与国内民事诉讼中的诉讼期间在计算方法上完全相同,各国的规定基本一致。诉讼期间一般以时、日、月、年计算,期间开始的时和日不计算在内,期间届满的最后一日是节假日的,以节假日后的第一日为期间届满的日期。期间不包括在途时间,诉讼文书在期满前交邮的,不为过期。

3. 诉讼时效的中止与中断

在诉讼程序中,无论是在审理阶段还是在执行阶段因故中止进行,则诉讼期间也随之中止。诉讼程序重新恢复之日起,诉讼期间继续延伸。诉讼期间中断以后,则诉讼期间必须重新开始计算。

4. 诉讼时效的耽误和恢复

期间的延误是指在诉讼期间内,法院或当事人应当进行某项诉讼行为而未进行的行为或事实。延误期间,会引起一定的诉讼后果。对于当事人来说,不能再行使其本来可以行使的诉讼权利。但如果当事人延误诉讼期间是因不可抗力或非主观原因造成的,各国法律一般都允许顺延期限。例如我国《民事诉讼法》第 83 条规定:“当事人因不可抗拒的事由或者其他正当理由耽误期限的,在障碍消除后的十日内,可以申请顺延期限,是否准许,由人民法院决定。”

5. 诉讼时效的延展

为切实保障诉讼参与人的合法权益,使其有足够的时间行使法律赋予其的诉讼权利,许多国家都有条件地规定了诉讼期间的延展制度,对于那些确实在特定的诉讼期间内,特别是法院指定的期间内无法完成其有关诉讼行为的当事人,给予诉讼期间的有限延展。德国《民事诉讼法》第224条第2款规定:"法定期间与指定期间,说明重大理由后,可以申请延长;但法定期间的延长,以有特别规定为限。"

二、国际民事诉讼中的诉讼保全

诉讼保全是指法院在判决做出之前,为保证将来判决的执行而应当事人的申请或者依职权对有关当事人的财产所采取的一种强制措施。由于诉讼保全是一项强制措施,为了防止其滥用,一般都要求申请人提供担保,当因申请人的错误保全而对被申请人造成损害或者损失时,被申请人可以获得有效赔偿。在国际民事诉讼司法实践中,对担保这一规定尤为严格。

我国《民事诉讼法》第100条对财产保全和行为保全做出了规定:"人民法院对于可能因当事人一方的行为或者其他原因,使判决难以执行或者造成当事人其他损害的案件,根据对方当事人的申请,可以裁定对其财产进行保全、责令其作出一定行为或者禁止其作出一定行为;当事人没有提出申请的,人民法院在必要时也可以裁定采取保全措施。人民法院采取保全措施,可以责令申请人提供担保,申请人不提供担保的,裁定驳回申请。人民法院接受申请后,对情况紧急的,必须在四十八小时内作出裁定;裁定采取保全措施的,应当立即开始执行。"

同时,《民事诉讼法》第101条规定了诉前保全程序。第101条规定:"利害关系人因情况紧急,不立即申请保全将会使其合法权益受到难以弥补的损害的,可以在提起诉讼或者申请仲裁前向被保全财产所在地、被申请人住所地或者对案件有管辖权的人民法院申请采取保全措施。申请人应当提供担保,不提供担保的,裁定驳回申请。人民法院接受申请后,必须在四十八小时内作出裁定;裁定采取保全措施的,应当立即开始执行。申请人在人民法院采取保全措施后三十日内不依法提起诉讼或者申请仲裁的,人民法院应当解除保全。"

海事诉讼领域中的海事强制令也属于诉讼保全形式,其实质属于行为保全。海事强制令是指海事法院根据海事请求人的申请,为使其合法权益免受侵害,责令被请求人作为或者不作为的强制措施。我国《海事诉讼法》第四章共11条,对海事强制令的申请条件、管辖和程序做了较全面的规定。[1]

三、国际民事诉讼中的诉讼时效

诉讼时效是指民事权利人提起民事诉讼的法定有效期限。分为取得时效和诉讼时效。各国对于诉讼时效的长短、中止、中断或者延长事由、诉讼时效的效力等方面都存在差异,因而会引起法律冲突,需要确定诉讼时效的准据法。对此,各国基本选择一致,即适用该诉讼请求的准据法。我国《涉外民事关系法律适用法》第7条规定:"诉讼时效,适用相关涉外民事关系应当适用的法律。"

四、国际民事诉讼中的证据

我国《民事诉讼法》第81条规定:"在证据可能灭失或者以后难以取得的情况下,当事人可以在诉讼过程中向人民法院申请保全证据,人民法院也可以主

---

[1] 《海事诉讼特别程序法》第十三条　当事人在起诉前申请海事请求保全,应当向被保全的财产所在地海事法院提出。第十四条 海事请求保全不受当事人之间关于该海事请求的诉讼管辖协议或者仲裁协议的约束。第十五条 海事请求人申请海事请求保全,应当向海事法院提交书面申请。申请书应当载明海事请求事项、申请理由、保全的标的物以及要求提供担保的数额,并附有关证据。第十六条 海事法院受理海事请求保全申请,可以责令海事请求人提供担保。海事请求人不提供的,驳回其申请。第十七条 海事法院接受申请后,应当在四十八小时内作出裁定。裁定采取海事请求保全措施的,应当立即执行;对不符合海事请求保全条件的,裁定驳回其申请。当事人对裁定不服的,可以在收到裁定书之日起五日内申请复议一次。海事法院应当在收到复议申请之日起五日内作出复议决定。复议期间不停止裁定的执行。利害关系人对海事请求保全提出异议,海事法院经审查,认为理由成立的,应当解除对其财产的保全。　第十八条 被请求人提供担保,或者当事人有正当理由申请解除海事请求保全的,海事法院应当及时解除保全。海事请求人在本法规定的期间内,未提起诉讼或者未按照仲裁协议申请仲裁的,海事法院应当及时解除保全或者返还担保。　第十九条 海事请求保全执行后,有关海事纠纷未进入诉讼或者仲裁程序的,当事人就该海事请求,可以向采取海事请求保全的海事法院或者其他有管辖权的海事法院提起诉讼,但当事人之间订有诉讼管辖协议或者仲裁协议的除外。第二十条 海事请求人申请海事请求保全错误的,应当赔偿被请求人或者利害关系人因此所遭受的损失。

动采取保全措施。因情况紧急，在证据可能灭失或者以后难以取得的情况下，利害关系人可以在提起诉讼或者申请仲裁前向证据所在地、被申请人住所地或者对案件有管辖权的人民法院申请保全证据。证据保全的其他程序，参照适用本法第九章保全的有关规定。”该条规定了诉讼中的证据保全，程序参照财产保全和行为保全的有关规定，遗憾的是我国没有规定诉讼前的证据保全。同时，在我国《海事诉讼法》第五章中对海事诉讼中的证据保全作出了专门的规定。[1]

---

〔1〕《海事诉讼特别程序法》第六十二条　海事证据保全是指海事法院根据海事请求人的申请，对有关海事请求的证据予以提取、保存或者封存的强制措施。

第六十三条　当事人在起诉前申请海事证据保全，应当向被保全的证据所在地海事法院提出。

第六十四条　海事证据保全不受当事人之间关于该海事请求的诉讼管辖协议或者仲裁协议的约束。

第六十五条　海事请求人申请海事证据保全，应当向海事法院提交书面申请。申请书应当载明请求保全的证据、该证据与海事请求的联系、申请理由。

第六十六条　海事法院受理海事证据保全申请，可以责令海事请求人提供担保。海事请求人不提供的，驳回其申请。

第六十七条　采取海事证据保全，应当具备下列条件：(一)请求人是海事请求的当事人；(二)请求保全的证据对该海事请求具有证明作用；(三)被请求人是与请求保全的证据有关的人；(四)情况紧急，不立即采取证据保全就会使该海事请求的证据灭失或者难以取得。

第六十八条　海事法院接受申请后，应当在四十八小时内作出裁定。裁定采取海事证据保全措施的，应当立即执行；对不符合海事证据保全条件的，裁定驳回其申请。

第六十九条　当事人对裁定不服的，可以在收到裁定书之日起五日内申请复议一次。海事法院应当在收到复议申请之日起五日内作出复议决定。复议期间不停止裁定的执行。被请求人申请复议的理由成立的，应当将保全的证据返还被请求人。利害关系人对海事证据保全提出异议，海事法院经审查，认为理由成立的，应当裁定撤销海事证据保全；已经执行的，应当将与利害关系人有关的证据返还利害关系人。

第七十条　海事法院进行海事证据保全，根据具体情况，可以对证据予以封存，也可以提取复制件、副本，或者进行拍照、录像，制作节录本、调查笔录等。确有必要的，也可以提取证据原件。

第七十一条　海事请求人申请海事证据保全错误的，应当赔偿被请求人或者利害关系人因此所遭受的损失。

第七十二条　海事证据保全后，有关海事纠纷未进入诉讼或者仲裁程序的，当事人就该海事请求，可以向采取证据保全的海事法院或者其他有管辖权的海事法院提起诉讼，但当事人之间订有诉讼管辖协议或者仲裁协议的除外。

第五节　国际民事司法协助

一、国际民事司法协助的概述

（一）国际民事司法协助的概念

国际民事司法协助(international judicial assistance in civil matters)，是指在国际民事诉讼中，一国法院或主管机关接受另一国法院或主管机关或有关当事人的请求，代为履行某些诉讼行为，或者其他司法方面的协助，如送达诉讼文书、提取证据以及承认与执行法院判决，等等。

对于司法协助的范围，有广义与狭义两种观点。英美国家多采用狭义观点，认为司法协助仅指域外送达与取证两方面内容。而广义说则认为，司法协助包括域外送达、域外取证以及对外国法院判决和外国仲裁裁决的承认与执行。我国在《民事诉讼法》第四编“司法协助”中对我国的国际民事司法协助进行了规定，其内容涉及三方面内容，即域外送达、域外取证以及外国法院判决的承认与执行。因此，我国在司法协助的内容上持广义观点。

（二）国际司法协助的依据

国际民事司法协助的实施一般都是基于各国的民事诉讼法规定和签订的国际条约有关规定以及互惠原则。我国《民事诉讼法》第276条规定：“根据中华人民共和国缔结或者参加的国际条约，或者按照互惠原则，人民法院和外国法院可以相互请求，代为送达文书、调查取证以及进行其他诉讼行为。”

同时，该法第277条进一步规定：“提供司法协助，应当依照中华人民共和国缔结或者参加的国际条约所规定的途径进行；没有条约关系的，通过外交途径进行。”在没有条约关系下，可以通过外交途径提供司法协助。《民事诉讼法司法解释》第549条规定：“与中华人民共和国没有司法协助条约又无互惠关系的国家的法院，未通过外交途径，直接请求人民法院提供司法协助的，人民法院应予以退回，并说明理由。”

（三）国际司法协助中的公共秩序原则

为了提高处理国际民事纠纷的效率，发展国际合作，各国一般都通过国内立法、国际条约等形式确定国际司法领域的国际协作，相互提供司法协助。但同时，各国也基于对国内公共秩序的关心，或者考虑到接受国外法院或主管机关的委托所产生的多方面影响，在涉及国际民事司法协助的国内立法和国际条约时，在不同程度上规定了拒绝给予司法协助的情况，其中最主要的是公共秩序保留制度。

在司法协助中，若请求国的司法协助事项与被请求国的公共秩序相抵触，则被请求国有权拒绝提供司法协助。我国《民事诉讼法》第 276 条规定：“外国法院请求协助的事项有损于中华人民共和国的主权、安全或者社会公共利益的，人民法院不予执行。”在一些双边或多边国际条约中该原则也有规定。

（四）国际民事司法协助的机关

1. 中央机关

司法协助中，司法协助的中央机关，是指一国根据本国缔结或参加的国际条约的规定而指定建立的司法协助中起联系或转递作用的机关。1965 年《关于向国外送达民事或者商事司法文书和司法外文书公约》第 2 条规定：“各缔约国应制定一个中央机关，负责根据该公约第 3 条至第 6 条的规定，接收来自其他缔约国的送达请求书，并予以转递。”创建了“中央机关”制度，要求各缔约国指定或组建本国的中央机关，专门处理司法协助事项。我国 1991 年加入该公约并指定我国的司法部作为中央机关，但在其他的一些双边国际条约中，有时还指定其他机关担任中央机关。

2. 主管机关

司法协助中的主管机关是指根据国际条约或国内法规定有权向外国提出司法协助请求并有权执行外国提出的司法协助请求的机关。可见，中央机关主要负责司法协助中缔约国之间的相互联系,而主管机关则是司法协助请求行为的提出者和具体完成者。

一般而言,各国通过国际民事司法协助程序完成的都是司法行为,因而各国的主管机关也主要是司法机关。不过,由于制度的差异,存在例外。如比利时的司法执达员,其负责文书的送达,但其性质为司法助理人员,位与律师相似,其不属于司法机关或者其工作人员。

3. 外交机关

在两个不存在条约关系或没有建立中央机关制度的情况下,司法协助需要通过外交机关进行。其作用主要体现以下四个方面:

(1)作为司法协助的联系途径。其作用相当于"中央机关",联系和转递司法协助。

(2)作为解决司法协助条约纠纷的途径。解决在两个订立司法协助条约后,在解释和实施条约时所产生的争议。

(3)查明外国法。其可以协助查明或证明国外有关的法律与司法实践。

(4)具诉讼费用减免证明书。在出具诉讼费用减免证明书、为当事人提供法律援助方面也可以发挥相应的作用。

(五) 国际诉法协助的法律适用

请求国与被请求国是两个国家,各国对于司法协助的规定又有不同,因此要先解决国际司法协助适用的法律问题,从而使得国际司法协助得以顺利进行。

根据各国的法律规定以及国际司法协助实践,国际民事司法协助问题适用被请求国法律,不管请求国法律关于程序问题的规定如何。1965 年海牙《送达公约》第 5 条第 1 款第 1 项规定:"被请求国得根据被请求国法律规定的向在其境内的人送达或通知该国制作的文件的方式送达。"1970 年海牙《取证公约》第 9 条第 1 款规定:"负责执行嘱托书的司法机关应根据其本国法律所规定的方式和程序进行。"但也存在例外情况,在一定的条件下,被请求国也可以按照请求国提出的要求,适用请求国有关司法协助的规定。但此种特别程序或方式不得与被请求国法律或公共秩序相抵触。

我国《民事诉讼法》第279条规定:“人民法院提供司法协助,依照中华人民共和国法律规定的程序进行。外国法院请求采用特殊方式的,也可以按照其请求的特殊方式进行,但请求采用的特殊方式不得违反中华人民共和国法律。”

二、域外送达

(一)域外送达的概念

国际民事诉讼中的域外送达(service abroad),是指一国的司法机关依据有关国家的国内立法或者国际条约的规定将司法文书和司法外文书送交给居住在国外的诉讼当事人或者其他诉讼参与人的行为。文书的送达关系到诉讼期间的计算,是司法审判权的开始,其意义重大。同时,是一个国家的司法机关行使司法主权的表现,具有严格的属地性,所以对外国司法文书的送达,内国都有较为严格的规定。这方面的公约有1954年的《民事诉讼程序公约》和1965年在海牙订立的《域外送达公约》以及各国之间缔结的大量的双边司法协助条约和领事条约。

(二)直接送达

在国际民事诉讼司法实践中,基于内国法或者国际条约的规定,一国法院可以通过一定的方式或委托本国的有关机关,将司法文书直接送达给处于本国以外的诉讼当事人或者诉讼参与人,该直接方式具体分为以下几种:

(1)外交代表或者领事送达。即由内国法院将需要在国外送达的司法文书委托给内国驻有关国家的外交代表或领事代表代为送达。这是国际社会普遍承认和采用的方式,采用这种方式进行域外送达的对象只能是所属国国民,且不得采取强制措施。

(2)邮寄送达。即由内国法院通过邮局直接将文书寄给国外的诉讼当事人或其他诉讼参与人。1965年海牙《域外送达公约》第10条规定了这种送达方式。包括法国在内的多数国家在批准或加入该公约时都承认来了该规定,但是也有国家如德国、瑞士、挪威、土耳其等国明确表示反对。

(3)个人送达。内国法院将司法文书委托给具有一定身份的个人代为送达。这种个人可以是有关当事人的诉讼代理人,也可以是当事人选定的人或与当事人关系密切的人。这种送达方式一般为英美普通法系各国承认与采用。

(4)公告送达。即内国法院将需要送达的司法文书的内容以张贴公告、登报或者广告的方式告知有关当事人或其他诉讼参与人,自公告之日起经过一定的时间视为已送达。许多国家的民事诉讼法都对公告送达的方式规定了限制条件,而且关于公告送达的期间各国规定也不一致。

(5)按当事人协商的方式送达。该方式主张按当事人协商的方式送达法律文书。此方式在英美普通法系国家较为普遍,但由于该种方式完全不考虑送达地的法律规定,实际上在现实中难以实施。

(三) 间接送达

除了上述的直接送达的几种具体方式以外,亦存在必须按照双方共同缔结或者参加的多边或者双边条约的规定,通过中央机关来进行。该方式为间接送达。根据各国法律和国际条约的规定,结合司法实践,间接送达必须经过特别的程序:

(1)请求的提出。对于请求的主体,一般根据请求国的法律来确定。在我国,有权提出请求的只有人民法院。请求书的格式应按照双边条约或者多边条约,1965 年海牙《域外送达公约》第 3 条第 1 款规定:“依文书发出国法律有权主管的当局或者司法官员应将符合本公约所附范本的请求书送交文书发往国中央机关,无须认证或者其他类似手续。”对于提出送达请求的途径,一般应依国际条约的规定进行,没有条约关系的,则通过外交途径进行。中国最高人民法院、外交部、司法部 1992 年联合发布的《关于执行〈关于向国外送达民事或商事司法文书和司法外文书公约〉有关程序的通知》(以下简称《关于执行〈送达公约〉的通知》)中规定,中国法院向外国提出文书送达请求,应由有关中级人民法院或专门人民法院应将请求书和需要送达的司法文书送有关高级人民法院转最高人民法院，由最高人民法院，送司法部转送给该国指定的中央机关。但在必要时，也可由最高人民法院送中国驻该国使馆转送给该国指定的中央机关。

(2)请求的执行。根据各国的诉讼立法和各有关的国际条约有关规定，结合目前的有关司法实践，外国送达请求在内国的执行主要有三种方式：第一种是正式送达，即被请求国按照国内执行该类似性质文书所规定的送达方式和程序送达；第二种特定方式送达，被请求国按照请求国要求的特殊方式进行送达，此种送达方式的前提是请求国要求的特殊方式与被请求国法律不得抵触；第三种方式是非正式方式，即被请求国依本国法律规定进行一般性送达，该种送达方式以有关当事人与其他诉讼参与人自愿接受为前提，该方式可不必严格遵守公约中所规定的有关译文等形式的要求，提高送达的效率。我国通常采用前两种方式，对于后者，在有双边条约时，应当按照双边条约的规定办理。

(3)送达结果的通知。一般来说，一国法院或者其他机构接受请求并代为执行送达行为后，不管送达行为的结果如何，都需要按照一定的方式通知外国的请求机构。国际社会普遍采用的是送达回证或有关机关出具的送达证明的形式，送达回证或者有关机关出具的送达证明一般包括送达有关文书的形式、地点、时间以及收件人的有关情况。如文书没有顺利送达，则证明文书应说明妨碍送达的原因。

(4)费用的承担。《送达公约》第12条规定："发自缔约一国的司法文书的送达不应产生因文件发往国提供服务所引起的税款或费用的支付或补偿。"因此，一般来说，协助送达是免费的，但请求国应支付或补偿下列两种情况下产生的费用：其一是司法助理人员或依送达目的地国法律有资格的人的使用，如比利时的司法执达员，其性质相当于律师，因此其服务是收费的；其二是特定送达方法的使用。

中国跟外国缔结的国际条约一般规定，代为送达司法文书和司法外文书应当免费。没有条约关系时,在收费问题上中国采取对等原则,但根据请求方要求采用特殊方式送达文书所引起的费用,则由请求一方负担。[1]

(5)送达的异议与拒绝

纵观各国立法与司法实践,各国都规定了拒绝履行送达委托的条件,一般情况下,被请求国可以基于以下原因拒绝协助送达:其一,地址不详;其二,请求书不符合要求;其三,执行请求将有损于被请求国的公共秩序。但为了在更大程度上支持和便利域外送达,对拒绝理由所作出的必要限制,《送达公约》第13条第2款指出,一国不得仅以其对送达请求所依据的诉讼标的有专属管辖权或其国内法不允许该项申请所依据的诉讼为由拒绝执行请求。

(四) 我国的域外送达制度

1. 我国法院向位于外国的当事人送达

我国《民事诉讼法》第267条规定了我国向外国的当事人送达法律文书的可以采用的方式,第267条规定:"人民法院对在中华人民共和国领域内没有住所的当事人送达诉讼文书,可以采用下列方式:

(一)依照受送达人所在国与中华人民共和国缔结或者共同参加的国际条约中规定的方式送达;

(二)通过外交途径送达;

(三)对具有中华人民共和国国籍的受送达人,可以委托中华人民共和国驻受送达人所在国的使领馆代为送达;

(四)向受送达人委托的有权代其接受送达的诉讼代理人送达;

(五)向受送达人在中华人民共和国领域内设立的代表机构或者有权接受送达的分支机构、业务代办人送达;

(六)受送达人所在国的法律允许邮寄送达的,可以邮寄送达,自邮寄之日

---

[1] 如1987年《中华人民共和国和法兰西共和国关于民事、商事司法协助的协定》第10条、1987年《中华人民共和国和波兰人民共和国关于民事和刑事司法协助的协定》第9条第1款等。

起满三个月,送达回证没有退回,但根据各种情况足以认定已经送达的,期间届满之日视为送达;

(七)采用传真、电子邮件等能够确认受送达人收悉的方式送达;

(八)不能用上述方式送达的,公告送达,自公告之日起满三个月,即视为送达。”

2. 外国法院向位于我国境内的当事人送达

外国法院向位于我国境内的当事人送达法律文书,可以通过以下途径:

(1)外国与我国缔结或者参加的有双边或多边条约的,依照国际条约规定的途径进行。

(2)外国与我国不存在条约关系的,通过外交途径进行。

(3)外国的驻华使领馆可以直接向在华的本国国民送达文书,但不得违反我国的法律,不得采取强制措施。

(4)根据对等互惠原则,若外国限制或拒绝我国通过外交途径请求转递的司法文书,我国可采取相应措施。

除此之外,外国机关不得采取其他途径在我国领域内送达司法文书。

(五) 港澳台地区的区际送达

我国是个多法域国家,不同的法域间也需要相互提供司法协助,1999 年《关于内地与香港特别行政区法院相互委托送达民商事司法文书的安排》、2001 年《关于内地与澳门特别行政区法院就民商事案件相互委托送达司法文书和调取证据的安排》、2009 年最高人民法院《关于涉港澳民商事案件司法文书送达问题若干规定》为中国内地与香港、澳门之间委托送达司法文书提供了明确的法律依据。而台湾地区主要是通过各自的立法来作出单方面的规定,例如台湾地区施行的“两岸关系条例”,大陆最高人民法院发布的《关于人民法院认可台湾地区有关法院民事判决的规定》等。2009 年签署《海峡两岸共同打击犯罪及司法互助协议》,双方同意在民事、刑事领域相互提供包括送达文书、调查取证、认可及执行民事裁判与仲裁裁决(仲裁判断),为两岸地区的司法协助提供了基础。

1. 我国内地与香港特别行政区之间的送达

(1)委托送达的主体。委托送达司法文书的主体是我国内地的高级法院和香港特别行政区的高等法院,它们可以相互委托送达民商事司法文书。最高人民法院可以直接委托香港特别行政区高等法院送达司法文书。

(2)司法文书的范围。在我国内地包括起诉状副本、上诉状副本、授权委托书、传票、判决书、调解书、裁定书、决定书、通知书、证明书、送达回证,在香港特别行政区包括起诉状副本、上诉状副本、传票、状词、誓章、判案书、判决书、裁决书、通知书、法庭命令、送达证明。上述委托送达的司法文书以互换司法文书样本为准。

(3)委托送达的要求。委托方请求送达司法文书,须出具盖有其印章的委托书,并须在委托书中说明委托机关的名称、受送达人的姓名或者名称、详细地址及案件的性质。委托书应当以中文文本提出。所附司法文书没有中文文本的,应当提供中文译本。以上文件一式两份。受送达人为两人以上的,每人一式两份。受委托方如果认为委托书与规定不符,应当通知委托方,并说明对委托书的异议。必要时可以要求委托方补充材料。

(4)受托送达的时限。不论司法文书中确定的出庭日期或者期限是否已过,受委托方均应送达。委托方应当尽量在合理期限内提出委托请求。受委托方接到委托书后,应当及时完成送达,最迟不得超过自收到委托书之日起2个月。送达司法文书后,我国内地人民法院应当出具送达回证,香港特别行政区法院应当出具送达证明书。出具送达回证和证明书,应当加盖法院印章。受委托方无法送达的,应当在送达回证或者证明书上注明妨碍送达的原因、拒收事由和日期,并及时退回委托书及所附全部文书。

同时,除了委托方要求采用特定的方式送达外,委托送达司法文书费用互免,受托方对委托送达的司法文书的内容和后果不负法律责任。

2. 我国内地与澳门特别行政区之间的送达

我国内地与澳门地区之间委托送达与香港地区的安排基本相同。

(1)委托送达的法院。在我国内地包括劳动争议在内的民商事案件与澳门特别行政区包括民事劳工在内的民商事案件,通过我国各内地人民法院和澳门特别行政区终审法院进行司法文书的协助送达,最高人民法院与澳门特别行政区终审法院可以直接相互委托送达。

(2)送达文书的范围。在我国内地包括起诉状副本、上诉状副本、反诉状副本、答辩状副本、授权委托书、传票、判决书、调解书、裁定书、支付令、决定书、通知书、证明书、送达回证以及其他司法文书和所附相关文件,在澳门特别行政区包括起诉状副本、答辩状副本、反诉状副本、上诉状副本、陈述书、申辩书、声明异议书、反驳书、申请书、撤诉书、认诺书、和解书、财产目录、财产分割表、和解建议书、债权人协议书、传唤书、通知书、法官批示、命令状、法庭许可令状、判决书、合议庭裁判书、送达证明书以及其他司法文书和所附相关文件。

(3)委托送达的要求。委托方法院请求送达司法文书,须出具盖有其印章的委托书,并在委托书中说明委托机关的名称、受送达人的姓名或者名称、详细地址及案件性质。如果执行方法院请求按特殊方式送达或者有特别注意的事项的,应当在委托书中注明。委托书及所附司法文书和其他相关文件一式两份,受送达人为两人以上的,每人一式两份。委托书应当以中文文本提出。所附司法文书及其他相关文件没有中文文本的,应当提供中文译本。

(4)受托送达的时限。不论委托方法院司法文书中确定的出庭日期或者期限是否已过,受委托方法院均应送达。如果受委托方法院认为委托书不符合该安排规定,影响其完成受托事项时,应当及时通知委托方法院,并说明对委托书的异议,必要时可以要求委托方法院补充材料。受委托方法院应优先处理受托事项,送达文书最迟不得超过自收到委托书之日起 2 个月。完成司法文书送达事项后,内地人民法院应当出具送达回证,澳门特别行政区法院应当出具送达证明书,出具的送达回证和送达证明书,应当注明送达的方法、地点和日期,以及司法文书接收人的身份,并加盖法院印章。受委托方法院无法送达的,应当在送达回证或者送达证明书上注明妨碍送达的原因、拒收事由和日期,并及时退回委托书及所附全部文件。

3. 我国内地与台湾地区之间的送达

(1)送达文书的范围。人民法院审理涉台民事案件向住所地在台湾地区的当事人送达民事诉讼文书,以及人民法院接受台湾地区有关法院的委托,代为向住所地在内地的当事人送达民事诉讼文书。具体而言,人民法院送达或代为送达的民事诉讼文书包括:起诉状副本、上诉状副本、反诉状副本、答辩状副本、授权委托书、传票、判决书、调解书、裁定书、支付令、决定书、通知书、证明书、送达回证以及与民事诉讼有关的其他文书。

(2)送达的方式。人民法院向住所地在台湾地区的当事人送达民事和行政诉讼司法文书,可以采用下列方式:

直接送达。受送达人居住在大陆的,直接送达。受送达人是自然人,本人不在的,可以交其同住成年家属签收;受送达人是法人或者其他组织的,应当由法人的法定代表人、其他组织的主要负责人或者该法人、其他组织负责收件的人签收。受送达人不在大陆居住,但送达时在大陆的,可以直接送达。

诉讼代理人送达。受送达人在大陆有诉讼代理人的,向诉讼代理人送达。但受送达人在授权委托书中明确表明其诉讼代理人无权代为接收的除外。

代收人送达。受送达人有指定代收人的,向代收人送达。

代表机构送达。受送达人在大陆有代表机构、分支机构、业务代办人的,向其代表机构或者经受送达人明确授权接受送达的分支机构、业务代办人送达。

协议送达。通过协议确定的海峡两岸司法互助方式,请求台湾地区送达。

邮寄送达。受送达人在台湾地区的地址明确的,可以邮寄送达。

传真、电子邮件送达。有明确的传真号码、电子信箱地址的,可以通过传真、电子邮件方式向受送达人送达。

公告送达。采用上述方式均不能送达或者台湾地区当事人下落不明的,可以公告送达。

(3)内地向台湾地区送达文书。审理案件的人民法院需要台湾地区协助送达司法文书的,应当填写《协议送达文书请求书》附录部分,连同需要送达的司法文书及时送交高级人民法院。高级人民法院经审查认为可以请求台湾地区协助送达的,高级人民法院联络人应当填写《协议送达文书请求书》正文部分,连同附录部分和需要送达的司法文书,立即寄送台湾地区联络人。

我国台湾地区成功送达并将送达证明材料寄送高级人民法院联络人,或者未能成功送达并将相关材料送还,同时出具理由说明给高级人民法院联络人的,高级人民法院应当在收到之日起 7 个工作日内,完成审查并转送提出请求的人民法院。有关司法文书之日起满 4 个月,如果未能收到送达证明材料或者说明文件,且根据各种情况不足以认定已经送达的,视为不能按照协议确定的海峡两岸司法互助方式送达。

(4)我国台湾地区向内地送达。台湾地区请求人民法院协助送达台湾地区法院的司法文书并通过其联络人将请求书和相关司法文书寄送高级人民法院联络人的,高级人民法院应当在 7 个工作日内完成审查。经审查认为可以协助送达的,应当立即转送有关下级人民法院送达或者由本院送达。具体办理送达文书司法互助案件的人民法院应当在收到高级人民法院转送的材料之日起 5 个工作日内,以"协助台湾地区送达民事(刑事、行政诉讼)司法文书"案由立案,指定专人办理,并应当自立案之日起 15 日内完成协助送达,最迟不得超过 2 个月。在文书开始送达时,司法文书中指定的开庭日期或者其他期限已逾期的,人民法院亦应予以送达,同时我国内地高级人民法院联络人应当及时向台湾地区联络人说明情况。

具体办理送达文书司法互助案件的人民法院成功送达的,应当由送达人在送达回证上签名或者盖章,并在成功送达之日起 7 个工作日内将送达回证送交高级人民法院;未能成功送达的,应当由送达人在送达回证上注明未能成功送达的原因并签名或者盖章,在确认不能送达之日起 7 个工作日内,将该送达回证和未能成功送达的司法文书送交高级人民法院。高级人民法院应当在收到前款所述送达回证之日起 7 个工作日内完成审查,由高级人民法院联络人在前述送达回证上签名或者盖章,同时出具送达文书回复书,连同该送达回证和未能成功送达的司法文书,立即寄送台湾地区联络人。

三、域外调查取证

(一)域外调查取证的概念

国际民事诉讼中域外取证(taking of evidence abroad),是指一国司法机关请求外国有关主管机关代为收集、提取位于该国境内证据,或者为了国际民事诉讼程序的顺利进行,直接到法院国境外提取诉讼证据的行为。进行证据调查时一国行使司法主权的表现,若没有有关国家的同意则不能在该国境内调查取证,否则就侵犯了一国的主权。

由于各国国内立法对证据制度规定不同,对于域外取证的范围在国际范围内很难确定,这给域外取证的国际司法协助方面带来不便,因此,国际条约成为确定证据范围的重要依据。考察目前已订立的各种关于域外取证的国际条约,一般域外取证的范围包括如下内容:(1)询问诉讼当事人、证人、鉴定人与其他诉讼参与人;(2)提取与民事诉讼程序有关的书证、物证和视听资料;(3)对某一事实进行调查或者有关书证的真实性进行审查;(4)对与案件有关的现场、物品进行勘查和检验。而目前,关于域外取证的多边条约主要是 1970 年海牙《关于从国外获取民事或商事证据公约》。

(二)域外取证的方式

考察各国的国内民事诉讼立法和国际条约规定以及各国的司法实践,域外取证的方式可以分为直接和间接两类。直接取证是在取得外国国家的同意下,直接提取与民事案件有关的所需证据,一般由外交人员、领事、特派员或当事人或诉讼代理人提取证据;间接取证是内国请求外国的有关机关代为取证,一般采用请求书的方式。

1. 直接取证

(1)外交和领事人员取证。外交和领事人员取证是指一国法院通过该国驻他国的外交或领事人员在驻在国直接调查取证。该种取证方式为世界各国社会所普遍承认和采用,1963 年的《维也纳领事关系公约》也确定和采用了该种取证方式。

外交和领事人员取证有两种情形:其一,直接对在驻在国的其本国公民取证;其二,对驻在国公民或者第三国公民取证。第一种情形,绝大多数国家予以认可,只存在少数国家,如丹麦、挪威等国要求须先取得本国同意。对于第二种情形,只有少数国家允许向第三国公民取证,而对于允许外国的外交和领事人员向内国公民取证的国家就更少了。

(2)特派员取证。特派员取证(taking of evidence by commissioners),是指法院在审理国际民事案件时委派专门的官员去有关国外提取证据的行为。1970 年《关于从国外调取民事或者商事证据的公约》第 17 条的规定:"在涉外民商事案件中,被合法地专门指定为特派员的人,如果得到作为缔约国的取证地国指定的主管机关的概括许可或对特定案件的个别许可,并遵守主管机关许可时确定的条件,可以在不加强制的情况下进行取证。"但参加该公约的国家对于该条享有保留权,如丹麦、葡萄牙、新加坡等国家就禁止外国特派员在其境内取证。我国在加入该公约时,对于该条亦采取了保留态度。

(3)当事人或者诉讼代理人自行取证。当事人或者诉讼代理人自行取证的方式主要存在于英美普通法系国家,特别是美国,依据美国民事诉讼法,取证主要是由有关的律师代表他们各自诉讼当事人来进行的,其允许也要求当事人在提出正式的诉讼后,在审理开始前应该进行取证。1970 年的《取证公约》对该条也赋予了个参加国保留权,实际上,除美国外的所有缔约国在签署、批准或加入该公约时,都依据该公约第 23 条对该种方式声明保留。

2. 间接域外取证

间接域外取证,即通过请求书的方式,由于在其他国家境内直接取证往往受到各种限制,十分不便。因此,各国通常以请求书的方式委托取证地国家的主管机关,代为提取证据,《取证公约》主要规定了该种方式。

(1)请求的方式。请求应以请求书的形式向外国的中央机关提出,并由中央机关转交该国主管机关执行。请求书应以被请求国官方语文或有关条约中所规定的语文并用一定的格式写成,或附有该文字的译文。

(2)取证行为的实施和证据的移交。被请求国法院一般应依本国法律的规定,按照国内民商事案件的取证方式和程序提取证据。被请求国法院也可按请求书所要求的特殊方式和程序取证,但以该方式和程序不违背被请求国法律为限。

被请求国法院实施取证行为后,无论结果如何,都应通过某种途径将执行情况通知请求机关,并将已提取的有关证据材料移交给请求机关。如果有关请求的一部分或全部未得到执行,被请求国法院应通过同一途径及时地将这一情况及理由通知请求机关。

(3)请求的拒绝。一般认为,请求书的执行不属于被请求国司法机关的职权范围,或被请求国认为其主权、安全将会受到损害的,被请求国机构可拒绝执行该项请求,并将拒绝的理由及取证请求书通过一定途径退回请求国。

(三) 我国的域外取证制度

中国的域外调查取证制度,主要规定在中国所缔结或参加的涉及域外调查取证的国际条约及中国的国内立法和有关的司法解释中。

(1)国内法中的规定。我国《民事诉讼法》第277条规定:“请求和提供司法协助,应当依照中华人民共和国缔结或者参加的国际条约所规定的途径进行;没有条约关系的,通过外交途径进行。外国驻中华人民共和国的使领馆可以向该国公民送达文书和调查取证,但不得违反中华人民共和国的法律,并不得采取强制措施。除前款规定的情况外,未经中华人民共和国主管机关准许,任何外国机关或者个人不得在中华人民共和国领域内送达文书、调查取证。”对外国在我国境内取证进行了规定。

（2）1997 年7 月3 日第八届全国人大常委会第二十六次会议决定我国加入1970 年海牙《域外取证公约》。根据该公约第 2 条，指定外国的司法部为我国的中央机关，负责协助取证请求书的转递。同时，该决定声明保留“特派员取证”与“当事人或诉讼代理人自行取证”的方式，只承诺履行外交和领事官员在驻在国境内对其派遣国公民取证，而不承认其他方式。

（3）我国与其他国家的双边条约中，一般对相互协助取证进行了规定，则缔约国应在该条约的规定下进行取证。

（四）港澳台地区的区际取证

对于内地与港澳地区的协助取证问题，现行立法没有具体规定，主要参照《民事诉讼法》与有关司法解释来进行。同时，香港和澳门地区都参加了 1970 年的《取证公约》，因此，对于相互间的协助取证可以依照条约进行。此外，2001 年《关于内地与澳门特别行政区法院就民商事案件相互委托送达司法文书和调取证据的安排》、2010 年《关于人民法院办理海峡两岸送达文书和调查取证司法互助案件的规定》和 2009 年《海峡两岸共同打击犯罪及司法互助协议》，为中国内地与澳门、台湾地区之间调查取证提供了明确的法律依据。而内地与香港之间协助取证只能依照有关国内立法、地区立法、司法解释以及条约进行。

1. 内地与澳门地区间的取证

（1）委托取证的主体。双方相互委托调取证据，均须通过各高级人民法院和澳门特别行政区终审法院进行；最高人民法院与澳门特别行政区终审法院可以直接相互委托调取证据。

（2）委托取证的范围。委托方法院请求调取的证据只能是与诉讼有关的证据。代为调取证据的范围包括：代为询问当事人、证人和鉴定人，代为进行鉴定和司法勘验，调取其他与诉讼有关的证据。

（3）委托取证的要求。双方相互委托代为调取证据的委托书应当写明：①委托法院的名称；②当事人及其诉讼代理人的姓名、地址，以及其他一切有助于辨别其身份的情况；③委托调取证据的原因，以及委托调取证据的具体事项；

④被调查人的姓名、地址及其他一切有助于辨别其身份的情况，以及需要向其提出的问题；⑤调取证据需采用的特殊方式；⑥有助于执行该委托的其他一切情况。委托书应当以中文文本提出，所附司法文书及其他相关文件没有中文文本的，应当提供中文译本。委托方法院应当在合理的期限内提出委托请求，以保证受委托方法院收到委托书后，及时完成受托事项。委托方法院无须支付受委托方法院在调取证据时发生的费用或税项。但受委托方法院根据其本辖区法律规定，有权在调取证据时，要求委托方法院预付鉴定人、证人、翻译人员的费用，以及因采用委托方法院在委托书中请求以特殊方式调取证据所产生的费用。

(4)受托方的要求。受委托法院应优先处理受托事项。调取证据最迟不得超过自收到委托书之日起3个月。如委托方法院提出要求，受委托方法院应当将取证的时间、地点通知委托方法院，以便有关当事人及其诉讼代理人能够出席。受委托方法院在执行委托调取证据时，根据委托方法院的请求，可以允许委托方法院派司法人员出席。必要时，经受委托方允许，委托方法院的司法人员可以向证人、鉴定人等发问。受委托方法院完成委托调取证据的事项后，应当向委托方法院书面说明。受委托方法院可以根据委托方法院的请求，并经证人、鉴定人同意，协助安排其辖区的证人、鉴定人到对方辖区出庭作证，证人、鉴定人在委托方地域内逗留期间享有司法、行政豁免。上述所指出庭作证人员，在澳门特别行政区还包括当事人。受委托方法院取证时，被调查的当事人、证人、鉴定人等的代理人可以出席。受委托方法院可以根据委托方法院的请求代为查询并提供本辖区的有关法律。

如果未能按委托方法院的请求全部或部分完成调取证据事项，受委托方法院应当向委托方法院书面说明妨碍调取证据的原因，并及时退回委托书及所附全部文件。如果当事人、证人根据受委托方的法律规定，拒绝作证或推辞提供证言时，受委托方法院应当以书面通知委托方法院，并退回委托书及所附全部文件。

(5)受托取证的拒绝。受委托方法院收到委托书后,不得以其本辖区法律规定对委托方法院审理的该民商事案件享有专属管辖权或不承认对该请求事项提起诉讼的权利为由,不予执行受托事项。受委托方法院在执行受托事项时,如果该事项不属于法院职权范围,或者我国内地人民法院认为在内地执行该受托事项将违反其基本法律原则或社会公共利益,或者澳门特别行政区法院认为在澳门特别行政区执行该受托事项将违反其基本法律原则或公共秩序的,可以不予执行,但应当及时向委托方法院书面说明不予执行的原因。

2. 我国内地与台湾地区间的取证

(1)委托取证的范围。我国内地人民法院办理海峡两岸调查取证司法互助业务,限于与台湾地区法院相互协助调取与诉讼有关的证据,包括取得证言及陈述;提供书证、物证及视听资料;确定关系人所在地或者确认其身份、前科等情况;进行勘验、检查、扣押、鉴定和查询等。

(2)我国内地机关委托台湾地区机关协助取证。我国内地审理案件的人民法院需要台湾地区协助调查取证的,应当填写《〈海峡两岸共同打击犯罪及司法互助协议〉调查取证请求书》的附录部分,连同相关材料及时送交内地相关高级人民法院。高级人民法院应当在收到前款所述材料之日起 7 个工作日内完成初步审查,并将审查意见和请求书附录部分及相关材料,立即转送内地最高人民法院。最高人民法院收到材料后应当在 7 个工作日内完成最终审查。经审查认为可以请求台湾地区协助调查取证的,内地最高人民法院联络人应当填写请求书正文部分,连同附录部分和相关材料,立即寄送台湾地区联络人。

我国台湾地区成功调查取证并将取得的证据材料寄送内地最高人民法院联络人,或者未能成功调查取证并将相关材料送还,同时出具理由说明给内地最高人民法院联络人的,内地最高人民法院应当在收到之日起 7 个工作日内完成审查并转送高级人民法院,高级人民法院应当在收到之日起 7 个工作日内转送提出请求的人民法院。

(3)台湾地区机关委托内地机关协助取证。我国台湾地区请求内地人民法院协助台湾地区法院调查取证并通过其联络人将请求书和相关材料寄送内地最高人民法院联络人的，内地最高人民法院应当在收到之日起7个工作日内完成审查。经审查认为可以协助调查取证的，应当立即转送内地有关高级人民法院或者由本院办理，内地高级人民法院应当在收到之日起7个工作日内转送内地有关下级人民法院办理或者由本院办理。具体办理调查取证司法互助案件的内地人民法院应当在收到高级人民法院转送的材料之日起7个工作日内立案，指定专人办理，并应当自立案之日起1个月内完成协助调查取证，最迟不得超过3个月。

四、外国法院判决的承认与执行

（一）外国法院判决的概念

国际民事诉讼法中外国法院的判决是指非内国法院根据查明的案件事实和有关法律规定，对当事人之间的民事权利与义务的争议或者申请人的申请事项，做出的具有强制约束力的裁判。对于外国法院的判决，我们需要注意以下几点：

（1）对"法院"应做广义理解。这里不仅仅只是包括常规的法院，还包括被赋予司法权的其他机构。

（2）对"外国"应做广义理解。这里实质是指外法域，以及位于本法域以内，但不属于该法域司法机关所作出的判决。如某些国际组织的法院判决、欧洲共同体法院等。

（3）对"判决"应做广义理解。不仅限于"判决书"。1971年的《海牙民商事案件外国判决的承认与执行公约》对"判决"进行了定义，其包含缔约国法院作出的所有决定，不论在程序中或决定中称为判决、裁定还是执行命令。因此，"判决"的范围较为广泛，在我国其可以包含判决、裁定、调解书等。

（二）承认与执行外国法院判决的意义

国际民事诉讼中判决的承认与执行，是指一国法院依据本国法律或者有关国际条约对外国法院的民事判决的认可，承认其具有域外效力，并协助其予以执行。一国的法院判决都是一国司法机关依据本国法律对特定的法律争议而做出的，其是一国行使主权的体现，原则上该判决只在本国具有效力，没有域外效力。

但基于各种考虑，各国都在一定的条件下相互承认外国法院判决的域外效力，使得外国法院判决与内国法院判决具有同等法律效力，并在必要时协助其强制执行。因此，若没有一国明确承认，任何外国法院判决在该国内没有任何法律效力，外国的任何机关与个人无权在该国境内强制执行任何所属国法院所作出的判决。否则，是对该国主权的侵犯。同时，承认与执行外国法院的判决，是一国行使司法主权的体现，其主体只能是其本国的司法机关，因此，多数国家的民事诉讼法规定，外国法院判决的承认与执行是由执行地国家的法院来协助进行的。

承认与执行外国法院判决是两个既有联系又有区别的司法行为。承认判决是执行判决的前提条件；执行判决是承认判决的结果。但是在某些情况下，执行判决并非承认判决的必然结果。一方面，有些外国法院判决虽已得到一国法院的承认，但由于某些原因而无法得到其法院的协助执行；另一方面，除了给付之诉判决以外其他的国际民事诉讼判决之需要承认即可，无须执行。

承认与执行外国法院判决，是整个国际民事诉讼程序的归宿，是有关司法程序的实质所在，是内国法院判决在外国的继续，具有重要意义。如果某一法院判决在有关国际民事诉讼中得不到承认与执行，其诉讼程序也就失去了实际意义，不仅有关当事人的合法权益得不到保护，也造成了诉讼当事人时间、精力与金钱方面的损失。

（三）承认与执行外国法院判决的依据

1. 承认与执行外国法院判决的理论依据

现今世界各国在一定的条件下愿意承认外国法院判决的域外效力，并在某些情形中协助其执行。作为一国司法主权体现的法院判决为什么能得到其他国家的承认与执行,又是基于什么原因促使世界各国相互承认外国法院判决的域外效力,在不同国家以及不同时期存在各种各样的理论学说,主要有以下几种:

(1)国际礼让说。该学说是以胡伯为代表的荷兰法学派创立的,得到了英美国家学者的认可。该学说认为,内国法院承认与执行外国法院判决,并不是因为该外国法院判决有什么域外效力,而是基于对该外国的"礼让"而做出的行为。

(2)既得权说。该学说认为,诉讼当事人一方依据有关外国法院的判决对诉讼另一方取得的权利属于既得权,因此,既然内国法院尊重既得权,那么就应该承认与执行创设与确定该既得权的外国法院判决。既得权说的实质是内国法院基于对外国法院判决胜诉方既得权的承认,而在内国承认与执行该外国法院判决。这一学说是由英国学者戴塞提出,得到美国学者比尔的响应与宣传,为英美国家法院所采用。

(3)债务说。认为外国法院的判决为败诉方确定了一项债务,任何国家都有义务使其履行这项债务,因而,内国法院也应该承认与执行这一外国法院判决。该学说自产生以来,一直为英国法院所采用。

(4)一事不再理说。对于已经发生法律效力的案件,除法律另有规定以外,有关当事人不能再行起诉,法院也不再重新审理。目前很少国家采用这一学说,倒有不少国家运用该原则拒绝承认与执行外国法院的判决。

(5)特别法说。依据该学说,外国法院判决就相当于该外国的特别法,因此,一国应像承认外国的成文法规范一样,基于相同的理由与方式,来承认与执行外国法院的判决。

(6)互惠说。该学说认为,各国基于本国利益的考虑,希望内国法院判决在外国得到承认与执行,来保护当事人的合法权益,因此,反过来,一国对于外国的判决也应该予以承认与执行。

2. 承认与执行外国法院判决的法律依据

纵观各国，承认与执行外国法院的判决多依据本国国内立法、国际条约和互惠原则。如我国《民事诉讼法》第 281 条规定："外国法院作出的发生法律效力的判决、裁定，需要中华人民共和国人民法院承认和执行的，可以由当事人直接向中华人民共和国有管辖权的中级人民法院申请承认和执行，也可以由外国法院依照该国与中华人民共和国缔结或者参加的国际条约的规定，或者按照互惠原则，请求人民法院承认和执行。"第 282 条规定："人民法院对申请或者请求承认和执行的外国法院作出的发生法律效力的判决、裁定，依照中华人民共和国缔结或者参加的国际条约，或者按照互惠原则进行审查后，认为不违反中华人民共和国法律的基本原则或者国家主权、安全、社会公共利益的，裁定承认其效力，需要执行的，发出执行令，依照本法的有关规定执行。违反中华人民共和国法律的基本原则或者国家主权、安全、社会公共利益。"

在国际立法方面，为了维护本国当事人的利益，在承认与执行外国法院判决方面的国际司法合作中积极响应，特别是在多边和地区性条约方面，在目前国际社会所存在的几百个司法协助条约中，绝大多数都包含了对于承认与执行外国法院判决的规定。

（四）承认与执行外国法院判决的条件

介于各国在政治、经济发面的差异，尤其是在司法组织方面的差异，法律意识上的不一致，所有国家在本国的国内立法中或者是在缔结或参加的国际条约中，除了规定承认与执行外国法院判决以外，都毫无例外的对承认与执行外国法院判决作出了条件限制，纵观各国立法以及国际条约的规定，承认与执行外国法院的判决大致有以下几个方面：

1. 外国法院判决必须是民事判决

首先，请求承认与执行的外国法院判决必须是民事判决，当然也包括商事判决。但是并非一切民商事判决都可以请求承认与执行，在一些公约或者条约中存在着特殊规定。如 1971 年海牙《民商事案件外国判决的承认和执行公约》

明确列出不适用本公约的民商事判决:(1)人的身份与能力、家庭法上的事项;(2)法人的存在或成立、法人机构的职权;(3)不包括在上述(1)中所指家庭法中的扶养义务;(4)继承问题;(5)破产、清偿协议或类似诉讼程序;(6)社会保障问题;(7)核能所造成的损害。

2. 外国的判决法院必须有合格的管辖权

判决必须由具有合格的管辖权的法院作出,才能得到承认与执行。但对于应根据哪一国的法律来确定该判决法院是否有管辖权,各国立法存在差异,而且有关国际条约的规定也不一致。一般来说,被请求国在收到请求后,都会按照本国的法律对请求判决进行审查,只有当请求事项符合本国法律的有关规定时,才会予以承认与执行。因此,对于判决法院是否有管辖权,应按照被请求国家的法律进行审查,才能保证被请求国自身利益。而我国《民事诉讼法》在该问题上没有规定,而是在一些双边条约中有所涉及。

3. 外国法院的判决必须已经生效或具有执行力

未生效的判决,比如未过上诉期的一审判决,不具有执行力,我国《民事诉讼法》第281条规定的是"外国法院作出的发生法律效力的判决、裁定"可以请求我国法院承认与执行,在绝大多数国际条约中,也将其列入承认与执行的条件。

4. 外国法院进行的程序是公正的

这主要是基于对于败诉方诉讼权利的考虑,者主要包括两个方面:(1)败诉方是否得到合法传唤,从而出庭陈述了自己的诉讼主张和行使了自己的辩护权;(2)在败诉方没有诉讼行为能力时是否得到了适当的代理。这两者对于保护当事人的辩护权十分重要,因而可以作为拒绝承认与执行的理由。

5. 外国法院的判决必须合法取得

许多国家的国内法和1971年海牙《民商事案件外国判决的承认和执行公约》第5条以及1973年海牙《关于扶养义务判决的承认和执行公约》第5条等都规定,如果外国法院判决是利用欺骗手段取得的,则可拒绝承认或执行。

6. 外国法院判决不与其他有关的法院判决相抵触

在该条件下，请求的判决不得与被请求国法院就同一当事人之间的同一争议所做的判决相冲突，或者不得与被请求国业已承认与执行的第三国就同一当事人的同一争议所作出的判决相冲突。这是各国立法和司法实践所普遍采用的条件，此外，在提出请求时，相同的当事人就同一争议在被请求国提起诉讼，或被请求国正在审理，被请求国也可以拒绝承认与执行该判决。

7. 承认与执行外国法院判决决不违背国内公共秩序

外国法院判决的承认与执行不能与内国的公共秩序相抵触，这是国际社会普遍公认的一个承认与执行外国法院判决的条件，各国立法与国际条约都毫不例外地对此作出了明确规定。前文对公共秩序也有所介绍，我国《民事诉讼法》第282条就作出了规定，外国法院判决的承认与执行必须符合内国的公共秩序。

8. 请求国与被请求国之间存在条约或者互惠关系

外国法院判决的承认与执行涉及的是国与国之间的关系，应以主权平等为原则，对等互惠是该原则的体现，因此，双方存在条约或者互惠关系，一般也是承认与执行的必要条件。

（五）承认与执行外国法院判决的程序

1. 请求的提出

（1）请求的主体。关于具体应由谁来提出请求，各国法律规定并不统一。一些国家规定应由利害关系人来提出，而又有国家规定外国法院和利害关系人都可以提出请求，也有个别国家法律要求由外国法院提出请求。如我国《民事诉讼法》第281条规定外国当事人和法院都可以向我国提出承认与执行请求。

（2）请求的要求。依中国法律和对外缔结的双边司法协助条约的规定，申请承认与执行外国法院判决，除请求书外，通常还应提供：①经法院证明无误的判决副本，如果副本中没有明确指出判决已生效和可以执行，还应附有法院为此出具的证明书；②证明未出庭的当事人已经合法传唤或在其没有诉讼行为能力时已得到适当代理的证明书;③请求书和上述第①、②项所指文件经证明无误的被请求方文字或双方认可的第三国文字(通常为英文和法文)的译本。

2. 对外国法院判决的审查

在收到请求国的请求后,需要对判决进行审查。审查分为实质审查和形式审查两种。目前,各国的普遍实践是对外国的判决进行形式审查,不做实质审查,即只根据上文所述的条件进行形式审查,不管判决的事实认定与法律适用等方面是否恰当。只要符合上述条件即予以承认,对于需要执行的部分,按照被请求国的规定进行执行。

3. 承认与执行外国法院判决的效力

外国法院判决在内国得到承认与执行,则该判决即取得了与内国法院判决同等效力,该外国法院判决所确定的当事人之间的权利与义务关系得到内国的承认,在被执行人拒绝履行判决义务时,另一方当事人有权要求内国法院强制执行。

4. 承认与执行外国判决的具体程序

承认与执行外国判决的具体程序可以分为以下两种:

(1)执行令程序。执行令程序多数为大陆法系的国家所采用。有关国家法院在收到当事人或者利害关系人的请求后,先对该外国判决进行审查,符合本国法律规定的有关条件即作出一个裁定,并发给执行令,赋予该外国判决与本国判决同等的效力,按照本国法律规定的程序予以执行。

(2)登记程序和重新审理程序。该种方式主要以英、美为代表的普通法系国家所采用。对于不同的判决采取不同的程序予以承认与执行。

登记程序主要为英国法院所采用。英国法院根据判决做出国不同采取不同的程序。根据英国1868年《判决延伸法》、1920年《司法管理法》、1933年《外国判决相互执行法》、1982年《民事管辖权和判决法》、1968年《布鲁塞尔公约》、欧盟理事会2001年第44号规则以及英国与法国、比利时等国签订的司法协助条约的规定,有管辖权的英国法院对于英联邦国家和欧共体各国法院所作出的判决采用登记程序，即在英国法院收到上述外国判决申请后，在审查符合本国规定的条件后，只需登记即予以承认与执行。而其他外国判决则采取其他普通法系国家普遍采用的重新审理程序。内国法院将外国法院判决作为重新起诉的根据，经内国法院审理后，若不存在与本国法律相抵触之处，则作出与外国法院相同的判决，按照内国执行程序予以执行。从性质来说，其执行的是内国判决而非外国判决。

（六）我国关于判决相互承认与执行的规定

关于承认与执行外国法院判决，我国《民事诉讼法》第280、281、282条作出了规定：

1. 我国请求外国承认与执行我国法院判决的规定

第280条规定："人民法院作出的发生法律效力的判决、裁定，如果被执行人或者其财产不在中华人民共和国领域内，当事人请求执行的，可以由当事人直接向有管辖权的外国法院申请承认和执行，也可以由人民法院依照中华人民共和国缔结或者参加的国际条约的规定，或者按照互惠原则，请求外国法院承认和执行。中华人民共和国涉外仲裁机构作出的发生法律效力的仲裁裁决，当事人请求执行的，如果被执行人或者其财产不在中华人民共和国领域内，应当由当事人直接向有管辖权的外国法院申请承认和执行。"

2. 我国承认与执行外国法院判决的规定

第281条规定："外国法院作出的发生法律效力的判决、裁定，需要中华人民共和国人民法院承认和执行的，可以由当事人直接向中华人民共和国有管辖权的中级人民法院申请承认和执行，也可以由外国法院依照该国与中华人民共和国缔结或者参加的国际条约的规定，或者按照互惠原则，请求人民法院承认和执行。"

3. 公共利益保留原则的规定

第282条规定："人民法院对申请或者请求承认和执行的外国法院作出的发生法律效力的判决、裁定，依照中华人民共和国缔结或者参加的国际条约，或者按照互惠原则进行审查后，认为不违反中华人民共和国法律的基本原则或者国家主权、安全、社会公共利益的，裁定承认其效力，需要执行的，发出执行令，依照本法的有关规定执行。违反中华人民共和国法律的基本原则或者国家主权、安全、社会公共利益的，不予承认和执行。”

除上述法律条文从总体上对我国承认与执行外国法院判决制度外，还有一些司法解释以及特别规定，对某些具体领域发挥作用，如最高人民法院 1991 年《关于中国公民申请承认外国法院离婚判决程序问题的规定》、高人民法院 1999 年《关于人民法院受理申请承认外国法院离婚判决案件有关问题的规定》等。

（七）我国内地与港澳台地区法院判决的相互承认与执行

1. 我国内地与香港地区法院判决的相互承认和执行

我国内地最高人民法院与香港特别行政区政府在 2006 年 7 月 14 日签署了《关于内地与香港特别行政区法院相互认可和执行当事人协议管辖的民商事案件判决的安排》（以下简称《安排》），《安排》且于 2008 年 8 月 1 日生效。该安排是内地与香港地区法院判决相互承认与执行的主要依据。

（1）适用范围。我国内地人民法院和香港特别行政区法院在具有书面管辖协议的民商事案件中作出的须支付款项的具有执行力的终审判决，当事人可以根据《安排》向内地人民法院或者香港特别行政区法院申请认可和执行。

《安排》所称“具有执行力的终审判决”：①在内地是指：最高人民法院的判决；高级人民法院、中级人民法院以及经授权管辖第一审涉外、涉港澳台民商事案件的基层人民法院依法不准上诉或者已经超过法定期限没有上诉的第一审判决，第二审判决和依照审判监督程序由上一级人民法院提审后作出的生效判决。②在香港特别行政区是指终审法院、高等法院上诉法庭以及原讼法庭和区域法院作出的生效判决。

《安排》所称“书面管辖协议”，是指当事人为解决与特定法律关系有关的已经发生或者可能发生的争议，自《安排》生效之日起，以书面形式明确约定内地人民法院或者香港特别行政区法院具有唯一管辖权的协议。上述“特定法律关系”，是指当事人之间的民商事合同，不包括雇佣合同以及自然人因个人消费、家庭事宜或者其他非商业目的而作为协议一方的合同。除非合同另有规定，合同中的管辖协议条款独立存在，合同的变更、解除、终止或者无效，不影响管辖协议条款的效力。

（2）受理申请的法院。申请认可和执行符合该《安排》规定的民商事判决，在内地向被申请人住所地、经常居住地或者财产所在地的中级人民法院提出，在香港特别行政区向香港特别行政区高等法院提出。被申请人住所地、经常居住地或者财产所在地在我国内地不同的中级人民法院辖区的，申请人应当选择向其中一个人民法院提出认可和执行的申请，不得分别向两个或者两个以上人民法院提出申请。被申请人的住所地、经常居住地或者财产所在地，既在内地又在香港特别行政区的，申请人可以同时分别向两地法院提出申请，两地法院分别执行判决的总额，不得超过判决确定的数额。已经部分或者全部执行判决的法院应当根据对方法院的要求提供已执行判决的情况。

（3）申请的要求。申请人向有关法院申请认可和执行判决的，应当提交以下文件：①请求认可和执行的申请书；②经作出终审判决的法院盖章的判决书副本；③作出终审判决的法院出具的证明书，证明该判决属于该“安排”所指的终审判决，在判决作出地可以执行；④身份证明材料，申请人为自然人的，应当提交身份证或者经公证的身份证复印件；申请人为法人或者其他组织的，应当提交经公证的法人或者其他组织注册登记证书的复印件；申请人是外国籍法人或者其他组织的，应当提交相应的公证和认证材料。

请求认可和执行申请书应当载明下列事项：①当事人为自然人的，其姓名、住所；当事人为法人或者其他组织的，法人或者其他组织的名称、住所以及法定代表人或者主要负责人的姓名、职务和住所；②申请执行的理由与请求的内容，被申请人的财产所在地以及财产状况；③判决是否在原审法院地申请执行以及已执行的情况。向内地人民法院提交的文件没有中文文本的，申请人应当提交证明无误的中文译本。执行地法院对于所规定的法院出具的证明书,无须另行要求公证。

(4)承认与执行的效力。根据该《安排》而获认可的判决与执行地法院的判决效力相同。当事人对认可和执行与否的裁定不服的,在内地可以向上一级人民法院申请复议,在香港特别行政区可以根据其法律规定提起上诉。在法院受理当事人申请认可和执行判决期间,当事人依相同事实再行提起诉讼的,法院不予受理。已获认可和执行的判决,当事人依相同事实再行提起诉讼的,法院不予受理。对于根据《安排》第9条不予认可和执行的判决,申请人不得再行提起认可和执行的申请,但是可以按照执行地的法律依相同案件事实向执行地法院提起诉讼。

(5)不予认可和执行的情形。对申请认可和执行的判决,原审判决中的债务人提供证据证明有下列情形之一的,受理申请的法院经审查核实,应当裁定不予认可和执行:①根据当事人协议选择的原审法院地的法律,管辖协议属于无效。但选择法院已经判定该管辖协议为有效的除外。②判决已获完全履行。③根据执行地的法律,执行地法院对该案享有专属管辖权。④根据原审法院地的法律,未曾出庭的败诉一方当事人未经合法传唤或者虽经合法传唤但未获依法律规定的答辩时间。但原审法院根据其法律或者有关规定公告送达的,不属于上述情形。⑤判决是以欺诈方法取得的。⑥执行地法院就相同诉讼请求作出判决,或者外国、境外地区法院就相同诉讼请求作出判决,或者有关仲裁机构作出仲裁裁决,已经为执行地法院所认可或者执行的。⑦内地人民法院认为在内地执行香港特别行政区法院判决违反内地社会公共利益,或者香港特别行政区法院认为在香港特别行政区执行内地人民法院判决违反香港特别行政区公共政策的,不予认可和执行。

(6)执行的措施与费用。法院受理认可和执行判决的申请之前或者之后,可以按照执行地法律关于财产保全或者禁止资产转移的规定,根据申请人的申请,对被申请人的财产采取保全或强制措施。当事人向有关法院申请执行判决,应当根据执行地有关诉讼收费的法律和规定交纳执行费或者法院费用。

2. 我国内地与澳门地区法院判决的相互承认和执行

2006 年 2 月 13 日,根据《澳门特别行政区基本法》第 93 条的规定,我国内地最高人民法院与澳门特别行政区经协商,达成了《内地与澳门特别行政区关于相互认可和执行民商事判决的安排》(以下简称《安排》)。该《安排》自 2006 年 4 月 1 日起生效。使得我国内地与澳门地区法院判决的相互承认与执行有据可依。

(1)适用范围。我国内地与澳门民商事案件(在内地包括劳动争议案件,在澳门特别行政区包括劳动民事案件)判决的相互认可和执行,适用《安排》。《安排》亦适用于刑事案件中有关民事损害赔偿的判决、裁定。《安排》不适用于行政案件。

(2)受理申请的法院。我国内地有权受理认可和执行判决申请的法院为被申请人住所地、经常居住地或者财产所在地的中级人民法院。两个或者两个以上中级人民法院均有管辖权的,申请人应当选择向其中一个中级人民法院提出申请。澳门特别行政区有权受理认可判决申请的法院为中级法院,有权执行的法院为初级法院。被申请人在内地和澳门特别行政区均有可供执行财产的,申请人可以向一地法院提出执行申请。申请人向一地法院提出执行申请的同时,可以向另一地法院申请查封、扣押或者冻结被执行人的财产。待一地法院执行完毕后,可以根据该地法院出具的执行情况证明,就不足部分向另一地法院申请采取处分财产的执行措施。两地法院执行财产的总额,不得超过依据判决和法律规定所确定的数额。

(3)申请的要求。请求认可和执行判决的申请书,应当载明下列事项:①申请人或者被申请人为自然人的,应当载明其姓名及住所;为法人或者其他组织的,应当载明其名称及住所,以及其法定代表人或者主要负责人的姓名、职务和住所;②请求认可和执行的判决的案号和判决日期;③请求认可和执行判决的理由、标的,以及该判决在判决作出地法院的执行情况。

申请书应当附生效判决书副本,或者经作出生效判决的法院盖章的证明书,同时应当附作出生效判决的法院或者有权限机构出具的证明下列事项的相关文件:①传唤属依法作出,但判决书已经证明的除外;②无诉讼行为能力人依法得到代理,但判决书已经证明的除外;③根据判决作出地的法律,判决已经送达当事人,并已生效;④申请人为法人的,应当提供法人营业执照副本或者法人登记证明书;⑤判决作出地法院发出的执行情况证明。申请书应当用中文制作。所附司法文书及其相关文件未用中文制作的,应当提供中文译本。其中法院判决书未用中文制作的,应当提供由法院出具的中文译本。

(4)承认与执行的效力。经裁定予以认可的判决,与被请求方法院的判决具有同等效力。当事人对认可与否的裁定不服的,在内地可以向上一级人民法院提请复议,在澳门特别行政区可以根据其法律规定提起上诉;对执行中作出的裁定不服的,可以根据被请求方法律的规定,向上级法院寻求救济。判决有给付内容的,当事人可以向该方有管辖权的法院申请执行。被请求方法院不能对判决所确认的所有请求予以认可和执行时,可以认可和执行其中的部分请求。在被请求方法院受理认可和执行判决的申请期间,或者判决已获认可和执行,当事人再行提起相同诉讼的,被请求方法院不予受理。

(5)不予认可和执行的情形。被请求方法院应当尽快审查请求,并作出裁定。被请求方法院经审查核实存在下列情形之一的,裁定不予认可:①根据被请求方的法律,判决所确认的事项属被请求方法院专属管辖;②在被请求方法院已存在相同诉讼,该诉讼先于待认可判决的诉讼提起,且被请求方法院具有管辖权;③被请求方法院已认可或者执行被请求方法院以外的法院或仲裁机构就相同诉讼作出的判决或仲裁裁决;④根据判决作出地的法律规定,败诉的当事人未得到合法传唤,或者无诉讼行为能力人未依法得到代理;⑤根据判决作出地的法律规定,申请认可和执行的判决尚未发生法律效力,或者因再审被裁定中止执行;⑥在我国内地认可和执行判决将违反内地法律的基本原则或者社会公共利益；在澳门特别行政区认可和执行判决将违反澳门特别行政区法律的基本原则或者公共秩序。

(6)执行的措施与费用。法院受理申请之前或者之后，可以按照被请求方法律关于财产保全的规定，根据申请人的申请，对被申请人的财产采取保全措施。申请人依据《安排》申请认可和执行判决，应当根据被请求方法律规定，交纳诉讼费用、执行费用。对民商事判决的认可和执行，除《安排》有规定的以外，适用被请求方的法律规定。

3. 我国内地与台湾地区法院判决的相互承认和执行

我国台湾地区关于大陆判决的认可与执行，主要规定于"两岸关系条例"，第74条规定，"在大陆地区作成的民事确定裁判、民事仲裁判断，不违背台湾地区公共秩序或善良风俗者，得申请法院认可。前项经法院裁定认可之裁判或判断，以给付为内容者，得为执行名义。前二项规定，以在台湾地区作成之民事确定裁判、民事仲裁判断，得声请大陆地区法院裁定认可或为执行名义，始适用之。"

大陆关于台湾地区判决的认可与执行，近几年来，我国内地最高人民法院对此已经作出了4份相关司法解释。1998年1月15日，最高人民法院发布了《关于人民法院认可台湾地区有关法院民事判决的规定》(法释[1998]11号，以下简称1998年《规定》)，这是最高人民法院对台湾地区有关法院的民事判决、民事裁定和台湾地区仲裁机构的仲裁裁决的认可所做的有关程序和条件的规定，对各级人民法院今后处理相关事项具有重要意义。

第一，1998年最高人民法院《关于人民法院认可台湾地区有关法院民事判决的规定》及其补充规定。

(1)适用范围。该规定中明确了申请判决的范围为台湾地区有关法院的民事判决，当事人的住所地、经常居住地或者被执行财产所在地在其他省、自治区、直辖市的，当事人可以根据本《规定》向人民法院申请认可。

(2)申请要求。申请人应提交申请书，并须附有不违反一个中国原则的台湾地区有关法院民事判决书正本或经证明无误的副本、证明文件。

(3)不予承认与执行的情形。我国台湾地区有关法院的民事判决具有下列情形之一的,裁定不予认可:①申请认可的民事判决的效力未确定的;②申请认可的民事判决,是在被告缺席又未经合法传唤或者在被告无诉讼行为能力又未得到适当代理的情况下作出的;③案件系人民法院专属管辖的;④案件的双方当事人订有仲裁协议的;⑤案件系人民法院已作出判决,或者外国、境外地区法院作出判决或境外仲裁机构作出仲裁裁决已为人民法院所承认的;⑥申请认可的民事判决具有违反国家法律的基本原则,或者损害社会公共利益情形的。案件虽经台湾地区有关法院判决,但当事人未申请认可,而是就同一案件事实向人民法院提起诉讼的,应予受理。对人民法院不予认可的民事判决,申请人不得再提出申请,但可以就同一案件事实向人民法院提起诉讼。人民法院作出民事判决前,一方当事人申请认可台湾地区有关法院就同一案件事实作出的判决的,应当中止诉讼,对申请进行审查。

第二,2009年《关于人民法院认可台湾地区有关法院民事判决的补充规定》(以下简称《补充规定》)

(1)适用范围。补充规定再次明确了申请范围包括对商事、知识产权、海事等民事纠纷案件作出的判决。申请认可台湾地区有关法院民事裁定、调解书、支付令,以及台湾地区仲裁机构裁决的,都适用《规定》和本《补充规定》。

(2)受理法院。申请人向两个以上有管辖权的中级人民法院申请认可的,由最先立案的中级人民法院管辖。申请人向被执行财产所在地中级人民法院申请认可的,应当提供被执行财产存在的相关证据。申请人申请认可台湾地区有关法院民事判决,应当提供相关证据,以证明该判决真实并且效力已确定。

(3)承认与执行的效力。申请人同时提出认可和执行台湾地区有关法院民事判决申请的,人民法院应按《规定》对认可申请进行审查。经人民法院裁定认可的台湾地区有关法院民事判决,与人民法院作出的生效判决具有同等效力。

申请人依裁定向人民法院申请执行的,人民法院应予受理。

(4)申请期限。申请认可台湾地区有关法院民事判决的,应当在该判决效力确定后2年内提出。当事人因不可抗拒的事由或者其他正当理由耽误期限而不能提出认可申请的,在障碍消除后的10日内,可以申请顺延期限。人民法院受理申请人申请后,应当在6个月内审结。

(5)保全措施。申请人可以提出财产保全申请。申请认可台湾地区有关法院民事判决的案件,应根据案件的不同类型,由相关民事审判庭的审判人员组成合议庭进行审理。人民法院经审查能够确认该判决真实并且效力已确定,且不具有《规定》第9条所列情形的,裁定认可其效力;不能确认的,裁定驳回申请人的申请。具有下列情形之一的,人民法院应当及时解除财产保全:①人民法院作出准予财产保全的裁定后,被申请人提供有效担保的;②人民法院作出认可裁定后,申请人在申请执行期限内不申请执行的;③人民法院裁定不予认可台湾地区有关法院民事判决的;④申请人撤回保全申请的。申请财产保全的其他程序,适用民事诉讼法及相关司法解释的规定。

第三,最高人民法院《关于当事人持台湾地区有关法院民事调解书或者有关机构出具或确认的调解协议书向人民法院申请认可人民法院应否受理的批复》。

该《批复》由最高人民法院于1999年4月通过。该《批复》指出:台湾地区有关法院出具的民事调解书,是在法院主持下双方当事人达成的协议,应视为与法院民事判决书具有同等效力。当事人向人民法院申请认可的,人民法院应比照我院《关于人民法院认可台湾地区有关法院民事判决的规定》予以受理。但对台湾地区有关机构(包括民间调解机构)出具或确认的调解协议书,当事人向人民法院申请认可的,人民法院不予受理。

第四,《最高人民法院关于当事人持台湾地区有关法院支付命令向人民法院申请认可人民法院应否受理的批复》

该《批复》由最高人民法院于2001年3月20日通过。按照该批复的规定,人民法院对当事人持台湾地区有关法院支付命令及其确定证明书申请其认可的,可比照1998年《规定》予以受理,并予以审查,裁定认可或不予认可。台湾地区有关法院的支付命令经人民法院裁定认可后,与经人民法院裁定认可的台湾地区有关法院的判决一样在内地产生法律效力。

第十五章
国际商事仲裁法

第一节　国际商事仲裁概述

一、国际商事仲裁的概念

国际商事仲裁(international commercial arbitration)是指涉外商事关系的双方当事人自愿将其争议交由某临时或常设仲裁机构审理,并做出对双方当事人都有约束力的裁决。国际商事仲裁是解决国际商事争议的一种方式,并在当下已成为国际社会解决国际商事纠纷所普遍采用的有效途径。

在理论和实践中,对于国际商事仲裁中“国际”和“商事”的确切含义,各国规定存在差异。一般情况下,对“国际”和“商事”都做广义解释。

1. 关于“国际”的认定

联合国国际贸易法委员会《国际商事仲裁示范法》第 1 条第 3 款就对其做

了非常广义的定义，主张一项仲裁只要具有以下情况就是“国际”商事仲裁：A. 仲裁协议双方当事人在签订该协议的时候，他们的营业地位于不同的国家；或者 B. 下列地点之一位于双方当事人营业地共同所在的国家之外：仲裁协议中或根据仲裁协议确定的仲裁地点或商事关系义务的主要部分将要履行的任何地点或与争议标的具有最密切联系的地点；或者 C. 双方当事人已明示约定仲裁协议的标的与一个以上的国家有联系。

我国《仲裁法》没有解释“涉外”或“国际”的含义，但一般认为，只要民事法律关系的主体、客体和权利义务据以发生的法律事实中，至少有一个有涉外性，就可将其认定为国际商事法律关系，可以成为国际商事仲裁的对象。

2. 关于“商事”的认定

对于“商事”的范围，《国际商事仲裁示范法》所做的广义解释是：它包括不论是契约性或非契约性的一切商事关系所引起的种种事情。商事性质的关系包括但不限于下列交易：供应或交换货物或服务的任何贸易交易；销售协议；商事代表或代理；代理；租赁；建造工厂；咨询；工程；许可证；投资；筹资；银行；保险；开发协议或特许；合营和其他形式的工业或商业合作；货物或旅客的航空、海上、铁路或公路的载运。

1958 年 6 月 10 日订于纽约的联合国《关于承认及执行外国仲裁裁决公约》（以下简称《纽约公约》）第 1 条第 3 款规定，任何缔约国可以声明：“本国只对根据本国法律属于商事的法律关系，不论是不是合同关系，所引起的争议适用本公约。”我国在加入该公约时做出了商事保留声明，即中国仅对依中国法律认定为属于契约性和非契约性商事法律关系所引起的争议适用该《公约》。所谓“契约性和非契约性商事法律关系”，具体是指由于合同、侵权或者根据有关法律规定而产生的经济上的权利义务关系，例如货物买卖、财产租赁、工程承包、加工承揽、技术转让、合资经营、合作经营、勘探开发自然资源、保险、信贷、劳务、代理、咨询服务和海上、民用航空、铁路、公路的客货运输以及产品责任、环境污染、海上事故和所有权争议等，但不包括外国投资者与东道国政府之间的争端。我国《仲裁法》第 2 条规定:“平等主体的公民、法人和其他组织之间发生的合同纠纷和其他财产权益纠纷,可以仲裁。”第 3 条规定:“下列纠纷不能仲裁:(一)婚姻、收养、监护、扶养、继承纠纷;(二)依法应当由行政机关处理的行政争议。”对“商事”也采取了较为广泛的解释。

二、国际商事仲裁的特点

国际商事仲裁的特点,主要是从其与司法诉讼、国内仲裁以及国际公法上的仲裁关系角度来探讨分析国际商事仲裁的特殊之处,并认为国际商事仲裁是国际民商事纠纷解决途径中既不同于国际民事诉讼又不同于国内仲裁程序和国际仲裁程序的一种方式。

1. 国际商事仲裁与国际民事诉讼

国际商事仲裁与国际民事诉讼都能妥善解决国际民事争议,但两者存在本质差别。国际商事仲裁具有任意性和民间性的特点,是一种“准司法”程序,其管辖权依赖于争议双方达成的仲裁协议,没有强制性,即使裁决得到法院的承认而具有强制性时,其也是以双方仲裁协议的适当合法为前提。国际民事诉讼具有强制性和国家诉讼法性质,虽然赋予双方当事人协议管辖权,但其依据的是立法的明文规定,且对其进行了一定程度的限制。其行为的司法性使法院判决获得强制性,在有关当事人拒绝履行时,其他当事人和利害关系人可以请求法院强制执行。

2. 国际商事仲裁与国内仲裁

国际商事仲裁具有国际性,往往涉及国际贸易、运输、海事等领域,且国际商事仲裁裁决往往需要外国法院承认和执行。而国内仲裁只适用于国内当事人间国内经济贸易方面的争议,内国仲裁裁决只需在内国境内承认与执行。

3. 国际商事仲裁与国际公法上的仲裁

国际民事仲裁需要解决的是自然人、法人、其他组织之间以及其与国家之间的国际民事争议，国际民事仲裁所作出的判决在一定的条件下可以得到有关法院的强制执行。而国际公法上的仲裁，则是指主权国家之间发生的争议，由仲裁庭或者仲裁机构根据国际公法来作出裁决。其是国际社会和平解决国际争端的重要途径，属于国际公法范畴，仲裁判决是否能够得到执行完全依赖于有关当事国的自觉，不存在强制执行。

因此，国际商事仲裁作为解决国际民事争议的重要途径，与其他方式相比，主要有以下五个方面的特点：

（1）高度的自治性。在国际商事仲裁中，双方当事人享有多方面的选择自由，其可以自由选择仲裁地点、仲裁机构、仲裁员、仲裁程序、仲裁适用的法律等，具有高度的自治性。

（2）一定的强制性。虽然国际商事仲裁具有民间性，但各国的立法与司法都明确承认了仲裁判决的法律效力，使得仲裁判决与法院判决具有同等的强制执行力。若一方当事人不自觉履行裁决，另一方当事人或者利害关系人可以按照有关的国际公约、协议或者执行地国家的法律规定申请相继执行。

（3）相当的灵活性。国际商事仲裁与国际民事诉讼不同，其不受法律规范的约束，也不需要拘泥于任何法律形式。仲裁庭人员其可以自由选择，仲裁的程序其也可以自主选定，仲裁依据的法律也可以由其决定，只要不违背法律本质要求，仲裁员怎么裁决都行。

（4）较强的专业性。仲裁员是各行各业的专家和具有丰富实践经验的人员组成的，所以仲裁裁决具有较强的专业性与权威性，同时，也提高了裁决的效率。

（5）广泛的国际性。几乎所有常设的仲裁机构都聘用了不同国家的专业人员做仲裁员，许多案件的仲裁员来自于不同国家。其次，国际仲裁裁决不可避免的需要得到外国地位承认与执行，而《纽约公约》加入国家的众多性，为裁决的承认与执行奠定了基础。

第二节　国际商事仲裁机构

一、国际商事仲裁机构的概念

国际商事仲裁机构是指由国际商事法律关系的双方当事人自主选择，用来解决其可能或已经发生的国际商事纠纷的民间性机构。其审理案件的管辖权来源于当事人的选择与授权。国际商事仲裁机构自身的民间性与管辖权的任意性使其不同于同样受理民商事案件的法院。同时，以国际民商事案件为其受理范围也使得其不同于专门受理国内民商事案件的国内仲裁机构与致力于和平解决国际争端的国际仲裁机构。

但商事仲裁机构不同于商事仲裁庭，其只是商事仲裁的管理机构，其不直接审理和裁决具体的民商事案件，其只有商事仲裁事务的管理权，为仲裁庭行使仲裁权提供服务，而没有商事仲裁审理和裁判权。仲裁庭则是由当事人选定或者有关机构依据当事人授权，或依照法律或者有关仲裁规则所指定的仲裁员组成的，对商事法律争议事项进行审理并作出裁决的组织，其具有准司法性。商事仲裁庭直接对仲裁事项作出裁决，其与商事仲裁机构是两个不同的概念。

二、国际商事仲裁机构的分类

一般而言，根据国际商事仲裁机构组织形式不同，可将其分为临时性仲裁机构和常设性仲裁机构。

1. 临时性仲裁机构

临时性仲裁机构（ad hoc arbitration），是指根据当事人之间达成的仲裁协议，在争议发生后，由双方当事人选择的仲裁员组成，对双方当事人的争议作出裁决，在审理作出裁决后立即解散的仲裁机构。临时仲裁在19世纪机构仲裁出现以前一直存在,目前仍有国家采取这种仲裁形式。其成立的目的在于专门解决某一特定的商事纠纷,其最大的特点在于其具有极大的灵活性。

临时仲裁没有固定的组织机构,仲裁规则、工作人员与办公地点,其各个环节均由双方当事人共同决定,此外其还能不受仲裁机构本身管理规则与仲裁规则的限制,可不缴纳管理服务费,不受机构统一的文书送达期限、作出裁决时限等限制。当然,充分的自由要求程序得以顺利进行的关键在于双方当事人的合作。

我国《仲裁法》第18条规定:"仲裁协议对仲裁事项或者仲裁委员会没有约定或者约定不明确的,当事人可以补充协议;达不成补充协议的,仲裁协议无效。"即仲裁协议没有约定仲裁机关或者约定不明,后又无法达成补充协议的,仲裁协议无效。由于临时仲裁是临时组成的仲裁庭仲裁,其不可能在仲裁协议中明确约定,这也意味着,中国不承认临时仲裁。但我国是《关于承认与执行外国仲裁裁决的公约》的成员国,根据该《公约》规定,对机构仲裁与临时仲裁所作出的仲裁裁决应予以承认与执行。因此,外国临时仲裁机构作出的裁决在我国也应得到承认与执行。从这个角度说,我国只是不承认在中国内地的临时仲裁机构所作出的裁决,其承认外国临时仲裁机构的裁决效力。

2. 常设性仲裁机构

常设性机构仲裁(permanent arbitration agency)又称机构仲裁,是指根据国际条约或一国国内立法设立的具有固定的名称、地点、组织形式、组织章程、仲裁地点、仲裁规则和仲裁员名单,并具有完整的办事机构和健全的行政管理制度的仲裁机构。

常设性仲裁机构的特点在于其稳定性。其有完整的仲裁规则可直接利用,有经验丰富的仲裁员可供选择,有专业的管理部门等,使得其能应付案情复杂、涉及面广、日趋复杂的经济、贸易以及科学技术合作等生活要求,成为当今国际社会解决国内与国际民商事争议的主要途径。

三、国际上主要的仲裁机构

1. 瑞士斯德哥尔摩商会仲裁院

瑞典斯德哥尔摩商会仲裁院(Arbitration Institute of the Stockholm Chamber of Commerce,SCC)成立于1917年,是瑞典最重要的常设仲裁机构,由于瑞典的仲裁历史悠久,体制完善,加上瑞典是中立国,因此斯德哥尔摩商会仲裁院成为受理国际经济争端的一个重要场所。

仲裁院目前适用2010年1月1日生效的新的《斯德哥尔摩商会仲裁院快速仲裁规则》和《斯德哥尔摩商会仲裁院仲裁规则》以及《调解规则》。此外,它还允许依当事人的约定,根据《联合国国际贸易法委员会仲裁规则》及其他仲裁规则审理案件。新仲裁规则在结构和内容方面做了较大变动,增加了与临时性措施相关的应急仲裁员规则。目前,瑞典斯德哥尔摩商会仲裁院可以受理世界上任何国家当事人所提交的商事争议。

2. 国际商会仲裁院

在国际商事仲裁领域,国际商会仲裁院(International Court of Arbitration of the International Chamber of Commerce,ICC)是最具影响的仲裁机构,1923年成立,属于国际商会的一部分。国际商会1919年成立于法国巴黎,设立国际商会仲裁院的目的在于通过处理国际性商事争议,促进国际间的经济贸易合作与发展。它是一个国家间的商会,现有国家会员60多个。其仲裁院的成立也是延续其促进和维护国际商事活动的目的。国际商会仲裁院是国际性民间组织,具有很大的独立性,该院最初受理的案件主要是货物买卖合同和许可证贸易的争议。

国际商会仲裁院的委员来自40多个国家,他们都具有法律背景和国际商事法律及争议解决的专业经验。国际商会的仲裁员来自世界各个国家,其仲裁的一个主要特点是可以世界的任何一个地方进行仲裁程序。国际商会仲裁院秘书局的工作人员也来自不同的国家,能够使用多种语言进行工作。

3. 英国伦敦国际仲裁院

英国伦敦国际仲裁院(London Court of International Arbitration, LCIA)成立于1892年,是英国伦敦国际商会管辖的一个常设仲裁机构,在国际社会享有很高声望。这是国际上最早成立的常设仲裁机构,现由伦敦市、伦敦商会和女王特许协会三家共同组成的联合管理委员会管理,仲裁院的日常工作由女王特许协会负责,仲裁协会的会长兼任仲裁院的主席。伦敦国际仲裁院的职能是解决国际商事争议提供服务,它可以受理当事人依据仲裁协议提交的任何性质的国际争议。该仲裁院在组成仲裁庭方面确定了一项重要的原则,即在涉及不同国籍的双方当事人的商事争议中,独任仲裁员和首席仲裁员必须由1名中立国籍的人士担任。

目前仲裁庭按照1998年生效的《伦敦国际仲裁院仲裁规则》主持有关的仲裁程序。1996年英国颁布了新的《仲裁法》,对仲裁作出了许多支持性的规定,在很大程度上限制或削弱了法院对仲裁的干预或监督权。

4. 美国仲裁协会

美国仲裁协会(American Arbitration Association, AAA)成立于1926年,是一个非营利性的为公众服务的机构。美国仲裁协会的目的在于在法律的许可的范围内,通过仲裁、调解、协商、民主选择等方式解决商事争议。美国仲裁协会的受案范围很广泛,从国际经贸纠纷、到劳动争议、消费者争议、证券纠纷、无所不包。与此相应,美国仲裁协会有许多类型的仲裁规则,分别适用于不同类型的纠纷。该机构具有独立、非政府和非营利的性质。其现行规则是2000年9月1日生效的美国仲裁协会国际仲裁规则。

5. 解决投资争端国际中心

解决投资争端国际中心(International Center for Settlement of Investment Disputes)是根据1966年《解决国家和他国国民间投资争议公约》而成立的。其总部设在美国华盛顿,其宗旨在于以调解和仲裁的方式,为解决国家同外国私人投资者之间投资争议提供便利。该中心具有不同于其他国际商事仲裁机构的特殊法律地位，即具有完全的国际法人格，具有缔结契约、取得和处理动产和不动产及起诉的能力。在各缔约国领土内执行职务时，该中心及其工作人员享有公约所规定的豁免权和特权。

四、我国主要的涉外仲裁机构

1. 中国国际经济贸易仲裁委员会

中国国际经济贸易仲裁委员会（China International Economic and Trade Arbitration Commission，英文简称 CIETAC，中文简称“贸仲委”）是世界上主要的常设商事仲裁机构之一。

根据1954年5月6日中央人民政府政务院第215次会议通过的《关于在中国国际贸易促进委员会内设立对外贸易仲裁委员会的决定》，贸仲委于1956年4月由中国国际贸易促进委员会（简称“中国贸促会”）组织设立，当时名称为对外贸易仲裁委员会。中国实行对外开放政策以后，为了适应国际经济贸易关系不断发展的需要，根据国务院发布的《关于将对外贸易仲裁委员会改称为对外经济贸易仲裁委员会的通知》，对外贸易仲裁委员会于1980年改名为对外经济贸易仲裁委员会，又于1988年根据国务院《关于将对外经济贸易仲裁委员会改名为中国国际经济贸易仲裁委员会和修订仲裁规则的批复》，改名为中国国际经济贸易仲裁委员会。2000年，中国国际经济贸易仲裁委员会同时启用中国国际商会仲裁院的名称。贸仲委以仲裁的方式，独立、公正地解决经济贸易争议。

贸仲委设在北京，并在深圳、上海、天津和重庆分别设有华南分会、上海分会、天津国际经济金融仲裁中心（天津分会）和西南分会。贸仲委在香港特别行政区设立贸仲委香港仲裁中心。

贸仲委还为当事人提供域名争议解决服务，积极探索电子商务的网上争议解决。针对快速解决电子商务纠纷及其他经济贸易争议的需要，于2009年5月1日推出《网上仲裁规则》。该规则在“普通程序”之外根据案件争议金额大小分别规定了“简易程序”和“快速程序”，以真正适应在网上快速解决经济纠纷的需要。

2. 中国海事仲裁委员会

中国海事仲裁委员会(China Maritime Arbitration Commission, CMAC)成立于1959年1月,当时名为“中国国际贸易促进委员会海事仲裁委员会”。1988年改为现在名称,该仲裁委员会专门解决海事争议。其是我国唯一受理国际海事争议仲裁案件的常设仲裁机构,现行的CMAC仲裁规则是于2004年10月1日起施行的新规则。

CMAC于2003年1月在上海设立了分会。目前还在大连、天津、宁波、青岛和广州设立了办事处。为及时、有效解决渔事争议,2003年1月成立了CMAC渔业争议解决中心,设在上海分会内。另外,经中国国际商会批准,CMAC物流争议解决中心于2004年2月在北京正式成立。为充分发挥“民间调解”及“海事调解与仲裁相结合”解决海上事故纠纷的重要作用,中国海事仲裁委员会于2006年8月在上海成立了中国海事仲裁委员会海事调解中心。中国海事仲裁委员会主要受理海上船舶互相救助报酬,海上船舶碰撞,海上船舶租赁与代理业务以及海上船舶运输和保险,海洋环境污染损害和船舶买卖、修造、拖航等方面的争议以及当事人协议要求仲裁的其他海事争议。

3. 香港国际仲裁中心

香港国际仲裁中心(Hong Kong International Arbitration Centre, HKIAC)于1985年由香港主要的商界人士及专业人士组建,目的是为满足亚太地区对仲裁服务日益增长的需求。中心的仲裁事务分为本地仲裁和国际仲裁。在香港,仲裁受《香港仲裁条例》调整。2008年,中心推出了《香港国际仲裁中心机构仲裁规则》,并于2008年9月1日起生效,它对本地仲裁和国际仲裁都可适用。但当事人也可以约定适用《联合国国际贸易法委员会仲裁规则》等其他仲裁规则。中心设有世界各地不同国籍的国际仲裁员名单。仲裁地点可以在香港,也可以在香港以外的地方。

第三节 国际商事仲裁协议

一、国际商事仲裁协议的概念

国际商事仲裁协议(arbitration agreement),是指国际商事交往的当事人双方约定,将其已经或者可能发生的国际商事争议交由某仲裁机构解决的协议。

仲裁协议是双方当事人将争议交由仲裁机构裁决的依据,是仲裁机构取得管辖权的前提。若不存在仲裁协议或者仲裁协议无效,当事人一方不能强迫对方进行仲裁,仲裁机构也不能受理该争议。同时,若仲裁协议有效存在,任何一方当事人都不能单方面撤销仲裁协议。一般而言,各国都要求采用书面形式。

二、国际商事仲裁协议的特点

根据上述含义,国际商事仲裁主要有以下特点:

(1)仲裁协议是双方当事人真实意思表示一致的产物。其是双方当事人愿意将争议提交仲裁的共同意思表示,且必须建立在自愿、平等与协商一致的基础上。任何一方不得将自己的意志强加给另一方。其是仲裁协议的基本要素,没有当事人的协商一致,该仲裁协议无效。

(2)国际商事仲裁解决的是双方当事人可能发生或者已经发生的争议。双方当事人可以将已经发生或者可能发生的民事争议提交给仲裁机构,也就是说,仲裁协议的签订可以在争议发生以前或者是争议尚未发生时。

(3)国际商事仲裁协议的效力及于双方当事人和有关第三人。有效的国际仲裁协议效力不仅约束双方当事人必须将争议交由仲裁机构解决,同时,其效力还约束有关第三人。这里的有关第三人指的是仲裁协议约定的仲裁机构、仲裁员、被仲裁协议排除了管辖权的有关法院以及承认与执行该仲裁判决的法院。在上述主体的共同协助下,该仲裁协议的效力才能得以实现。

(4)国际商事仲裁协议具有严格的格式要求。一般而言,国际商事仲裁协议必须是书面形式,大多数国家的立法与条约都对商事仲裁协议的形式作出必须采用书面形式的严格规定,但具体采用怎样的书面形式,各国立法的规定不尽相同。

三、国际商事仲裁协议的种类

根据其表现形式不同,可将仲裁协议分为如下三种不同类型:

1. 仲裁条款

仲裁条款(arbitration clause)是指双方当事人签订合同时,在该合同中约定将可能发生的争议提交给仲裁机构解决的条款。仲裁条款是仲裁协议中在常见和重要的形式,其都是在争议尚未发生前订立的,是有关合同的一部分,但又具有与其他条款不一样的性质和效力。除少数国家,如巴西、秘鲁等国不承认仲裁条款以外,绝大多数国家都在其仲裁法中规定,一项有效的仲裁条款的法律效力,对双方当事人、法院以及仲裁机构都具有约束力。

2. 仲裁协议书

仲裁协议书(independent arbitration agreement)是指有关双方当事人在争议发生前或者发生后,共同订立的将争议交由仲裁机构裁决的专门性文件。这种协议书可以针对已经发生或者可能发生的争议,双方当事人可以在争议发生以前订立,也可以在争议发生以后协商订立,其与有关合同不存在任何关系,是一个独立的书面文件。

3. 包含仲裁协议的其他书面文件

这种书面文件主要是指双方当事人针对有关合同关系或者其他没有专门订立书面合同的国际民商事关系而相互往来的信函、电传、电报以及其他书面材料。该类型的仲裁协议主要是指在该些书面文件中,约定将他们已经发生或者可能发生的争议交由仲裁机构裁决的意思表示。该种形式的仲裁协议的特点在于其不是集中表现在某一独立文件中,而是分散于各种书面材料中。国际民商事交易的跨国性,加重了双方当事人专门签订仲裁协议的不便和经济负担,因此,通过电子通讯技术约定的仲裁协议,在实践中更为常见。

四、国际商事仲裁协议的内容

仲裁协议是国际商事仲裁的基础,其内容涉及国际商事仲裁程序的各个方面,对裁决有重要影响。因此,一份内容明确、具体的仲裁协议十分必要。各国立法在承认仲裁协议意思表示自由的同时,也对仲裁协议的一般性内容作出规定。根据大多数国家的立法和仲裁实践,一项有效的仲裁协议需要具备以下内容:

1. 提交仲裁的争议事项

当事人在决定将争议事项通过仲裁解决时,就应当明确将什么样的争议交出仲裁裁决。这是仲裁机构受理案件的重要依据,也是申请有关国家法院协助承认与执行的重要前提。因此,我们在约定仲裁事项时,应当注意有关国家的仲裁法规定,特别是仲裁地与仲裁裁决执行地法律规定的仲裁事项的范围。如我国《仲裁法》第 2 条和第 3 条规定了我国仲裁机构仲裁事项范围,第 2 条规定:“平等主体的公民、法人和其他组织之间发生的合同纠纷和其他财产权益纠纷,可以仲裁。”同时,第 3 条规定了排除事项:“下列纠纷不能仲裁:(一)婚姻、收养、监护、扶养、继承纠纷;(二)依法应当由行政机关处理的行政争议。”

2. 仲裁地点

仲裁地点是指进行仲裁程序和作出仲裁裁决的所在地。仲裁地点关系着仲裁协议是否有效以及仲裁程序与实体的法律适用问题,同时也关系到仲裁裁决是否能够得到承认与执行,因此,仲裁地点的确定十分重要。

根据国际社会的仲裁习惯,在双方当事人没有确定仲裁所使用的法律时,仲裁庭的仲裁程序适用仲裁地法,而裁决的作出也是根据仲裁地的冲突规范所指定的实在法,从而直接影响裁决的后果。仲裁裁决具有终审性,从而对当事人双方影响重大。同时,仲裁地决定了该仲裁裁决的国籍,从而影响仲裁裁决在有关国家的承认与执行。此外,仲裁地点直接决定双方当事人参加仲裁的方便程度与各种花费,对仲裁成本影响大。

3. 仲裁机构

仲裁机构是指受理案件并作出裁决的机构。仲裁机构包括两种,一种是临时仲裁机构,临时组成仲裁庭;另一种是常设仲裁机构也称为机构仲裁。选择临时仲裁的,应当明确约定仲裁员的人数与指定规则以及仲裁的程序规则。

通常来说,仲裁地点与仲裁机构是一致的,当事人在选择某地作为仲裁地时,即意图选择该地的常设仲裁机构进行仲裁;而在选择某一常设仲裁机构时也即意图选择其所在地作为仲裁地点。但在某些情况下,存在例外。当事人在选择某地作为仲裁地时,其意图可能会选择该地的某一常设仲裁机构,但其也可能意图选择其他的常设仲裁机构或者组建一个临时仲裁庭来进行仲裁。相反的,选择某一仲裁机构并不意味着选择了该仲裁机构的所在地作为其仲裁地点,许多常设仲裁机构都允许在机构所在地以外地点进行仲裁。所以在签订仲裁协议时,应同时明确仲裁地点与仲裁机构。

4. 仲裁规则

仲裁规则是指双方当事人和仲裁机构在仲裁过程中需要遵守的行为规范的总和。包括如何提出仲裁申请,如何选定仲裁员,以及仲裁庭的组成、仲裁的审理、裁决的作出与效力,等等。国内的仲裁规则由其本国的仲裁机构自行制定,一般情况下,在哪个常设仲裁机构仲裁,就应当适用该机构的仲裁规则,但可以有当事人自行约定仲裁规则,或者适用其他常设机构或者国际组织所制定的规则。而在选择临时仲裁时,一般也是选择适用某个仲裁机构的仲裁规则或《联合国国际贸易法委员会仲裁规则》,或者对上述仲裁规则做修改后再予适用,或者另行拟订临时的仲裁规则。如果是另行拟订仲裁规则,需仔细考虑不与仲裁地法或裁决执行地法的有关规定相抵触。

5. 仲裁裁决的效力

仲裁裁决的效力是指仲裁机构对仲裁事项作出的裁决是否具有终审性，对双方当事人的约束力以及是否能够申请法院变更或者撤销该裁决。虽然大多数国家的立法与仲裁机构的规定都明确了仲裁裁决的终局性，但是也存在一些仲裁立法与机构规则规定了仲裁裁决的上诉程序。

仲裁的目的在于快速解决民事纠纷，可以避免民事司法审判冗长、复杂的司法程序。在各国立法与实践不尽相同的现代社会，明确仲裁裁决的效力，保护当事人的合法权益，应当在仲裁协议中明确仲裁裁决的效力。

五、国际商事仲裁协议有效性的确定

尽管各国立法以及国际条约对仲裁协议的有效要件规定不同，但一般来说，一项有效的仲裁协议应具备以下条件：

1. 形式合法

绝大多数国内仲裁立法、机构规则与国际条约都规定仲裁协议必须采用书面形式，否则仲裁协议无效。1958 年《纽约公约》第 2 条规定仲裁协议应该是书面的，且是缔约国承认与执行仲裁协议的条件之一。我国《仲裁法》第 16 条第 1 款规定："仲裁协议包括合同中订立的仲裁条款和以其他书面方式在纠纷发生前或者纠纷发生后达成的请求仲裁的协议。"要求仲裁协议必须以书面形式作出。

2. 签订主体合法

有权签订仲裁协议的主要包括当事人以及有关商事法律关系的利害关系人以及合法的代理人。因此，该主体必须依据其所适用的法律具有民事权利能力和行为能力。我国《仲裁法》第 17 条规定无民事行为能力人或者限制民事行为能力人订立的仲裁协议无效。

3. 内容明确、合法

首先，仲裁协议约定的仲裁事项应当合法并具可仲裁性。每个国家为了维护本国的公共利益，都对仲裁事项的范围进行了限制，若约定超出该范围，则该仲裁协议无效。

其次，仲裁协议约定的仲裁事项应当明确。但仲裁事项的明确与否的判断标准难以统一，为了促进交易，在一些内国立法或者实践中都主张，只要仲裁事项符合法律规定的范围，若约定不明确，可以达成补充协议；在无法达成补充协议的情况下，该仲裁协议无效。该种做法也是充分尊重了当事人意思自治。

4. 当事人意思表达真实

仲裁协议也属于合同的一种，其必须是在双方当事人充分真实的意思表达下订立的，若一方当事人受到了欺诈、胁迫、误解的或者是在不知情的情况下订立等，该仲裁协议无效。我国《仲裁法》第 17 条规定一方采取胁迫手段，迫使对方订立仲裁协议无效。

六、国际商事仲裁协议法律效力的认定机构

一般而言，双方当事人协议的仲裁机构可以认定仲裁协议的效力，各国仲裁立法与许多国际条约都有该种规定。我国《仲裁法》第 20 条规定："当事人对仲裁协议的效力有异议的，可以请求仲裁委员会作出决定或者请求人民法院作出裁定。一方请求仲裁委员会作出决定，另一方请求人民法院作出裁定的，由人民法院裁定。当事人对仲裁协议的效力有异议，应当在仲裁庭首次开庭前提出。"

另一方面，根据 1958 年《纽约公约》第 2 条第 3 款的规定，如果缔约国法院受理了一个案件，而就该案件，当事人已经达成本条意义上的仲裁协议时，除非该法院查明该协议是无效的、未生效的或不可能实行的，应该依一方当事人的请求，命令当事人把案件提交仲裁。因此，法院在某种情况下也可以对仲裁协议的法律效力进行认定。

我国《仲裁法》第 20 条和《关于适用〈中华人民共和国仲裁法〉若干问题的解释》中对仲裁协议法律效力的认定机构以及程序作出了规定。该解释第 12

条规定:“当事人向人民法院申请确认仲裁协议效力的案件,由仲裁协议约定的仲裁机构所在地的中级人民法院管辖;仲裁协议约定的仲裁机构不明确的,由仲裁协议签订地或者被申请人住所地的中级人民法院管辖。申请确认涉外仲裁协议效力的案件,由仲裁协议约定的仲裁机构所在地、仲裁协议签订地、申请人或者被申请人住所地的中级人民法院管辖。涉及海事海商纠纷仲裁协议效力的案件,由仲裁协议约定的仲裁机构所在地、仲裁协议签订地、申请人或者被申请人住所地的海事法院管辖;上述地点没有海事法院的,由就近的海事法院管辖。”第 13 条规定:“ 依照仲裁法第二十条第二款的规定,当事人在仲裁庭首次开庭前没有对仲裁协议的效力提出异议,而后向人民法院申请确认仲裁协议无效的,人民法院不予受理。仲裁机构对仲裁协议的效力作出决定后,当事人向人民法院申请确认仲裁协议效力或者申请撤销仲裁机构的决定的,人民法院不予受理。”

七、国际商事仲裁协议的法律效力

有效的仲裁协议是国际商事仲裁程序开始和完成,以及仲裁目的实现的依据。根据各国立法实践与国际条约,仲裁协议的效力主要体现在以下三个方面:

1. 对当事人的法律效力

仲裁协议对双方当事人具有严格的约束力。一方面,当事人因此丧失了将有关民事争议向法院提取诉讼的权利,只能通过仲裁解决争议。另一方面,当事人提交仲裁的事项范围也受到了严格限制。只能将仲裁协议范围内的事项申请仲裁,对于任何超出范围的事项,当事人都有权提出异议,而且,在仲裁庭作出裁决以后,也还有权提出以该事项超出仲裁协议范围而拒绝履行该裁决。

2. 对仲裁庭或者仲裁机构的法律效力

有效的仲裁协议是仲裁机构受理案件的依据,是仲裁机构取得案件管辖权、进行国际商事仲裁的前提条件。若仲裁机关没有管辖权,即使作出了裁决也无效。同时,仲裁协议还限制着仲裁机构审理案件的范围。其只能受理仲裁协议所规定的争议，对其他事项无管辖权。如《纽约公约》第5条也规定，当有关裁决所处理的争议不是交付仲裁的标的或不在有关仲裁协议范围之内，或裁决载有关于交付仲裁范围以外事项的决定时，有关国家的法院可以基于一方当事人的申请而拒绝承认和执行该项裁决。

3. 对法院的法律效力

有效的仲裁协议可以排除法院管辖权。这是目前各国仲裁立法一致的规定。有效的仲裁协议是对司法诉讼程序的一种限制。若一方当事人就仲裁协议中的争议事项向法院提起诉讼，法院不得受理。我国《仲裁法》第5条规定："当事人达成仲裁协议，一方向人民法院起诉的，人民法院不予受理，但仲裁协议无效的除外。"《纽约公约》第5条第3款[1]规定，如果缔约国法院受理一个案件，而就这个案件所涉及的事项，当事人已达成本条意义上的协议时，除非该法院查明该协议是无效的、未生效的或不可能实行的，应该依一方当事人的请求，命令当事人把案件提交仲裁。

八、国际商事仲裁条款的独立性

仲裁条款的独立性是指合同无效或者失效时，作为合同组成部分的仲裁条款并不当然随之失效。该观点已被多数国家所认同，1999年《瑞典仲裁法》第3条规定："构成其他协议的一部分的仲裁协议（指仲裁条款），其效力如必须和仲裁员的管辖权同时确定，则仲裁协议视为独立的协议。"我国《仲裁法》第19条第1款规定："仲裁协议独立存在，合同的变更、解除、终止或者无效，不影响仲裁协议的效力。"

---

〔1〕《纽约公约》第5条第3款规定："裁决唯有于受裁决援用之一造向声请承认及执行地之主管机关提具证据证明有下列情形之一时，始得依该造之请求，拒予承认及执行：裁决所处理之争议非为交付仲裁之标的或不在其条款之列，或裁决载有关于交付仲裁范围以外事项之决定者，但交付仲裁事项之决定可与未交付仲裁之事项划分时，裁决中关于交付仲裁事项之决定部分得予承认及执行。"

仲裁条款具有独立性的理论是"仲裁条款自治理论"。该理论认为仲裁条款与约定当事人实体权利与义务的主合同相互分离且独立。仲裁条款是主合同条款不能实现时的救济措施,其履行的前提必须是主合同履行发生了困难,若主合同得到了全部的履行与实现,则仲裁条款作为从属性条款就不需要再履行了。因此,仲裁条款具有独立性,它不会因为规定实体性权利与义务的条款无效而失去效力,反而正因此得到实施,发挥其救济作用。

第四节　国际商事仲裁中的法律适用

在国际商事仲裁中,也涉及法律适用问题。这主要包括仲裁协议、仲裁程序和仲裁实体问题等方面的法律适用。

一、仲裁协议的法律适用

仲裁协议的性质实际上还是合同。关于其法律适用,大多数国家没有对其另设一套有别于其他合同的特殊规定。但不论是形式要件还是实质要件,各国对其都有不同的理解和规定,概括起来主要有以下几类:

1. 当事人选择的法律

仲裁协议作为合同的一种,也应最大限度地尊重当事人的意思自治。当事人可以约定选择仲裁协议的准据法,这无论是理论上还是实践中都是被认可的。但在实践中,双方当事人为仲裁协议约定准据法的情况比较少见,该种做法更多的是在理论上发挥作用。

2. 仲裁机构所在地法律或仲裁地法律

当事人没有明确选择仲裁协议所适用的法律时,会将仲裁机构所在地或仲裁地的法律作为仲裁协议的准据法。一般而言,仲裁机构与仲裁地具有一致性,当事人既然选择了该地作为仲裁地,就有可能适用该地法律的倾向,所以仲裁地法律可以作为确定仲裁协议效力的准据法。在仲裁机构与仲裁地分离的情况下,仲裁机构所在地与仲裁地法律都可以作为仲裁协议的准据法。我国《涉外民事关系法律适用法》第18条规定:"当事人可以协议选择仲裁协议适用的法律。当事人没有选择的,适用仲裁机构所在地法律或者仲裁地法律。"

3. 具有密切联系地的法律

最密切联系原则也可用于确定仲裁协议的准据法。一般情况下,会以仲裁地法律作为其准据法。在仲裁地无法确定的情况下,才依各种客观密切联系标志确定仲裁协议的准据法,这些客观标志涉及缔约地、争议标的所在地,当事人的住所、国籍、惯常居所、营业地等。

4. 一般法律原则和国际贸易惯例

国际民商事仲裁具有跨国性,在实践中,仲裁机构在对仲裁协议进行审查时,会以超越各国内国法法律体系的国际贸易惯例或者一般法律原则作为准据法,使得仲裁协议的审查更具国际性,也符合了实践发展的需要。

二、仲裁程序的法律适用

国际民商事仲裁程序与国际民商事诉讼程序不同,国际民事诉讼程序适用的是法院地法律;而国际民商事仲裁程序则具有更大的自治性,其可以适用当事人双方协商选择的法律,可以适用仲裁地法律,也可以推定当事人默示选择的法律。

1. 当事人选择的法律

大多数国家立法与国际条约都规定当事人可以自由选择仲裁程序适用的法律,如德国、法国、荷兰等国家,同时1958年《纽约公约》第5条[1]也间接承认当事人选择仲裁程序适用的法律。但双方当事人选择的法律不得与仲裁国

[1] 1958年《纽约公约》第5条第4款规定:"裁决唯有于受裁决援用之一造向声请承认及执行地之主管机关提具证据证明有下列情形之一时,始得依该造之请求,拒予承认及执行:仲裁机关之组成或仲裁程序与各造间之协议不符,或无协议而与仲裁地所在国法律不符者。"

家的公共秩序相抵触，不得违背其强制性规定，否则双方当事人的协议无效。

2. 推定当事人未明示的默示选择

如果当事人没有明确约定仲裁程序适用的法律，程序的法律适用问题一般由仲裁庭决定。其按照一般冲突法原则，推定当事人默示选择法律。如双方当事人选择了适用于实体问题的法律，则该法律体系中关于仲裁程序的规定可能将成为适用仲裁程序的法律。再若选择了某一仲裁机构，该仲裁机构存在仲裁规则的，则该规则可以成为仲裁程序规则。

3. 仲裁地法律

从国际仲裁的立法与实践来看，仲裁地是确定国际仲裁适用法律的重要连结点。按照传统原则，诉讼程序适用法院地法律，仲裁也理应适用仲裁地法律。但现在学术界对该观点提出了异议，认为仲裁应该实现完全自治，不受任何地方、任何国家的控制，实现国际仲裁的“非当地化”或“非国内化”。但在实践中，仲裁地在解决仲裁程序的适用法律问题上，仍占有重要地位。

三、仲裁实体问题的法律适用

国际商事仲裁中实体问题的法律适用与涉外合同的法律适用极为相似，但国际商事仲裁中实体问题的法律适用仍有其特殊之处。

1. 当事人选择的实体法

在实践中，当事人通常会选择某一国的国内法作为仲裁实体问题的准据法，这是为绝大多数国家多采纳的做法。这体现了对双方当事人意思自治的充分尊重。但当事人选择实体问题适用的法律这一自主权不是绝对的，各国法律对当事人选择法律的方式、时限、范围等仍作出了规定，来维护本国的利益。

2. 当事人未选择实体法时的法律适用

(1)根据有关冲突规范确定实体法。一般适用仲裁地的冲突规则。但也有主张认为应该适用仲裁申请承认与执行地国家的法律，该种方式一般由仲裁庭决定争议应适用的冲突规范。

(2)直接适用有关国内实体法或条约、一般法律原则、国际贸易惯例。这是一种直接适用的实体法律,而不需借用冲突规范的方法,由仲裁庭直接选择合适的法律解决实体争议。例如,1987 年《瑞士联邦国际私法法规》第 187 条第 1 款规定,在无当事人选择法律时,仲裁庭依与争议有最密切联系的法律裁决。

(3)根据公平与善良原则裁决。在取得当事人的同意下,仲裁员可以不适用法律而是根据公平和善良原则进行裁决。这就是友好仲裁(amiable composition)。该种方式意味着仲裁庭享有十分广泛的自由裁量权,在法律的适用上有相当大的灵活性。同时,公平与善良原则的主观性和抽象性使得其难以避免存在主观任意性,因此,一般国家都该种方式的采用较为谨慎。

第五节　国际商事仲裁程序

国际商事仲裁程序是指国际商事纠纷发生后,从仲裁的启动到终局裁决做出的整个过程。它和民事诉讼的程序非常类似,都需要经过一系列特定的程序,本节介绍国际商事仲裁程序的主要环节。

一、申请和受理

1. 仲裁的申请

2005 年《中国国际经济贸易仲裁委员会仲裁规则》第 5 条第 1 款规定:“仲裁委员会根据当事人在争议发生之前或者在争议发生之后达成的将争议提交仲裁委员会仲裁的仲裁协议和一方当事人的书面申请,受理案件。”商事纠纷发生之后,只有当事人依据先前签订的仲裁协议向选定的仲裁机构提出仲裁申请,才能够启动仲裁程序,它如同提交起诉状,是仲裁程序开始的必经程序,这是源于司法的谦抑性原则。

2. 仲裁的受理

仲裁机关在收到申请人提交的仲裁申请书及有关材料后，应立即进行初步审查以决定是否立案受理。根据我国《仲裁法》，审查事项包括：当事人是否有仲裁协议；是否有具体的仲裁请求和事实、理由；是否属于仲裁委员会的受理范围。我国对仲裁时效没有单独规定，仲裁时效适用诉讼时效的规定。如符合上述各项条件，仲裁机构即应正式受理。

仲裁机构受理案件后，会向申请人发出受案通知，并向被申请人发出仲裁通知，按照中国仲裁法律及仲裁实践，只有仲裁申请被仲裁委员会受理并发出仲裁通知，仲裁程序才真正开始。

二、答辩与反请求

答辩和反请求是仲裁过程中被申请人用以保障其利益的两种重要手段。

1. 答辩

答辩是仲裁案件的被申请人对申请人在仲裁申请书中提出的仲裁请求和理由进行辩解的行为。2005 年《中国国际经济贸易仲裁委员会仲裁规则》第 12 条规定，被申请人应在收到仲裁通知之日起 45 天内向仲裁委员会秘书局或其分会秘书处提交答辩书。仲裁庭认为有正当理由的，可以适当延长此期限。被申请人不按期提交答辩书，意味着他自愿放弃了答辩的权利，不影响仲裁程序的进行。

2. 反请求

反请求是指在仲裁程序进行中被申请人针对申请人提出的独立的请求，它跟民事诉讼中的反诉类似，在法律上独立于申请人的申请。2005 年《中国国际经济贸易仲裁委员会仲裁规则》第 13 条规定，被申请人如有反请求，应当自收到仲裁通知之日起 45 天内以书面形式提交仲裁委员会。仲裁庭认为有正当理由的，可以适当延长此期限。

在受理反请求后，为了节省时间、人力和物力，仲裁庭应把申请人提起的原请求跟被申请人提起的反请求合并审理。提出仲裁申请的申请人在审理过程中撤回原请求的,不影响反请求审理的继续进行。

三、财产和证据保全

仲裁中的财产保全是指法院或仲裁机构根据仲裁案件当事人的申请,就有关当事人的财产作出临时性强制措施以保全申请人的权益,保证将来作出的裁决能够得到执行。仲裁中的财产保全,通常由当事人在申请仲裁时一并提出,但也可在仲裁审理过程中提出。《民事诉讼法》第272条规定,当事人申请采取保全的,中华人民共和国的涉外仲裁机构应当将当事人的申请,提交被申请人住所地或者财产所在地的中级人民法院裁定,由有管辖权的中级人民法院根据《民事诉讼法》采取保全措施。

在仲裁过程中,当事人还可以申请证据保全。我国《仲裁法》第46条规定,需要采取证据保全措施的情况有两种:其一,证据存在灭失的可能;其二,证据以后难以取得。《仲裁法》第68条规定,涉外仲裁的当事人申请证据保全的,涉外仲裁委员会应当将当事人的申请提交证据所在地的中级人民法院。

四、仲裁庭的组成

仲裁员的指定在仲裁程序中是很关键的部分,是仲裁与诉讼的本质区别之一,也是当事人的最重要权利。有的国家甚至规定,一方当事人放弃指定仲裁员的责任,他方当事人有权放弃仲裁而改向法院起诉。[1] 仲裁员应具备一定的条件,中国《仲裁法》第13条规定,仲裁委员会应当从公道正派的人员中聘任仲裁员。仲裁员应当符合下列条件之一:(1)从事仲裁工作满8年的;(2)从事律师工作满8年的;(3)曾任审判员满8年的;(4)从事法律研究、教学工作并具有高级职称的;(5)具有法律知识、从事经济贸易等专业工作并具有高级职称或者

---

〔1〕 周子亚、卢绳祖、李双元等译:《瑞典的仲裁》,法律出版社1986年版,第77页。

具有同等专业水平的。仲裁委员会按照不同专业设仲裁员名册。

仲裁庭可分为独任仲裁庭和合议仲裁庭两种。根据2005年《中国国际经济贸易仲裁委员会仲裁规则》和《仲裁法》,仲裁庭由1名或3名仲裁员组成。由3名仲裁员组成的,应当各自选定或者各自委托仲裁委员会主任指定一名仲裁员,第三名仲裁员由当事人共同选定或者共同委托仲裁委员会主任指定,第三名仲裁员是首席仲裁员。当事人约定由一名仲裁员成立仲裁庭的,应当由当事人共同选定或者共同委托仲裁委员会主任指定仲裁员。当事人没有在仲裁规则规定的限期内约定仲裁庭的组成方式或者选定仲裁员的,由仲裁委员会主任指定。仲裁庭组成后,仲裁委员会应当将仲裁庭的组成情况书面通知当事人。

五、仲裁员的回避

仲裁员回避,即仲裁员在具有可能影响对案件公正审理和裁决的情形时,可以自行向仲裁委员会请求退出仲裁,或者根据当事人的申请退出仲裁。在国际商事仲裁中,各国仲裁立法和仲裁规则都对仲裁员的回避做了规定。2010年修正的《联合国国际贸易法委员会仲裁规则》第12条第1款规定:"如遇足以使人对任何仲裁员的公正或独立引起正当怀疑的情况存在,可对该仲裁员提出异议。"

关于回避的原因,国际商事仲裁中的回避规则与我国《民事诉讼法》第44条的规定基本相同,即出现如下情况的时候,仲裁员必须回避:(1)是本案当事人或者当事人、代理人的近亲属;(2)与本案有利害关系;(3)与本案当事人、代理人有其他关系,可能影响公正仲裁的;(4)私自会见当事人、代理人,或者接受当事人、代理人的请客送礼。

按照《仲裁法》的规定,被指定或选定的仲裁员与案件有利害关系的,应自行披露此种情况并请求回避。当事人也享有请求其回避的权利。当事人提出回避申请,应当说明理由,在首次开庭前提出;回避事由在首次开庭后知道的,可以在最后一次开庭终结前提出。仲裁员是否回避，由仲裁委员会主任决定；仲裁委员会主任担任仲裁员时，由仲裁委员会集体决定。但是，仲裁员回避并不导致仲裁程序终结，仲裁员回避后，当事人应当依照《仲裁法》关于选定仲裁员的规定重新选定仲裁员，或者由仲裁委员会主任指定替代的仲裁员。仲裁员被替代后，原来进行了的审理是否需要重新进行，由仲裁庭决定。

六、案件审理

国际商事仲裁的审理方式主要有两种：一是开庭审理；二是书面审理。

1. 开庭审理

开庭审理是指仲裁庭在仲裁当事人及其他仲裁参与人的参加下，对案件的事实情况进行面对面审理的方式。1998 年《国际商会仲裁规则》第 20 条第 2 款规定，在审阅当事人提交的书面陈述及其所依据的所有文件后，经任何当事人要求，仲裁庭应开庭审理案件。我国《仲裁法》第 39 条规定："仲裁应当开庭进行。"2005 年《中国国际经济贸易仲裁委员会仲裁规则》第 29 条第 2 款规定："仲裁庭应当开庭审理案件，但经双方当事人申请或者征得双方当事人同意，仲裁庭也认为不必开庭审理的，仲裁庭可以只依据书面文件进行审理。"2004 年《中国海事仲裁委员会仲裁规则》第 38 条第 1 款也作出了类似规定。

确定案件需要进行开庭审理时，仲裁庭需要向双方当事人发送开庭通知。根据 2005 年《中国国际经济贸易仲裁委员会仲裁规则》第 31 条、第 32 条、第 33 条和第 69 条第 3 款，当事人约定了开庭地点的，应当在约定的地点开庭。开庭地点是指开庭审理的地点，一般虽在仲裁地，但也可在仲裁地之外，仲裁裁决应视为在仲裁地作出。当事人约定在仲裁委员会所在地之外开庭的，应交纳因此而发生的差旅费、食宿费等实际费用。在仲裁委员会规定的期限内未交纳实际费用的，在仲裁委员会所在地开庭。值得注意的是，即使仲裁庭决定开庭审理，为了保护商业秘密，各仲裁规则一般规定，除当事人双方同意公开审理外，仲裁审理应不公开进行，双方当事人要求公开审理的，由仲裁庭作出是否公开审理的决定。

要求开庭审理是当事人的一项权利,因为开庭审理有助于案件事实的调查。一些案件,特别是案情复杂,涉及大量文书、证据且相互之间矛盾较多的情况,只有经过听审口头陈述和辩论之后,才能发现案件真相。

然而,开庭审理毕竟是一个耗费时间和相对昂贵的程序,为节省时间和费用,各国的仲裁立法和仲裁规则一般都规定,仲裁庭仅在当事人作出约定或提出请求时才决定开庭进行开庭审理。[1]而且,如果根据案件的实际情况确实没有必要进行开庭审理,即使一方当事人提出了这种要求,仲裁庭也可以自主决定是否开庭审理,因为很多仲裁立法和仲裁规则赋予了仲裁庭采用"适当的"程序或方式处理案件的权利。例如,英国 1996 年《仲裁法》规定,仲裁庭有权根据该法第 33 条第 1 款第 2 项采用适当的程序,以避免不必要的延迟和花费。

2. 书面审理

书面审理,是指仲裁庭仅根据当事人提交的有关书面材料和证据,对案件进行审理的一种方式。我国《仲裁法》规定,当事人协议不开庭的,仲裁庭可以根据仲裁申请书、答辩书以及其他材料作出裁决。

上文已经提到,在很多国家,只要双方当事人不要求开庭审理,仲裁庭一般都会予以尊重。即使双方当事人未就是否进行书面审理作出约定,仲裁庭也完全可以根据案件的实际情况向当事人提出进行书面审理的建议,并尽量协助和促使当事人达成此类协议。

在时间等于金钱的商界,当事人都希望在尽可能短的时间内通过仲裁解决争议,为使争议得到快捷、经济地解决,只要案件的实际情况允许,书面审理无疑是值得提倡和鼓励的。原因如下:首先,许多案件中的争议金额不太大,而案

---

〔1〕 例如,1998 年德国《民事诉讼法典》第 1047 第 1 款规定,如当事人没有同意不进行开庭,经一方当事人请求,仲裁庭应在程序进行的适当阶段举行开庭。1999 年瑞典《仲裁法》第 24 条规定,经一方当事人请求,且当事人没有其他约定,仲裁庭在对提交其解决的事项作出决定之前应举行一次开庭。

情也不太复杂，没有开庭审理的必要；其次，听审程序的确是一个过于昂贵且旷日费时的程序；最后，越来越多的仲裁员证实在大多数案件中听审其实不起任何作用。一般而言，多数仲裁员处理的都是重复性的纠纷，通常当事人提交的文件是广泛和完整的，一位有经验的仲裁员利用常识和对案件可能性的理解，是不难理清案件的脉络和事实真相的。[1]

七、仲裁裁决

1. 裁决的作出

仲裁裁决是仲裁庭对争议事项进行审理之后所作出的决定，裁决一般由独任仲裁员或依多数票作出。2010 年修正的《联合国国际贸易法委员会仲裁规则》第 33 条第 1 款规定，在有仲裁员不止一名的情况下，任何裁决或其他决定应由仲裁员的多数作出。按照我国《仲裁法》，由 3 名仲裁员组成仲裁庭时，应按多数意见作出裁决，在仲裁庭不能形成多数意见时，仲裁裁决依首席仲裁员的意见作出。仲裁裁决书应当写明仲裁请求、争议事实、裁决理由、裁决结果、仲裁费用的负担和裁决日期。当事人协议不愿写明争议事实和裁决理由的，可以不写。根据 2005 年《中国国际经济贸易仲裁委员会仲裁规则》第 43 条规定，除非裁决依首席仲裁员意见或独任仲裁员意见作出，裁决应由多数仲裁员署名。持有不同意见的仲裁员可以在裁决书上署名，也可以不署名。

各国仲裁立法和仲裁规则对于裁决作出的期限，规定并不一致。1998 年《国际商会仲裁规则》第 24 条规定，裁决作出的期限为 6 个月，但在特殊情况下，仲裁院可以延长此期限。2005 年《中国国际经济贸易仲裁委员会仲裁规则》第 42 条明确规定，仲裁庭应当在组庭之日起 6 个月内作出裁决书。在仲裁庭的要求下，仲裁委员会主任认为确有正当理由和必要的，可以延长该期限。

按照《仲裁法》的规定，仲裁庭对于审理的争议可以先行裁决（即部分裁

---

〔1〕 参见杨良宜：《听审制度》，王宇译，载《仲裁与法律通讯》1997 年第 3 期，第 40 页。

决)。先行裁决是仲裁庭在案件审理过程中,查明了部分事实或部分问题,为了便于继续审理其他问题和及时保护当事人的合法权益,就查清的部分问题所做的裁决。

2. 裁决的效力

裁决的效力是指裁决的定案效力。一项终局裁决只要是合法有效的,即可构成定案。任何一方当事人无权向法院起诉或请求其他机构变更裁决,法院和任何其他机构都必须承认该项裁决是对案件中已决定的事项所做的正确的解决。而且,除非当事人双方一致同意,任何一方都无权不理会或否定该项裁决。各国立法和仲裁规则对此做了比较一致的规定。例如,中国《仲裁法》第 9 条第 1 款明确规定:"仲裁实行一裁终局的制度。裁决作出后,当事人就同一纠纷再申请仲裁或者向人民法院起诉的,仲裁委员会或者人民法院不予受理。"

仲裁遵循一裁终局原则,仲裁裁决作出的日期即为生效日期,对双方当事人均有约束力。除了对裁决书中的文字、计算错误或者仲裁庭已经裁决但在裁决书中遗漏的事项可以补正以外,任何一方当事人均不得向法院起诉,也不得向其他任何机构提出变更仲裁裁决的请求。

3. 裁决的补正

裁决作出以后,当事人或者仲裁庭如果认为有错误的时候,可以申请补正或者自行补正。《联合国国际贸易法委员会仲裁规则》第 38 条规定,一方当事人可在收到裁决书后 30 天内,在通知其他各方当事人后,请求仲裁庭更正裁决书中的任何计算错误、任何笔误或排印错误,或任何类似性质的错误或遗漏。仲裁庭认为此项请求有正当理由的,应在收到请求后 45 天内作出更正。仲裁庭可在发送裁决书后 30 天内,自行主动作出此种更正。《规则》第 39 条规定,一方当事人可在收到终止令或裁决书后 30 天内,在通知其他各方当事人后,请求仲裁庭就仲裁程序中提出而仲裁庭未做决定的请求作出裁决或补充裁决。仲裁庭认为裁决或补充裁决请求有正当理由的,应在收到请求后 60 天内作出裁决或补充完成裁决。如有必要,仲裁庭可延长其作出裁决的期限。2005 年

《中国国际经济贸易仲裁委员会仲裁规则》第47条、第48条也对裁决的更正和补充做了规定。

4. 裁决的撤销

虽然大多数国家的仲裁立法没有赋予当事人就仲裁裁决的法律或事实上的问题提起完全上诉的权利，但相当多的国家都允许当事人通过另一条途径向法院提出申诉。这一途径通称为裁决的异议程序。根据法律中关于异议裁决程序的规定，当事人可以就仲裁过程中影响了仲裁裁决的一些基本的不当行为作为理由，向法院提出异议仲裁裁决的申请。

对仲裁裁决提出撤销请求的情况主要有两类：(1)管辖权问题。如果仲裁庭在完全没有管辖权的情况下，或在部分无管辖权如仲裁庭超越其权限就仲裁协议范围以外的争议事项进行管辖并作出裁决，当事人可以就裁决的效力提出异议。对于前者，当事人可申请法院宣布裁决全部无效；对于后者，则可申请法院宣布裁决部分无效，只要裁决中对提交仲裁的事项所做的决定和对未提交仲裁的事项所做的决定能清楚地分开。[1] (2)其他仲裁程序问题。这主要包括：仲裁庭的组成是否适当；仲裁程序是否符合当事人仲裁协议中的约定；是否给予当事人以适当的开庭和听审通知；双方当事人是否得到平等对待；是否给予双方当事人充分和适当的机会进行申辩，等等。

最高人民法院《第二次全国涉外商事海事审判工作会议纪要》指出，当事人在仲裁程序中未对仲裁庭的管辖权提出异议，在仲裁裁决作出后以仲裁庭无管辖权为由主张撤销或者提出不予执行抗辩的，人民法院不予支持。涉外仲裁裁决超出仲裁协议范围的，可以撤销超载部分的裁决；超载部分与其他裁项不可分的，应撤销该仲裁裁决。对存在《民事诉讼法》第274条规定情形的涉外仲裁裁决，人民法院可以视情况通知仲裁庭在一定期限内重新仲裁。通知仲裁庭重新仲裁的，应裁定中止撤销程序；仲裁庭在指定的期限内开始重新仲裁的，应裁

---

〔1〕 参见联合国《国际商事仲裁示范法》第34条第2款第3项。

定终止撤销程序;仲裁庭拒绝重新仲裁或者未在指定的期限内重新仲裁的,应通知或裁定恢复撤销程序。对仲裁庭重新仲裁作出的裁决有异议的,有关当事人可以依法申请撤销。人民法院根据案件的实际情况,可以向相关仲裁机构调阅案件卷宗或者要求仲裁机构作出说明,人民法院作出的有关裁定也可抄送相关的仲裁机构。

如果当事人异议成立,法院依法要求仲裁庭重新审理或由法院直接审理,那么作出的裁决或判决将取代原裁决。总的来看,各国法律对可提出异议的时限都规定得较短,以免当事人有意拖延时间,影响裁决的承认和执行。中国《仲裁法》第 59 条规定,当事人申请撤销裁决的,应当自收到裁决书之日起 6 个月内提出。

撤销我国涉外仲裁机构作出的裁决还要依法履行的报告程序,最高人民法院还在 1998 年 4 月 23 日发布了《关于人民法院撤销涉外仲裁裁决有关事项的通知》,该通知规定:如果人民法院经审查认为涉外仲裁裁决具有民事诉讼法第 260 条第 1 款规定的情形之一的,在裁定撤销裁决或通知仲裁庭重新仲裁之前,应当逐级报告至最高人民法院。待最高人民法院答复后,方可裁定撤销裁决或通知仲裁庭重新仲裁。报告程序的设置,目的是保证仲裁裁决的严肃性,保障一裁终局的原则不被任意破坏。

第六节　国际商事仲裁裁决的承认与执行

仲裁裁决一经作出即发生法律效力,当事人就理应自觉履行。在国际商事仲裁中,绝大多数裁决都得到了当事人的自觉履行,然而,当事人拒绝履行的情况也时有发生。如果一方当事人拒不执行裁决,另一方当事人就有权申请法院承认和执行,这是仲裁裁决强制执行力的必然要求。我国关于国际商事仲裁裁决的承认与执行制度,主要体现在缔结或参加的有关国际条约、《民事诉讼法》、

《仲裁法》和最高人民法院的司法解释中。

一、国际商事仲裁裁决的分类及区分标准

需要承认与执行的国际商事仲裁裁决一般可分为内国涉外仲裁裁决和外国仲裁裁决两种。区分这两种裁决的最重要依据是它们的国籍不同,关于国籍的确定,也有两种标准:领土标准和非内国裁决标准。所谓领土标准,是指以裁决作出地为确定裁决国籍的标准,它意味着只要是在被请求承认与执行地国以外国家领土内作出的裁决就是外国裁决,具有外国国籍;非内国裁决标准是指,一项商事裁决,只要根据被请求承认与执行地国法律不属于其内国的裁决,就属于外国裁决。[1] 根据这个标准,一项在内国作出的裁决,也可能被认为是外国的裁决,而一项在外国作出的裁决,却可能被认为是内国的裁决。

1958 年订立《纽约公约》前夕,各缔约国在确定裁决国籍的标准问题上经过激烈争吵后分歧依然很大,最终不得不采用了折衷的办法:兼以领土标准和非内国裁决标准为确定裁决国籍的标准。[2] 不过,一般来说,领土标准具有优先地位,非内国裁决标准只是领土标准的补充,它的主要作用是在必要的时候扩大《公约》的适用范围。[3]

二、内国国际仲裁裁决的承认与执行

内国仲裁裁决,即具有内国国籍的仲裁裁决,在国际商事仲裁领域,主要是指内国的国际商事仲裁裁决。从各国仲裁立法和实践看,申请承认和执行内国仲裁裁决的程序一般为:首先,由一方当事人向有管辖权的法院提出执行申请。

---

〔1〕 例如法国、德国等国家的法律或判例都表明,在本国但依外国仲裁程序法进行的仲裁而作出的裁决不属于本国裁决,而是一项外国裁决。

〔2〕 《纽约公约》第 1 条第 1 款规定:"仲裁裁决,因自然人或法人间之争议而产生且在申请承认及执行地所在国以外之国家领土内作成者,其承认及执行适用本《公约》。本《公约》对于仲裁裁决经申请承认及执行地所在国认为非内国裁决者,亦适用之。"

〔3〕 韩健:《现代国际商事仲裁法的理论与实践》,法律出版社 2000 年版,第 380—381 页。

其次,法院收到执行申请书后即对仲裁裁决进行审查。最后,法院经审查认定裁决符合有关法律规定的,即裁定承认其效力;需要执行的,则发给执行令,由内国法院依照内国民事诉讼法中规定的程序像执行内国法院判决一样予以强制执行。

在我国,一方当事人不履行涉外仲裁裁决的,对方当事人可以向被申请人住所地或者财产所在地的中级人民法院申请执行。申请人向人民法院申请执行中国涉外仲裁裁决,须提出书面申请,并附裁决书正本。如申请人为外国当事人,其申请书须用中文提出。申请执行的期限,双方或一方当事人是自然人的为1年,双方是法人或其他组织的为6个月。

对中国涉外仲裁裁决,被申请人提出证据证明仲裁裁决有下列情形之一的,经人民法院组成合议庭审查核实,裁定不予执行:(1)当事人在合同中没有订有仲裁条款或者事后没有达成书面仲裁协议的;(2)被申请人没有得到指定仲裁员或者进行仲裁程序的通知,或者由于其他不属于被申请人负责的原因未能陈述意见的;(3)仲裁庭的组成或者仲裁程序与仲裁规则不符的;(4)裁决的事项不属于仲裁协议的范围或者仲裁机构无权仲裁的。

此外,一方当事人申请执行裁决,另一方当事人申请撤销裁决的,人民法院应当裁定中止执行。人民法院裁定撤销裁决的,应当裁定终结执行;撤销裁决的申请被裁定驳回的,人民法院应当裁定恢复执行。仲裁裁决被人民法院裁定不予执行的,当事人可以根据双方达成的书面仲裁协议重新申请仲裁,也可以向人民法院起诉。

三、外国仲裁裁决的承认与执行

外国仲裁裁决的承认和执行是一个非常复杂的问题,它涉及的法律问题很多。一国对另一国仲裁裁决的承认和执行,除了关系到双方当事人的私人利益,还牵涉到执行地国法律、政策以及社会公共秩序。

1. 承认与执行外国仲裁裁决的依据

世界各国关于承认和执行外国仲裁裁决的条件和程序不尽相同，严重影响了各种国际商事纠纷的高效快速解决。20 世纪初，国际社会就一直致力于建立一个统一的、比较完善的承认和执行外国仲裁裁决的国际法律制度体系。

目前，涉及外国仲裁裁决的承认与执行的国际条约非常多，其中比较有代表性和影响力的主要有：1923 年《关于承认仲裁条款的议定书》、1927 年《关于执行外国仲裁裁决的公约》、1958 年《承认与执行外国仲裁裁决公约》（又称《纽约公约》）、1961 年《关于国际商事仲裁的欧洲公约》、1965 年《华盛顿公约》、1975 年《美洲国家间关于国际商事仲裁的公约》等。《纽约公约》的主要目的在于统一和简化各国执行外国仲裁裁决的法律程序，它的内容专门涉及外国仲裁裁决的承认与执行，而且，它的成员众多，运作也比较成熟和高效。到目前为止，《纽约公约》是国际商事仲裁领域最成功的条约，它是各国承认与执行外国仲裁裁决的最重要依据。

《纽约公约》规定，由于自然人或法人之间的争议而引起的仲裁裁决，在一国领土内作成，而在另一国请求承认及执行时，适用该公约。但是，缔约国可在互惠基础上声明，本国只对在另一缔约国领土内所作出的仲裁裁决的承认及执行，适用该公约，即"互惠保留"原则；缔约国也可声明，本国只对根据本国法律属于商事法律关系所引起的争议适用该公约，即"商事保留"。我国在加入《纽约公约》时，对允许的两个领域均做了保留，即我国只对在另一缔约国领土内作出的那些按照我国法律属于契约性或非契约性商事法律关系所引起的争议所做的裁决适用该公约。

2. 承认与执行外国仲裁裁决的条件

在英国，外国仲裁裁决要得到承认和执行，必须以国家之间的互惠为基础，而且双方当事人都应受 1927 年日内瓦《关于执行外国仲裁裁决的公约》或 1958 年《纽约公约》的缔约国之一的管辖；或者是当事人在英国境内重新起诉，经法院批准并作出判决。

在美国，外国仲裁裁决的承认和执行必须以国家之间存在互惠为前提条件。根据美国联邦仲裁法的规定，对于在1958年《纽约公约》缔约国境内作出的裁决，可以由联邦法院按照国内裁决要求的程序予以承认和执行。但是，对于不在上述公约缔约国境内作出的裁决，需要在美国承认和执行的，一般要求当事人在美国法院重新起诉，经法院作出判决后，再按照美国民事诉讼法的规定予以执行。

在瑞典，外国仲裁裁决的承认和执行不要求以国家之间的互惠为前提条件，任何外国仲裁机构的裁决都可以通过简便的手续在瑞典得到承认和执行。外国仲裁裁决作出后，由胜诉一方向瑞典的斯德哥尔摩上诉法院提出简单的申请，并附具该裁决书及其译文的文本。该法院收到申请后，即通知败诉一方，如果败诉一方对仲裁裁决没有异议，法院就可以作出执行该仲裁裁决的决定；如果有异议，则让有关当事人到适当的初审法院另行起诉解决。

在我国，根据《民事诉讼法》第269条的规定，外国仲裁裁决可以在中国直接申请承认和执行，当事人可以直接向有管辖权的人民法院申请承认和执行外国仲裁机构作出的裁决，人民法院依照我国缔结或者参加的国际条约或协议办理；在没有可适用的国际条约或协议的情况下，人民法院也可根据互惠原则决定是否予以承认和执行。

综观各国立法，各国承认和执行外国仲裁裁决的条件大致可以分为三种：一是将外国仲裁裁决作为外国法院判决对待，这是多数国家的做法；二是将外国仲裁裁决作为合同之债对待，要求有关当事人提起一个请求履行仲裁裁决中规定的义务或请求损害赔偿的诉讼来获得在内国境内承认和执行外国仲裁裁决的执行令；三是将外国仲裁裁决作为内国仲裁裁决对待，把适用于执行内国仲裁裁决的规则扩大及于外国仲裁裁决的执行。

3. 承认及执行外国仲裁裁决的程序

根据《纽约公约》第3条的规定，执行仲裁裁决的程序规则依被申请执行地国的法律。各缔约国在承认或执行外国仲裁裁决时，不得比承认和执行国内仲裁裁决附加更为苛刻的条件或者征收过多的费用。显然,公约只是做了原则性的规定,在执行外国仲裁裁决的程序方面,具体规定仍依各缔约国国内法。

《公约》第4条规定,申请承认及执行仲裁裁决的当事人,应提供经正式认证的仲裁裁决的正本或经正式证明的副本,以及据以作出裁决的仲裁协议正本或经正式证明的副本。如果上述裁决或仲裁协议所用的文字不是执行地国家的法定文字,申请人还应提交有关文件的译文文本。译文文本应由官方的或经过宣誓的翻译员或外交或领事人员认证。

(1)中国涉外仲裁裁决在外国的执行。按照《中华人民共和国民事诉讼法》第280条第2款、《中华人民共和国仲裁法》第72条、2005年《中国国际经济贸易仲裁委员会仲裁规则》第49条第2款、《中国海事仲裁委员会仲裁规则》第70条第2款的规定,中国涉外仲裁机构作出的发生法律效力的仲裁裁决,当事人请求执行的,如果被执行人或者其财产不在中国领域内,当事人可依照《纽约公约》的规定,直接到其他有关缔约国申请承认和执行中国涉外仲裁机构作出的裁决。在被请求承认与执行地国是非《纽约公约》成员国的情况下,如果中国与对方国家存在相互承认与执行仲裁裁决的双边条约或互惠关系,则中国涉外仲裁裁决也可依有关的双边条约或互惠原则在对方国家得到承认与执行。

执行地国家的法院接到申请后,应根据与中国缔结或共同参加的国际公约,或者按照互惠原则,对该申请予以审查,并依其本国法规定的执行程序予以执行。

(2)外国仲裁裁决在中国的承认和执行。中国已于1986年12月2日由第六届全国人大常委会第十八次会议决定加入了《纽约公约》,该公约自1987年4月22日起对中国生效。依照中国加入《纽约公约》时所做的两项保留声明,中国只承认和执行来自缔约国且所解决的争议依中国法律属于契约性和非契约性商事关系的仲裁裁决。符合上述条件的外国仲裁裁决,当事人可依照《纽约公约》规定直接向中国有管辖权的人民法院申请承认和执行。中国与许多国家签订的双边条约,如双边贸易协定、双边投资保护协定以及双边司法协助协定,有的规定有相互承认与执行仲裁裁决的内容。由此，如果裁决作出地国不是《纽约公约》成员国，但与中国存在关于承认与执行仲裁裁决的双边条约，则其裁决在中国的承认与执行可依该双边条约的规定办理。在裁决作出地国既非《纽约公约》成员国，又与中国不存在关于承认与执行仲裁裁决的双边条约时，根据《中华人民共和国民事诉讼法》第 283 条的规定，中国仍可按互惠原则对其裁决予以承认和执行。

按照《中华人民共和国民事诉讼法》第 283 条的规定，国外仲裁机构的裁决，需要中华人民共和国人民法院承认和执行的，应当由当事人直接向被执行人住所地或者其财产所在地的中级人民法院申请。有管辖权的人民法院接到一方当事人的申请后应对申请承认和执行的仲裁裁决进行审查，如果认为不违反中国缔结或参加的条约的有关规定或《中华人民共和国民事诉讼法》的有关规定，应当裁定承认其效力，并依照《中华人民共和国民事诉讼法》规定的程序执行，否则，裁定驳回申请，拒绝承认及执行。

中国最高人民法院 2005 年《第二次全国涉外商事海事审判工作会议纪要》第 82—84 条指出：对具有执行内容的外国仲裁裁决，当事人仅申请承认而未同时申请执行的，人民法院仅对应否承认进行审查。承认后当事人申请执行的，人民法院应予受理并对是否执行进行审查。经当事人提供证据证明外国仲裁裁决尚未生效、被撤销或者停止执行的，人民法院应当拒绝承认与执行。外国仲裁裁决在国外被提起撤销或者停止执行程序尚未结案的，人民法院可以中止承认与执行程序；外国法院在相同情况下不中止承认与执行程序的，人民法院采取对等原则。

按照中国最高人民法院的司法解释（《最高人民法院关于人民法院处理与涉外仲裁及外国仲裁事项有关问题的通知》，法发[1995]18 号，1995 年 8 月 28 日），拒绝承认和执行国际商事仲裁裁决需要履行的报告程序。一方当事人向人民法院申请执行的是我国涉外仲裁机构裁决或者外国仲裁机构的裁决，人民法院如果认为我国涉外仲裁机构裁决具有《中华人民共和国民事诉讼法》第

258条(目前应当为第274条)情形之一的,或者申请承认和执行的外国仲裁裁决不符合我国参加的国际公约的规定或者不符合互惠原则的,在裁定不予执行或者拒绝承认和执行之前,必须报请本辖区所属高级人民法院进行审查;如果高级人民法院同意不予执行或者拒绝承认和执行,应将其审查意见报最高人民法院。待最高人民法院答复后,方可裁定不予执行或者拒绝承认和执行。

四、中国内地与港澳台地区仲裁裁决的相互承认与执行

1. 中国内地与香港地区仲裁裁决的相互承认与执行

1999年6月18日,根据《香港特别行政区基本法》第95条的规定,中国最高人民法院审判委员会第1069次会议根据最高人民法院和香港特别行政区代表协商达成的一致意见,通过了《最高人民法院关于内地与香港特别行政区相互执行仲裁裁决的安排》(法释[2000]3号),自2000年2月1日起施行。成为中国内地与香港地区仲裁裁决相互承认与执行的依据。

(1)适用范围。香港特别行政区法院同意执行中国内地仲裁机构依据《中华人民共和国仲裁法》所作出的裁决,中国内地人民法院同意执行在香港特别行政区按香港特别行政区《仲裁条例》所作出的裁决。中国内地或者香港特别行政区作出的仲裁裁决,一方当事人不履行仲裁裁决的,另一方当事人可以向被申请人住所地或者财产所在地的有关法院申请执行。

(2)申请法院。在中国内地和香港特别行政区作出的仲裁裁决,一方当事人不履行的,另一方当事人可以向被申请人住所地或者财产所在地的有关法院申请执行。有关法院,在内地指被申请人住所地或者财产所在地的中级人民法院,在香港特别行政区指高等法院。被申请人的住所或者财产,既有在内地又有在香港特别行政区的,申请人不能同时分别向两地有关法院提出申请。只有一地的财产不足以偿还其债务时,可就不足部分向另一地法院申请执行。

(3)申请要求。申请人向有关法院申请执行在内地或者香港特别行政区作出的仲裁裁决的,应当提交执行申请书、仲裁裁决书和仲裁协议。执行申请书

的内容应当载明下列事项：①申请人为自然人的情况下，该人的姓名、地址；申请人为法人或者其他组织的情况下，该法人或其他组织的名称、地址及法定代表人姓名。②被申请人为自然人的情况下，该人的姓名、地址；被申请人为法人或者其他组织的情况下，该法人或其他组织的名称、地址及法定代表人姓名。③申请人为法人或者其他组织的，应当提交企业注册登记的副本；申请人是外国籍法人或者其他组织的，应当提交相应的公证和认证材料。④申请执行的理由与请求的内容，被申请人的财产所在地及财产状况。申请人向有关法院申请执行中国内地或者香港特别行政区仲裁裁决的期限依据执行地法律有关时限的规定，有关法院接到申请人申请后，应当按执行地法律程序处理及执行。

（4）不予执行的情形。被申请人接到通知后，提出证据证明有下列情形之一的，经审查核实，有关法院可裁定不予执行：①仲裁协议的当事人依对其适用的法律属于某种无行为能力的情形；或者该项仲裁协议依约定的准据法无效；或者未指明以何种法律为准时，依仲裁裁决地的法律是无效的。②被申请人未接到指派仲裁员的适当通知，或者因他故未能陈述意见的。③裁决所处理的争议不是交付仲裁的标的或者不在仲裁协议条款之内，或者裁决载有关于交付仲裁范围以外事项的决定的；但交付仲裁事项的决定可与未交付仲裁的事项划分时，裁决中关于交付仲裁事项的决定部分应当予以执行。④仲裁庭的组成或者仲裁庭程序与当事人之间的协议不符，或者在有关当事人没有这种协议时与仲裁地的法律不符的。⑤裁决对当事人尚无约束力，或者业经仲裁地的法院或者按仲裁地的法律撤销或者停止执行的。⑥有关法院认定依执行地法律，争议事项不能以仲裁解决时，则可不予执行该裁决。⑦中国内地法院认定在内地执行该仲裁裁决违反内地社会公共利益，或者香港特别行政区法院决定在香港特别行政区执行该仲裁裁决违反香港特别行政区的公共政策，则可不予执行该裁决。

2. 中国内地与澳门地区仲裁裁决的相互承认与执行

中国内地与澳门地区之间的仲裁裁决的承认与执行主要依据是根据《澳门

特别行政区基本法》第93条的规定,中国内地最高人民法院审判委员会第1437次会议根据最高人民法院与澳门特别行政区经协商达成一致意见通过的《关于内地与澳门特别行政区相互认可和执行仲裁裁决的安排》,该《安排》自2008年1月1日起实施。

(1)适用范围。中国内地人民法院认可和执行澳门特别行政区仲裁机构及仲裁员按照澳门特别行政区仲裁法规在澳门作出的民商事仲裁裁决,澳门特别行政区法院认可和执行内地仲裁机构依据《中华人民共和国仲裁法》在中国内地作出的民商事仲裁裁决,适用本"安排"。本安排没有规定的,适用认可和执行地的程序法律规定。

(2)申请法院。在内地或澳门特别行政区作出的仲裁裁决,一方当事人不履行的,另一方当事人可以向被申请人住所地、经常居住地或者财产所在地的有关法院申请认可和执行。中国内地有权受理认可和执行仲裁裁决申请的法院为中级人民法院。两个或者两个以上中级人民法院均有管辖权的,当事人应当选择向其中一个中级人民法院提出申请。澳门特别行政区有权受理认可仲裁裁决申请的法院为中级法院,有权执行的法院为初级法院。被申请人的住所地、经常居住地或者财产所在地分别在内地和澳门特别行政区的,申请人可以分别向两地法院提出申请,两地法院都应当依法进行审查。仲裁地法院应当先进行执行清偿;另一地法院在收到仲裁地法院关于经执行债权未获清偿情况的证明后,可以对申请人未获清偿的部分进行执行清偿。两地法院执行财产的总额,不得超过依据裁决和法律规定所确定的数额。

(3)申请要求。申请人向有关法院申请认可和执行仲裁裁决的,应当提交以下文件或者经公证的副本:①申请书;②申请人身份证明;③仲裁协议;④仲裁裁决书或者仲裁调解书。上述文件没有中文文本的,申请人应当提交经正式证明的中文译本。

申请书应当包括下列内容:①申请人或者被申请人为自然人的,应当载明其姓名及住所;为法人或者其他组织的,应当载明其名称及住所,以及其法定代表人或者主要负责人的姓名、职务和住所;申请人是外国籍法人或者其他组织的,应当提交相应的公证和认证材料;②请求认可和执行的仲裁裁决书或者仲裁调解书的案号或识别资料和生效日期;③申请认可和执行仲裁裁决的理由及具体请求,以及被申请人财产所在地、财产状况及该仲裁裁决的执行情况。

(4)不予认可的情形。对申请认可和执行的仲裁裁决,被申请人提出证据证明有下列情形之一的,经审查核实,有关法院可以裁定不予认可:①仲裁协议一方当事人依对其适用的法律在订立仲裁协议时属于无行为能力的;或者依当事人约定的准据法,或当事人没有约定适用的准据法而依仲裁地法律,该仲裁协议无效的;②被申请人未接到选任仲裁员或者进行仲裁程序的适当通知,或者因他故未能陈述意见的;③裁决所处理的争议不是提交仲裁的争议,或者不在仲裁协议范围之内;或者裁决载有超出当事人提交仲裁范围的事项的决定,但裁决中超出提交仲裁范围的事项的决定与提交仲裁事项的决定可以分开的,裁决中关于提交仲裁事项的决定部分可以予以认可;④仲裁庭的组成或者仲裁程序违反了当事人的约定,或者在当事人没有约定时与仲裁地的法律不符的;⑤裁决对当事人尚无约束力,或者业经仲裁地的法院撤销或者拒绝执行的。有关法院认定,依执行地法律,争议事项不能以仲裁解决的,不予认可和执行该裁决。

中国内地法院认定在内地认可和执行该仲裁裁决违反内地法律的基本原则或者社会公共利益,澳门特别行政区法院认定在澳门特别行政区认可和执行该仲裁裁决违反澳门特别行政区法律的基本原则或者公共秩序,不予认可和执行该裁决。

3.中国内地与台湾地区仲裁裁决的相互承认与执行

由于两岸长期的对立,两岸之间仲裁裁决的相互承认与执行受到了影响,真正为两岸之间仲裁裁决的相互承认与执行提供法律依据的是1998年最高人民法院发布了《关于人民法院认可台湾地区有关法院民事判决的规定》,这是内地法院承认与执行台湾地区仲裁裁决的转折点。该司法解释第19条规定:“申请认可台湾地区有关法院民事裁定和台湾地区仲裁机构裁决的,适用本规定。”2009年最高人民法院发布的《关于人民法院认可台湾地区有关法院民事判决的补充规定》进一步明确了台湾地区仲裁机构的裁决适用1998年《规定》之补充规定。

我国台湾地区的仲裁裁决需要大陆法院认可的,必须具备如下条件:(1)申请人应提交申请书,并须附有不违反一个中国原则的台湾地区有关仲裁机构仲裁裁决书正本或经证明无误的副本、证明文件。(2)仲裁裁决必须终局。申请人应当提供相关证据,证明该仲裁裁决真实并且效力已确定。(3)申请人必须向被申请人住所地、经常居所地或被执行财产所在地中级人民法院提出申请。向被执行财产所在地中级人民法院申请认可的,应当提供被执行财产存在的相关证据。

经人民法院认可的仲裁裁决需要执行的,则应依照《民事诉讼法》规定的程序办理。对于未获认可的仲裁裁决的当事人,还可就同一事实向人民法院起诉。

五、国际商事仲裁裁决执行中的公共政策审查

公共政策是各国国际私法中普遍存在的制度,是本国法院对违反法律秩序行为的控制。从本质上看,它是各国通过法律维护本国利益的最后一道屏障。各国在国际商事仲裁裁决的承认和执行中也普遍存在公共政策例外制度,即当承认和执行国际商事仲裁裁决会违反承认和执行地国公共政策的情况下,承认和执行地国法院可以拒绝承认和执行该仲裁裁决。1958年《纽约公约》中也规定了公共政策条款,但它没有对公共政策的具体含义及适用标准作出明确的规定,而各国对公共政策的理解可能不同,甚至差异很大,这使得仲裁裁决的承认及执行带来很大的不确定性。

为更有利于国际仲裁裁决的承认和执行,国际商事仲裁委员会2002年新

德里会议上通过了《关于以公共政策为由拒绝执行国际仲裁裁决的最终报告》。[1]该最终报告明确提出了国际公共政策的概念，界定了其范围，一国的国际公共政策包括该国所希望保护的与道德和公正相关的基本原则、该国的强行法规则以及该国所承担的国际义务。然而，该报告实质上只是就各国法院以公共政策为由拒绝承认和执行国际商事仲裁裁决的问题而向各成员提出的一份建议性文件。

从中国的实践来看，中国法院在对国际商事仲裁裁决进行司法审查的过程中对公共政策的运用非常谨慎。最高人民法院通过《关于人民法院处理与涉外仲裁及外国仲裁事项有关问题的通知》，建立逐级请示报告制度，严格监督了中国法院在审查国际商事仲裁裁决过程中对公共政策的适用。中国自 1987 年加入《纽约公约》以来的二十多年间被请求承认与执行的外国仲裁裁决中尽管许多当事人都提出了执行外国仲裁裁决将违反中国社会公共利益的抗辩，但中国法院通过对个案的司法审查，以违反中国的公共政策拒绝承认和执行国际商事仲裁裁决的理由很少得到最高人民法院的支持。[2]

---

〔1〕 国际法协会国际商事仲裁委员会：《关于以公共政策为由拒绝执行国际仲裁裁决的最终报告》，杜焕芳译，载《仲裁与法律》（第 111 辑），第 111 页以下。

〔2〕 关于外国仲裁裁决在我国承认与执行的情况，目前还没有官方公布的数据。学者的统计情况，可参见林一飞：《外国仲裁裁决的承认与执行：中国二十年的司法实践》；杨逢柱：《外国仲裁裁决在中国的承认与执行问题：实证分析》，载《国际经济法学刊》，北京大学出版社 2009 年版，第 30—83 页。

主要参考文献

中文著述：

董立坤:《国际私法论》,法律出版社 2000 年版。

杜涛:《德国国际私法:理论、方法和立法的变迁》,法律出版社 2006 年版。

韩德培主编:《中国冲突法研究》,武汉大学出版社 1993 年版。

韩德培主编:《国际私法》,武汉大学出版社 1989 年修订版。

韩德培主编:《国际私法新论》,武汉大学出版社 1997 年版。

韩健:《现代国际商事仲裁法的理论与实践》,法律出版社 2000 年版。

黄进主编:《国际私法》,法律出版社 1999 年版。

黄进主编:《中国的区际法律问题研究》,法律出版社 2001 年版。

李双元、欧福永主编:《国际私法》(第 4 版),北京大学出版社 2015 年版。

李双元:《国际私法(冲突法篇)》,武汉大学出版社 2001 年版。

李旺:《国际私法》(第 3 版),法律出版社 2011 年版。

梁慧星:《民法总论》,法律出版社 1996 年版。

佟柔主编:《中国民法学·民法总则》,中国人民公安大学出版社 1990 年版。

屈广清:《冲突法原理》,法律出版社 2004 年版。

屈广清主编:《国际私法》,中国民主法制出版社 2014 年版。

屈广清主编:《国际私法导论》,法律出版社 2003 年版。

屈广清主编:《新编国际私法通论》,中国民主法制出版社 2006 年版。

沈涓:《冲突法及其价值导向》(修订本),中国政法大学出版社 2002 年版。

沈涓主编:《国际私法》,社会科学文献出版社 2006 年版。

袁泉:《荷兰国际私法研究》,法律出版社 2000 年版。

肖永平:《国际私法原理》,法律出版社 2003 年版。

肖永平:《肖永平论冲突法》,武汉大学出版社 2002 年版。

张仲伯主编:《国际私法学》,中国政法大学出版社 2002 年修订版。

中国国际私法学会:《中华人民共和国国际私法示范法》,法律出版社 2000 年版。

中文译著:

[法]巴蒂福尔、拉加德:《国际私法总论》,陈洪武等译,法律出版社 1986 年版。

[日]北胁敏一:《国际私法——国际关系法 II》,姚梅镇译,法律出版社 1989 年版。

[德]马丁·沃尔夫:《国际私法》,李浩培、汤宗舜译,北京大学出版社 2009 年版。

[英]莫里斯:《法律冲突法》,李东来等译,中国对外翻译出版公司 1990 年版。

[日]山田三良:《国际私法》,李倬译,中国政法大学出版社 2003 年版。

外文著述：

Joseph H. Beale, *A Treatise on the Conflit of Laws*, New York, Baker, Voorhis & CO., 1935.

Lea Brilmayer, *Conflict of Laws: Foundations and Future Directions*, Little, Brown and Company, 1991.

Lea Brilmaer & Jack Goldsmith, *Conflict of Laws: Cases and Materials*, Citic Publishing House, 2003.

David F. Cavers, *The Choice-of-Law Process*, The University of Michigan Press, 1965.

Lawrence Collins, *Dicey and Morris on the Conflict of Laws*, thirteenth edition, Sweet & Maxwell Limited 2000.

Walter Wheeler Cook, *The Logical and Legal Base of the Conflict of Law*, Harvard University Press, 1942.

Brainerd Currie, *Selected Essays on the Conflict of Laws*, Duke University Press, 1963.

R. H. Graveson, *Comparative Conflict of laws Selected Essays*, Volume Ⅰ, North Holland Publishing Comany, 1977.

Frederic Harrison, *On Jurisprudence and the Conflict of Laws*, Oxford Unversity Press, 1919.

Friedrich K. Juenger, *Choice of Law and Multistate Justice*, special edition, Transnational Publishers Inc., 2005.

Pavel Kalensky, *Trends of Private International Law*, Avademia Publishing House of the Czechoslovak Academy of Science Prague, 1971.

O. Kahn-Freund, *General Problems of Private International Law*, A. W. Sijoff - Leyden, 1976.

Arthur K. Kuhn, *Comparative Commentaries on Private International Law or Conflict of Laws*, the Macmillan Company, 1937.

Peter North and J. J. Fawcett, *Cheshire and North's Private International Law*, thirteenth edition, Butterworths 1999.

Arthur Nussbaum, *Principles of Private International Law*, Oxford University Press, 1943.

Ernst Rabel, *The Conflict of Laws: A Comparative Study*, second edition, University of Michigan, 1958.

Kermit Roosevelt, *Conflict of Laws*, Foundation Press, 2015.

Eugene F. Scoles and Peter Hay, *Conflict of Laws*, second edition, West Publishing CO., 1992.

Joseph Story, *Commentaries on the Conflict of Laws*, Hilliard, Gray, and Company, 1st ed, 1834.

Symeon C. Symeonides, *American Private International Law*, Kluwer Law International BV, 2008.

Symeon C. Symeonides, *Private International Law at the End of the 20th Century: Progress or Regress?* Kluwer Law International Ltd., 2000.

Symeon C. Symeonides, Wendy Collins Perdue & Arthur T. Mehren, *Conflict of Laws: Amerian, Compatative, International Cases and Materials*, West Group, 1998.

Martin Wolff, *Private International Law*, Oxford University Press, 1945.

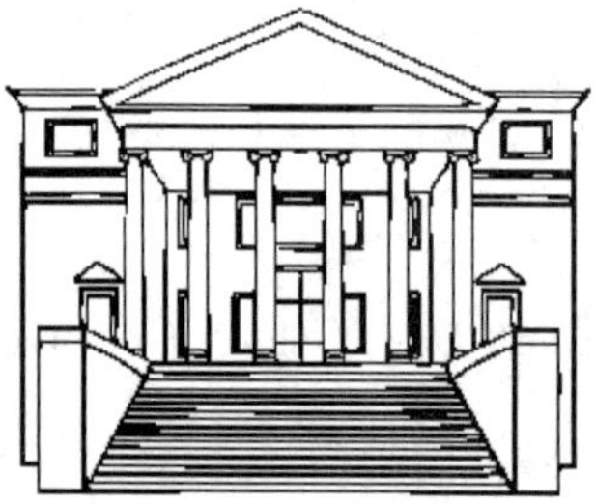

附　录

中华人民共和国主席令

第三十六号

《中华人民共和国涉外民事关系法律适用法》已由中华人民共和国第十一届全国人民代表大会常务委员会第十七次会议于2010年10月28日通过，现予公布，自2011年4月1日起施行。

中华人民共和国主席　胡锦涛

2010年10月28日

中华人民共和国涉外民事关系法律适用法

（2010年10月28日第十一届全国人民代表大会常务委员会第十七次会议通过）

目 录

第一章 一般规定

第一条 为了明确涉外民事关系的法律适用，合理解决涉外民事争议，维护当事人的合法权益，制定本法。

第二条 涉外民事关系适用的法律，依照本法确定。其他法律对涉外民事关系法律适用另有特别规定的，依照其规定。

本法和其他法律对涉外民事关系法律适用没有规定的，适用与该涉外民事关系有最密切联系的法律。

第三条 当事人依照法律规定可以明示选择涉外民事关系适用的法律。

第四条 中华人民共和国法律对涉外民事关系有强制性规定的，直接适用该强制性规定。

第五条 外国法律的适用将损害中华人民共和国社会公共利益的，适用中华人民共和国法律。

第六条 涉外民事关系适用外国法律，该国不同区域实施不同法律的，适用与该涉外民事关系有最密切联系区域的法律。

第七条 诉讼时效，适用相关涉外民事关系应当适用的法律。

第八条 涉外民事关系的定性，适用法院地法律。

第九条 涉外民事关系适用的外国法律，不包括该国的法律适用法。

第十条 涉外民事关系适用的外国法律，由人民法院、仲裁机构或者行政机关查明。当事人选择适用外国法律的，应当提供该国法律。

不能查明外国法律或者该国法律没有规定的，适用中华人民共和国法律。

第二章　民事主体

第十一条 自然人的民事权利能力，适用经常居所地法律。

第十二条 自然人的民事行为能力，适用经常居所地法律。

自然人从事民事活动，依照经常居所地法律为无民事行为能力，依照行为地法律为有民事行为能力的，适用行为地法律，但涉及婚姻家庭、继承的除外。

第十三条 宣告失踪或者宣告死亡，适用自然人经常居所地法律。

第十四条 法人及其分支机构的民事权利能力、民事行为能力、组织机构、股东权利义务等事项，适用登记地法律。

法人的主营业地与登记地不一致的，可以适用主营业地法律。法人的经常居所地，为其主营业地。

第十五条 人格权的内容，适用权利人经常居所地法律。

第十六条 代理适用代理行为地法律，但被代理人与代理人的民事关系，适用代理关系发生地法律。

当事人可以协议选择委托代理适用的法律。

第十七条 当事人可以协议选择信托适用的法律。当事人没有选择的，适用信托财产所在地法律或者信托关系发生地法律。

第十八条 当事人可以协议选择仲裁协议适用的法律。当事人没有选择的,适用仲裁机构所在地法律或者仲裁地法律。

第十九条 依照本法适用国籍国法律,自然人具有两个以上国籍的,适用有经常居所的国籍国法律;在所有国籍国均无经常居所的,适用与其有最密切联系的国籍国法律。自然人无国籍或者国籍不明的,适用其经常居所地法律。

第二十条 依照本法适用经常居所地法律,自然人经常居所地不明的,适用其现在居所地法律。

第三章 婚姻家庭

第二十一条 结婚条件,适用当事人共同经常居所地法律;没有共同经常居所地的,适用共同国籍国法律;没有共同国籍,在一方当事人经常居所地或者国籍国缔结婚姻的,适用婚姻缔结地法律。

第二十二条 结婚手续,符合婚姻缔结地法律、一方当事人经常居所地法律或者国籍国法律的,均为有效。

第二十三条 夫妻人身关系,适用共同经常居所地法律;没有共同经常居所地的,适用共同国籍国法律。

第二十四条 夫妻财产关系,当事人可以协议选择适用一方当事人经常居所地法律、国籍国法律或者主要财产所在地法律。当事人没有选择的,适用共同经常居所地法律;没有共同经常居所地的,适用共同国籍国法律。

第二十五条 父母子女人身、财产关系,适用共同经常居所地法律;没有共同经常居所地的,适用一方当事人经常居所地法律或者国籍国法律中有利于保护弱者权益的法律。

第二十六条 协议离婚,当事人可以协议选择适用一方当事人经常居所地法律或者国籍国法律。当事人没有选择的,适用共同经常居所地法律;没有共同经常居所地的,适用共同国籍国法律;没有共同国籍的,适用办理离婚手续机构所在地法律。

第二十七条 诉讼离婚,适用法院地法律。

第二十八条 收养的条件和手续,适用收养人和被收养人经常居所地法律。收养的效力,适用收养时收养人经常居所地法律。收养关系的解除,适用收养时被收养人经常居所地法律或者法院地法律。

第二十九条 扶养,适用一方当事人经常居所地法律、国籍国法律或者主要财产所在地法律中有利于保护被扶养人权益的法律。

第三十条 监护,适用一方当事人经常居所地法律或者国籍国法律中有利于保护被监护人权益的法律。

第四章 继 承

第三十一条 法定继承,适用被继承人死亡时经常居所地法律,但不动产法定继承,适用不动产所在地法律。

第三十二条 遗嘱方式,符合遗嘱人立遗嘱时或者死亡时经常居所地法律、国籍国法律或者遗嘱行为地法律的,遗嘱均为成立。

第三十三条 遗嘱效力,适用遗嘱人立遗嘱时或者死亡时经常居所地法律或者国籍国法律。

第三十四条 遗产管理等事项,适用遗产所在地法律。

第三十五条 无人继承遗产的归属,适用被继承人死亡时遗产所在地法律。

第五章 物 权

第三十六条 不动产物权,适用不动产所在地法律。

第三十七条 当事人可以协议选择动产物权适用的法律。当事人没有选择的,适用法律事实发生时动产所在地法律。

第三十八条 当事人可以协议选择运输中动产物权发生变更适用的法律。当事人没有选择的,适用运输目的地法律。

第三十九条 有价证券,适用有价证券权利实现地法律或者其他与该有价证券有最密切联系的法律。

第四十条 权利质权,适用质权设立地法律。

第六章 债 权

第四十一条 当事人可以协议选择合同适用的法律。当事人没有选择的,适用履行义务最能体现该合同特征的一方当事人经常居所地法律或者其他与该合同有最密切联系的法律。

第四十二条 消费者合同,适用消费者经常居所地法律;消费者选择适用商品、服务提供地法律或者经营者在消费者经常居所地没有从事相关经营活动的,适用商品、服务提供地法律。

第四十三条 劳动合同,适用劳动者工作地法律;难以确定劳动者工作地的,适用用人单位主营业地法律。劳务派遣,可以适用劳务派出地法律。

第四十四条 侵权责任,适用侵权行为地法律,但当事人有共同经常居所地的,适用共同经常居所地法律。侵权行为发生后,当事人协议选择适用法律的,按照其协议。

第四十五条 产品责任,适用被侵权人经常居所地法律;被侵权人选择适用侵权人主营业地法律、损害发生地法律的,或者侵权人在被侵权人经常居所地没有从事相关经营活动的,适用侵权人主营业地法律或者损害发生地法律。

第四十六条 通过网络或者采用其他方式侵害姓名权、肖像权、名誉权、隐私权等人格权的,适用被侵权人经常居所地法律。

第四十七条 不当得利、无因管理,适用当事人协议选择适用的法律。当事人没有选择的,适用当事人共同经常居所地法律;没有共同经常居所地的,适用不当得利、无因管理发生地法律。

第七章 知识产权

第四十八条 知识产权的归属和内容,适用被请求保护地法律。

第四十九条 当事人可以协议选择知识产权转让和许可使用适用的法律。当事人没有选择的,适用本法对合同的有关规定。

第五十条 知识产权的侵权责任,适用被请求保护地法律,当事人也可以在侵权行为发生后协议选择适用法院地法律。

第八章 附 则

第五十一条 《中华人民共和国民法通则》第一百四十六条、第一百四十七条,《中华人民共和国继承法》第三十六条,与本法的规定不一致的,适用本法。

第五十二条 本法自2011年4月1日起施行。

最高人民法院关于适用《中华人民共和国涉外民事关系法律适用法》若干问题的解释(一)

法释〔2012〕24号

《最高人民法院关于适用〈中华人民共和国涉外民事关系法律适用法〉若干问题的解释(一)》已于2012年12月10日由最高人民法院审判委员会第1563次会议通过,现予公布,自2013年1月7日起施行。

最高人民法院

2012年12月28日

为正确审理涉外民事案件,根据《中华人民共和国涉外民事关系法律适用法》的规定,对人民法院适用该法的有关问题解释如下:

第一条 民事关系具有下列情形之一的,人民法院可以认定为涉外民事关系:

(一)当事人一方或双方是外国公民、外国法人或者其他组织、无国籍人;

(二)当事人一方或双方的经常居所地在中华人民共和国领域外;

(三)标的物在中华人民共和国领域外;

(四)产生、变更或者消灭民事关系的法律事实发生在中华人民共和国领域外;

(五)可以认定为涉外民事关系的其他情形。

第二条 涉外民事关系法律适用法实施以前发生的涉外民事关系,人民法院应当根据该涉外民事关系发生时的有关法律规定确定应当适用的法律;当时法律没有规定的,可以参照涉外民事关系法律适用法的规定确定。

第三条 涉外民事关系法律适用法与其他法律对同一涉外民事关系法律适用规定不一致的,适用涉外民事关系法律适用法的规定,但《中华人民共和国票据法》、《中华人民共和国海商法》、《中华人民共和国民用航空法》等商事领域法律的特别规定以及知识产权领域法律的特别规定除外。

涉外民事关系法律适用法对涉外民事关系的法律适用没有规定而其他法律有规定的,适用其他法律的规定。

第四条 涉外民事关系的法律适用涉及适用国际条约的,人民法院应当根据《中华人民共和国民法通则》第一百四十二条第二款以及《中华人民共和国票据法》第九十五条第一款、《中华人民共和国海商法》第二百六十八条第一款、《中华人民共和国民用航空法》第一百八十四条第一款等法律规定予以适用,但知识产权领域的国际条约已经转化或者需要转化为国内法律的除外。

第五条 涉外民事关系的法律适用涉及适用国际惯例的,人民法院应当根据《中华人民共和国民法通则》第一百四十二条第三款以及《中华人民共和国票据法》第九十五条第二款、《中华人民共和国海商法》第二百六十八条第二款、《中华人民共和国民用航空法》第一百八十四条第二款等法律规定予以适用。

第六条 中华人民共和国法律没有明确规定当事人可以选择涉外民事关系适用的法律,当事人选择适用法律的,人民法院应认定该选择无效。

第七条 一方当事人以双方协议选择的法律与系争的涉外民事关系没有

实际联系为由主张选择无效的，人民法院不予支持。

第八条 当事人在一审法庭辩论终结前协议选择或者变更选择适用的法律的，人民法院应予准许。

各方当事人援引相同国家的法律且未提出法律适用异议的，人民法院可以认定当事人已经就涉外民事关系适用的法律做出了选择。

第九条 当事人在合同中援引尚未对中华人民共和国生效的国际条约的，人民法院可以根据该国际条约的内容确定当事人之间的权利义务，但违反中华人民共和国社会公共利益或中华人民共和国法律、行政法规强制性规定的除外。

第十条 有下列情形之一，涉及中华人民共和国社会公共利益、当事人不能通过约定排除适用、无需通过冲突规范指引而直接适用于涉外民事关系的法律、行政法规的规定，人民法院应当认定为涉外民事关系法律适用法第四条规定的强制性规定：

（一）涉及劳动者权益保护的；

（二）涉及食品或公共卫生安全的；

（三）涉及环境安全的；

（四）涉及外汇管制等金融安全的；

（五）涉及反垄断、反倾销的；

（六）应当认定为强制性规定的其他情形。

第十一条 一方当事人故意制造涉外民事关系的连结点，规避中华人民共和国法律、行政法规的强制性规定的，人民法院应认定为不发生适用外国法律的效力。

第十二条 涉外民事争议的解决须以另一涉外民事关系的确认为前提时，人民法院应当根据该先决问题自身的性质确定其应当适用的法律。

第十三条 案件涉及两个或者两个以上的涉外民事关系时，人民法院应当分别确定应当适用的法律。

第十四条 当事人没有选择涉外仲裁协议适用的法律，也没有约定仲裁机构或者仲裁地，或者约定不明的，人民法院可以适用中华人民共和国法律认定该仲裁协议的效力。

第十五条 自然人在涉外民事关系产生或者变更、终止时已经连续居住一年以上且作为其生活中心的地方，人民法院可以认定为涉外民事关系法律适用法规定的自然人的经常居所地，但就医、劳务派遣、公务等情形除外。

第十六条 人民法院应当将法人的设立登记地认定为涉外民事关系法律适用法规定的法人的登记地。

第十七条 人民法院通过由当事人提供、已对中华人民共和国生效的国际条约规定的途径、中外法律专家提供等合理途径仍不能获得外国法律的，可以认定为不能查明外国法律。

根据涉外民事关系法律适用法第十条第一款的规定，当事人应当提供外国法律，其在人民法院指定的合理期限内无正当理由未提供该外国法律的，可以认定为不能查明外国法律。

第十八条 人民法院应当听取各方当事人对应当适用的外国法律的内容及其理解与适用的意见，当事人对该外国法律的内容及其理解与适用均无异议的，人民法院可以予以确认；当事人有异议的，由人民法院审查认定。

第十九条 涉及香港特别行政区、澳门特别行政区的民事关系的法律适用问题，参照适用本规定。

第二十条 涉外民事关系法律适用法施行后发生的涉外民事纠纷案件，本解释施行后尚未终审的，适用本解释；本解释施行前已经终审，当事人申请再审或者按照审判监督程序决定再审的，不适用本解释。

第二十一条 本院以前发布的司法解释与本解释不一致的，以本解释为准。

关于审理涉外民事或商事合同纠纷案件法律适用若干问题的规定

法释〔2007〕14 号

（2007 年 6 月 11 日最高人民法院审判委员会第 1429 次会议通过）

中华人民共和国最高人民法院公告

《最高人民法院关于审理涉外民事或商事合同纠纷案件法律适用若干问题的规定》已于 2007 年 6 月 11 日由最高人民法院审判委员会第 1429 次会议通过，现予公布，自 2007 年 8 月 8 日起施行。

二〇〇七年七月二十三日

为正确审理涉外民事或商事合同纠纷案件，准确适用法律，根据《中华人民共和国民法通则》、《中华人民共和国合同法》等有关规定，制定本规定。

第一条 涉外民事或商事合同应适用的法律，是指有关国家或地区的实体法，不包括冲突法和程序法。

第二条 本规定所称合同争议包括合同的订立、合同的效力、合同的履行、合同的变更和转让、合同的终止以及违约责任等争议。

第三条 当事人选择或者变更选择合同争议应适用的法律，应当以明示的方式进行。

第四条 当事人在一审法庭辩论终结前通过协商一致，选择或者变更选择合同争议应适用的法律的，人民法院应予准许。

当事人未选择合同争议应适用的法律，但均援引同一国家或者地区的法律且未提出法律适用异议的，应当视为当事人已经就合同争议应适用的法律作出选择。

第五条 当事人未选择合同争议应适用的法律的,适用与合同有最密切联系的国家或者地区的法律。

人民法院根据最密切联系原则确定合同争议应适用的法律时,应根据合同的特殊性质,以及某一方当事人履行的义务最能体现合同的本质特性等因素,确定与合同有最密切联系的国家或者地区的法律作为合同的准据法。

(一)买卖合同,适用合同订立时卖方住所地法;如果合同是在买方住所地谈判并订立的,或者合同明确规定卖方须在买方住所地履行交货义务的,适用买方住所地法。

(二)来料加工、来件装配以及其他各种加工承揽合同,适用加工承揽人住所地法。

(三)成套设备供应合同,适用设备安装地法。

(四)不动产买卖、租赁或者抵押合同,适用不动产所在地法。

(五)动产租赁合同,适用出租人住所地法。

(六)动产质押合同,适用质权人住所地法。

(七)借款合同,适用贷款人住所地法。

(八)保险合同,适用保险人住所地法。

(九)融资租赁合同,适用承租人住所地法。

(十)建设工程合同,适用建设工程所在地法。

(十一)仓储、保管合同,适用仓储、保管人住所地法。

(十二)保证合同,适用保证人住所地法。

(十三)委托合同,适用受托人住所地法。

(十四)债券的发行、销售和转让合同,分别适用债券发行地法、债券销售地法和债券转让地法。

(十五)拍卖合同,适用拍卖举行地法。

(十六)行纪合同,适用行纪人住所地法。

(十七)居间合同,适用居间人住所地法。

如果上述合同明显与另一国家或者地区有更密切联系的，适用该另一国家或者地区的法律。

第六条 当事人规避中华人民共和国法律、行政法规的强制性规定的行为，不发生适用外国法律的效力，该合同争议应当适用中华人民共和国法律。

第七条 适用外国法律违反中华人民共和国社会公共利益的，该外国法律不予适用，而应当适用中华人民共和国法律。

第八条 在中华人民共和国领域内履行的下列合同，适用中华人民共和国法律：

（一）中外合资经营企业合同；

（二）中外合作经营企业合同；

（三）中外合作勘探、开发自然资源合同；

（四）中外合资经营企业、中外合作经营企业、外商独资企业股份转让合同；

（五）外国自然人、法人或者其他组织承包经营在中华人民共和国领域内设立的中外合资经营企业、中外合作经营企业的合同；

（六）外国自然人、法人或者其他组织购买中华人民共和国领域内的非外商投资企业股东的股权的合同；

（七）外国自然人、法人或者其他组织认购中华人民共和国领域内的非外商投资有限责任公司或者股份有限公司增资的合同；

（八）外国自然人、法人或者其他组织购买中华人民共和国领域内的非外商投资企业资产的合同；

（九）中华人民共和国法律、行政法规规定应适用中华人民共和国法律的其他合同。

第九条 当事人选择或者变更选择合同争议应适用的法律为外国法律时，由当事人提供或者证明该外国法律的相关内容。

人民法院根据最密切联系原则确定合同争议应适用的法律为外国法律时，可以依职权查明该外国法律，亦可以要求当事人提供或者证明该外国法律的内容。

当事人和人民法院通过适当的途径均不能查明外国法律的内容的，人民法院可以适用中华人民共和国法律。

第十条 当事人对查明的外国法律内容经质证后无异议的，人民法院应予确认。当事人有异议的，由人民法院审查认定。

第十一条 涉及香港特别行政区、澳门特别行政区的民事或商事合同的法律适用，参照本规定。

第十二条 本院以前发布的规定与本规定不一致的，以本规定为准。

后　记

本教材覆盖了国际私法的主要内容，大致可分为三大部分：国际私法总论、国际私法分论及国际民事诉讼和国际商事仲裁。其中，国际私法总论是国际私法学科的精髓，也是本教材的核心。在本教材的撰写过程中，笔者获得位于美国纽约市曼哈顿岛最中心中央公园旁边的福特汉姆大学法学院（Fordham University School of Law）访学的机会。在访学学校及曼岛另外两所名校哥伦比亚大学法学院（Columbia University School of Law）和纽约大学法学院（New York University School of Law）的图书馆，读到了国际私法历史上多部原版经典著作。轻抚这些著作，犹如见到了“思君忆君，魂牵梦绕”、非常“熟悉”而又陌生的老朋友们：约瑟夫·斯托里（Joseph Story）、约瑟夫·亨利·比尔（Joseph H. Beale）、沃尔特·惠勒·库克（Walter Wheeler Cook）、大卫·卡弗斯（David F. Cavers）、伯纳德·柯里（Brainerd Currie）、恩斯特·拉贝尔（Ernst Rabel），等等。仿佛听到库克指引方向时低着头、轻敲书桌、有板有眼、一字一停顿，认真地说：“直至把（冲突法）思想园中的可疑杂草清除干净，有益的蔬菜才能种植和茁壮成长。因此,清除杂草实际上与种植和培育‘有益的蔬菜’同样具有建设性。”仿佛听到卡弗斯为了追求正义似乎对法院不无微词,较真地说:“法院不是在毫无目的地选择法律,它是在解决争议。不考虑选择的法律如何影响争议,怎么能明智地选择呢?”仿佛听到柯里从法理学中的利益出发,不厌其烦地反复强调:“没有冲突规范,我们会更好些……我们会更好些……我们会更好些。”本教材某些章节里就有他们说的话,这些美国学者研究时毫不掩饰的率真评论至今仍栩栩如生,极大地推动了国际私法学说的发展,在国际私法学说史上形成了独树一帜、研究国际私法时无法绕开的美国学派。

本教材撰写时参阅了较多中外文文献,在此向这些中外作者们表示诚挚感谢! 特别感谢知识产权出版社李燕芬编辑对本教材的指导和帮助!

本教材撰写时间紧,笔者学识有限,虽然尽心尽力,但包括笔者对国际私法若干理论和制度之深入思考在内的所有论述中定有不妥之处,敬请读者提出批评意见和建议。

鲁世平

2016 年 8 月于西安